Psicologia Para leigos

A principal pergunta que move a Psicologia é: "Por que as pessoas agem de tal modo?" Basicamente, a Psicologia visa revelar o que as pessoas fazem, junto com o motivo e o modo como fazem. Estudar o comportamento diário e os processos mentais é o foco da Psicologia em boa parte do tempo. Mas às vezes os estresses da vida podem oprimir, e nesses casos as pessoas precisam de ajuda imediata.

© Golden Sikorka/Shutterstock.com

O QUE FAZER EM UMA CRISE PSICOLÓGICA

Quando alguém está em pânico ou extremamente irritado com algo, é útil ter algumas ideias básicas de como ajudar. Você pode usar os primeiros socorros psicológicos, ou seja, uma forma de intervenção de crise que consiste em cinco passos fáceis.

1. **Conectar:** Faça contato psicológico com a pessoa em crise.

    Faça contato visual e comunique-se com acolhimento. Use uma voz calma. Se você acha que a pessoa pode ser perigosa, mantenha uma distância segura e use um comportamento não verbal e não ameaçador (não aponte o dedo nem cruze os braços, por exemplo).

2. **Explorar:** Descubra quem, o que, quando, por que, onde e como ocorreu a crise atual.
3. **Buscar soluções:** Ajude a pessoa a gerar as próprias soluções; sugira soluções apenas se ela não conseguir propor nada.
4. **Agir:** Ajude a pessoa a agir com base em uma solução consensual.
5. **Acompanhar:** Concorde com uma hora e lugar em um futuro próximo para ver como a pessoa está e saber se a crise foi resolvida ou se ela precisa de mais ajuda.

QUANDO CHAMAR UM PROFISSIONAL ESPECIALIZADO

Se você conhece alguém em crise, os passos anteriores devem ajudar. Mas eles não devem substituir um profissional especializado competente.

Se perceber que a situação está além de sua capacidade, não hesite em ligar para o número 188 ou o Centro de Atenção Psicossocial (CAPS) — busque na internet. Obtenha ajuda *sobretudo* se notar algum dos sinais de aviso de suicídio a seguir:

- Bilhetes de suicídio
- Ameaças diretas
- Doação dos pertences pessoais
- Fala ou preocupação com a morte
- Desânimo
- Isolamento social
- Mudanças abruptas de aparência, comportamento de risco, atividades ou peso
- Depressão grave
- Apatia extrema (agir como se não se importasse)
- Sentir-se impotente ou um caso perdido

Psicologia
Para leigos

Psicologia para leigos

Tradução da 3ª Edição

Adam Cash

Rio de Janeiro, 2023

Psicologia Para Leigos

Copyright © 2023 da Starlin Alta Editora e Consultoria Eireli.
ISBN: 978-65-5520-939-6

Translated from original Psychology For Dummies ®, 3rd Edition. Copyright © 2020 by John Wiley & Sons, Inc. ISBN 978-1-119-70029-6. This translation is published and sold by permission of Wiley, the owner of all rights to publish and sell the same. PORTUGUESE language edition published by Starlin Alta Editora e Consultoria Eireli, Copyright © 2023 by Starlin Alta Editora e Consultoria Eireli.

Impresso no Brasil — 1ª Edição, 2023 — Edição revisada conforme o Acordo Ortográfico da Língua Portuguesa de 2009.

Todos os direitos estão reservados e protegidos por Lei. Nenhuma parte deste livro, sem autorização prévia por escrito da editora, poderá ser reproduzida ou transmitida. A violação dos Direitos Autorais é crime estabelecido na Lei nº 9.610/98 e com punição de acordo com o artigo 184 do Código Penal.

A editora não se responsabiliza pelo conteúdo da obra, formulada exclusivamente pelo(s) autor(es).

Marcas Registradas: Todos os termos mencionados e reconhecidos como Marca Registrada e/ou Comercial são de responsabilidade de seus proprietários. A editora informa não estar associada a nenhum produto e/ou fornecedor apresentado no livro.

Erratas e arquivos de apoio: No site da editora relatamos, com a devida correção, qualquer erro encontrado em nossos livros, bem como disponibilizamos arquivos de apoio se aplicáveis à obra em questão.

Acesse o site www.altabooks.com.br e procure pelo título do livro desejado para ter acesso às erratas, aos arquivos de apoio e/ou a outros conteúdos aplicáveis à obra.

Suporte Técnico: A obra é comercializada na forma em que está, sem direito a suporte técnico ou orientação pessoal/exclusiva ao leitor.

A editora não se responsabiliza pela manutenção, atualização e idioma dos sites referidos pelos autores nesta obra.

Dados Internacionais de Catalogação na Publicação (CIP) de acordo com ISBD

C338p Cash, Adam
Psicologia Para Leigos / Adam Cash ; traduzido por Eveline Machado. - Rio de Janeiro : Alta Books, 2023.
416 p. ; 16cm x 23cm. – (Para Leigos)

Tradução de: Psychology For Dummies
Inclui índice.
ISBN: 978-65-5520-939-6

1. Psicologia. I. Machado, Eveline. II. Título. III. Série.

2022-1980
CDD 150
CDU 159.9

Elaborado por Vagner Rodolfo da Silva - CRB-8/9410

Índice para catálogo sistemático:
1. Psicologia 150
2. Psicologia 159.9

Produção Editorial	**Coordenação Comercial**	**Produtor Editorial**	**Equipe Editorial**
Editora Alta Books	Thiago Biaggi	Thiê Alves	Beatriz de Assis
			Betânia Santos
Diretor Editorial	**Coordenação de Eventos**	**Produtores Editoriais**	Brenda Rodrigues
Anderson Vieira	Viviane Paiva	Illysabelle Trajano	Caroline David
anderson.vieira@altabooks.com.br	comercial@altabooks.com.br	Maria de Lourdes Borges	Gabriela Paiva
		Paulo Gomes	Henrique Waldez
Editor	**Coordenação ADM/Finc.**	Thales Silva	Kelry Oliveira
José Ruggeri	Solange Souza		Marcelli Ferreira
j.ruggeri@altabooks.com.br		**Equipe Comercial**	Mariana Portugal
	Direitos Autorais	Adriana Baricelli	Matheus Mello
Gerência Comercial	Raquel Porto	Ana Carolina Marinho	
Claudio Lima	rights@altabooks.com.br	Daiana Costa	**Marketing Editorial**
claudio@altabooks.com.br		Fillipe Amorim	Livia Carvalho
		Heber Garcia	Marcelo Santos
Gerência Marketing		Kaique Luiz	Pedro Guimarães
Andrea Guatiello		Maira Conceição	Thiago Brito
andrea@altabooks.com.br			

Atuaram na edição desta obra:

Revisão Gramatical
Hellen Suzuki
Thaís Pol

Tradução
Eveline Machado

Copidesque
Maíra Meyer

Diagramação
Lucia Quaresma

Revisão Técnica
Daniela Sopezki
Mestra em Psicologia Clínica

Editora afiliada à: ASSOCIADO

Rua Viúva Cláudio, 291 – Bairro Industrial do Jacaré
CEP: 20.970-031 – Rio de Janeiro (RJ)
Tels.: (21) 3278-8069 / 3278-8419
www.altabooks.com.br — altabooks@altabooks.com.br
Ouvidoria: ouvidoria@altabooks.com.br

Sobre o Autor

Adam Cash é psicólogo praticante e diretor clínico de Soluções Especializadas em Psicologia, um programa de serviços psicológicos em Palm Springs, Califórnia. É especialista em psicologia infantil, autismo, distúrbios do desenvolvimento, aprendizado, cognição e neurodesenvolvimento. Ele dá cursos sobre psicologia do desenvolvimento, métodos e estatísticas, tratamento de abuso de substâncias e psicologia anormal. Embora o trabalho clínico do Dr. Cash foque basicamente crianças, ele já trabalhou muito com adultos e foi psicólogo forense em tempo integral, especializado em psicologia prisional, avaliação do risco de violência e avaliação de crime sexual e atuou como perito em julgamentos relacionados a casos de competência para ser julgado e inocentado por razões de insanidade. Dr. Cash é autor do livro *Wiley Concise Guides to Mental Health: Posttraumatic Stress Disorder* (2006). Ele é especialista em avaliação psicológica e realizou milhares de avaliações. Ele faz avaliações de medicina legal para invalidez e análise. Tem muito orgulho de estar casado com uma bela mulher, Liyona, de sua casa e da família que construíram juntos.

Dedicatória

À minha esposa, Liyona, e a meus lindos filhos. Obrigado pelo amor e pureza. Vocês são luz — que eu permaneça nela sempre.

Agradecimentos do Autor

Sou muito grato a Tim Gallan e Lindsay Lefevere por me abordarem pedindo para revisar este livro. Também gostaria de agradecer à equipe da primeira e da segunda edições: Tonya Maddox Cupp, Greg Tubach e Jenny Brown. Sem eles, a terceira edição não teria sido possível. Obrigado também às crianças, às famílias, aos pacientes e aos funcionários com quem trabalho. Sou grato pela oportunidade de fazer parte de suas vidas.

Sumário Resumido

Introdução 1

Parte 1: Introdução à Psicologia 5
CAPÍTULO 1: A Finalidade da Psicologia 7
CAPÍTULO 2: Pensando e Agindo como Psicólogo 15

Parte 2: Dentro do Cérebro (e do Corpo) 37
CAPÍTULO 3: Cérebros, Genes e Comportamento 39
CAPÍTULO 4: Da Sensação à Percepção 59
CAPÍTULO 5: Explorando a Consciência 73

Parte 3: Pensar, Sentir e Agir 85
CAPÍTULO 6: Pensamento e Fala 87
CAPÍTULO 7: Precisar, Querer, Sentir 117
CAPÍTULO 8: Investindo na Árvore de Aprendizagem: Cães, Gatos e Ratos 147

Parte 4: Eu, Você e Todo o Resto 167
CAPÍTULO 9: Eu Comigo Mesmo 169
CAPÍTULO 10: Conexão 187
CAPÍTULO 11: Como Se Dar Bem... ou Não 207
CAPÍTULO 12: Crescendo com a Psicologia 229
CAPÍTULO 13: Psicologia na Era Digital 249

Parte 5: Adaptação e Esforço 261
CAPÍTULO 14: Quando a Vida Complica 263
CAPÍTULO 15: Psicopatologias 279

Parte 6: Reparação, Cura e Prosperidade 309
CAPÍTULO 16: Teste, Análise e Avaliação 311
CAPÍTULO 17: Podemos Ajudar! 329
CAPÍTULO 18: Seja Positivo! Bem-estar, Força e Crescimento 361

Parte 7: A Parte dos Dez 373
CAPÍTULO 19: Dez Dicas para Manter o Bem-estar Psicológico 375
CAPÍTULO 20: Dez Ótimos Filmes e Séries Psicológicas 381

Índice 389

Sumário

INTRODUÇÃO 1
    Sobre Este Livro 1
    Penso que... 2
    Ícones Usados Neste Livro 2
    Além Deste Livro 3
    De Lá para Cá, Daqui para Lá 3

PARTE 1: INTRODUÇÃO À PSICOLOGIA 5

CAPÍTULO 1: A Finalidade da Psicologia 7
    Por que, o que e Como para as Pessoas 9
        Uma metáfora útil: Criando uma pessoa 10
        Por quê? 11
        O quê? 11
        Como? 13
    Solução de Problemas 13
    Juntando Tudo de Novo 14

CAPÍTULO 2: Pensando e Agindo como Psicólogo 15
    Principais Atividades de um Psicólogo 17
        Psicólogos experimentais e pesquisadores 17
        Psicólogos aplicados 17
        Professores/educadores/mestres 18
        Psicólogos teóricos e filosóficos 18
    Como Se Tornar Psicólogo? 18
    Introdução à Metateoria e às Estruturas 19
        Biológica 20
        Comportamental 20
        Cognitiva 20
        Sociocultural 21
        Desenvolvimento 21
        Evolucionista 21
        Humanista e existencial 22
        Psicanalítica/psicodinâmica 22
        Feminismo 23
        Pós-modernismo 23
    Modelo Unificado? Trabalhando com o Modelo
        Biopsicossocial 23
        Sentindo o papel do corpo 24
        Pensando sobre o papel da mente 24
        Observando o papel do mundo externo 24
        Desenvolvendo uma boa teoria 26

Buscando a Verdade..27
    Aplicando o método científico............................28
Pesquisando Assuntos...29
    Entendendo a pesquisa descritiva.........................29
    Fazendo uma pesquisa experimental......................30
    Medindo um, medindo todos com estatística.............31
    Relacionando variáveis: Correlação versus causalidade.....32
Ser "Bom": Ética na Psicologia....................................34

PARTE 2: DENTRO DO CÉREBRO (E DO CORPO)..........37

CAPÍTULO 3: Cérebros, Genes e Comportamento................39

Crença na Biologia...40
"Sala de Controle" Biológica......................................42
Células e Substâncias Químicas..................................43
    Ligando e cruzando a divisão.............................45
    Ramificando...47
    Ativando uma alteração no cérebro......................47
Organização do Cérebro..49
    Prosencéfalo..50
    Mesencéfalo..51
    Rombencéfalo..51
    Indo e vindo na periferia.................................52
Descobrindo o Destino com o DNA..............................52
Entendendo a Psicofarmacologia................................53
    Aliviando a depressão....................................55
    Silenciando as vozes......................................56
    Relaxando...56

CAPÍTULO 4: Da Sensação à Percepção........................59

Blocos de Construção: Nossos Sentidos.........................60
    Processo sensorial..61
    Visão...63
    Audição...66
    Tocando e sentindo dor..................................67
    Olfato e paladar..67
    Equilíbrio e movimento...................................68
Produto Final: Percepção...69
Organizando segundo Princípios.................................71

CAPÍTULO 5: Explorando a Consciência........................73

Consciência e Articulações.......................................74
    Consciência como capacidade, habilidade ou processo
    da mente (e do cérebro).................................74
    Consciência como um estado ou um tipo de percepção....75
    Zzzzs..77
    Cansaço mental e esquecimento.........................78

Pelado no Trabalho: Sonhos 79
Alterando Sua Consciência. 81
    Alterando a consciência com drogas 82
    Consciente da minha mente (estados meditativos) 83
    Entrando em hipnose 84

PARTE 3: PENSAR, SENTIR E AGIR 85

CAPÍTULO 6: Pensamento e Fala 87

Dentro da Mente. 88
Pensando como um PC. 89
    Desafio de Turing 89
    Cálculo. 90
    Representação 91
    Processamento. 91
Módulos, Partes e Processos. 92
    Processo de atenção. 93
    Processo de memória. 94
    Processo de conhecimento. 97
    Processo de raciocínio 100
    Processo de tomada de decisão/escolha 101
    Processo de solução de problemas 104
Tudo É Conexão 105
Corpos e Mentes. 107
Pensando que Você É Muito Inteligente. 108
    Considerando os fatores da inteligência 108
    Vendo mais de perto. 109
    Adicionando a experiência de vida 110
    Superando com múltiplas inteligências 111
    Atingindo a pontuação — Na curva. 112
Aprendendo uma Linguagem 114
    Babel 114
    Regras, sintaxe e significado 115

CAPÍTULO 7: Precisar, Querer, Sentir. 117

Qual É Minha Motivação? 118
    Um pouco de adrenalina com o urso?. 119
    Sentimento de carência 120
    Sabendo quem manda. 122
    Despertando interesse pela costela 124
    O interurbano mais barato compensa. 125
    Encarando a teoria do processo oponente 125
    Acreditando em si mesmo. 126
    Prazer e dor. 127
    Fugindo da dor psicológica 129

Inúmeros Poemas Ruins: Emoções 131
    Cuidado com o dente-de-sabre! 132
    Seu cérebro com emoção 135
    Qual vem primeiro, corpo ou mente? 136
    Expressando-se 138
    Reconhecendo a raiva 139
    Sendo feliz 141
    Inteligência sentimental: Inteligência emocional e estilos 143
Estando no Controle 144

CAPÍTULO 8: Investindo na Árvore de Aprendizagem: Cães, Gatos e Ratos 147
Aprendendo a Se Comportar 149
Babando como os Cães de Pavlov 150
    Condicionando respostas e estímulos 150
    Extinção 152
    Generalização clássica e discriminação 153
    Regras do condicionamento! 154
    Batalha de teorias: Por que o condicionamento funciona? 156
Estudando os Gatos de Thorndike 157
Reforçando o Caso do Rato 159
    Descobrindo o reforçador certo 159
    Usando a punição 162
    Programando e escolhendo a hora do reforço 163
Controle do Estímulo e Generalização Operante 166
Discriminação Operante 166

PARTE 4: EU, VOCÊ E TODO O RESTO 167

CAPÍTULO 9: Eu Comigo Mesmo 169
Cinco Traços Mágicos 171
Acabei Ficando Assim 173
Representando Nós Mesmos 174
    Esquemas 174
    Roteiros 175
Depende da Situação 177
Sentindo Autoconsciência 179
    Consciente do seu corpo 180
    No privado 181
    Exibicionista 181
Identificando-se 181
    Forjando a identidade pessoal 182
    Esculpindo uma identidade social 184
    Reunindo alguma autoestima 185

CAPÍTULO 10: Conexão 187
    Afeiçoando-se. 188
        Até os macacos ficam tristes. 188
        Apego com estilo 189
    Recreação em Família e com Amigos 191
        Paternidade com desenvoltura 192
        Aceitando seu rival: Irmãos 193
        Ficando íntimo: Construindo pontes. 194
    Atração, Romance e Amor 195
        Como escolhemos quem amamos 196
        Expansão do amor. 197
    Conectando Pensamento e Ação 198
        Explicando os outros usando a percepção. 198
        Cuidando de "você" com a teoria da mente 201
        Dançando com os outros: Teorias da cognição social
           incorporada. 202
    Habilidades de Comunicação 202
        Fazendo perguntas 203
        Explicando 204
        Ouvindo. 204
        Assertividade 205

CAPÍTULO 11: Como Se Dar Bem... ou Não 207
    Fazendo Sua Parte 208
    Formando um Grupo. 209
        Conformidade 210
        É melhor com ajuda. 212
        Relaxando. 213
        Permanecendo anônimo 213
        Pensando como um. 214
    Persuadindo. 215
        Credibilidade do comunicador. 216
        Abordagem de entrega. 216
        Engajamento do público. 217
        Idade do público. 217
    Sendo Cruel 218
        Agindo naturalmente. 218
        Frustração. 219
        Fazendo o que aprendeu. 219
    Dando uma Mãozinha 220
        Por que ajudar?. 221
        Quando ajudar? 224
        Quem dá e recebe ajuda? 225

Farinha do Mesmo Saco... ou Não 225
    Examinando os ismos 226
    Entendendo a discriminação. 227
    Fazendo contato. 228

CAPÍTULO 12: Crescendo com a Psicologia 229
Da Concepção ao Nascimento 230
    Xs e Ys se unindo..... 230
    Unindo e dividindo em uma só noite 231
Da Fralda ao Babador 233
    Instinto de sobrevivência 233
    Sobre o desenvolvimento motor 234
    Flexionando os músculos. 235
    Programando esquemas 235
    Estágio sensório-motor em movimento. 237
    Aprendendo dentro dos limites 238
    Dizendo o que você pensa 239
    Aptidões sociais 240
Indo para a Escola. 241
    Dominando o lápis de cor 241
    Ser pré-operacional não significa precisar de uma cirurgia 242
    Dentro da zona 243
    Sendo ainda mais social 243
Agonizando na Adolescência 244
    Sofrendo na puberdade 245
    Longe dos pais 245
Existindo como Adulto 246
    Olhando para você. 246
    Relações e trabalho 246
Envelhecimento e Geropsicologia 247

CAPÍTULO 13: Psicologia na Era Digital 249
Amor e Robôs. 251
    Fale com a caixa 251
    Eu e meus amigos 252
    Pessoa perfeita 253
    (D)evolução digitalizada 255
O Lado Sombrio do Mundo Digital. 256
    Fala isso na minha cara. 257
    Adição à internet. 258
    O bullying sai da escola e vai para a tela 259
A Tecnologia Pode Nos Melhorar como Seres Humanos? 260

PARTE 5: ADAPTAÇÃO E ESFORÇO ... 261

CAPÍTULO 14: Quando a Vida Complica ... 263

Ficando Estressado ... 264
- Modos de ver o estresse ... 264
- Causas do estresse ... 268
- O impacto do estresse ... 269
- Crise: Estresse acumulado ou insuportável ... 271
- Transtorno de estresse pós-traumático ... 273
- Estresse da perda ... 274

O Enfrentamento Não É uma Aposta ... 276
- Aprendendo a enfrentar ... 276
- Encontrando recursos ... 277

CAPÍTULO 15: Psicopatologias ... 279

Mas o que É "Anormal"? ... 280
- Quem decide o que é normal? ... 281
- Modelo do bem-estar psicológico de Ryff ... 283

Transtornos Mentais ... 283

Transtornos Psicóticos: Entendendo a Realidade ... 286
- Esquizofrenia ... 287
- Outras psicoses ... 291

Fora da Casinha: Depressão ... 292
- Preso em uma grande depressão ... 292
- Causas da depressão ... 293
- Tratando a depressão ... 295

Transtorno Bipolar: Seguindo a Onda ... 296
- Causas do transtorno bipolar ... 297
- Tratando o transtorno bipolar ... 297

Síndromes do Pânico ... 298
- Causas da síndrome do pânico ... 300
- Tratando a síndrome do pânico ... 300

Transtornos Mentais em Jovens ... 301
- Lidando com TDAH ... 302
- Autismo: Vivendo em um mundo próprio ... 303

Falando em Estigma ... 306

PARTE 6: REPARAÇÃO, CURA E PROSPERIDADE ... 309

CAPÍTULO 16: Teste, Análise e Avaliação ... 311

Respondendo ao Chamado ... 312
- Quais testes e instrumentos existem? ... 313
- Qual tipo de avaliação os psicólogos fazem? ... 314

Entrevista e Processo de Avaliação ... 314
- Entrevista e observação ... 315
- Anamnese ... 319

Verificando a Fundo com o Teste Psicológico............... 320
    Padronização.................................... 320
    Confiabilidade 321
    Validade... 321
Mais Detalhes sobre os Tipos de Teste 322
    Teste clínico 322
    Teste educacional/conhecimento 323
    Teste de personalidade 324
    Teste de inteligência 325
    Teste neuropsicológico e cognitivo 326
Sejamos Honestos 327

CAPÍTULO 17: Podemos Ajudar!............................. 329

É Hora de Ter Ajuda Profissional?.......................... 331
    Tipos de ajuda................................... 332
A Cereja do Bolo na Terapia: Psicoterapia.................. 336
    Boa ética é sinônimo de boa terapia 336
    Modelo de fatores comuns 337
Escolas Maiores de Terapia 340
    Terapias psicodinâmicas 341
    Terapia comportamental 344
    Terapias baseadas em exposição 346
    Terapia cognitiva................................ 347
    Muito bem juntas: Terapias comportamental e cognitiva....................................... 348
    Terapias de aceitação e mindfulness 350
    Terapia comportamental dialética................. 351
    Terapia centrada no cliente...................... 352
    Terapia focada na emoção 357
Tratamentos Empíricos para Problemas Específicos 358
    PCBEs para depressão 359
    PCBEs para ansiedade e trauma 360
    PCBEs para transtornos em crianças 360

CAPÍTULO 18: Seja Positivo! Bem-estar, Força e Crescimento.. 361

Além do Estresse: Psicologia da Saúde..................... 362
    Evitando doenças................................ 362
    Fazendo mudanças 362
    Intervenção 364
Aproveitando o Poder da Positividade 366
Melhorando!.. 368
    Habilidades de alta performance.................. 368
    Sufocando versus pressionando 369

Adquirindo um Cérebro Biônico........................... 370
    Drogas inteligentes 370
    Nos limites do cérebro 372

PARTE 7: A PARTE DOS DEZ 373

CAPÍTULO 19: Dez Dicas para Manter o Bem-estar Psicológico 375
    Aceitação de Si Mesmo 377
    Tenha Autodeterminação............................. 377
    Fique Conectado e Cultive as Relações.............. 377
    Estenda a Mão...................................... 378
    Encontre Significado e Propósito, e Trabalhe para Atingir Suas Metas.................................. 378
    Encontre Esperança e Mantenha a Fé 379
    Encontre o Fluxo e Fique Engajado 379
    Desfrute as Belezas da Vida........................ 379
    Tente Superar; Aprenda a Esquecer 380
    Não Tenha Medo de Mudar........................... 380

CAPÍTULO 20: Dez Ótimos Filmes e Séries Psicológicas 381
    Um Estranho no Ninho 382
    Laranja Mecânica 382
    Gente como a Gente 383
    Garota, Interrompida............................... 383
    O Silêncio dos Inocentes........................... 384
    Sybil.. 385
    Matrix... 385
    Black Mirror 386
    True Detective (Temporadas 1 e 3) 386
    Psicose.. 387

ÍNDICE 389

Introdução

Então você comprou o livro *Psicologia Para Leigos*. Como se sente? Espero que esteja muito bem. E por que não deveria? Você descobrirá muitas informações interessantes sobre os fundamentos dos processos mentais humanos e o comportamento.

Acho que todos se interessam por pessoas, seus pensamentos, emoções e comportamento. Pessoas são fascinantes, e isso inclui você! Em geral, o ser humano desafia a explicação e escapa da previsão. Entender as pessoas pode ser muito difícil. Assim que você pensa que entendeu alguém, *bum*, ele o surpreende. Agora sei algo que você pode estar pensando: "De fato, sou muito bom em julgar as pessoas. Tenho tudo sob controle." Se é o caso, ótimo! Algumas pessoas parecem ter um entendimento mais intuitivo que outras. Mas, para o resto de nós, há a Psicologia.

Sobre Este Livro

Psicologia Para Leigos é uma introdução ao campo da Psicologia. Tentei escrever este livro usando uma linguagem clara e exemplos cotidianos na esperança de que seja realista e aplicável na vida diária. Sempre senti que abordar um novo assunto é mais divertido quando ele tem uma importância real. A Psicologia tem muito jargão, tanto que possui um dicionário próprio, chamado adequadamente de *Dicionário de Psicologia*. Este livro é para os interessados no que as pessoas pensam, dizem e sentem, mas querem informações apresentadas de modo claro e fácil de entender.

CUIDADO

As informações neste livro de consulta não devem substituir um psicólogo especialista, assistência médica, orientação médica nem tratamento; ele serve para ajudá-lo a fazer escolhas fundamentadas. Como cada pessoa é única, um psicólogo, profissional de saúde ou médico deve diagnosticar as condições e supervisionar os tratamentos para cada problema de saúde individual. Se uma pessoa está sob cuidados de um psicólogo ou médico e recebe orientação contrária às informações fornecidas neste guia, a orientação do psicólogo ou do médico deve ser seguida, pois se baseia nas características únicas desse indivíduo.

A linguagem convencional dos psicólogos pode parecer sem sentido para alguém que nunca frequentou uma aula de Psicologia. Como informei antes neste capítulo, tento evitar o jargão e a linguagem técnica no livro. Você pode se deparar com uma piada ou duas. Costumo adotar uma abordagem mais leve na vida, mas às vezes as pessoas não entendem meu senso de humor. Se eu tentar fazer uma piada no texto e fracassar, não seja muito cruel. Afinal, sou psicólogo e não acho que somos conhecidos por nosso senso de humor. Espero não parecer insensível nem arrogante, esta certamente não é minha intenção.

Por vezes, falar sobre Psicologia pode ser muito enfadonho, portanto, tento animar as coisas com exemplos e histórias pessoais. Não faço referência a nenhum paciente que tive em tratamento ou participou de minha prática. Se houver uma semelhança, será pura coincidência. Na verdade, tomei muito cuidado para preservar a privacidade e a confidencialidade das pessoas com quem trabalhei.

Penso que...

Você pode encontrar vários livros de Psicologia por aí. Muitos são técnicos demais, especializados ou cobrem uma área muito limitada da Psicologia. Alguns motivos para eu achar que *Psicologia Para Leigos* é o livro certo para você:

- » Você tem muitas perguntas sobre as pessoas.
- » Tem muitas perguntas sobre si mesmo.
- » Está pensando em seguir a área da Psicologia.
- » Atualmente estuda Psicologia ou uma disciplina afim, como serviço social ou orientação psicológica.
- » Está interessado em Psicologia, mas não tem tempo nem dinheiro para cursar a graduação.
- » Você entende todas as pessoas e quer saber se está no caminho certo.

Ícones Usados Neste Livro

Neste livro, os ícones ficam nas margens. Eles são colocados para ajudá-lo a encontrar com facilidade certas informações. Veja uma lista dos ícones:

DICA

Quando este ícone aparece, tento enfatizar uma informação que você pode achar útil algum dia.

CUIDADO

Com este ícone, tento alertá-lo para as informações que você "deve saber" se pretende aprender Psicologia.

LEMBRE-SE

Não se esqueça: quando este ícone aparece, estou lembrando-o dos destaques da seção. Ele marca a parte "se você aprender só uma coisa neste capítulo", portanto, preste atenção.

PAPO DE ESPECIALISTA

Este ícone marca as discussões que podem surgir acima do nível que você precisa para entender basicamente o tópico em questão. Estas seções podem ser puladas com segurança, sem prejudicar sua compreensão do ponto principal.

Além Deste Livro

Verifique a Folha de Cola online para ter um acesso rápido a informações sobre as diferenças entre psicólogos e outros profissionais da saúde mental, e como lidar com uma crise psicológica. Para acessar essa Folha de Cola, vá para www.altabooks.com.br e digite "Psicologia Para Leigos" na caixa de pesquisa.

De Lá para Cá, Daqui para Lá

Psicologia é um campo amplo. Você descobrirá que a organização deste livro permite verificar seu interesse e deixar o resto para depois, se quiser.

Use o Sumário e o Índice para ver o que chama sua atenção. Se você é novo no tema, por favor comece no Capítulo 1 e continue. Mas não precisa ler do início ao fim. É como na cafeteria — pegue o que quiser e deixe o resto.

Veja bem, se eu consigo escrever um livro inteiro sobre Psicologia, acho que você consegue ler o livro todo. E mais, acho que você gostará dele. A Psicologia é um ótimo assunto. Divirta-se!

1 Introdução à Psicologia

NESTA PARTE...

Entenda o que é Psicologia e tenha uma visão geral do campo.

Entre em contato com seu psicólogo interno explorando o conceito de que todos nós "atuamos" como psicólogos, analisando e avaliando o comportamento humano diariamente.

Descubra sobre a prática profissional da Psicologia com uma introdução de sua natureza científica e as diferentes abordagens que os psicólogos usam para investigar e entender as pessoas.

Conheça as diretrizes éticas que os psicólogos devem seguir durante o tratamento e na psicologia aplicada.

> **NESTE CAPÍTULO**
> » Definindo Psicologia
> » Entendendo como as pessoas funcionam
> » Descobrindo como a Psicologia pode ajudar

Capítulo 1
A Finalidade da Psicologia

Qual a finalidade da Psicologia?

» Conhecer a mente humana e o comportamento por meio de estudo científico e pesquisa.

» Aplicar esse conhecimento em benefício da sociedade e melhorar a vida das pessoas usando métodos científicos.

» Comunicar e ensinar esse conhecimento, aplicando-o a outras pessoas.

E qual é a finalidade deste livro?

Bem, é atender aos três objetivos anteriores, claro! Escrevi para instruir, ensinar e ser útil. Para ser honesto, sou um psicólogo muito nerd. Vejo a Psicologia como um assunto muitíssimo interessante, um conjunto de métodos úteis e uma ótima oportunidade para aprender mais sobre as pessoas. Sou louco por essas coisas. Eu costumava passear pelas estantes com livros de Psicologia na biblioteca da universidade buscando algo interessante, algo que chamasse minha atenção, para descobrir algo, aprender mais. Basicamente, este livro é uma coletânea de minha curiosidade e esforço. Espere estimular e alimentar a sua.

LEMBRE-SE

Na verdade, todos nós somos psicólogos. Só que alguns são "profissionais". A diferença entre um psicólogo profissional e um amador é uma questão de grau (entendeu?), foco, tempo gasto, materiais e métodos usados. Com os anos, me fizeram algumas perguntas (às vezes com respeito e educação, outras, não): "O que o torna melhor nisso que eu? O que você sabe que eu não sei?" Bem, acho que é de fato uma questão de grau, perspectiva e ferramentas psicológicas que uso para ver e fazer a "psicologia". Profissionais em qualquer área parecem fazer uma imersão. De novo, é uma questão de grau. Todos nós ocupamos o espaço de um "psicólogo" em certo grau. Os psicólogos apenas passam mais tempo envolvidos no consciente e se esforçam para ficar nesse espaço, vendo o mundo desse ponto de vista. Passamos nosso tempo e nossas carreiras ocupando esse espaço e fazendo a "psicologia", às vezes saindo do transe para compartilhar o que vimos, pensamos e descobrimos ser objetivamente verdadeiro, pelo menos até onde a ciência nos permite. No final das contas, a Psicologia é só um modo de ver as pessoas e o mundo com o qual elas interagem.

A Psicologia está "certa" sobre as pessoas? Sim e não, mas, na tentativa de estar à altura desse desafio, a Psicologia usa padrões da ciência. E, se fazer e praticar Psicologia tem algum uso, expõe alguém a uma nova ideia ou modo de pensar e ajuda uma pessoa a ter uma vida melhor, então ela cumpriu um papel valioso no mundo. Não é um privilégio em si. Ela não consegue explicar tudo sobre o ser humano. Veja bem, isso seria arrogante e absolutamente impossível.

Humildemente, os psicólogos fazem seu trabalho e esperam oferecer algo ao mundo. Um psicólogo que "descobre tudo" não é o objetivo. Tenho muito mais ideias ruins do que boas, portanto, preciso fazer parte de uma comunidade de pensadores, outros psicólogos e cientistas. Posso fazer um teste empírico com minhas ideias, compartilhar o que descubro, permitir um feedback corretivo e mudar conforme avanço na realização da Psicologia. Atuar na Psicologia é pensar, fazer e comunicar o esforço. Espero fazer isso neste livro.

Antes de dar uma definição, usarei um clichê da terapia: diga, o que você pensa? Como se sente? (Há uma antiga piada sobre psicólogos: quantos psicólogos são necessários para trocar uma lâmpada? Dois! Um para fazer o serviço e outro para perguntar: "Como se sente?") Quais ideias vêm à mente quando as pessoas pensam sobre psicologia? Depende de quem pergunta. Às vezes, eu me imagino como convidado em um programa de TV. Sou bombardeado por perguntas do público, que não consigo responder. Meu coração pesa. Começo a suar. Fico de pé para sair correndo, mas algo acontece e fico sentado. Imagino que estou perguntando ao público o que ele pensa que é psicologia e por que acha que um psicólogo pode responder perguntas sobre pessoas.

Por que, o que e Como para as Pessoas

Antes de dar uma definição de Psicologia, quero que você reserve uns minutos para anotar algumas ideias suas sobre o que é Psicologia.

Por que este livro chamou sua atenção?

Você busca respostas? Aconselhamento?

Como terá as respostas?

Veja três perguntas-chave relacionadas à Psicologia também:

- Por que as pessoas agem de tal modo?
- O que compõe o "por quê" e o "como"?
- Como as pessoas agem de tal modo?

Algumas perguntas com "Por quê?":

- Por que estou contente?
- Por que não paro de sentir tristeza?
- Por que ela terminou comigo?
- Por que eu não disse aquilo? (Ao me afastar de uma discussão.)
- Por que eu disse aquilo? (Ao entrar em uma discussão.)

Algumas perguntas com "O quê?":

- Quais são as emoções?
- Qual é o transtorno mental?
- O que é inteligência?
- O que são pensamentos?

Algumas perguntas com "Como?":

- Como consigo lembrar mais?
- Como faço meu filho de dois anos parar de fazer pirraça?
- Como a mente funciona?
- Como a linguagem se desenvolve?

As perguntas com "por quê", "o quê" e "como" compõem os núcleos intelectual e filosófico da Psicologia.

LEMBRE-SE

Finalmente chegou a hora da definição: *Psicologia é o estudo científico do comportamento humano e dos processos mentais*. A Psicologia tenta revelar o que as pessoas fazem juntamente com "por quê", "o quê" e "como" elas fazem.

Uma metáfora útil: Criando uma pessoa

Não faltam metáforas na Psicologia. Elas são usadas para fornecer modelos "explicativos" extremamente simplificados e gerais das pessoas. Os psicólogos Dedre Gentner e Jonathan Grudin fizeram uma análise das metáforas usadas na Psicologia e identificaram 256! Ao longo dos anos, as pessoas foram comparadas com "macacos sem pelos", computadores, máquinas, sistema nervoso e muito mais. Contudo, lembre-se de que as pessoas não são "modelos", mas modelos podem ser úteis para entendê-las!

Agora entrarei na briga com minha própria metáfora para o bem ou para o mal. Não acho que essa metáfora seja particularmente útil, e provavelmente há uma possibilidade de que esteja pegando de outra pessoa. Mas a considero boa, então lá vai.

Quando tento imaginar todos os motivos pelos quais as pessoas agem de tal forma, o que usam para agir assim e como fazem isso, costumo adotar uma abordagem de "cientista maluco". Sempre achei que um dos melhores modos de responder "por quê", "o quê" e "como" seria considerar a criação de uma pessoa e, então, defini-la realizando tarefas típicas de uma pessoa, fazendo o que ela faz. Bem, não estou falando para realmente criar uma, como fez o Dr. Frankenstein, com partes, cérebro e eletricidade, mas criar um projeto da mente e do comportamento de uma pessoa, realizando funções, contextualizada, como um tipo de "espaço de performance", como jogadores de basquete jogando basquete, cantores fazendo suas apresentações e pessoas agindo como tais.

Na terapia, quando as pessoas tentam me explicar certo comportamento ou situação, costumo dizer: "Pode fazer isso agora? Pode me mostrar?" Por exemplo, um pai/mãe pode contar como seu filho bate nele(a) quando pede à criança para fazer algo. E direi: "Mostre para mim. Faça isso." (Posso assegurar que todos ficam seguros e isso é feito com ética.) A resposta mais comum é um olhar confuso ou perturbado no rosto do pai/mãe.

O importante é que, se a pessoa consegue representar, então também pode evitar que aconteça. E significa que ela entende por que e como acontece. É um tipo de engenharia psicológica reversa para descobrir "por quê", "o quê" e "como" em relação ao comportamento humano (também é um bom exemplo de abordagem empírica, na medida em que o processo pode ser observado e testado).

Haverá um dia em que a Psicologia atingirá o auge do conhecimento e da compreensão de todos os determinantes do comportamento, todos os ingredientes da mente humana e todos os processos. Talvez o campo possa descobrir tudo por meio do processo de engenharia reversa mencionado anteriormente. Ou, no mínimo, talvez a Psicologia descubra que as pessoas e todas as informações que os especialistas coletam possam ser armazenadas ou formuladas em um *algoritmo* ou "receita" para "criar" pessoas que, um dia, uma forma de vida robótica superinteligente possa utilizar para recriar a espécie humana, milhares de anos após sua extinção. Eu disse que às vezes penso como um cientista maluco, certo?

Sim, esse é o tipo de projeto ou sobreposição que gosto de usar para entender o que é Psicologia: por que as partes e o processo são assim? Quais são as partes ou os ingredientes de uma pessoa? Como realizamos funções usando essas partes e ingredientes para chegar ao porquê?

Parece que minha metáfora é o monstro de Frankenstein. Pense nisso como a "Máquina de Frankenstein", a "Máquina do Dr. Cash" ou mesmo uma "Máquina do Monstro".

Por quê?

O primeiro princípio da minha visão de cientista maluco quanto à Psicologia é que criar um ser humano requer que você saiba a função da pessoa. Afinal, os engenheiros não criam coisas sem saber o que elas devem fazer. Apenas com uma finalidade em mente é possível saber quais materiais são necessários e como funcionam juntos.

As premissas dessa abordagem funcional se baseiam em uma filosofia conhecida como *funcionalismo*, que é a noção de que a mente, os processos mentais e o comportamento são "ferramentas" para o funcionamento adaptativo que leva o ser humano a operar com mais eficiência em seu ambiente (sobrevivência e perpetuação da espécie).

Como todos os organismos vivos compostos de carbono no planeta Terra, os seres humanos são máquinas "vivas". Não estou dizendo que não há sentido para a vida. Pelo contrário; estou dizendo que a função da vida é estar vivo, ficar vivo e perpetuar a vida. Mas tem de haver mais do que isso, certo? Livro errado. Tente o *Filosofia para Leigos* ou *Religion For Dummies*.

O quê?

Do ponto de vista psicológico, do que a "máquina viva" do ser humano precisa para cumprir sua função de existir, ficar vivo e perpetuar? Bem, se alguma vez você montou um móvel, sabe que as instruções geralmente começam com uma lista das peças.

A Psicologia já montou uma lista bem grande de peças psicológicas:

- » **Corpos** (e todas as partes secundárias; veja o Capítulo 3 para saber mais)
  - Cérebros
  - Corações
  - Hormônios
  - Genes
  - Coordenação motora
- » **Mentes** (e todas as partes secundárias; veja os Capítulos 4 a 9)
  - Consciência
  - Sensações e percepções, inclusive visão, audição, paladar, olfato, tato, equilíbrio e dor
  - Pensamento, que controla a atenção, a lembrança, a formação de conceitos, a solução de problemas, a decisão e a inteligência
  - Comunicação, inclusive expressões verbais e não verbais, como linguagem corporal, gestos, fala e linguagem
  - Motivações
  - Emoções
  - Egos
- » **Outras pessoas**
  - Suas mentes
  - Seus sentimentos
  - Suas motivações
  - Seus cérebros

Como?

Mencionei "por quê" e "o quê"; faltou "como". É onde a Psicologia fica extremamente interessante. É onde colocamos o pé na estrada, como as partes "por quê" e "o quê" interagem por meio de operações e processos da mente e do comportamento. Veja uma lista de algumas operações e processos:

- Sentir e perceber
- Mover-se
- Reabastecer
- Aprender, como a capacidade de aprender com o ambiente
- Raciocinar, prestar atenção, lembrar
- Ficar motivado
- Sentir
- Socializar
- Crescer

Solução de Problemas

Todas essas peças, desenvolvidas e montadas, cumprem suas tarefas no mundo, certo? Mas o mundo atua nelas, as influencia e impacta. Se o contexto fosse lidar com outras pessoas, interagir com a tecnologia ou ser perseguido por algo perigoso, o trabalho do cientista maluco estaria incompleto sem ver o mundo em torno das peças montadas.

Então, montei meu ser humano, liguei e deixei que ele realizasse sua função básica de sobrevivência. Acho que o equipei com tudo o que ele precisa para sobreviver.

Mas algo acontece: uma mudança. Sim, acontece algo inesperado e meu humano começa a tropeçar, lutar e quase cai ao realizar sua função básica. Como pude esquecer que o mundo não é um lugar estático?

Minha criação lida com o ambiente de modos que eu deveria ter antecipado. Então volto para a prancheta e adiciono as seguintes funções e habilidades para manter o "por quê" seguindo em frente, com suas peças e processos:

» Enfrentar e adaptar-se

» Corrigir

» Prosperar

Juntando Tudo de Novo

No caso de você estar imaginado (e estava), não estou envolvido em um projeto real de "criação do ser humano", exceto para ter um "modelo" com o qual trabalhar. Mas, se eu criasse meu próprio monstro Frankenstein, teria uma base bem sólida e um projeto. As peças de cada pessoa, processos e fontes de ajuda representam uma seção ou um capítulo do livro *Psicologia Para Leigos*, 3ª Edição.

LEMBRE-SE

Mas, antes de entrarmos nos próximos capítulos, preciso mencionar uma última coisa. É óbvio que a Psicologia pode ser muito reducionista, ou seja, ela tenta pegar um fenômeno extremamente complexo, a *pessoa*, e dividi-lo em partes e explicações simples. Quebramos o personagem Ovo das histórias infantis — mas podemos montá-lo de novo? As pessoas não são feitas de X, Y e Z. Elas não são apenas "por quês", "o quês" e "comos". Não somos teorias, modelos, experimentos nem "monstros" do Dr. Cash.

Quanto mais atuo como psicólogo, mais gosto da natureza complexa, confusa e misteriosa das pessoas, apesar de fazer isso há mais de 25 anos. Não há um único dia em que eu não aprenda algo novo sobre as pessoas, perceba que estou errado sobre algo ou alguém e seja humilhado. Eu só quero que os leitores saibam que, apesar dos meus esforços para "decifrar" a Psicologia e as pessoas, é apenas minha tentativa reducionista de entendê-las, e espero fazer isso com respeito, compaixão e humildade.

NESTE CAPÍTULO

» Autopercepção

» Entendendo a função dos psicólogos

» Propondo modelos e pesquisando

» Ética

Capítulo 2
Pensando e Agindo como Psicólogo

O *porquê* de os psicólogos usarem a "psicologia" é entender e ajudar as pessoas. Mas *como* exatamente fazem isso? Bem, usaremos a definição de Psicologia para mudar a pergunta: "Quais processos mentais e comportamentos os psicólogos usam e com quais interagem quando usam de psicologia?" Psicologia é um esforço para pensar, fazer e comunicar-se.

Cada um de nós é psicólogo amador. Os profissionais não são os únicos que tentam entender as pessoas, todos nós fazemos isso! Todos nós pensamos, agimos e nos comunicamos sobre pessoas (pare de fofocar!). Quando comecei a fazer cursos de Psicologia, tinha ideias próprias sobre as pessoas. Às vezes, eu concordava com o que era mostrado e ensinado; outras, discordava totalmente. Não sou o único. A maioria das pessoas parece ter ideias específicas sobre o que faz os outros agirem. Por vezes, isso corresponde à realidade; outras, não.

Esse processo de "correspondência" é central na pesquisa científica. Queremos que nossas ideias correspondam à realidade, certo? Para acertarmos ou encontrarmos a verdade, desenvolvemos teorias, fazemos pesquisa (por exemplo, coletamos dados com observação, entrevistas, testes, estudos etc.) e realizamos experimentos. Fazemos isso repetidamente até ficarmos satisfeitos com o que descobrimos, termos uma boa ideia do que é real e um conjunto de fatos concretos. Mas tem um porém. Exatamente quando achamos que estamos certos, surge algo e tudo desanda. Novos dados requerem uma reconfiguração do que achamos que sabíamos. Assim, a ciência é um constante esforço de atualização. Quanto mais sabemos, mais questionamos e precisamos atualizar nossa compreensão da realidade.

Um dos meus professores favoritos, Dr. Jay Brand, resume isso com muita eloquência:

> A ciência representa uma tentativa prolongada de contribuir para a construção pública de conhecimento, com base em evidência probabilística de que um conjunto de amostras pode ter semelhanças importantes com a realidade. Ninguém acredita sinceramente que o experimento responderá a uma pergunta útil de uma vez por todas...
>
> ... o desenvolvimento da teoria (conhecimento), integrado, por muitos investigadores isolados (experimentos e análise de dados), representa o real valor da ciência para a sociedade.

É essencial trabalhar com outros cientistas. Pense nos bilhões de neurônios com trilhões de conexões, então, multiplique tudo isso por 7 bilhões de pessoas. Uau, é quase infinito. Como alguém saberia tudo? Somos melhores quando trabalhamos juntos, embora não sejamos tão ruins quando trabalhamos sozinhos. Agradeço pelos professores que tive, supervisores, pacientes, famílias, pelos livros e artigos que já li. Quando há mais de uma pessoa buscando a verdade, a probabilidade de encontrá-la é maior.

LEMBRE-SE

Uma das regras fundamentais da ciência é que, seja qual for a investigação, ela deve produzir um *teste empírico* e ser replicada, ou seja, a existência de algo — uma teoria, por exemplo — deve ser verificada ou refutada com uma observação repetida, medição e experimentação.

Nunca esquecerei do dia em que dois dos meus professores tiveram uma discussão acalorada quando um deles apresentou uma teoria como "fato", mesmo que ela não tivesse sido testada e replicada empiricamente. O outro argumentou: "É uma questão empírica. Faça experimentos, então volte aqui!" Um professor estava afirmando um "fato" a partir da teoria; o outro pediu para desacelerar e fazer alguma pesquisa antes de afirmar fatos aqui e acolá. Há regras de verificação e falsificação. Os cientistas não podem simplesmente dizer: "Pode acreditar!" Eles dizem: "Irei testar e, se estiver certo, tudo bem. Do contrário, faremos ajustes."

Neste capítulo, estamos interessados em "como" os psicólogos buscam a verdade. Descobriremos como eles trabalham, os principais ramos da Psicologia, como as teorias gerais estruturam as perguntas feitas e as variáveis que eles examinam. Por fim, você verá como a disciplina da Psicologia trabalha para ser o mais científica possível, baseando seu conhecimento em uma teoria séria, pesquisa e métodos estatísticos, reforçando sua credibilidade em outras disciplinas acadêmicas, e como tudo é feito com ética.

Principais Atividades de um Psicólogo

Psicólogos são profissionais e especialistas. Mas especialistas em quê? O que eles fazem? Basicamente, são cientistas armados com teorias, modelos, pesquisas e dados quando trabalham.

Há quatro "tipos" principais de psicólogos definidos, segundo a que eles dedicam grande parte do tempo. Explico isso nas seções a seguir.

Psicólogos experimentais e pesquisadores

Eles passam grande parte do tempo fazendo pesquisa e costumam trabalhar em ambientes acadêmicos. Os psicólogos experimentais atuam em muitas áreas, mas pesquisadores individuais costumam ter uma especialidade, como Psicologia Social ou Psicologia do Desenvolvimento.

Veja uma lista de algumas áreas da ciência psicológica experimental e baseada em pesquisa:

- Ciência cognitiva
- Neurociência comportamental
- Personalidade
- Psicologia social
- Psicologia do desenvolvimento
- Psicofarmacologia
- Psicologia da saúde
- Estudos sobre orientação sexual e gênero
- Psicologia da mídia social
- Psicologia de trauma
- Psicologia anormal
- Métodos e estatísticas da pesquisa

Psicólogos aplicados

Eles aplicam diretamente as descobertas da pesquisa e a teoria psicológica a situações e problemas do cotidiano. Os psicólogos aplicados atuam em uma grande variedade de situações, como negócios, governo, educação e até esportes.

Uma lista de algumas áreas da ciência psicológica aplicada:

- Psicologia industrial/organizacional
- Psicologia forense
- Psicologia militar
- Psicologia clínica
- Psicologia educacional e escolar
- Fatores de engenharia e humanos
- Reabilitação
- Psicologia para casais e família
- Psicologia para esportes, exercícios e performance
- Neuropsicologia clínica

Professores/educadores/mestres

Estes psicólogos trabalham no ensino médio, faculdades, universidades e em muitos outros ambientes. Eles também escrevem livros para o público em geral e artigos para revistas e sites populares.

Psicólogos teóricos e filosóficos

Eles entram em discussões, debates e análises das teorias, examinando questões filosóficas, como epistemologia, método, progresso científico e outros conceitos "gerais".

Claro, muitos psicólogos atuam em mais de uma área. Alguns se encaixam em mais de uma dessas categorias, por exemplo, psicólogos clínicos que fazem pesquisa. Pesquisadores que ensinam. Professores que fazem pesquisa. Consultores que pesquisam. Pesquisa sendo feita na consulta. Acho que você entendeu.

Como Se Tornar Psicólogo?

A Associação Americana de Psicologia afirma que, para uma pessoa ser considerada psicóloga, ela deve ter doutorado e, embora os requisitos possam variar entre os países, é um padrão aceito em geral no mundo também. Em quase todos os estados norte-americanos, é preciso que a pessoa tenha licença para praticar a Psicologia, o que costuma requerer um exame de licenciamento completo; no Brasil, é preciso ter registro no Conselho

Federal de Psicologia (CFP). No Reino Unido, a Sociedade Britânica de Psicologia requer treinamento de doutorado para praticar a psicologia clínica, e os profissionais são regulamentados pelo Conselho de Profissões de Saúde e Cuidados (HCPC).

LEMBRE-SE

Isso significa que não posso ser psicólogo sem doutorado? Sim e não. Talvez você não possa ser chamado de psicólogo por assim dizer; mas, com mestrado ou bacharelado, as pessoas ainda usam a formação em Psicologia e treinamento para participar de inúmeras atividades, inclusive pesquisa, consulta e ensino. Um curso de Psicologia é uma excelente formação que se aplica a muitos outros campos, incluindo governo, ONGs, política, pesquisa, negócios, redes sociais e educação.

Introdução à Metateoria e às Estruturas

Em um nível muito básico, a Psicologia é um ramo do conhecimento. A Psicologia existe e interage com outras disciplinas científicas e acadêmicas, em um ambiente coletivo de conhecimento, e contribui com muitas teorias e pesquisas para ajudar a responder perguntas relacionadas ao comportamento humano e a processos mentais. Vários outros campos de estudo (Física, Biologia, Química, História, Economia, Ciências Políticas, Sociologia, Medicina e Antropologia) tentam usar perspectivas próprias para responder às mesmas perguntas básicas da Psicologia sobre pessoas.

Um comentário que sempre ouço dos alunos é: "O que faz você pensar que a Psicologia tem todas as respostas?" Respondo: "Os psicólogos apenas tentam fornecer uma peça do quebra-cabeças, não todas as respostas."

Para que a Psicologia contribua para a comunidade com conhecimento sobre as pessoas, ao longo dos anos, os psicólogos, como grupo, propuseram um conjunto básico de *perspectivas teóricas amplas*, ou estruturas, para orientar o trabalho da Psicologia. Essas estruturas às vezes são referidas como *metateorias*. A maior parte da pesquisa psicológica se baseia em uma ou mais dessas estruturas amplas ou metateorias.

Cada metateoria fornece uma estrutura geral para realizar uma pesquisa psicológica e propõe uma ênfase diferente para descobrir o que as pessoas fazem, por que e como agem. Outras perspectivas representam abordagens híbridas, como ciência motivacional e neurociência afetiva. Mas no momento vou ficar com o básico.

Nesta seção, descrevo as metateorias mais comuns que os psicólogos usam quando encontram um comportamento ou um processo mental pelo qual se interessam em pesquisar. Em geral, o trabalho começa a partir de uma dessas teorias.

Biológica

A abordagem biológica gira em torno de fundamentos biológicos do comportamento, inclusive os efeitos da evolução e da genética. A premissa é de que o comportamento e os processos mentais podem ser explicados entendendo a genética, a fisiologia humana e a anatomia. Os psicólogos biológicos focam, em grande parte, o cérebro e o sistema nervoso (para saber mais sobre a Psicologia biológica, veja o Capítulo 3). A neuropsicologia e o estudo do cérebro, da genética e a Psicologia evolucionista estão incluídos na metateoria biológica.

Para ter um exemplo do impacto da biologia no comportamento, pense em como as pessoas agem de modo diferente quando estão sob influência de álcool. As festas de fim de ano no escritório são bons laboratórios para aplicar a perspectiva biológica. Você circula na festa e vê Roberto, o cara relativamente calmo da contabilidade, estrondando no cubículo onde ele trabalha. Roberto agora é mulherengo, divertido, está bêbado. Você acha que ele se lembrará disso?

Comportamental

A abordagem comportamental enfatiza o papel e a influência do ambiente e das experiências de aprendizagem prévios para entender o comportamento. Os behavioristas não focam tradicionalmente os processos mentais por si só porque acreditam que eles são muito difíceis de observar e medir com objetividade. Na estrutura do behaviorismo, o "por quê" do comportamento pode ser explicado vendo as circunstâncias nas quais ele ocorre e as consequências em torno das ações de alguém. Os condicionamentos clássico e operante são modos de entender o comportamento e levam à modificação comportamental, uma abordagem específica para modificar o comportamento e ajudar as pessoas a mudarem, resultante da metateoria do behaviorismo (veja o Capítulo 8 para obter detalhes sobre algumas técnicas de modificação do comportamento baseadas nos condicionamentos clássico e operante).

Cognitiva

A estrutura cognitiva visa o processamento mental da informação, inclusive as funções específicas da atenção, da concentração, do raciocínio, da solução de problemas e da memória. Os psicólogos cognitivos estão interessados nos planos mentais e nos pensamentos que orientam e causam o comportamento, afetando como as pessoas se sentem. Teorias do teste de inteligência e do processamento da informação são exemplos de metateoria cognitiva.

Sempre que alguém pede para você ver o lado bom, isso vem de uma perspectiva cognitiva. Quando acontece algum ruim, a maioria se sente melhor se o problema é resolvido ou solucionado. Mas como você deve se sentir se nada muda? Se as circunstâncias não mudam, você se sente mal para sempre? Claro que não; na maioria dos casos, as pessoas podem mudar como pensam em relação a uma situação. Você pode escolher ver o lado bom ou, pelo menos, não ver apenas o lado ruim. Essa é a essência da terapia cognitiva.

Sociocultural

A abordagem sociocultural foca fatores sociais e culturais que afetam o comportamento. Assim, como se espera, a Psicologia multicultural entra na metateoria sociocultural, que tem tudo a ver com o enorme poder de grupos e da cultura sobre o "por quê", o "como" e o "o quê" do comportamento e dos processos mentais.

Tatuagens e piercings são bons exemplos desse poder. Em determinado momento da cultura dominante, as pessoas com rabiscos e piercings foram percebidas como atuando fora do status quo, portanto as pessoas "status quo" não estavam alinhadas com os estúdios de tatuagem ou piercing. Hoje, ambas são amplamente aceitas e até o Sr. Status Quo pode ter uma tattoo ou um piercing (ou dois ou três).

Desenvolvimento

O filósofo grego Heráclito é conhecido por dizer: "A única constante é a mudança." A Psicologia Comportamental é uma metateoria baseada na ideia de que os processos mentais e o comportamento mudam com o tempo, de um processo mental e comportamento para outro de modo progressivo. Os processos mentais são criados e se baseiam nos anteriores, assim como os comportamentos.

As primeiras abordagens focavam sobretudo as crianças, e é geralmente nelas que as pessoas pensam ao se referir à Psicologia Comportamental. Mas a abordagem contemporânea abrange a duração da vida humana e é conhecida como *desenvolvimento do tempo de vida*. Uma contribuição essencial dos pesquisadores de desenvolvimento é o conceito de *normas relacionadas à idade*. Elas são diretrizes, de acordo com as quais processos mentais e comportamentos "devem estar" presentes em certas idades. Por exemplo, as crianças "devem" falar combinações de duas palavras com 18 a 24 meses de idade. Do contrário, são consideradas fora da norma e podem estar com atraso. Portanto, se você já se sentiu pressionado para sair da casa de seus pais com 25 anos, agradeça ao psicólogo comportamental.

Evolucionista

A Psicologia Evolucionista pesquisa as causas e as explicações para os processos mentais e o comportamento pela lente da adequação adaptativa e da seleção natural. A ideia básica é que os processos mentais e os comportamentos são um produto da "seleção por cruzamento" para os processos e os comportamentos que ajudaram a resolver problemas recorrentes, que os humanos enfrentam em grandes intervalos de tempo. Enquanto as abordagens de desenvolvimento enfatizam uma mudança durante o tempo de vida de um indivíduo, a Psicologia Evolucionista enfatiza a mudança nas gerações. Os traços particularmente úteis para a sobrevivência, como a solução de problemas e a cooperação com outras pessoas, eram "mantidos" e passados para as gerações subsequentes. O processo mental ou o comportamento que levava uma pessoa a viver tempo suficiente para passar seu gene ficava no pool de genes. Os demais eram retirados do pool. E mais, existe um ramo da Psicologia conhecido com *Psicologia Comparativa*, que estuda o comportamento animal como análogo ao comportamento humano. Estudar os animais pode nos ajudar a entender o ser humano, e a Psicologia Evolucionista é a base e a justificativa dessa abordagem.

Humanista e existencial

A metateoria humanista e existencial enfatiza que cada pessoa é única, e o ser humano tem a capacidade e a responsabilidade de fazer as próprias escolhas. Não sou vítima das circunstâncias! Tenho opções na vida. Os humanistas acreditam que a livre escolha, o livre-arbítrio e a compreensão da pessoa quanto ao significado dos eventos em sua vida são o mais importante de estudar para entender o comportamento. Os trabalhos de Victor Frankl, Rollo May e Fritz Perls, junto com o estudo da espiritualidade e da religião, são exemplos dessa estrutura.

Em sua vida particular, você já se sentiu como só mais um na multidão? Sentiu como se sua vida fosse controlada pelo acaso? Como se sentiu? Provavelmente não muito bem. Sentir que há escolha e fazer boas escolhas dão uma sensação de existir, realmente, reafirmando a existência. É como acontece com a maioria das pessoas, e os psicólogos que trabalham com a metateoria humanista e existencial acreditam que o comportamento é somente um resultado da escolha.

Psicanalítica/psicodinâmica

A metateoria psicanalítica/psicodinâmica enfatiza a importância dos processos mentais inconscientes, do desenvolvimento na primeira infância, da personalidade, do ego, dos padrões de apego e das relações. Essa abordagem explora como os processos mentais e de desenvolvimento interagem com os desafios da vida e com as demandas diárias, afetando a pessoa que você é e como se comporta.

Sigmund Freud fundou a psicanálise no início dos anos 1900; desde então, centenas de teóricos somaram ao seu trabalho. As últimas teorias normalmente são rotuladas de *psicodinâmicas*, porque enfatizam a interação dinâmica entre os vários componentes da mente, do ego, da personalidade, dos outros e da realidade. A Teoria das Relações dos Objetos e a Psicologia do Self são duas perspectivas teóricas específicas que entram na metateoria psicanalítica/psicodinâmica.

Feminismo

A Psicologia feminista foca os direitos políticos, econômicos e sociais das mulheres, e como essas forças influenciam o comportamento de homens e mulheres. Embora o feminismo tenha tido uma influência anterior, a perspectiva feminista na Psicologia ganhou força durante o movimento das mulheres nos anos 1960.

Uma questão em particular que chamou a atenção de pesquisadores feministas e clínicos é o distúrbio alimentar. Da perspectiva das feministas, esse distúrbio é em grande parte consequência das excessivas pressões para ser magras que a mídia e a cultura exercem sobre mulheres de todas as idades. As feministas chamam a atenção para revistas de moda e modelos femininas na cultura popular.

Pós-modernismo

A metateoria do pós-moderno questiona a essência da ciência psicológica, desafiando sua abordagem da verdade e seu foco no indivíduo. Por exemplo, os pós-modernistas propõem que, para entender o pensamento e o raciocínio humanos, precisamos ver os processos sociais e coletivos envolvidos no pensamento e no raciocínio. A realidade não é algo solto, independente, e sim que o ser humano cria como comunidade.

Os pós-modernistas argumentam que as pessoas em posições de poder têm muito a dizer sobre o que é "real" e "verdadeiro" na Psicologia, e defendem uma visão *construtivista social* da realidade, que estabelece que os conceitos de "realidade" e "verdade" são definidos, ou construídos, pela sociedade. Esses conceitos, segundo tal estrutura, não têm significado além dos significados que a sociedade e os especialistas atribuem a eles. As teorias narrativas e construtivistas são exemplos que entram na metateoria do pós-modernismo.

Modelo Unificado? Trabalhando com o Modelo Biopsicossocial

Ao longo dos anos, cada uma das grandes metateorias que acabei de mencionar teve seu dia de glória, depois ficou na estante quando a próxima grande novidade surgiu. Essa porta giratória das estruturas explicativas dificulta classificar as diferentes metateorias e escolher a melhor para encontrar as respostas desejadas. Por onde começar?

Uma alternativa, em vez de escolher uma metateoria, é combinar várias visões, adotando uma abordagem integracionista ou *unificadora*. O *modelo biopsicossocial* da Psicologia representa uma tentativa popular de integração.

LEMBRE-SE

A ideia básica por trás do modelo é que o comportamento humano e os processos mentais são produtos de influências biológicas, psicológicas e sociais. Biopsicossocialistas tentam descobrir como essas influências interagem para produzir o comportamento. Eles acreditam que qualquer explicação do comportamento e dos processos mentais que não considere os três fatores primários (corpo, mente e ambiente) está incompleta.

Sentindo o papel do corpo

Como seres materiais, os humanos são feitos de carne e osso. Qualquer debate sobre pensamentos, sentimentos e outros conceitos psicológicos que não inclua uma composição biológica e função, sobretudo o cérebro e o sistema nervoso, ignora os fundamentos da existência humana.

Veja a mente como exemplo. A maioria das pessoas concorda que elas têm mente e que as outras (bem, muitas outras) também têm. Mas essa mente existe? Os psicólogos concordam que a mente existe no cérebro ou é sinônimo de cérebro. A metateoria biológica está integrada ao modelo biopsicossocial por causa desse componente. Pode-se dizer que, assim como a digestão é uma função do estômago, a "mente" é uma função do cérebro.

Pensando sobre o papel da mente

Quando a maioria das pessoas pensa em Psicologia, elas têm em mente (sem duplo sentido) esse aspecto do modelo biopsicossocial. Pensamentos, sentimentos, desejos, crenças e vários outros conceitos mentais são endereçados pelo modelo biopsicossocial por meio da análise do papel da mente.

E se este livro fosse sobre botânica? O modelo biopsicossocial se aplicaria? Somente se você acredita que as plantas têm mentes, o que seria um exagero! Isso destaca a exclusividade do modelo biopsicossocial da Psicologia. A mente é essencial para entender o comportamento e os processos mentais.

Os behavioristas ignoram a mente. Os psicólogos biológicos estudam a mente como cérebro. Considerando o estado mental de uma pessoa no contexto dos sistemas biológicos e do ambiente social, os psicólogos biopsicossociais têm uma visão mais ampla do comportamento e do estado mental da pessoa do que aqueles que focam exclusivamente um aspecto do modelo com três partes.

Observando o papel do mundo externo

Os cérebros não trabalham no vazio nem as mentes pensam no vácuo. O comportamento e os processos mentais estão incorporados em um contexto que inclui outras pessoas e coisas no ambiente onde elas residem. Assim, o aspecto social do modelo biopsicológico também inclui relações entre pais e filhos, famílias, comunidades e cultura.

DEBATE ENTRE NATUREZA VERSUS CRIAÇÃO

Considere os atletas profissionais, atletas de elite com sorte o bastante para serem pagos para jogar como meio de vida. Quanta sorte você pensa estar envolvida? Um erro comum sobre atletas profissionais de elite é que seu talento natural contribui para o sucesso. Mas qualquer pessoa que tenha trabalhado ou conhecido uma dessas pessoas dirá que o trabalho pesado tem muita relação com o sucesso.

Então, o que é? Talento ou trabalho pesado? Essa pergunta está no centro de um longo debate na Psicologia, conhecido como debate entre natureza versus criação. Talento versus trabalho pesado. Habilidade inata versus aprendizagem e esforço.

Natureza se refere à ideia de que o comportamento e os processos mentais são naturais, inatos e programadores e se desdobrarão com o tempo, conforme a pessoa se desenvolve e seu código genético é revelado. *Criação* se refere à ideia de que o comportamento e os processos mentais não são inatos, mas aprendidos com o ambiente onde a pessoa vive.

Ambas as perspectivas têm defensores. John Locke, filósofo inglês do século XVII, defendia o conceito da *tábula rasa*, a "folha em branco", e acreditava que, dadas as experiências de aprendizagem certas, uma pessoa poderia ser qualquer coisa na vida. Do outro lado, temos Charles Darwin, pai da evolução e defensor da natureza, que acreditava que o destino de uma pessoa se encontra em sua biologia e genes.

Uma citação de John Watson, considerado por alguns historiadores como fundador do behaviorismo, sintetiza essa perspectiva:

> "Dê-me uma dúzia de crianças saudáveis, bem formadas, e meu próprio mundo especificado para criá-las, e garanto que pegarei qualquer uma ao acaso e irei treiná-la para se transformar em qualquer especialista que eu selecione — médico, advogado, artista, comerciante-chefe e, sim, até mendigo e ladrão, independentemente dos seus talentos, inclinações, tendências, habilidades, vocações e raça de seus antepassados. Eu vou além dos meus fatos e admito isso, mas tem os defensores do contrário, e eles vêm fazendo isso por muitos milhares de anos." — John B. Watson, *Behaviorismo*, 1930

A maioria dos psicólogos modernos considera esse debate encerrado. A resposta simples é que *ambas*, natureza e criação, impactam o comportamento e o nível de sucesso de uma pessoa. Isso significa que chegar a entender o que as pessoas fazem e por que o fazem é basicamente apenas uma questão de investigar e compreender as contribuições relativas das influências biológicas inatas e as influências ambientais aprendidas.

Outras pessoas têm um grande poder ao modelarem e influenciarem o comportamento e os processos mentais de um indivíduo. Se você não tem certeza, considere os efeitos prejudiciais que eventos ou experiências sociais negativas, como abuso físico ou sexual, podem ter sobre alguém. Menosprezar o impacto da interação de uma pessoa com família e amigos é negligenciar a realidade.

Os comportamentos e os processos mentais variam segundo a cultura? Deixe-me colocar a questão assim: se eu apenas fizesse uma pesquisa com alunos brancos, de classe média e na faculdade, poderia afirmar que meus resultados se aplicam a todas as pessoas? Claro que não. Esse tema tem sido um assunto polêmico na Psicologia nos últimos trinta anos ou mais. Avanços tecnológicos ajudam a tornar nosso mundo um lugar menor, e diferentes culturas entram em contato com mais frequência, em comparação com o passado, tornando a vida social de uma pessoa cada vez mais complexa. Assim, tal como é essencial a influência das relações familiares e com amigos, também é vital que os psicólogos considerem as diferenças culturais.

Então, é seguro dizer que a cultura na qual um indivíduo cresceu, assim como as culturas que ele experimenta ou adota durante a vida, impacta seu comportamento e processos mentais.

A influência cultural precisa ser endereçada na Psicologia por pelo menos dois motivos:

» **A ciência busca objetividade e verdade.** Todos são vulneráveis ao preconceito cultural, e os psicólogos não são exceção. Portanto, a Psicologia deve tentar identificar a influência da cultura no próprio pensamento, teorias e pesquisa, para fornecer o cenário mais objetivo e completo possível da realidade.

» **A precisão depende da relatividade da verdade em uma cultura específica.** Só porque uma pesquisa com norte-americanos mostra que usar linguagem de bebê para se comunicar com crianças atrasa o crescimento da fala madura, isso não significa que essas descobertas são verdadeiras em outros países.

Desenvolvendo uma boa teoria

Teoria é um conjunto de afirmações correlatas sobre um conjunto de objetos ou eventos (sendo estudados) que explica como esses objetos ou eventos estão relacionados. Saber isso é importante porque uma boa quantidade de conhecimento psicológico se baseia em teoria. As teorias desempenham duas funções principais: combinam o que já é conhecido com um pacote mais simples de conhecimento e ajudam os psicólogos a planejarem futuras investigações. As teorias *resumem* e *orientam*.

Teorias e hipóteses são parecidas, mas não exatamente iguais. Os psicólogos testam as teorias estudando suas implicações lógicas. As hipóteses são previsões específicas baseadas nessas implicações. É possível adicionar novas informações às teorias e usar teorias existentes para gerar novas.

LEMBRE-SE

Nem toda teoria é boa. Para ser boa, deve atender a três critérios:

» **Parcimônia:** Deve ser a explicação mais simples possível que ainda explica a observação disponível.

» **Precisão:** Deve tornar precisas, mas não excessivamente amplas ou vagas, as afirmações sobre a realidade.

» **Testabilidade:** Deve servir para uma investigação científica. É preciso haver um modo de mostrar que a teoria pode estar errada. É fácil coletar mais informações consistentes com a teoria de alguém. Portanto, é necessária muita coragem para ser cientista — e examinar situações que possam comprovar a teoria errada de alguém.

Buscando a Verdade

Parece que estou sempre buscando *a* verdade. Quando estava na faculdade, frequentava uma pequena livraria perto do campus especializada em livros espíritas, filosóficos e de Psicologia popular. Pelo menos uma vez por semana, eu percorria as prateleiras procurando algo interessante. Os livros eram organizados por assunto: metafísica, conhecimentos oriental e ocidental, budismo, taoísmo, judaísmo, islamismo, cristianismo, nova era, canalização etc. Eu lia livros de todas as seções. Buscava um tipo de verdade máxima, algum tipo de resposta.

Um dia, percebi que tinha exemplares de cada seção da livraria, mas ainda não estava satisfeito. Então, tive um pensamento estranho: a livraria está cheia de opiniões! Como eu encontraria respostas ou a verdade quando estava tendo apenas opiniões? Muitos livros tinham testemunhos, argumentos lógicos e histórias, mas muito pouca evidência ou prova, se houvesse alguma. Se eu questionava algo, simplesmente tinha a palavra do autor como garantia e confiava que era verdadeira. Mas eles poderiam estar certos porque alguns autores se contradiziam ou criticavam. Quem *estava* certo?

Acho que sou uma daquelas pessoas que precisam de provas. Seria um exagero dizer que estou descobrindo todas as respostas na Psicologia, mas, como campo, ela se esforça muito para estabelecer a verdade de suas afirmações com provas, ou *evidência empírica*, que resulta de aplicar um *método empírico*, uma abordagem da verdade que usa observação e experimento.

A Psicologia, como estudo científico do comportamento humano e dos processos mentais, usa o método empírico. Ela conta com dados e informações obtidos com pesquisa, experimentação, observação e medição. O lema empirista é: "Mostre-me os dados." Isso não nega a importância da teoria. Mas a teoria é insuficiente como posição de trabalho para psicólogos confiáveis.

Os psicólogos agem com responsabilidade quando trabalham com evidência empírica e são menos responsáveis se não fazem isso. Esses cientistas devem basear seu trabalho em dados e informações sólidos, não em opiniões.

LEMBRE-SE

De uma perspectiva empírica, só porque um psicólogo diz algo, isso não significa que seja verdade. Um psicólogo é obrigado a basear suas afirmações na evidência empírica coletada com pesquisa e análise estatística. Vale mesmo a pena pagar pelos serviços de um psicólogo para tratar depressão ou fobia, por exemplo, se o que ele diz e faz se baseia apenas na própria opinião? O que o torna especialista? Você espera que os profissionais tenham um bom conhecimento específico sobre sua área de especialização, e esse conhecimento e expertise devem se basear em evidência empírica.

A autoridade desses especialistas é mantida pelos meios como eles conhecem e investigam o assunto em questão.

Às vezes palavras como *conhecimento* e *verdade* podem ser capciosas. Saber de onde vem o conhecimento dos psicólogos é um primeiro passo importante ao aprender sobre Psicologia. Nesta seção, exploro os diferentes modos como os psicólogos reúnem evidência e tentam comprovar a verdade de suas afirmações e conhecimento. Especificamente, descrevo a pesquisa científica e o desenvolvimento da teoria, as duas ferramentas básicas que os psicólogos usam para consolidar sua expertise no comportamento humano e nos processos mentais.

Aplicando o método científico

A maioria tem uma opinião sobre o comportamento e os processos mentais dos outros e de nós mesmos. "Ela foi embora porque você não está disponível emocionalmente." "Se você não se expressa, fica reprimido." Estamos cheios de respostas para "por quê", "como" e "o quê" em relação às pessoas. Mas como sabemos que não falar sobre sentimentos acaba nos deixando oprimidos? Posso pensar que não expressar os sentimentos faz com que eles se afastem como nuvens em um dia de ventania. Quem está certo? Você pode achar que não importa, mas temos um grupo inteiro de psicólogos que afirmam ser especialistas nesses assuntos. Com base em que eles dizem isso com especialização?

Psicólogos tentam manter sua expertise e conhecimento usando três formas de aquisição de conhecimento ou modos de saber:

» **Autoridade:** Usada para transmitir informação, em geral em uma sessão de terapia ou processo de educação e treinamento. Pacientes e estudantes não têm tempo para sair e pesquisar tudo que foi informado. Eles precisam acreditar na palavra de alguém em algum momento.

» **Racionalismo/lógica:** Usado para criar teorias e hipóteses. Se as coisas não fazem um sentido lógico, provavelmente não farão sentido quando pesquisadores usarem o método científico para investigá-las.

» **Método científico:** Usado como o método preferido de obter informações e investigar o comportamento e processos mentais. Os psicólogos implementam o método científico com várias técnicas diferentes.

LEMBRE-SE

Para ser bem claro: nem tudo que os psicólogos fazem, falam e em que acreditam se baseia em pesquisa científica. Muita coisa se baseia na autoridade de personalidades conhecidas no campo. Outro conhecimento é baseado em experiência clínica sem nenhuma investigação sistemática. Uma boa parte das informações por aí também é puramente teórica, mas faz sentido em bases racionais ou lógicas.

A grande maioria dos psicólogos prefere usar o método científico quando busca a verdade porque é visto como um processo justo e imparcial. Quando realizo um estudo de pesquisa, espero descrever exatamente o que estou fazendo e o que afirmo estar buscando. Assim, se as pessoas querem provar que estou errado, elas podem repetir meu trabalho, passo a passo, e ver se obtêm os mesmos resultados. Se o conhecimento se baseia apenas na autoridade, nunca posso assegurar que a informação recebida é imparcial e confiável. Quando existe método científico, uma teoria que não corresponde aos resultados empíricos experimentados em um estudo de pesquisa é rotulada como imprecisa. É hora de buscar uma nova teoria!

CUIDADO

Os cientistas nunca devem mudar seus dados experimentais para corresponderem à teoria original; isso é trapaça!

Pesquisando Assuntos

Os psicólogos usam categorias amplas de pesquisa quando querem avaliar cientificamente uma teoria: pesquisas descritiva e experimental. Nesta seção, descrevo essas abordagens e me aprofundo em assuntos relacionados à estatística, entendendo a causa e o efeito nos estudos correlacionais, e o fascinante efeito placebo.

Entendendo a pesquisa descritiva

A pesquisa descritiva consiste na observação e na coleta de dados sem tentar manipular qualquer condição ou circunstância observada. É uma observação passiva dos tópicos investigados. Os estudos descritivos são bons para desenvolver novas teorias e hipóteses, e costumam ser o primeiro passo para um pesquisador investigar coisas que não foram muito estudadas. Contudo, eles não ajudam muito se você está interessado nas relações de causa e efeito.

Se estou interessado apenas no conteúdo das conversas em pontos de ônibus, posso filmar pessoas conversando em um ponto de ônibus e analisar o vídeo. Mas, se quero conhecer o que faz as pessoas conversarem sobre certos assuntos nesses lugares, devo fazer um experimento.

Fazendo uma pesquisa experimental

Tal pesquisa envolve o controle e a manipulação de objetos e eventos investigados para entender melhor as relações de causa e efeito entre eles.

Digamos que tenho uma teoria sobre conversas nos pontos de ônibus chamada "regra dos cinco minutos ou mais" que afirma: "Estranhos começam a conversar apenas após estarem na presença um do outro por cinco minutos ou mais." Minha hipótese é "Após cinco minutos, estranhos aparentes passarão a conversar além das simples amenidades e saudações dadas a pessoas desconhecidas", ou seja, minha hipótese é que após estranhos estarem em um ponto de ônibus por cinco minutos, eles começarão a conversar. Como posso testá-la?

Posso ficar em um ponto de ônibus e observar para ver se acontece. Mas como sei que minha regra de "cinco minutos ou mais" baseia minhas observações? Não sei. Pode ser uma série de coisas. É uma questão problemática na pesquisa que gosto de chamar de fator z. Um *fator z* é algo que afeta a hipótese que desconheço ou não levo em conta. É uma variável externa que preciso controlar para confiar em minha teoria. Alguns possíveis fatores z no estudo do ponto de ônibus podem ser cultura, idade e hora do dia. Os bons estudos de pesquisa tentam eliminar os fatores z ou as variáveis externas controlando sua influência e não incluindo na explicação.

Um estudo descritivo ou observacional não levará em conta os fatores z; pelo contrário, preparo um experimento no qual *eu* abordo as pessoas nos pontos de ônibus e experimento várias coisas para testar minha hipótese. Posso chegar e tentar conversar com alguém após dois minutos. Posso aguardar dez minutos. Posso fazer estudos durante uma tempestade ou vestido de certos modos e tentaria comprovar que minha hipótese está errada! Procuro descobrir se as pessoas conversam nos pontos de ônibus antes dos cinco minutos. Se este for o caso, então a regra dos cinco minutos é imprecisa. Quanto mais vezes não consigo provar que minha regra dos cinco minutos está errada, mais ela merece minha confiança.

É confuso. Por que eu tentaria refutar minha hipótese, em vez de simplesmente provar que ela está certa? Em qualquer investigação científica, eu realmente nunca consigo comprovar que uma hipótese é verdadeira. Ao contrário, procuro refutar o oposto da minha hipótese. Por exemplo, as pessoas pensavam no passado que a Terra era plana. Tudo observado naquela época era consistente com essa ideia. Mas veio alguém e forneceu evidências questionando essa ideia, mostrando falha no pensamento. Se eu tenho uma hipótese e continuo encontrando evidências para ela, fico cada vez mais confiante em relação a ela, mas nunca sei de fato. Porém, se posso encontrar um exemplo que contradiz minha hipótese, então isso lança dúvidas sobre ela. Se digo que todos os cisnes são brancos, o que acontece quando encontro um negro? A noção de que todos eles são brancos é falsa!

Medindo um, medindo todos com estatística

Uma boa Psicologia se baseia em uma teoria sólida e em bons dados, obtidos por meio de observação ou experimentação. E a Psicologia faz afirmações sobre todas as pessoas, ou seja, os psicólogos afirmam que sua pesquisa se aplica às pessoas em geral na maioria das vezes. Eles buscam a verdade como aplicada a todas as pessoas. Mas, sem uma pesquisa sobre todos no planeta Terra, como é possível que os psicólogos façam essa afirmação?

Um ramo da Matemática, chamado *estatística*, vem montado em um cavalo branco para permitir que um psicólogo faça afirmações sobre a humanidade com base em estudos e pesquisa feitos com dezenas ou centenas de pessoas. Após uma teoria ser desenvolvida, o método científico determina que essa teoria seja testada, com observação ou experimentação. Mais uma vez, temos o problema de não conseguirmos observar nem experimentar com todos, e é onde a estatística ajuda.

Estatística diz respeito às regras da coleta de dados e da análise. Em geral, são usados dois tipos de análise estatística na Psicologia, descritiva e inferencial:

» **Estatística descritiva** se refere à medição numérica direta das características de uma *população*, por exemplo, quanto há de algo, qual é a média de um fenômeno ou qual é o intervalo de valores em particular de algo. Se eu calculasse a estatística descritiva sobre todos os cisnes para testar minha hipótese de que todos eles são brancos, teria que descrever cada cisne. Formalmente, uma *população* é definida como uma coleção completa e bem delimitada de coisas, objetos etc. Uma análise descritiva requer uma descrição da população inteira de cisnes.

» **Estatística inferencial** vem ajudar quando não consigo medir todos os cisnes, pois essa abordagem me permite medir uma *amostra* deles, um subconjunto da população de cisnes, então fazer inferências ou estimativas sobre a população inteira a partir da amostra obtida.

A estatística inferencial resolve o dilema da medição contanto, claro, que você siga algumas regras básicas, como a *aleatoriedade* e o devido *tamanho da amostra*.

LEMBRE-SE

A aleatoriedade permite aos pesquisadores que façam inferências sobre uma população com base em como uma amostra é escolhida. Todo membro da população deve ter a mesma chance de estar na amostra.

Coletar uma amostra aleatória assegura que a população seja bem representada. Se você não escolhe aleatoriamente as pessoas para medir, então fica refém da *tendenciosidade da amostra*, escolhendo de modo que alguns membros da população tenham menos probabilidade de ser incluídos que outros. Essa tendenciosidade o impede de conseguir fazer afirmações sobre uma população inteira.

Esse problema costuma aparecer nas pesquisas durante as eleições. Um pesquisador afirma que um resultado de medir uma amostra se estende à população de possíveis eleitores e os críticos são rápidos em apontar que a amostra consistia em estudantes universitários entre 20 e 25 anos em uma faculdade de artes liberais na região Noroeste. Essa é uma amostra representativa dos possíveis eleitores?

Outro ingrediente-chave para assegurar uma amostra representativa da população é o *tamanho da amostra*, o número ou *n* indivíduos em sua amostra. Com certeza, quanto maior a amostra, melhor, porque você se aproxima da medição da população mais diretamente e necessita de menos inferência. Claro, o tamanho da amostra, *n*, é determinado pela logística e pela praticidade, portanto em geral você precisa se contentar com algo muito menor que qualquer abordagem da população total.

Isso irrita muitos psicólogos e cientistas em geral e é conhecido como problema "N+1". Todos pedem conselhos e informações a amigos sobre dieta e nutrição. Meu amigo tentou a "dieta paleolítica" e jura que perdeu 18kg. Meu colega de trabalho fazia a dieta "cupcake" e perdeu 9kg. Meu primo fazia a dieta "apenas carbo" e ganhou 45kg. Essas pessoas fornecem dados por experiência própria. Mas elas têm apenas uma amostragem individual da população, elas mesmas. A amostragem é de apenas um. Assim, de uma perspectiva estatística, qual a probabilidade dessa amostra representar a população inteira? Nenhuma. Proporcionalmente, é por isso que a maioria é mais propensa a confiar em conselhos se os mesmos dados vêm de várias pessoas.

Relacionando variáveis: Correlação versus causalidade

Variável é a coisa, a característica, o comportamento ou o processo mental sendo medido ou observado. Os psicólogos estão interessados em como as variáveis se relacionam, ou seja, como as coisas medidas afetam, impactam ou se alteram? Como o abuso infantil afeta o desempenho na escola? Como o estresse no trabalho afeta a depressão? Como o pensamento obsessivo afeta as relações? Na pesquisa, há dois tipos de variáveis, *independentes* e *dependentes*. *Variável dependente* é a coisa impactada ou alterada como uma função da variável independente. A *variável independente* impacta a variável dependente conforme ela muda.

NÃO FAZER NADA JÁ É ALGUMA COISA: EFEITO PLACEBO

Psicólogos desejam testar o impacto das variáveis independentes sobre as dependentes. Eles querem testar o impacto de um novo medicamento (variável independente) nos níveis de ansiedade (variável dependente). Isso pode ser feito comparando pessoas com ansiedade que tomam medicação com as que não tomam. Se a ansiedade diminui (ou aumenta), então talvez a medicação esteja ajudando (ou piorando as coisas). Isso é considerado uma simples abordagem experimental e de grupo de controle. Um grupo experimental é aquele que recebe a variável independente e o grupo de controle, não; basicamente, ele não recebe nada.

É uma abordagem experimental concreta, mas há outra variação dessa abordagem que normalmente é usada para ajudar a enfatizar mais o impacto da variável independente. Isso é feito usando um grupo placebo além do grupo de controle. *Placebo* é um tipo de variável falsa, uma variável independente simulada que não deve impactar a variável dependente, mas a pessoa no estudo acha que é um tratamento real ou uma variável independente. Claro, alguns psicólogos se encaixam em mais de uma dessas categorias, como psicólogos clínicos que fazem pesquisa.

Continuando com o exemplo de ansiedade anterior, haveria três grupos: grupo de medicação (da variável independente), grupo sem medicação (de controle) e grupo placebo (outro grupo de controle). Portanto, se no final do experimento as descobertas forem que a ansiedade do grupo de medicação diminuiu muito, poderemos concluir que a medicação funcionou, certo? Isso pode ser dito apenas em comparação com o grupo sem medicação. Mas, em relação ao grupo placebo, há outro nível de confiança, porque às vezes, em estudos desse tipo, a variável independente do grupo placebo mostra alterações. Isso levantaria dúvidas quanto à confiabilidade da descoberta a partir do grupo de variável independente. Mas, se esse grupo mostra mudanças e nenhum grupo de controle nem placebo mudou, podemos ter muito mais confiança nessa descoberta.

Porém, o interessante é que o grupo placebo costuma mostrar alterações ou melhoria. Isso é conhecido como *efeito* placebo, quando um efeito experimental está relacionado à presença do placebo. Por exemplo, é surpreendente a frequência com a qual um comprimento de açúcar (placebo) reduz a ansiedade em cobaias. É um fenômeno fascinante sobre o qual cientistas de todos os campos tentam aprender mais, mas pouco foi descoberto ainda.

Minha pulsação e batimentos cardíacos aumentam quando me envolvo em uma situação de quase acidente ou acidente de carro. A variável dependente é meu batimento cardíaco. A independente é o quase acidente. Portanto o quase acidente *faz* meus batimentos aumentarem. É uma *relação causal*. O valor da variável dependente é diretamente causado ou influenciado pela variável independente.

Isso significa que, se duas variáveis estão relacionadas, há uma relação causal? Não; às vezes as variáveis podem estar envolvidas de modo não causal, conhecido como *correlação* ou relação correlacional. Uma *correlação* existe entre duas variáveis quando o valor de uma está relacionado ao valor da outra, mas não necessariamente de modo causal. Por exemplo, uma correlação meio famosa é que o índice de crimes tende a ser maior durante o verão. Portanto *há* uma relação entre calor e índice de crimes; quando um está alto, o outro também aumenta. Mas isso significa que o calor *faz* a criminalidade aumentar? Não necessariamente; pode ser que jovens e adolescentes tenham mais tempo livre, portanto se metam mais em problemas e cometam mais crimes. É uma conjectura, claro, e apenas para provar que só porque o clima quente e o crime estão relacionados não significa que um faz o outro acontecer. É correlação, não causalidade.

Ser "Bom": Ética na Psicologia

O comportamento humano é guiado por códigos conhecidos como *ética*. Resumindo, ética se refere à prescrição do comportamento *correto* e à condenação do *errado*. Além de psicólogos serem orientados pelos princípios da ciência, eles também têm o próprio código de ética, uma compreensão própria dos comportamentos certos e errados.

A Associação Norte-americana de Psicologia (www.apa.org — conteúdo em inglês) é a maior organização no mundo que representa a Psicologia como profissão. Outros países, inclusive o Reino Unido, têm as próprias organizações profissionais, com estruturas regulatórias parecidas. A missão da APA é avançar no campo da Psicologia e beneficiar a sociedade. Os *Princípios Éticos dos Psicólogos e o Código de Conduta* da APA é o manual de regras éticas para psicólogos. Os principais componentes desse livro são os "Princípios gerais" e os "Padrões éticos" específicos. Há inúmeros padrões, e eles cobrem tópicos desde a resolução de dilemas éticos até competência, formação, treinamento e terapia.

Os princípios gerais consistem em várias declarações gerais que obrigam os psicólogos a agirem no melhor interesse das pessoas com quem ou para quem eles trabalham (por exemplo, clientes, pacientes, alunos ou objetos de pesquisa), evitando danos. Eles devem agir com responsabilidade, tendo as melhores práticas em mente, com honestidade e integridade. Os direitos humanos básicos e a dignidade devem ser respeitados, e a justiça deve ser preservada e buscada. Veja a lista dos *Princípios gerais:*

» **Princípio A — Beneficência e Não maleficência:** Beneficiar aqueles com quem os psicólogos trabalham e tomar cuidado para não causar danos. Salvaguardar o bem-estar e os direitos das pessoas atendidas profissionalmente.

» **Princípio B — Fidelidade e Responsabilidade:** Manter relações baseadas em confiança, preservar as responsabilidades científicas, padrões de conduta, esclarecer papéis e obrigações, aceitar a responsabilidade pelo comportamento profissional.

» **Princípio C — Integridade:** Promover a precisão, a honestidade e a veracidade na ciência, no ensino e na prática.

» **Princípio D — Justiça:** Reconhecer que, por equidade e justiça, todas as pessoas têm o direito a acessar e se beneficiar da Psicologia com o mesmo nível de qualidade.

» **Princípio E — Respeito pelos Direitos e pela Dignidade das Pessoas:** Respeitar o valor de todas as pessoas e preservar seus direitos à privacidade, à confidencialidade e à autodeterminação.

LEMBRE-SE

Embora todos os padrões éticos sejam importantes, um que costuma ser considerado igual é o princípio ético da *confidencialidade*; as informações de um participante da pesquisa ou do cliente em terapia são mantidas em sigilo, e há limites quanto a como e quando elas podem ser divulgadas a terceiros. O código da APA se aplica aos membros da associação e uma violação do código pode resultar em expulsão da associação. A maioria dos conselhos estaduais de licenciamento nos EUA adotou o código da APA como guia e padrão também, e pode impor o cumprimento por meio de várias formas de ação disciplinar, inclusive a revogação da licença.

O restante deste livro apresenta diversas teorias e pesquisas. Há muitas coisas aqui! Como a Psicologia é sobre pessoas, algumas podem alegar que tudo sobre pessoas é Psicologia. Eu não poderia escrever um livro sobre tudo. Este livro não se chama *Tudo sobre Pessoas Para Leigos*. Ao estabelecer um modo de decidir o que entra no livro ou não, usei pesquisa científica e teoria como uma medição. As informações neste livro são consideradas parte da ciência e da teoria legítimas da Psicologia.

2 Dentro do Cérebro (e do Corpo)

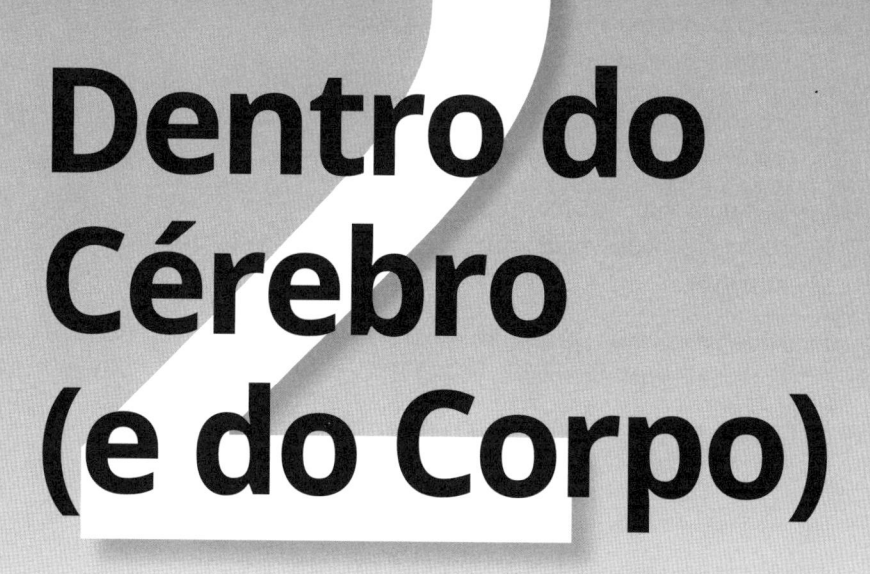

NESTA PARTE...

Explore os fundamentos da Biopsicologia, inclusive a explicação das estruturas básicas do sistema nervoso e o papel importante que essa biologia tem no conhecimento psicológico.

Veja a psicofarmacologia e como a química pode ajudar a amenizar alguns problemas psicológicos.

Descubra como tocar, ver, ouvir e sentir o mundo, e como os sentidos modelam a percepção do mundo à nossa volta.

Navegue as várias percepções conscientes e sua importância na Psicologia.

> **NESTE CAPÍTULO**
>
> » Biologia da Psicologia
>
> » Acordando o sistema nervoso
>
> » Esmiuçando o cérebro
>
> » Descobrindo o DNA
>
> » Descobrindo como as medicações mudam o comportamento

Capítulo **3**

Cérebros, Genes e Comportamento

A Psicologia pode parecer bem abstrata, aparentemente tendo mais em comum com a Filosofia do que com a Biologia. Neste livro, apresento inúmeros conceitos psicológicos — pensamentos, sentimentos, crenças e personalidades entre eles. Mas alguma vez você já considerou *onde* todos esses fenômenos "existem"? Se eu preciso encontrar ou localizar um pensamento ou sentimento, onde procuro?

É óbvio que essas coisas ocorrem na mente. Mas onde na mente da pessoa? A resposta rápida para muitas pessoas: dentro do meu crânio, em meu cérebro! Então imagino que, se você abrisse o crânio de alguém e olhasse o cérebro, veria vários pensamentos, sentimentos ou outras coisas psicológicas guardadas lá? Com certeza não. Você veria uma massa enrugada e contorcida de tecido branco, rosado e acinzentado. Não há pensamentos, sentimentos nem crenças visíveis. Mas você sabe que existem porque os experimenta todo dia. Os antigos sabiam que o que "causava" o comportamento estava dentro do crânio. Sabemos isso porque, quando alguém agia de modo estranho ou perturbador, eram feitos furos nos crânios para deixar sair o que causava o problema. As causas podiam ser espíritos ruins ou demônios. De qualquer forma, quando eles buscavam a origem do comportamento problemático de alguém, examinavam o crânio ou dentro dele.

A pergunta sobre onde existe a mente, a base dos conceitos psicológicos, é uma questão filosófica antiga. A mente está no cérebro? A mente está em algum lugar diferente do cérebro? Cérebro e mente são a mesma coisa? Hoje a maioria dos cientistas assume que mente e cérebro são um só. Cientistas com esse posicionamento, conhecido como *monismo*, acreditam que, para conseguir a compreensão plena dos processos mentais e do comportamento, temos que incluir o cérebro e o corpo nessa formulação, reconhecendo a verdadeira realidade de que temos cérebros e corpos nos quais os processos mentais e comportamento "residem".

O psicólogo Neil Carlson afirma: "O que eu chamo de 'mente' é consequência do funcionamento do corpo humano e de suas interações com o ambiente." É uma ideia poderosa; a chave para revelar os mistérios de tais conceitos psicológicos como o pensamento e o sentimento está em uma total compreensão da biologia humana.

LEMBRE-SE

A ideia de que toda a psicologia humana pode se reduzir à biologia é conhecida como *reducionismo biológico*. Essa ideia parece insultar nosso senso de livre-arbítrio bem guardado e estimado, autoconhecimento e consciência, ou seja, como todas essas coisas complexas na minha mente podem ser reduzidas a um pedaço de carne entre minhas orelhas? Se você se sente assim, talvez não seja um reducionista biológico. Neste capítulo, serei um e peço a você que também seja.

No capítulo, apresento os componentes maiores da Biopsicologia, o cérebro; o papel da genética ao entender o comportamento e os processos mentais também é abordado. O capítulo fecha com uma análise dos medicamentos e das formas mais recentes de tratamentos para o cérebro em relação a transtornos mentais.

Crença na Biologia

Nem sempre as pessoas acreditaram que o comportamento e os processos mentais são consequências da biologia. Nos tempos dos antigos gregos e romanos, o comportamento humano era visto como consequência de forças sobrenaturais, conhecidas como caprichos e paixões dos deuses. Mas, em algum ponto na linha do tempo, aumentou a suspeita de que talvez o corpo humano tivesse alguma relação com isso. De onde viera essa ideia radical?

LEMBRE-SE

A história da pesquisa nessa área é extensa, mas a essência de toda a pesquisa é a simples observação: mudanças na biologia de uma pessoa resultam em alterações em seus processos mentais e comportamento.

Veja como exemplo o consumo de álcool. Não há dúvidas de que as pessoas agem de modo diferente quando estão sob efeito de álcool. Elas paqueram, dançam como idiotas, ficam emotivas e sentimentais ou até agressivas e violentas. O álcool tem um efeito químico no cérebro; ele altera a biologia do cérebro de quem bebe. Ocorre assim:

> Consumo de álcool → efeito químico no cérebro → pensa que é superlegal

E as alterações mais graves na biologia, como lesão cerebral? As pessoas com lesão cerebral podem apresentar alterações drásticas nos processos mentais e no comportamento. Elas podem ser muito organizadas ou muito confusas. Ou, por vezes, uma pessoa muito descontraída e calma pode ficar furiosa com a menor frustração. Essas pessoas podem ter dificuldade de memória e compreensão.

É provável que você tenha uma compreensão intuitiva de que o que acontece em seu cérebro tem efeito em seus processos mentais e comportamento. *Biopsicólogos* são um grupo que estendeu sua crença intuitiva e essas observações casuais usando técnicas e métodos da ciência moderna para investigar a ideia de que as alterações na biologia levam a mudanças na psicologia. Não podemos fugir de nossos cérebros e genes, portanto, a biologia e a psicologia estão amarradas. Mas essa relação não precisa ser conflituosa, contanto que adotemos a postura monista.

Embora muito disso pareça lógico, você pode pensar que deve haver mais em você que só biologia. E digo que é apenas sua parte dualista atuando. Tente não lutar muito contra isso, pelo menos durante a leitura deste capítulo. Mesmo que você pense que é mais que células e moléculas, ainda pode aproveitar a pesquisa da Biopsicologia.

Você leu sobre o *modelo biopsicossocial* no Capítulo 2? (Se não, dê uma olhada. Acredite, é um bom capítulo.) Esse modelo propõe que a psicologia humana é uma função de três níveis importantes da compreensão:

» Nível biológico

» Nível psicológico

» Nível social

Este capítulo foca o nível biológico, e o restante do livro examina os outros dois. Mas, para entender o comportamento e os processos mentais, é preciso descobrir como os três níveis interagem, ou seja, como a biologia influencia a psicologia, como a psicologia influencia a biologia etc.

DICA

Uma metáfora útil para descrever como os diferentes níveis interagem é o computador moderno. Talvez você saiba que um computador tem, pelo menos, dois componentes funcionais: hardware e software. O hardware consiste nos componentes físicos reais do PC: processador, disco rígido, fiação, portas USB e vários outros componentes. O software inclui o sistema operacional, um editor de texto e várias outras ferramentas usadas para trabalhar de fato no PC. Ainda tem a "nuvem", que funciona como software, mas não está em seu disco rígido. Muito legal!

Nessa metáfora, o hardware de um computador representa o nível biológico da compreensão. É o corpo físico, o cérebro, o sistema nervoso, os órgãos do sentido e outros sistemas físicos que estão mais ou menos envolvidos no processo mental e no comportamento. Isso significa que o dedo do pé tem um papel nos processos mentais e no comportamento? Quase isso, mas de um modo limitado comparando com seu cérebro e outros sistemas. O dedo do pé pode não lhe dizer o que fazer, mas uma dor nele certamente pode influenciar seus processos mentais e comportamento. Contudo, essa influência é mediada pelo sistema nervoso periférico e o sistema nervoso central (o cérebro). É por isso que este capítulo não se chama "Ombros, Joelhos, Dedos do Pé e Comportamento". Mas poderia ser "Cabeça e Comportamento".

"Sala de Controle" Biológica

O sistema nervoso humano consiste em duas grandes divisões: *sistema nervoso central (SNC)* e *sistema nervoso periférico (SNP)*. O SNC inclui cérebro e medula espinhal. O SNP inclui os nervos fora do SNC; eles ficam no resto (na periferia) do corpo.

Os blocos de construção básicos do sistema nervoso são os nervos, os neurônios, os neurotransmissores e as células gliais. Na essência, os nervos são feixes de neurônicos, como uma caixa de espaguete é um monte de tiras separadas de massa. Os neurônios são células nervosas individuais. Em geral, eles recebem sinais de outros neurônios, avaliam esses sinais e transmitem novos sinais para outras partes do sistema nervoso.

Alterações elétricas neuroquímicas no sistema nervoso atuam como um mecanismo básico para as funções psicológicas. Digo "mecanismo básico" porque alguns pesquisadores se aprofundam ou detalham vendo as ações moleculares no cérebro e outros se aprofundam ou detalham vendo o papel da genética nos processos mentais e no comportamento (mais sobre isso posteriormente no capítulo). Como essas alterações elétricas envolvem o movimento de íons químicos, o sistema de transmissão é chamado de *sistema eletroquímico*. Os neurotransmissores são substâncias químicas com um papel crítico na transmissão de sinais entre os neurônios. As células gliais ficam dentro do sistema nervoso e desempenham vários papéis de suporte para os neurônicos; elas protegem os neurônios contra danos, reparam quando ficam danificados e removem o tecido danificado ou morto quando ele não pode ser reparado ("jogando fora o lixo").

Assim neurônios, redes de neurônios e todas as coisas biológicas (eu sei, não é muito científico, mas não sou neurobiólogo) subjacentes à sua função compõem a neurobiologia dos processos mentais e do comportamento. Alguns cientistas propõem que o estudo biológico do cérebro seja realmente o estudo dos neurônios em redes. Essa abordagem é conhecida como *neurocomputacional* para o funcionamento do cérebro. É "computacional" porque esses pesquisadores baseiam seus modelos do funcionamento cerebral nos cálculos dos processos de neurônios em redes conforme eles interagem entre si ligando e desligando com uma sinalização eletroquímica. Para saber mais sobre isso, consulte o excelente livro de Steven Pinker, *Como a Mente Funciona*.

O sistema nervoso é uma parte viva do corpo e, portanto, tem as mesmas necessidades básicas de qualquer outra parte: precisa de combustível e proteção imunológica. Os componentes do sistema nervoso ficam vivos e saudáveis graças ao sistema circulatório e outras funções reguladoras do corpo. Se você estudou Física, Química ou Biologia, talvez se lembre de que alguns blocos de construção básicos da vida são os átomos (operando sob as leis da Física). Os átomos são agrupados de modos particulares para compor as moléculas que, então, formam substâncias compostas. No cérebro, as moléculas criam células, que interagem entre si no nível celular. As células que interagem entre si formam as redes neurais e a neurobiologia do comportamento são as células e as interações entre elas. Há bilhões de neurônios e trilhões de conexões. Tem muita coisa acontecendo.

LEMBRE-SE

Como os cientistas classificam tudo isso? Eles veem o sistema nervoso de dois modos básicos: *organização anatômica* e *organização funcional*. Ver o sistema nervoso de um ponto de vista anatômico (ou da anatomia) basicamente foca as partes, e a visão da organização funcional se refere ao que essas partes fazem em relação aos processos mentais e ao comportamento.

A anatomia do SNC consiste no cérebro e na medula espinhal. Embora a medula seja essencial, o foco desta seção é o cérebro, que é considerado a base física subjacente para o funcionamento psicológico. É literalmente o centro de comando do comportamento. O cérebro, com bilhões de células e redes sofisticadas, está entre as estruturas biológicas mais complexas conhecidas pelos cientistas.

Células e Substâncias Químicas

No nível celular da anatomia do cérebro, está o que muitos neurocientistas consideram ser a unidade fundamental do cérebro e do sistema nervoso: o *neurônio*, uma célula especializada que fornece a base para o funcionamento do cérebro, que é a comunicação entre as células nervosas. Na verdade, há outro tipo importante de célula no cérebro: as *células gliais*. Elas fornecem a estrutura básica para o sistema nervoso e alimenta os neurônios. Mas os neurônios são a estrela, segundo a maioria dos cientistas.

Um neurônio é considerado a célula da informação; ele está envolvido no processamento e no armazenamento das informações. Ele tem as seguintes partes:

» **Soma:** O corpo celular do neurônio contendo o núcleo e as estruturas de apoio da célula, inclusive a mitocôndria.

» **Dendrito:** Projeções do corpo da célula que recebem informações de outros neurônios.

» **Axônio:** A fibra nervosa que conduz o impulso elétrico.

» **Botão terminal:** A extremidade do axônio envolvido na liberação do neurotransmissor e na sinalização para outros neurônios.

A ação no cérebro acontece quando um neurônio é ativado e envia sinais eletroquímicos para outros neurônios. Os neurônios são ativados pela entrada a partir de outros neurônios, que por sua vez impactam outros neurônios em determinada rede. Resumindo, quando as informações do ambiente (ou de dentro do próprio cérebro a partir de outros neurônios) entram no cérebro por meio dos órgãos sensoriais e ativam certo neurônio (ou, com frequência, um conjunto de neurônios), um *potencial de ação* é criado.

Potenciais de ação são o movimento da energia eletromagnética através de um neurônio em direção a seu botão terminal, indo para outros neurônios. Algo chamado de *lei do tudo ou nada* afirma que os neurônios estão "ligados" ou "desligados"; eles estão disparando um potencial de ação ou não. Após um neurônio ser ativado, ele dispara. Se não estiver ativado: nenhuma ação, nenhum disparo!

Algumas pessoas consideram o disparo de um neurônio (o potencial de ação) como um processo elétrico; outras dizem que é um processo químico. Mas basicamente são ambos. O potencial de ação consiste em energia elétrica criada e ativada pela troca de íons químicos positivos e negativos entre as partes interna e externa do neurônio. É eletroquímico.

Quando um neurônio não está disparando, ele é considerado como no estado de *potencial de repouso* e sua carga elétrica é mais negativa no lado interno em relação ao externo. Existem mais íons carregados negativamente dentro do que fora. Mas, quando um neurônio recebe um sinal de outro, os portões na *membrana* da célula (sua cobertura) se abrem e os íons positivos correm para o interior da célula carregado negativamente. A química e a física indicam que as cargas positivas se movem para as cargas negativas; elas se atraem! Assim como o interior da célula aumenta para o positivo, o potencial de ação é criado e o neurônio dispara! De muitos modos, o potencial de ação é uma perturbação elétrica que viaja pelo axônio, como o fogo deixa um rastro aceso nos fogos de artifício.

Quando ocorre o potencial de ação, a célula não consegue disparar de novo por um pequeno intervalo de tempo. Durante esse período refratário, pequenas bombas na membrana celular trabalham para reiniciar o neurônio movendo os íons positivos para fora da célula, retornando o equilíbrio químico do neurônio ao seu estado original, preparando-se para outra rodada de ação.

Nas subseções a seguir, explico como os neurônios se comunicam enviando sinais de um para o outro em um processo chamado *transmissão sináptica*.

Ligando e cruzando a divisão

Quando um potencial de ação acelera através de um neurônio em direção a seu botão terminal, como ele propaga esse sinal para os outros neurônios na rede? Antes que eu possa responder, você precisa saber que, na verdade, os neurônios não se conectam em um sentido físico. Há lacunas entre eles, conhecidas como *sinapses*, espaços entre os terminais axônicos de um neurônio (o neurônio que envia o sinal) e os dendritos do neurônio seguinte (o neurônio que recebe o sinal); é onde ocorre a comunicação entre os neurônios por meio de mensageiros químicos chamados *neurotransmissores*. A Figura 3-1 mostra um neurônio e uma sinapse. Embora estejam distantes apenas um milionésimo de polegada, o neurônio emissor envia sua "mensagem na garrafa" no mar da sinapse, onde flutua até chegar à outra costa (o dendrito que recebe). A mensagem informa: "Ouça; dispare!" Que drama!

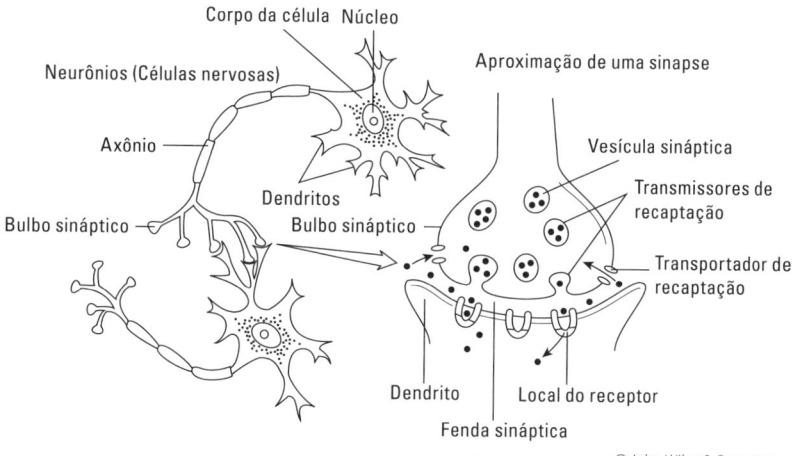

FIGURA 3-1: Neurônio e sinapse.

© John Wiley & Sons, Inc.

Os neurotransmissores são armazenados no axônio da célula que envia. Um potencial de ação estimula sua liberação na sinapse. Eles viajam (na verdade, flutuam) até o neurônio que recebe, onde há acoplamentos especializados, conhecidas como *locais do receptor*. Neurotransmissores com formas diferentes têm acoplamentos diferentes.

Basicamente, os neurotransmissores têm um dos dois efeitos: eles *excitam* o neurônio que recebe (com maior possibilidade de disparar) ou *inibem* o neurônio que recebe (com menor possibilidade de disparar). Alguns neurotransmissores são excitatórios, já outros são inibitórios. Se certo neurônio dispara (transmite um sinal), depende do equilíbrio entre os neurotransmissores excitatórios e inibitórios.

Seguindo o processo de acoplamento, os neurotransmissores são quebrados por enzimas ou reabsorvidos pelos neurônios que enviam, em um processo chamado *recaptação*. Esses dois processos limpam os neurotransmissores da sinapse após terminarem seu trabalho (chega, já deu!). Isso é essencial para preparar as células para o próximo sinal. A manipulação dos neurotransmissores é um mecanismo básico de ação para a maioria dos medicamentos psiquiátricos (encontre informações sobre as ações dos medicamentos na seção "Entendendo a Psicofarmacologia", mais adiante neste capítulo).

Cientistas descobriram mais de cem neurotransmissores no cérebro humano. Muitos, inclusive os seguintes, têm um papel importante:

- **Glutamato:** O neurotransmissor excitatório mais comum.
- **GABA:** O transmissor inibitório mais comum; envolvido na alimentação, na agressão e no sono.
- **Acetilcolina:** Um neurotransmissor comum com várias funções excitatórias e inibitórias; envolvido no movimento e na memória.

Outro grupo de quatro neurotransmissores parecidos quimicamente modifica o comportamento de muitas maneiras. Eles são particularmente importantes em relação a distúrbios psicológicos:

- **Serotonina:** Um transmissor inibitório envolvido no equilíbrio dos transmissores excitatórios, assim como no humor, no sono e na dor.
- **Dopamina:** Pode ser inibitório ou excitatório, está envolvido na atenção, no prazer, na recompensa e no movimento.
- **Epinefrina:** Um transmissor excitatório relacionado às respostas ao estresse, ao batimento cardíaco e à pressão sanguínea.
- **Norepinefrina:** Um transmissor excitatório envolvido na regulação da energia, da ansiedade e do medo.

Ramificando

Em torno de 86 bilhões de neurônios existem no cérebro humano e formam trilhões de conexões em si. Você pode pensar no cérebro como uma imensa coleção de nós em uma rede bem conectada. Exatamente como as informações são mantidas e processadas no cérebro é o foco de inúmeras pesquisas em neurociência, mas veja o que os cientistas já sabem.

LEMBRE-SE

O cérebro é um sistema de processamento de informação "fortemente paralelo" (consulte o Capítulo 6 para ter mais informações sobre o processamento da informação). Se cada neurônio fosse conectado a apenas outro neurônio, o sistema de neurônios seria considerado "fortemente serial". Comparados com sinais eletrônicos, os sinais neurais viajam muito lentamente (2-44m/seg), portanto é eficiente fazer muitas coisas ao mesmo tempo — chamado de *processamento paralelo*. Pense nisso como encontrar uma pessoa perdida em um grande parque nacional. Provavelmente a equipe de buscas não fica junto nem segue o mesmo caminho (processamento serial); ao contrário, ela "ramifica" (processamento paralelo) para cobrir mais terreno na mesma quantidade de tempo. Do mesmo modo, o cérebro, com seus bilhões de neurônios e trilhões de conexões, usa o método da ramificação para processar, armazenar e encontrar informações entre suas células e grupos de células.

Nem todo neurônio está conectado a outro neurônio, mas eles estão conectados a muitos outros, formando grupos e redes envolvidas nos processos psicológicos e comportamentos em particular. Por exemplo, se observar uma bola vermelha ativa os neurônios 3, 4, 192, X, A e 56, então a rede para "ver uma bola vermelha" se chamaria 3-4-192-X-A-56. Pesquisadores em neurociência trabalham muito para mapear o cérebro e suas redes para conectar grupos de células a suas respectivas funções mentais e comportamentos. O Consórcio Internacional para Mapeamento Cerebral (ICBM) é um desses grupos de cientistas dedicado a esse esforço.

Ativando uma alteração no cérebro

Alguma vez você esfregou o nariz e notou que seu pé parou de coçar? Bem, é uma sensação leve, mas há algo chamado *síndrome do membro fantasma*, em que as pessoas que perderam um membro (braço ou perna, por exemplo) continuam a sentir sensações nele, como dor, frio, toque etc. Como acontece? O membro não existe, então, de onde vêm as sensações?

No livro *Half a Brain Is Enough: The story of Nico* [sem publicação no Brasil], o Dr. Antonio Battro conta a história de um garoto chamado Nico que teve uma boa parte do cérebro removida cirurgicamente para controlar a convulsão (uma cirurgia radical, mas às vezes necessária, para pessoas com convulsões sem tratamento). Contudo, após a remoção, Nico continua relativamente normal e mantém uma boa parte do cérebro funcionando, como se o tecido cerebral não tivesse sido removido. Por que Nico continua relativamente perfeito trabalhando com metade do cérebro?

O membro fantasma e o cérebro de Nico demonstram o que os neurocientistas chamam de *neuroplasticidade*, que é a noção de que as redes neurais e as conexões do cérebro se reorganizam continuamente. Em algum momento, os cientistas acreditaram que a organização do cérebro era "fixa", mas não é o caso. O cérebro pode mudar de tamanho e conexões durante a vida de uma pessoa.

A capacidade de o cérebro se atualizar em resposta a uma nova situação e informação representa a base de aprendizagem neurobiológica. Na síndrome do membro fantasma, descobriu-se que as redes neurais dedicadas ao membro amputado (braço, perna etc.) tinham sido cooptadas por neurônios e redes próximas, como os neurônios associados à sensação nas partes do corpo vizinhas. Quando o rosto tinha uma sensação, os neurônios previamente associados ao membro amputado eram estimulados e outras partes do cérebro interpretavam as sensações como vindas do membro.

No caso de Nico, as funções realizadas pelas células cerebrais perdidas com remoção cirúrgica foram assumidas por células e redes próximas ou outras. Basicamente, partes diferentes do cérebro aprenderam como fazer as funções antes realizadas pelas células perdidas. Nos dois casos, membro fantasma e Nico, o cérebro se religou em resposta a novas informações e experiências de aprendizagem.

Neuroplasticidade é uma boa notícia para pessoas que perderam tecido cerebral com trauma ou doença. Mas e o crescimento de novas células cerebrais? Afinal, novas células epiteliais crescem após um corte. Isso acontece no cérebro?

Por muitos anos cientistas acreditavam que não era possível que novos neurônios ou células cerebrais crescessem. Porém, uma pesquisa mostrou que a *neurogênese* (regeneração das células nervosas) é possível em certas regiões do cérebro, em particular nos ventrículos laterais e no hipocampo. Outra pesquisa está sendo realizada para saber se esse processo ocorre em outras partes do cérebro também. Se for descoberto que a neurogênese é mais comum ou possível em outras áreas do cérebro ou se cientistas conseguirem descobrir um modo de estimular o processo, manipulá-lo ou impactá-lo, então poderá haver um raio de luz para pessoas que no momento sofrem com doenças ou tramas, como Alzheimer, derrame, traumatismo craniano ou lesão medular. Mas a ciência e a pesquisa são muito iniciais nessa área, e é preciso que muito mais trabalho seja feito antes de tal possibilidade.

Como tudo que as pessoas fazem envolve o cérebro, dá para imaginar o que acontece quando uma parte do cérebro sofre danos? O comportamento e os processos mentais associados à parte danificada do cérebro são afetados ou alterados negativamente. Neuropsicólogos clínicos estão muito interessados nas consequências comportamentais e mentais das lesões cerebrais.

O cérebro pode ser danificado de várias maneiras:

> » **Lesões internas:** Ocorrem quando alguém sofre um golpe na cabeça, mas o crânio não é penetrado. Uma forma comum de lesão interna é uma lesão cerebral traumática, ocorrendo na parte do cérebro oposta ao golpe na pessoa. Por exemplo, se você sofresse um golpe na parte posterior da cabeça, isso faria a parte anterior do cérebro bater internamente na testa, e você poderia sofrer danos no lobo frontal, afetando suas habilidades de organização e planejamento. Mesmo que o crânio não tenha aberto, pode ocorrer um dano sério se o cérebro sangra ou incha, gerando pressão e mais danos além do local da lesão.
>
> » **Lesões externas:** Ocorrem quando o crânio é penetrado ou fraturado; as lesões internas e externas podem levar a graves danos cerebrais.
>
> » **Outros distúrbios cerebrais:** Doenças degenerativas, como Alzheimer, podem produzir danos cerebrais na forma de tecido cerebral atrofiado (por exemplo, redução do tamanho ou perda de células) e morte celular. Derrames (coágulo de sangue ou hemorragia no cérebro) e outros acidentes vasculares também podem resultar em danos cerebrais, privando certas partes do cérebro de sangue e oxigênio, e levando à morte celular.

Organização do Cérebro

Se você abrir o crânio e observar o cérebro, uma das primeiras coisas que notará é que, anatomicamente, o cérebro "completo" tem duas metades, chamadas *hemisférios*. Essas duas metades são conectadas por um grande feixe de fibras nervosas, chamado *corpo caloso*.

Estruturalmente, há três divisões principais do cérebro: *prosencéfalo*, *mesencéfalo* e *rombencéfalo*. Cada uma dessas divisões consiste em muitas estruturas envolvidas e vários comportamentos e atividades.

LEMBRE-SE

O cérebro é um sistema complexo e integrado. Todos os seus componentes trabalham juntos para produzir a complexidade do comportamento humano. O conceito de *localização* se refere à ideia de que há partes específicas do cérebro para componentes específicos de comportamentos. Inúmeras partes trabalham juntas para produzir a visão, a audição, a fala etc. Técnicas neurológicas, como necropsia do cérebro, tomografia computadorizada (coaxial), ressonância magnética e tomografia por emissão de pósitrons (PET), foram usadas para identificar e explorar esses sistemas.

Prosencéfalo

O prosencéfalo humano está envolvido em muitos processos mentais, inclusive sensação, percepção e processamento das informações. Também está envolvido no pensamento, na solução de problemas, na organização e nas funções da linguagem.

Ele consiste em quatro seções:

» **Córtex cerebral:** Se você considera o cérebro como um cogumelo, com topo e caule, então o córtex cerebral é o topo. Ele é dividido em duas metades, chamadas *hemisférios cerebrais* (esquerdo e direito — eu sei, muito criativo). Essas metades são conectadas por um feixe de fibras nervosas conhecido como *corpo caloso*. Sem esse corpo, as metades não conseguiriam se comunicar.

A Figura 3-2 mostra as quatro divisões maiores do córtex cerebral e suas funções correspondentes:

- **Lobo frontal:** Planejar, organizar, coordenar e controlar movimentos (em uma área conhecida como córtex motor primário), raciocinar e monitorar em geral o processamento do pensamento
- **Lobo parietal:** Sensação, consciência espacial e somatossensorial (corporal).
- **Lobo temporal:** Audição, linguagem e outra atividade verbal.
- **Lobo occipital:** Visão.

» **Sistema límbico:** Localizado na parte inferior do topo do cogumelo (o córtex cerebral), o sistema límbico está envolvido na aprendizagem, na memória, no comportamento emocional, no acasalamento e na reprodução.

» **Gânglios basais:** Esta parte do cérebro está envolvida no controle do movimento.

» **Tálamo:** Este "painel de comando neural" é uma estação retransmissora para diferentes partes do cérebro. Porém é mais do que uma simples conexão. Ele analisa as entradas para criar saídas organizadas.

» **Hipotálamo:** Faz parte do controle do sistema endócrino e trabalha com o sistema límbico para controlar comportamentos como agressão, alimentação, proteção e acasalamento.

FIGURA 3-2: Lobos do córtex cerebral.

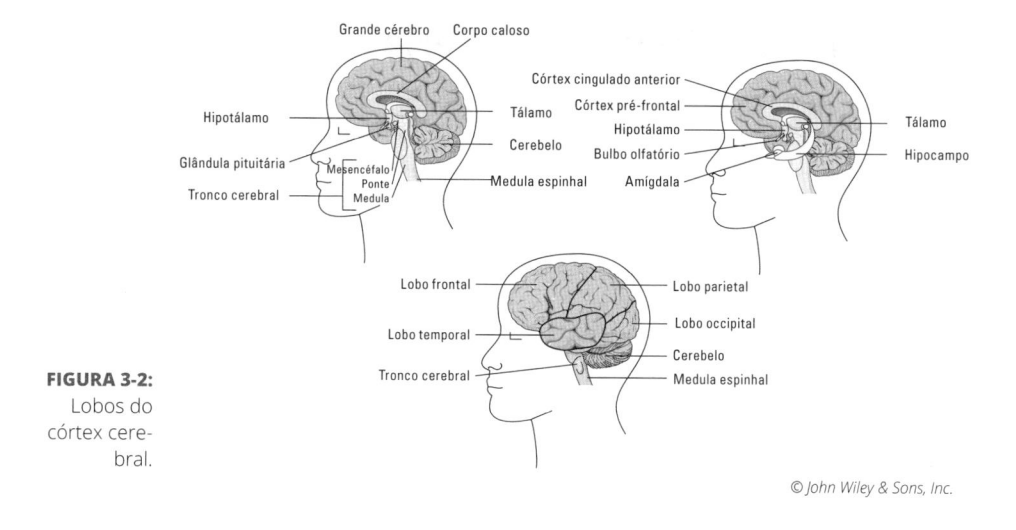

© John Wiley & Sons, Inc.

Mesencéfalo

O mesencéfalo está envolvimento nos processos auditivos e visuais, assim como no controle motor. Ele consiste nas seguintes divisões e respectivas áreas de responsabilidade:

» **Teto:** Sistemas auditivos e visuais.

» **Tegmento:** Movimento, sono, ativação, atenção, tônus muscular e reflexos.

Rombencéfalo

Está envolvido nas funções automáticas do corpo, como batimento cardíaco, respiração e coordenação do movimento. O rombencéfalo inclui divisões com tarefas atribuídas:

» **Cerebelo:** Movimento motor e sua coordenação.

» **Ponte:** A ponte que conecta o cerebelo ao resto do cérebro.

» **Medula:** Funções vitais do corpo, como sistema cardiovascular, respiração e movimento dos músculos esqueléticos.

Indo e vindo na periferia

Pulando de novo! Uma das duas divisões do sistema nervoso do corpo, considere o sistema nervoso periférico (SNP) um sistema de conexões que possibilitam ao cérebro e à medula espinhal se comunicarem com o resto do corpo. Há dois conjuntos de nervos:

» **Nervos espinhais:** Estes nervos carregam sinais neurais para e a partir da medula espinhal. Os nervos sensoriais carregam informações do corpo para o sistema nervoso central: por exemplo, carregam sinais dos sensores em seu pé quando alguém pisa nele. Os nervos motores carregam sinais do sistema nervoso central para o corpo; eles fazem os músculos nos membros se moverem (levantar a mão).

» **Nervos cranianos:** Envolvidos nos processos musculares (motor) e sensoriais, exceto que estão conectados diretamente ao próprio cérebro, não à medula espinhal. Os nervos cranianos suportam as funções que ocorrem no rosto e na cabeça, inclusive a visão, a audição, o piscar dos olhos e a fala.

Descobrindo o Destino com o DNA

Eu pareço muito com meu avô. Mas eu ajo como ele também? Sua personalidade vem de seus pais? As pessoas herdam o intelecto e a boa aparência? O campo da Psicologia conhecido como *genética comportamental*, o estudo do papel da genética e da hereditariedade ao determinar os processos mentais e o comportamento, investiga essas questões.

O cérebro influencia o comportamento. O sistema endócrino influencia o comportamento. Mas e sua constituição genética? Cientistas responderam a essa pergunta com um sonoro "sim"; a genética é importante! A pesquisa envolve as contribuições genéticas para a cognição e a inteligência, a personalidade e até a psicopatologia.

As contribuições genéticas para a Psicologia têm sido feitas tradicionalmente usando *estudos com gêmeos e adoção,* nos quais gêmeos idênticos (que compartilham um código genético comum) que foram adotados separadamente no nascimento e criados em ambientes diferentes são comparados em relação ao desenvolvimento psicológico ou desordem (como a presença de TDAH). Esse teste permite o controle da influência de ambientes diferentes, portanto, se gêmeos idênticos mostram aspectos parecidos no desenvolvimento em questão, então deduz-se que deve ser devido basicamente às suas semelhanças genéticas ou DNA. A pesquisa continua evoluindo, e outras técnicas, como amostra de DNA em grande escala e manipulação de genes, pressionam o campo da genética comportamental.

LEMBRE-SE

Pesquisadores procuram *marcadores genéticos* para certos comportamentos, inclusive distúrbios. Um grande marcador genético é um gene com local conhecido no genoma humano. Foram encontrados marcadores para distúrbios como autismo, esquizofrenia e dislexia. Lembre-se de que a presença de um marcador genético no genoma de uma pessoa não garante que ela terá certo traço ou distúrbio; simplesmente aumenta as chances.

Embora a complexidade da genética comportamental deixe muito a ser descoberto, algo está claro: os genes são importantes. Mas de onde vêm esses traços, comportamentos e processos mentais? Como ocorrem as relações entre genes e comportamento? Evolução.

Psicologia evolucionista é um ramo da Psicologia que afirma que a psicologia humana (comportamento e processos mentais) é resultado do processo evolutivo da seleção natural. *Seleção natural* é o processo pelo qual genes específicos ficam mais ou menos comuns na população de uma espécie por meio da reprodução e do acasalamento, ou seja, os genes que contribuem para a sobrevivência têm mais probabilidade de ser transmitidos em relação aos que não contribuem. Afinal, se os genes ajudam a pessoa a sobreviver o suficiente para passá-los para sua descendência, então eles são perpetuados. Se não ajudam e você não os perpetua, então eles não sobrevivem também.

Os biólogos evolucionistas veem o fenômeno biológico (como polegares opostos e andar ereto) como adaptações que prosperaram. Os psicólogos evolucionistas adotam a mesma abordagem do fenômeno psicológico, como linguagem, memória, atenção, percepção visual, felicidade etc. Descobrir como esses fenômenos psicológicos ajudaram os ancestrais a se adaptarem, como um meio de explicar por que eles existem em nós hoje, é algo de extremo interesse. Por exemplo, um psicólogo evolucionista pode observar a teoria do apego (tratada no Capítulo 10) e propor que os comportamentos e os processos mentais inerentes ao processo de ligação entre mãe e bebê evoluíram com o tempo, chegando ao estado de poderem ser observados hoje porque tais comportamentos e processos permitem que a espécie humana sobreviva.

Entendendo a Psicofarmacologia

O uso de medicamentos no tratamento de transtornos mentais e seus sintomas (como esquizofrenia e transtorno depressivo severo) ganhou grande destaque na última metade do século XX. Antes, as medicações eram usadas em menor escala, junto com tratamentos de psicoterapia, psicossocial e comportamental. Mas avanços na pesquisa e no desenvolvimento de drogas levaram à criação de remédios mais eficientes, provocando um aumento do uso. Centenas de drogas foram desenvolvidas, destinadas a sintomas específicos de certo transtorno mental. Os objetivos básicos da farmacoterapia são produzir melhorias no comportamento e no pensamento, amenizar o sofrimento e aprimorar o funcionamento.

LEMBRE-SE

Embora a farmacoterapia tenha um histórico de ser "específica do transtorno", uma visão mais atual do tratamento psiquiátrico com medicamentos é o uso de remédios mais para sintomas que para transtornos em geral. Essa mudança levou à divisão das categorias de medicamentos, deixando de ser somente medicações como tratamento para "esquizofrenia" ou "depressão". Portanto, a depressão pode ser tratada com uma medicação antipsicótica, caso os mecanismos neuroquímicos do remédio sejam considerados úteis para certo paciente. Essa abordagem pode parecer confusa, mas é comum ver alguém com distúrbio depressivo severo tomando medicação antipsicótica ou alguém com transtorno bipolar fazendo o mesmo. O objetivo dessa prática é usar medicamentos para melhorar os sintomas dos pacientes, não tratar o "transtorno" em si. Contudo, as categorias básicas de medicamentos não mudaram, apesar do uso mais flexível na prática.

PAPO DE ESPECIALISTA

Antes de continuar, acho importante explicar uma polêmica constante no uso da medicação no tratamento da saúde mental. Algumas pessoas veem a expansão do uso de medicamentos para transtornos diferentes do desenvolvimento inicial das drogas como um avanço, já outras veem isso como um exemplo da natureza imprecisa da prática médica psiquiátrica. Há pessoas que pouco confiam e são bem céticas quanto à indústria farmacêutica e sua influência sobre os psiquiatras. Existem ainda aquelas que têm uma profunda crença com anos de sofrimento. Talvez seja um juízo de valor para cada pessoa fazer. E a situação complica em relação a crianças e menores de idade. Em qualquer caso, sou psicólogo e realmente não tenho nenhum interesse nisso. Não prescrevo remédios, mas estou disposto a indicar uma avaliação médica a pacientes e clientes para que eles se informem e tomem uma decisão sozinhos, com ajuda e colaboração de um médico. Medicamentos podem ajudar, mas podem piorar as coisas. Algumas pessoas não gostam deles; outras, não conseguiriam viver sem. A decisão é sua.

Agora, de volta aos remédios! Muitos sistemas cerebrais envolvidos nos sintomas de doenças mentais envolvem um neurotransmissor em particular, e as drogas usadas para o tratamento de certa doença servem para afetar o funcionamento desse determinado neurotransmissor. Dificuldades para dormir e distúrbio alimentar geralmente vistos no transtorno depressivo severo, por exemplo, estão relacionados ao sistema límbico. Para esses sintomas, a maioria das drogas para depressão visa o neurotransmissor serotonina.

Nesta seção, descrevo os tratamentos farmacológicos comuns para os sintomas da depressão (como tristeza), da esquizofrenia (como alucinações) e da ansiedade (como hiperatividade). Para os três transtornos mentais mais conhecidos, explico vários medicamentos e seu mecanismo biológico de ação.

CIRURGIA CEREBRAL SEM CORTES

Alterações no funcionamento biológico podem causar e resultam em mudanças psicológicas. Medicamentos têm um efeito biológico direto no cérebro. Os neurocirurgiões lesionam, removem e cortam o tecido cerebral. Mas imagine o dia em que médicos poderão alterar seu cérebro diretamente, sem comprimidos nem cirurgias.

Dr. McCoy, o "Magro" de *Star Trek*, usava um dispositivo que colocava na cabeça dos pacientes com quadros neurológicos. Usando um tipo de campo de energia, o dispositivo amenizava inúmeras condições, inclusive lesão cerebral e hemorragia. Bem, Dr. McCoy, esse dia chegou!

Estimulação Magnética Transcraniana (EMT) é uma tecnologia que veio direto de *Star Trek*. Dispositivos EMT são colocados na cabeça e usam pulsos eletromagnéticos para ativar partes específicas do cérebro. Essa técnica está sendo usada para tratar enxaqueca, sintomas de AVC, alucinações e até depressão.

Para depressão, a EMT estimula o lobo frontal do cérebro e o sistema límbico, partes impactadas pelo transtorno. O mundo médico está animado e esperançoso quanto às chances de a EMT ser usada como tratamento para inúmeros outros transtornos.

Aliviando a depressão

Os remédios usados para tratar a depressão são chamados de *antidepressivos*. A maioria afeta um ou mais dentre os tipos de neurotransmissores. Existem seis grandes classes de antidepressivos: tricíclicos, inibidores seletivos da recaptação de serotonina (ISRS), inibidores seletivos da recaptação da serotonina e da noradrenalina (ISRSN), tetracíclicos, inibidores da MAO e atípicos, diferenciados por seu mecanismo de ação. Entenda as mais comuns:

» **Antidepressivos tricíclicos:** Bloqueiam a reabsorção da maior parte da noradrenalina pelo neurônio pré-sináptico. Isso permite um "aumento" funcional no nível da noradrenalina na sinapse e prolonga a ativação do neurônio pós-sináptico quando estimulado pela noradrenalina.

» **Inibidores seletivos da recaptação de serotonina (ISRS):** Bloqueiam a reabsorção da serotonina, não da noradrenalina, e têm o efeito parecido de prolongar a ativação. Algumas das marcas mais populares são Prozac, Paxil e Zoloft.

» **Inibidores seletivos da recaptação de serotonina e norepinefrina (ISRSN):** Bloqueiam a reabsorção da serotonina e da noradrenalina.

Silenciando as vozes

A experiência com alucinações auditivas ou a de sentir alguém atrás de você pode ser extremamente perturbadora. Estes são sintomas comuns de psicose e esquizofrenia com transtorno mental. Porém, os sintomas psicóticos podem ocorrer nas alterações de humor também, como transtorno depressivo maior com características psicóticas ou transtorno bipolar I. Um dos tratamentos melhores para os sintomas psicóticos são *medicamentos antipsicóticos*.

Esses medicamentos têm um efeito específico no neurotransmissor dopamina. A *hipótese de desregulação da dopamina* da psicose propõe que os sintomas da psicose resultam de interrupções na ação da dopamina no cérebro. Os medicamentos antipsicóticos bloqueiam os receptores pós-sinápticos da dopamina. Esse bloqueio impede a dopamina de ativar o neurônio pós-sináptico e foi descoberto que reduz muito a presença de sintomas psicóticos.

CUIDADO

Infelizmente, as medicações antipsicóticas, como todas as outras, não afetam apenas os neurotransmissores nas áreas do cérebro implicada no transtorno, em teoria. A maioria dos remédios também afeta outras áreas e em geral leva a efeitos colaterais muito desagradáveis. Tais efeitos associados ao medicamento antipsicótico podem incluir ganho de peso; movimentos motores repetitivos e involuntários (conhecidos como discinesia tardia); ou disfunção sexual, só para citar alguns. A experiência desses efeitos colaterais costuma fazer as pessoas pararem com a medicação, podendo ter graves consequências negativas. Essa situação mantém os pesquisadores buscando drogas ainda mais seletivas.

Relaxando

Os transtornos de ansiedade são a desordem mental mais comum nos EUA. Milhões de pessoas sofrem com preocupação insuportável, ataques de pânico e fobias incapacitantes. A boa notícia é que medicamentos podem ajudar nos sintomas.

Medicamentos ansiolíticos são drogas desenvolvidas para aliviar os sintomas dos transtornos de ansiedade. Psiquiatras e clínicos gerais prescrevem uma classe de ansiolítico, *benzodiazepínicos*, com muita frequência. Benzodiazepinas afetam o neurotransmissor GABA, que tem um efeito de supressão no sistema nervoso central, ou seja, desacelera o cérebro.

Benzodiazepinas são muito eficientes na redução da ansiedade. Infelizmente, também viciam muito. Elas têm um efeito quase imediato e costumam produzir sedação e uma sensação geral de calma. Essas sensações são muitíssimo agradáveis, e às vezes os pacientes não querem parar de tomar a medicação mesmo depois de o transtorno de ansiedade ter sido tratado com êxito. A Tabela 3-1 dá uma visão geral de alguns medicamentos prescritos com frequência.

TABELA 3-1   Principais Grupos de Medicamentos

Problema	Classe do Medicamento	Exemplo Comum
Depressão	ISRS	Prozac
	ISRSN	Efexor
	Tricíclico	Pamelor
Transtorno Obsessivo-Compulsivo	ISRS	Paxil, Prozac, Luvox
Insônia	Benzodiazepínicos	Rivotril, Lexotan, Frontal XR
	Indutores de Sono	Silnox
	Antipsicótico	Seroquel
	Tricíclico	Amytril
Transtorno de Ansiedade Generalizada	ISRS	Zoloft, Lexapro
	Benzodiazepínicos	
Síndrome do Pânico	ISRS	Citalopram, Lexapro
	Benzodiazepínicos	Rivotril, Frontal
Psicose	Antipsicótico	Haldol
		Abilify
		Risperdal
Mania	Estabilizador de Humor	Lítio
	Antipsicótico	Zyprexa
Depressão Bipolar	Antiepilético e Estabilizador de Humor	Lamictal
	Antipsicótico	Seroquel
Transtorno Bipolar Mania e Depressão	Antiepilético e Estabilizador de Humor	Depakote, Depakene, Trileptal
	Antipsicótico	Zyprexa
TDAH	Psicoestimulante	Ritalina, Concerta, Venvanse

Lembra o que eu disse sobre medicamentos usados em diagnósticos "cruzados"? Em relação à ansiedade, esse é o caso. É comum que alguém com sintomas de pânico, sintomas compulsivos obsessivos ou preocupação generalizada e ansiedade recebam antidepressivo. Na verdade, é uma linha de tratamento mais comum para sintomas de ansiedade por causa do abuso e da dependência em potencial de outros ansiolíticos. É oficial: a psiquiatria confundiu todos nós. Antidepressivos como agentes ansiolíticos? Sim.

> **NESTE CAPÍTULO**
>
> » Processo sensorial
> » Vendo com mais clareza
> » Sentindo calor
> » Construindo suas percepções

Capítulo **4**

Da Sensação à Percepção

Ver para crer! Não tenho ideia da origem dessa frase, mas ela diz algo importante sobre as pessoas, isto é, as pessoas entendem ou compreendem as coisas com mais facilidade se conseguem vê-las, tocá-las, ouvi-las etc. Por que elas não acreditam em fantasmas, OVNIs ou várias coisas que a maioria não vivenciou por experiência própria? Exatamente por isso. A maioria não vivenciou o fenômeno com os próprios sentidos, portanto, não acredita nele. Como você sabe se algo faz parte do mundo em que vive ou não, e se é real?

Neste capítulo, o foco é "por quê" e "como" em relação à sensação e à percepção de mundo. Isso é tão certo quanto 2 + 2 = 4, mas é fácil subestimar o impacto dos sentidos nos pensamentos, nos humores e nas ações do cotidiano. A Psicologia como o estudo do comportamento e dos processos mentais inclui examinar como nossos sentidos (a capacidade de ver, ouvir, degustar, sentir etc.) funcionam.

Os seres humanos não são apenas cérebros flutuando dentro de um corpo sem contato com o mundo externo. Pelo contrário; a maioria das pessoas geralmente está sempre em contato com o mundo em volta, obtendo informações, processando e usando o que percebem para navegar por inúmeras possibilidades. Então, por que entender o materialismo é importante? O modo como as pessoas realmente mantêm contato com as informações processadas é por meio dos materiais físicos que as criam.

Blocos de Construção: Nossos Sentidos

Há tempos físicos e químicos observaram que o mundo é composto de matéria: partículas, átomos, moléculas e várias formas de energia. Basicamente, o Universo é uma grande bola de energia. Tudo consiste em uma configuração particular de energia. Uma definição funcional de *sensação* é o processo pelo qual recebemos energia/informação bruta do ambiente. Se você quer uma definição formal, *sensação* é o processo de adquirir mentalmente informação sobre o mundo por meio da recepção de suas várias formas de energia.

Veja as formas de energia que os seres humanos mais vivenciam:

- Luz (energia eletromagnética).
- Som (energia acústica ou ondas de som).
- Calor (energia térmica).
- Pressão (energia mecânica ou física).
- Energia química.

Alguns organismos experimentam as mesmas energias dos humanos, mas outras formas de vida são sensíveis às diferentes formas de energia. Tubarões podem sentir o cheiro de partículas químicas (por exemplo, de sangue) em quantidades bem menores que as pessoas e cães podem ouvir frequências muito mais altas de sons.

LEMBRE-SE

Para cada forma de energia que os seres humanos sentem, um sistema orgânico específico ou "dispositivo" é usado para recebê-la. Aristóteles, um antigo filósofo grego (por volta de 350 a.C., que alguns dizem ter sido o último homem a saber tudo que havia para saber), disse que o ser humano tem cinco sentidos básicos. Cada um é receptivo a determinada forma de energia. Agora os psicólogos sabem que o ser humano tem, pelo menos, dez sentidos diferentes, mas Aristóteles reconheceu os principais:

- **Visão** recebe energia da luz.
- **Audição** recebe energia do som ou ondas de som.
- **Tato** recebe energia mecânica.
- **Olfato** recebe energia química transportada por ar.
- **Paladar** recebe energia química.

Processo sensorial

Quando a luz viaja de uma lâmpada ou ondas sonoras viajam da caixa de som do rádio, dispositivos sensoriais, ou *estruturas acessórias*, as interceptam. Olhos, ouvidos, pele, nariz e boca são chamados de *estruturas acessórias* porque dão acesso ao ambiente. Após a energia atingir uma estrutura acessória, ela precisa de um modo de entrar no cérebro. Luz, ondas sonoras e ondas de calor não saltam dentro da cabeça de uma pessoa, pelo menos não na minha. Então, como elas entram?

Primeiro, lembre-se de que o cérebro usa sua própria forma de energia. No Capítulo 3 descrevo esse tipo específico chamado de *energia eletroquímica*. Essa energia envolve a criação de um sinal elétrico a partir de reações químicas. Os processos eletroquímicos ocorrem em muitas áreas da natureza. Por exemplo, algumas criaturas marinhas, como enguias, podem gerar cargas elétricas usando o processo eletroquímico. No cérebro, essa energia é como os neurônios se comunicam e operam.

Para o cérebro processar as várias formas de energia que os órgãos do sentido de uma pessoa recebem, cada forma deve passar por um processo de transformação, chamado *transdução*, que transforma energia bruta em eletroquímica ou energia *neural*. A transdução é um processo muito comum, encontrado com frequência no mundo digital moderno, pois sons e imagens são convertidos ou transformados em "bits" digitais ou código e transmitidos via internet e redes de celulares no mundo inteiro.

A presença de tipos específicos de células, *receptores*, em cada sistema sensorial possibilita a transdução. Cada sistema sensorial tem seu próprio tipo de célula receptora. Após essas células *transduzirem*, ou converterem, a energia do ambiente, um sinal neural viaja por um *nervo sensorial*, levando informações para as partes do cérebro envolvidas no processamento e na análise da informação.

A música que você ouve ou a voz humana tem apenas um tom? A luz que você vê tem apenas uma cor? Claro que não! Cada experiência sensorial, ou *estímulo*, é composta de um conjunto complexo de comprimentos de onda de luz, frequências de som, intensidades de odores e sabores etc. E cabe a seus sistemas sensoriais resolver isso para você. Com o processo de *codificação e representação*, seu cérebro captura a complexidade dos estímulos ambientais encontrados.

O ser humano vivencia a complexidade de um estímulo após o cérebro transformar seus diferentes recursos em um padrão específico de atividade neural. A teoria das *energias específicas do nervo* afirma que cada sistema sensorial fornece informações a apenas um sentido, não importa como os nervos são estimulados, ou seja, partes específicas do cérebro sempre classificam o estímulo recebido como luz ou som.

SINESTESIA

Algumas pessoas afirmam ouvir a luz e ver os sons. Outras relatam que certos sons têm cor. *Sinestesia* é o nome de uma habilidade que certas pessoas têm de sentir uma (ou mais) forma de energia com um sistema sensorial diferente do normalmente usado para o estímulo. Estima-se que esse fenômeno afeta cerca de uma em cada 2 mil pessoas. Cientistas suspeitam que essa experiência resulta de alguns "fios" ou conexões neurais cruzadas no cérebro.

Simon Baron-Cohen, famoso pesquisador sobre autismo e psicólogo, tem a hipótese de que a sinestesia é possível quando conexões extras no cérebro permitem que sistemas sensoriais separados interajam. Seja qual for a causa, acho isso bem legal. Eu adoraria conseguir ver a música quando danço, porque eu não consigo senti-la!

Psicólogos trabalharam com neurocirurgiões para fazer experimentos com pacientes que, por motivos médicos variados, precisam ter parte de seus crânios removidos, o que expõe seus cérebros. Os neurocirurgiões pegavam um eletrodo e davam pequenos choques em partes específicas dos cérebros expostos. Quando faziam isso, algo estranho acontecia. A pessoa no experimento dizia: "Consigo ouvir galinhas cacarejando." Se os cirurgiões davam choques na parte do cérebro que processa o paladar, a pessoa falava: "Consigo sentir o gosto de sopa de tomates. Mmm, é bom."

Como isso é possível? Quando determinada parte do cérebro é estimulada, ele pensa que está recebendo um tipo específico de informação do órgão sensorial que ele processa, mesmo que não aconteça. Portanto, sistemas sensoriais específicos estão ligados a certas regiões do cérebro, permitindo que ele saiba a diferença entre ouvir um som e ver uma luz.

Aspectos diferentes de um estímulo são codificados no cérebro dependendo de quais neurônios são ativados e o padrão de ativação do neurônio. Se os neurônios no sistema visual são ativados, por exemplo, o cérebro sente a luz. Se o padrão de ativação neural difere, o cérebro sente comprimentos de onda diferentes ou intensidades de luz para conseguir diferenciar a luz do sol e a luz de velas. O final da trilha sensorial leva a uma *representação* neural da sensação em uma região específica do cérebro onde você finalmente ouve música ou vê cores.

Visão

A visão é indiscutivelmente um dos sentidos mais importantes do ser humano. Embora os outros sejam também importantes, conseguir ver é essencial para se dar bem no mundo moderno. Nesta seção, conto uma pequena jornada, a viagem que a luz faz pelos olhos até o cérebro, completando nossa sensação de luz.

A jornada começa com a *radiação eletromagnética*, mais conhecida como luz. A luz visível ocupa comprimentos de onda entre 400 e 750 nanômetros. Eu me lembro das aulas de Física explicando que a luz viaja em ondas. A intensidade da luz é calculada medindo o tamanho das ondas, e sua frequência é medida por quantos picos de uma onda passam em certo ponto dentro de um período de tempo. O comprimento de onda é importante para o tópico sobre como as pessoas sentem a luz porque diferentes comprimentos possibilitam experimentar cores.

Veja o processo:

1. **A luz entra no olho pela *córnea*.**
2. **A luz passa pela *pupila*.**
3. **A *lente* do olho foca a luz na *retina*.**
4. **A energia da luz é convertida em energia neural, uma ação conhecida como *transdução*.**

Entender o processo de transdução da luz requer examinar com atenção a retina, uma parte do olho localizada na parte posterior do globo ocular. A retina contém células especiais chamadas *fotorreceptores*, responsáveis pela transdução. Elas contém substâncias químicas chamadas *fotopigmentos*, que são divididos quando os fótons de luz que viajam na onda de luz fazem contato com eles. Esse evento inicia uma reação química que informa à célula para disparar um sinal para o *nervo ótico*. Esse sinal viaja até o *córtex visual* do cérebro, a parte responsável por analisar os estímulos visuais. Assim a luz é transformada em energia neural quebrando literalmente as substâncias químicas na retina, que dispara um sinal neural. Essas substâncias são armazenadas em duas células diferentes (chamadas fotorreceptores) na retina: *bastonetes e cones*.

Bastonetes contêm uma substância química chamada *rodopsina*, que é muito sensível à luz. Essa substância reage à luz de baixa intensidade e ajuda na visão periférica. É por isso que vemos mais em preto e branco quando está escuro; também explica por que podemos ver estrelas no céu melhor se não olharmos diretamente para elas.

Cones têm substâncias químicas conhecidas como *iodopsina*, muito ligada à rodopsina. Cada um dos três tipos de cone contém uma forma diferente de iodopsina. Os três tipos respondem a diferentes comprimentos de onda da luz e estão envolvidos na visão da cor.

Vendo cores

Algumas pessoas são daltônicas quanto a certas tonalidades de azul, verde e vermelho. Essa condição significa que elas têm dificuldade para sentir comprimentos de onda específicos da luz associada a essas cores. Elas não têm um pigmento sensível aos comprimentos de onda. Em geral, têm apenas dois tipos de cone, não três. Por sorte, a maioria consegue ver o mundo em toda a glória do arco-íris.

Existem duas teorias básicas de visão das cores: *teoria tricromática* e *teoria do processo oponente*.

> **A teoria tricromática** é bem básica. A ideia é que a retina contém três tipos diferentes de cones (fotorreceptores) que respondem a diferentes comprimentos de onda da luz, e isso permite nossa experiência de diferentes cores.
>
> - Os cones com *comprimento de onda curto* respondem à luz em torno de 440 nanômetros ou azul-claro.
> - Os cones com *comprimento de onda médio* respondem à luz em torno de 530 nanômetros ou verde-claro.
> - Os cones com *comprimento de onda longo* respondem à luz em torno de 560 nanômetros ou amarelo-esverdeado-claro.
>
> Quando cada sistema de cone é parcialmente ativado, combinações dessas três cores básicas são visíveis como cores verde água e laranja. Mas o importante aqui é que a experiência humana de todas as cores se origina dessas três entradas de cone básicas.

> **A teoria do processo oponente** da visão de cores determina que o cérebro contém diferentes tipos de neurônios que respondem de modo variado a cores diferentes. A ideia é que essas células são mais disparadas, em comparação com seu nível de disparo básico ou secundário, quando estimuladas por um tipo de luz e disparam menos quando estimuladas por outro. Se você olha para o vermelho, suas células vermelhas especializadas aumentam a taxa de disparo. Quando olha para o verde, as células vermelhas se acalmam com a taxa de disparo e as células verdes aumentam. Existem "conjuntos de células" para o amarelo e o azul também.
>
> Essa teoria explica algo chamado de imagens com *efeito residual negativo* na mente, que são cores diferentes da imagem real vista. O exemplo mais popular usa a bandeira dos EUA, que tem estrelas pretas no lugar de brancas, listras verdes substituindo as vermelhas e fundo amarelo ao invés de azul. Após olhar a imagem por um tempo, a pessoa fecha os

olhos e vê a bandeira com suas cores reais, porque as células estimuladas pelas luzes preta, verde e amarela são recuperadas com o estímulo e começam a "ver" as luzes branca, vermelha e azul. Experimente. Olhe fixamente para um quadrado amarelo de 2,5cm por cerca de 30 segundos, então olhe para uma folha de papel em branco. Você deverá ver um quadrado azul em vez do papel branco.

Qual teoria está correta? Como acontece com frequência na Psicologia e na ciência de modo mais geral, a pergunta ou/ou termina respondida com "ambas"! Agora os psicólogos sabem que a teoria tricromática descreve o que acontece na retina; já a teoria do processo oponente descreve o que acontece no cérebro.

Calculando distâncias e profundidade

Como sabemos a que distância algo está de nós só observando? Bem, talvez você não consiga, mas algumas pessoas são muito boas só de olhar. Pessoalmente, preciso de fita métrica, régua, topógrafo e GPS para calcular as distâncias, mas profundidade e distância são calculadas pelos sistemas visuais do corpo, usando duas informações: *pistas monocular* e *binocular.*

» As **pistas monoculares** são simples; você sabe que algumas coisas são maiores que outras. Cães são maiores que ratos. Carros são maiores que cães. Casas são maiores que carros. Como sabemos isso por experiência, sempre que vemos a imagem de um rato na retina que é maior que a imagem de um cão na mesma cena, sabemos que o rato está mais próximo. Do mesmo modo, se você vê um cão maior que um carro, calcula que o cão está mais próximo.

A regra é de que as coisas que emitem imagens maiores em nossas retinas devem estar mais próximas. Artistas usam essa regra sempre quando querem representar uma cena tridimensional em uma tela bidimensional.

» As **pistas binoculares** são interessantes e um pouco estranhas. Lembra-se dos ciclopes no filme *Sinbad: A lenda dos sete mares*? Ele tinha apenas um olho. Segundo as regras da visão binocular, ele teria problemas para calcular distâncias porque as pistas da distância binocular dependem de dois olhos fornecendo informações ao cérebro.

- *Convergência* é uma pista binocular e se refere às informações fornecidas pelos músculos dos olhos ao cérebro para calcular distâncias. Quando seus olhos apontam para dentro, em direção ao nariz, o cérebro sabe que você está olhando para algo próximo. Quando os olhos apontam para fora, o cérebro sabe que você olha para um objeto mais distante.

- Visão *estereoscópica* é outro tipo de pista binocular — e a mais importante. É bem rápido de experimentar. Faça uma moldura de visualização quadrada com suas mãos conectando polegares e dedos indicadores nas pontas, mantendo o resto dos dedos dobrados. Então feche um olho e foque um objeto à sua volta. Centralize o objeto no meio do quadro. Agora feche esse olho e abra o outro. O que aconteceu? O objeto deve ter se movido. Isso acontece devido à visão estereoscópica. Cada olho lhe dá um ângulo levemente diferente na mesma imagem porque eles estão separados. Seu cérebro julga a distância usando esses ângulos diferentes e calculando a diferença entre as duas imagens.

Audição

O som viaja em ondas e é medido por *amplitude* ou *tamanho de onda* e *frequência*, ou *número de ondas por unidade de tempo*. Cada um atende a uma experiência psicológica: amplitude determina a intensidade (banda de rock do meu vizinho), e frequência fornece a altura ou o tom (o vocalista que berra na banda do referido vizinho). As estruturas do ouvido são especificamente projetadas para a *transdução*, ou a conversão, da energia de ondas sonoras em energia neural.

O som primeiro entra no ouvido sendo canalizado pelo *pavilhão auditivo*. O ouvido externo amassado do ser humano é projetado como uma "concha acústica". Conforme a onda passa pelo canal auditivo, ele atinge o tímpano ou a *membrana timpânica*. O tímpano vibrante movimenta três ossinhos (*malleus, incus* e *stapes,* palavras latinas para *martelo, bigorna* e *estribo)*, o que amplifica a vibração.

Após a onda sonora atingir o ouvido interno, a *cóclea*, ocorre a transdução auditiva. A cóclea contém a parte física do processo de transdução. Ela está preenchida com fluido e sua base se alinha com a *membrana basilar*. *Células ciliadas* (elas lembram muito cílios) são anexadas à membrana basilar. As ondas sonoras que chegam ao ouvido interno mudam a pressão do fluido dentro da cóclea e criam ondas fluidas que movem a membrana basilar. O movimento dessa membrana faz as células ciliadas se inclinarem, iniciando o processo de transdução. Quando essas células se inclinam, suas propriedades químicas são alteradas, mudando a polaridade elétrica e posicionando-as para disparar e enviar um sinal neural. As ondas sonoras, agora transformadas em energia eletroquímica neural, viajam até o *córtex auditivo* (a parte do cérebro responsável pela audição) para o processamento perceptivo.

Tocando e sentindo dor

A sensação de toque inclui sentir pressão, temperatura e dor. Células especializadas na pele sentem o toque enviando um sinal para a medula espinhal, depois para o cérebro. A transdução no toque é um processo físico ou mecânico; é muito mais direto que a transdução química nos olhos para a visão. Quando o calor, o frio ou o peso estimula os receptores táteis na pele, um sinal neural viaja até o cérebro, de modo muito parecido como operam as células ciliadas no ouvido interno.

A dor é um caso especial para a sensação de toque porque seria difícil evitar o perigo e sobreviver nesse mundo sem sentir dor. Como dói quando alguém toca no fogo, a pessoa é motivada a não ficar muito perto dele, ajudando a evitar danos no corpo e possível morte. A dor é um sinal importante de que algo está machucando, prejudicando ou destruindo o corpo.

Duas fibras nervosas específicas localizadas na pele sinalizam a dor para o cérebro: *fibras delta A* e *fibras C*. As fibras delta A transmitem sensações agudas e trabalham rápido. As fibras C comunicam uma dor crônica e incômoda, assim como sensações de queimação.

DICA

Algumas pessoas parecem ter um limite muito alto para a dor. A *teoria do portão do controle da dor* determina que os sinais de dor devem passar por um portão na medula espinhal que "decide" quais sinais chegam ao cérebro ou não. Se outra sensação usa os caminhos da dor em determinado momento, o sinal da dor pode não chegar ao cérebro. Por exemplo, esfregar a coxa quando o tornozelo dói parece ajudar a aliviar a dor no tornozelo. É porque o sinal de esfregar (pressão) na coxa compete com o sinal de dor no tornozelo no acesso ao portão. Incrível, não é? Sempre fico impressionado com a complexidade do corpo humano.

Olfato e paladar

O sentido do odor é chamado de *olfato*. Às vezes sinto o cheiro do churrasco do meu vizinho no fim de semana. Tenho essa experiência porque pequenas partículas do alimento preparado, *partículas químicas voláteis*, se espalham pelo ar e viajam até os receptores olfativos em meu nariz. Dentro do nariz há milhares de receptores olfativos que podem sentir dezenas de milhares de diferentes odores.

As moléculas das substâncias químicas voláteis causam uma alteração química nos receptores do nariz, colocando em movimento o processo de transdução. A energia química é convertida em energia neural pelas células receptoras e um sinal chega ao *bulbo olfativo* em meu cérebro, onde o sinal é processado. Esse bulbo também se conecta à parte do meu cérebro que envolve a emoção. Alguns pesquisadores acham que essa conexão física no cérebro existe porque os cheiros podem ativar memórias emocionais de vez em quando.

Talvez você já ouviu falar sobre o impacto dos *feromônios*, que são odores que os animais emitem como sinais para outros animais durante a época de acasalamento. Algumas empresas comercializam produtos de feromônio para seres humanos, sobretudo para homens desesperados por um encontro. Os seres humanos produzem feromônios? Pesquisas ainda estão em andamento, mas algumas descobertas recentes parecem sugerir que a resposta é sim. O sistema com feromônios depende de um segundo órgão do olfato, o órgão vomeronasal ou órgão de Jacobsen. Esse sistema é proeminente em animais tão pequenos quanto traças e tão grandes quanto elefantes.

Gustação se refere ao sentido do paladar. Paladar é uma sensação química possível devido a receptores químicos na língua conhecidos como *papilas gustativas*. Todos os paladares são variações de cinco temas: doce, azedo, amargo, salgado e umami. O umami em geral é aceito como a quinta dimensão do paladar. Os receptores são ativados pelo glutamato monossódico (MSG), normalmente adicionado a alimentos processados. Existem cerca de 10 mil papilas gustativas na língua, reagindo às moléculas de alimentos e convertendo a energia química em energia neural, que envia informações para a área do cérebro envolvida em analisar as informações do paladar.

Equilíbrio e movimento

Inteligente como só, Aristóteles não viu alguns importantes sistemas sensoriais. Bailarinas e patinadores de gelo parecem flutuar no espaço, com movimentos equilibrados e desafiando a gravidade. Essas habilidades incríveis são possíveis em parte devido aos *sentidos do corpo*, os processos sensoriais da orientação corporal (no espaço) e do movimento, às vezes chamados de *sentido cinestésico*. Sem os sentidos do equilíbrio e do movimento, não seria possível andar em linha reta nem ficar de pé.

Estruturas conhecidas como *órgão vestibular*, localizado no ouvido interno, e receptores localizados por todo o corpo participam do equilíbrio e do sentido cinestésico. O órgão vestibular consiste em um conjunto de "canais" cheios de fluido contendo células receptoras ciliadas. Quando a cabeça gira, o fluido dentro dos canais se move ou flui, inclinando as células receptoras e fazendo essas células dispararem, informando ao cérebro que a cabeça está em movimento. O movimento do fluido dispara a sensação de movimento.

O sentido cinestésico resulta do acionamento dos receptores localizados por todo o corpo na pele, em músculos e juntas. O disparo desses receptores fornece informações sensoriais ao cérebro sobre certa parte do corpo em movimento, pressão e orientação das partes do corpo entre si. Quando a sensação de movimento, equilíbrio, orientação, parte do corpo em movimento e partes do corpo em relação entre si operam juntos de modo bem coordenado, é possível um movimento gracioso e fluido.

Produto Final: Percepção

O mundo é muito mais complexo que um monte de sons, cheiros, sabores e outras sensações singulares podem indicar. Você ouve sinfonias, não apenas notas. Vê fogos de artifício, não apenas fótons de luz isolados. Você delicia suas papilas gustativas com alimentos saborosos, não apenas sente o gosto de sal, azedo, amargo, umami e doce. Então, reserve um momento para agradecer à sua capacidade de percepção desses prazeres. Eu espero.

Percepção é o processo de organizar, analisar e dar significado a várias sensações com as quais alguém é bombardeado diariamente. Se a sensação fornece a matéria-prima, a percepção é o produto final.

LEMBRE-SE

Duas visões populares do processo complexo relacionado à percepção:

» **Ecológica:** Esta ideia afirma que o ambiente fornece todas as informações necessárias para sentir o mundo; é preciso muito pouca interpretação ou construção. Por exemplo, quando percebo uma árvore, não é porque construí uma percepção dela em minha mente. Eu a percebo porque a árvore me forneceu todas as informações necessárias para eu percebê-la como ela é.

» **Construtivista:** Nesta visão, o processo de percepção conta com um conhecimento prévio e informações para construir a realidade a partir de fragmentos da sensação. Você não é apenas um recipiente passivo da informação sensorial. Ao contrário, constrói ativamente o que vê, ouve, degusta e sente.

Independentemente de você ser ecológico ou construtivista, o processo de perceber tem alguns princípios básicos. Se a sensação é o processo de detectar tipos específicos de energia no ambiente, como você sabe quais informações valem a pena detectar e quais são apenas ruídos de fundo? Afinal, não se pode responder possivelmente a toda energia sensorial encontrada. Todo o tráfego intenso, vento cortante, pedestres agitados e outras coisas atordoariam com facilidade uma pessoa. Por isso os sistemas perceptivos têm um mecanismo predefinido para determinar quais informações devem ser detectadas.

Teoria do limiar

O conceito de um *limiar absoluto* se refere à quantidade mínima de energia no ambiente que um sistema sensorial pode detectar. Cada sistema sensorial tem um limitar absoluto, abaixo do qual a energia não garante nem atrai a atenção perceptiva. Um estímulo deve ser maior que seu limite absoluto para você notar que ele existe.

Outro tipo, o *limiar diferencial*, é descrito pela *Lei de Weber*, que apresenta a *diferença minimamente perceptível (DMP)*. DMP é a menor diferença entre dois estímulos que permite saber que eles são diferentes. Cada sistema sensorial determina uma fração constante de intensidade para cada forma de energia que representa a menor diferença detectável nas intensidades da energia. A ideia é que a diferença entre dois estímulos deve exceder a DMP para ser detectável; do contrário, um observador pensará que os dois estímulos são iguais. Por exemplo, a diferença minimamente perceptível do brilho é cerca de 1/60: eu nem conseguiria dizer a diferença em brilho entre uma lâmpada de 60 Watts e outra de 61 Watts, se as de 61 Watts fossem fabricadas.

Teoria da detecção de sinal

Outra teoria, conhecida como *teoria da detecção de sinal*, tem uma visão um pouco mais complicada do problema. Uma quantidade enorme de energia ambiental é considera ruído de fundo (pense no som do tráfego quando você está em um automóvel). Quando você encontra um estímulo, chamado *sinal* (pense no rádio do carro), é preciso diferenciar o sinal (rádio do carro e ruído do tráfego) e o ruído de fundo (apenas os sons do tráfego). Por isso você aumenta o som do rádio quando o trânsito está pesado na hora do rush; há mais ruído, portanto é preciso aumentar a força do sinal. A teoria da detecção de sinal determina que sua capacidade de perceber o estímulo se baseia em sua *sensibilidade* individual e *critério de resposta*. Sensibilidade se refere a uma característica básica de cada sistema perceptivo: o que é possível diferenciar. O critério de resposta é determinado por fatores situacionais, como emoções e motivações. Com base em sua sensibilidade e no critério de resposta, você pode detectar corretamente um estímulo *(acertar)*, falhar em detectar um sinal quando um está disponível *(perder)*, detectar um sinal quando não existe um *(alarme falso)* ou informar nenhum sinal quando não há nenhum *(rejeição correta)*.

Para entender o critério de resposta, imagine que sua tarefa seja dizer se eu acendi uma luz. Compare duas situações: em uma, você ganha US$100 sempre que vê a luz quando ela acende (um *acerto*), mas perde US$1 sempre que informa que a luz estava acesa quando, na verdade, não estava (um *alarme falso*). Em outra situação, você ganha US$1 por cada *acerto* e perde US$100 por cada *alarme falso*. Você se comportaria igual em cada situação? Eu não; no primeiro caso, eu diria "luz" sempre que suspeitasse que ela estava acesa; no segundo caso, não diria "luz" a menos que estivesse realmente certo.

LEMBRE-SE

Tendências e motivações individuais determinam o critério de resposta e afetam se uma pessoa faz ou não uma detecção precisa. Isso significa que quando as pessoas pensam que não estou ouvindo-as, a culpa não é minha. Não estou detectando o sinal delas porque meu critério de resposta tem uma definição muito alta. Viu? Sou uma inocente vítima de meus processos perceptivos.

Organizando segundo Princípios

O sistema perceptivo não é composto de um monte de regras arbitrárias e processos aleatórios. Com os anos, psicólogos e outros pesquisadores descobriram princípios que orientam como os sistemas perceptivos humanos organizam todas as informações recebidas dos sistemas sensoriais:

» **Ilusão de ótica:** A informação é dividida automaticamente em duas categorias: figura ou fundo, primeiro e segundo planos. A informação da figura é óbvia e imediata; a informação de fundo não é muito significativa.

» **Agrupamento:** Esta grande categoria contém os princípios que as pessoas usam para determinar se a informação pertence a um grupo específico com estímulos parecidos. Essas características da informação ou estímulos ajudam no processo de agrupamento:

- **Proximidade:** Estímulos juntos no espaço são percebidos como estando juntos.
- **Destino comum:** Estímulos que se movem na mesma direção e na mesma velocidade são agrupados.
- **Continuidade:** Estímulos que criam uma forma contínua são agrupados.
- **Semelhança:** Coisas semelhantes são agrupadas juntas.

» **Fechamento:** Este princípio é a tendência de preencher a informação que falta para completar um estímulo. Há um app de jogo para smartphone que demonstra isso bem, em que apenas parte do logotipo de uma empresa ou corporação popular aparece e você precisa adivinhar a empresa correta completando, ou "fechando", o resto do logotipo.

LEMBRE-SE

Hoje a maioria dos psicólogos está no campo *construtivista* (veja a seção "Produto Final: Percepção", anteriormente neste capítulo). Eles veem a percepção como um processo de construir seu senso de realidade a partir de fragmentos da informação. As pessoas nascem com algumas regras para organizar as informações, mas outros fatores podem influenciar a forma como as coisas são percebidas.

Experiências pessoais têm um impacto poderoso sobre como a pessoa analisa a informação sensorial. O conceito de um *conjunto de percepções*, definido como uma expectativa do que você perceberá, tenta capturar isso. Você usa dicas do contexto e da experiência para ajudar a entender o que está vendo, degustando, sentindo etc. Por exemplo, se estou descendo a rua de carro e vejo alguém vestido de policial perto da janela do carro de outra pessoa, pressuponho que o policial está fazendo uma operação. Na verdade eu poderia estar vendo uma pessoa de uniforme pedindo informação, mas minha experiência anterior sugere o contrário.

A cultura da pessoa é outra influência poderosa sobre como os estímulos são percebidos. Um bom exemplo do impacto das influências culturais sobre as percepções envolve imaginar uma história com base em uma série de imagens. Se tenho quatro imagens, cada uma com uma peça diferente de um quebra-cabeça e mostradas em sequência, que podem contar uma história, provavelmente eu imagino uma história diferente de um colega de outra região. Por exemplo, digamos que eu esteja vendo uma série de imagens mostrando:

» Uma mulher segurando uma bolsa.

» Uma mulher chorando.

» Um homem se aproximando da mulher.

» Uma mulher sem bolsa.

O que se passa aqui? Posso ver uma mulher chateada porque deixou a bolsa cair e um homem que se aproxima para ajudá-la. Ou posso ver uma mulher chorando de medo porque um homem se aproxima para roubar a bolsa. Dependendo da minha cultura ou subcultura, sem mencionar minha experiência pessoal, posso ver duas histórias muito diferentes.

ENGANANDO OS OLHOS

Os princípios organizadores dos sistemas perceptivos possibilitam ilusões perceptivas. Você pode ver coisas que realmente não estão na sua frente ou ver objetos se movendo quando estão parados. Ilusionistas, inclusive mágicos, usam regras organizadoras perceptivas contra você. Eles têm um profundo conhecimento de como funcionam os sistemas perceptivos e tiram vantagem disso para fazer truques.

> **NESTE CAPÍTULO**
>
> » Acendendo a luz
> » Indo para a cama
> » Sonhando
> » Atravessando para o outro lado

Capítulo 5
Explorando a Consciência

Consciência é um conceito vago. Você sabe que existe, mas é intangível. Minha consciência é a voz interna e a percepção de mim mesmo, meu ambiente e minha experiência? Em geral não estou ciente dos vários processos mentais, das sensações corporais e das coisas que se passam na minha mente. Por exemplo, não costumo ouvir meu coração batendo quando desço a rua andando, mas posso ouvi-lo quando tento. Contudo, sei "como é" ter batimento cardíaco se me concentro nele. Quando tenho consciência de algo sobre o qual estava inconsciente antes, fico *ciente*. Vamos começar tentando especificar o tópico vago da consciência com uma definição funcional em duas partes:

Consciência é...

» Nossa percepção atual e momentânea dos estímulos externos (fora do cérebro) e internos (dentro dele). O filósofo John Locke descreveu isso como "sentido externo" e "sentido interno". O psicólogo Joseph LeDoux se refere a isso como percepção interna do funcionamento mental de alguém.

» A experiência de "existir" como um "ser".

A primeira parte da definição é relativamente fácil de entender. Estamos cientes dos sons, dos odores, do movimento, das pessoas, das coisas etc. A segunda parte é um pouco mais desafiadora. Considere a consciência como uma lanterna. Existe a lanterna real (a fonte de luz), a luz que brilha (a ação) e os "objetos" que são iluminados (o conteúdo).

Assim, quando pensamos sobre consciência, de onde ela vem? Como funciona? O que é apontado e nos mostra? Ainda confuso? Tudo bem, a maioria de nós sabe o que é um filme em 3D. Mas e o filme em 5D? São experiências imersivas que incluem ver, ouvir, sentir, mover e agir, e existe um "eu" que está imerso. Ouvi o psicólogo budista Jack Kornfield dizer assim: há o conteúdo do qual estamos cientes e a consciência da consciência (parte 1 da definição anterior), e existe o "eu" ou o "ego" que vivencia tudo isso (parte 2 da definição).

Neste capítulo, apresento a consciência, nos estados normal e alterado. Explicarei os modelos científicos da consciência e sua função proposta. Demonstro os diferentes estados da consciência, inclusive o sono, seus estágios e um interessante fenômeno, o sonho. Por final, analiso como a consciência pode ser manipulada ou alterada com meditação e hipnose.

Consciência e Articulações

O filósofo Platão disse em seu texto *Fedro* que deveríamos "dividir novamente a ideia geral nas ideias particulares suas constituintes, observando-as nas suas articulações naturais, evitando, todavia, mutilar essas partes constituintes, tal como um mau cortador". Portanto, vamos cortar sem mutilar. As articulações que veremos são a consciência como uma habilidade e um estado ou nível.

Consciência como capacidade, habilidade ou processo da mente (e do cérebro)

Considere a consciência, a habilidade ou a capacidade mental, como fazer cálculos, conversar ou apenas o bom e velho pensamento que ocorre no cérebro. David Chalmers, professor de Filosofia na Austrália, descreve os seguintes critérios para a habilidade/capacidade/processo da consciência:

» Habilidade de discriminar, categorizar e reagir a estímulos ambientais.
» Integração da informação por um sistema cognitivo.
» "Reportabilidade", ou seja, a habilidade de relatar os estados internos disponíveis.

- » Habilidade de o sistema acessar os próprios estados mentais.
- » Foco atencional.
- » Controle deliberado do comportamento.
- » Capacidade de distinguir vigília e sono.

Se a consciência é uma habilidade, capacidade ou mesmo uma ferramenta, para que serve? Em que essa ferramenta nos ajuda? Dr. Antonio Damasio, neurologista e neurocientista, considerado por muitos uma das principais autoridades em consciência, nos dá uma ideia. Segundo Damasio, a consciência nos ajuda a:

- » **Ser mentalmente flexíveis:** Conseguimos propor novas respostas para novas situações. Podemos realizar novos processos mentais e comportamentais em ambientes e sob demandas nunca antes vistas.
- » **Pensar com antecedência:** Temos a habilidade de antecipar nossas necessidades antes que sejam críticas. Como planejar comer antes de ficar com fome (cultivar alimentos, ir ao mercado, armazenar comida na geladeira e na despensa).
- » **Ter motivação:** Temos a habilidade de estar cientes de nossos sentimentos e emoções, o que nos permite tomar decisões sobre pontos positivos que devemos manter e negativos que devemos evitar (para saber mais sobre emoções e motivação, veja o Capítulo 7).

Consciência como um estado ou um tipo de percepção

As pessoas podem estar inconscientes, desmaiadas, adormecidas, sonolentas, fora de órbita ou em outro mundo. Tudo isso descreve estados, níveis e tipos de consciência. A seguir temos uma lista dos estados da consciência:

- » **Consciência normal:** Desperta, responsiva ao ambiente quanto à fala e ao comportamento, com flutuações relativas à concentração e à atenção.
- » **Confusão:** Pensamento atípico com velocidade, clareza e coerência alteradas, inclusive falta de atenção e desorientação, consciência reduzida do ambiente imediato e distração, que às vezes é referida como delírio.
- » **Sonolência e torpor:** Atividades mental e física muito reduzidas, com dificuldade de manter a vigília e/ou habilidade de ser despertado apenas com um esforço intenso e contínuo.

- **Sedação:** Um estado de consciência induzido por drogas que existe continuamente, desde uma sedação mínima ou *ansiolítico* (incapacidades cognitiva e física, reflexos intactos, mas pode responder a comandos verbais) até uma *anestesia geral* (perda completa da consciência e não é possível despertar mesmo com um estímulo de dor).

- **Coma:** Aparência de estar adormecido e incapaz de responder a estímulos externos.

- **Experiência subjetiva da própria consciência:** Alguma vez você teve um sonho no qual sabia que estava sonhando? Na verdade você estava consciente de que estava adormecido. Estar ciente da própria consciência envolve perceber ou estar ciente de que você está acordado ou adormecido.

- **Observações de ações deliberadas de outras pessoas:** Um dos recursos mais importantes da consciência é que ela medeia nosso comportamento. Às vezes ajo por impulso e de modo reflexivo. Eu não penso no que estou fazendo; apenas faço. Outras vezes há uma etapa de deliberação da consciência, um ato de vontade, antes de agir. Nesse caso, analiso conscientemente o que farei. Atos deliberados ou voluntários são um sinal de percepção consciente. A consciência é atribuída a atos de deliberação e intenção. Quando alguém faz algo deliberadamente, supõe-se que está consciente.

- **Medição da atividade elétrica do cérebro:** A consciência pode ser observada fisiologicamente, além do comportamento, por meio da medição da atividade cerebral. Diferentes medições EEG (eletroencefalograma, um teste que grava as "ondas cerebrais" ou a atividade eletrofisiológica do cérebro) da atividade elétrica no cérebro correspondem a diferentes níveis de consciência observável.

Mais uma vez, Dr. Antonio Damasio diz que emoções, sentimentos e senso de identidade são essenciais para a consciência. Ele é famoso por se referir à consciência como o "filme dentro do filme" da nossa vida. Damasio classifica a consciência assim:

- **Consciência do proto-self:** Consciência dos estados corporais e consciência do momento "do aqui e agora".

- **Consciência do self central:** O sentido de "mim" ou "individualidade", de estar no presente.

- **Consciência do self autobiográfico:** Consciência de um tempo linear do self central ao longo do tempo no passado e no futuro.

VIVENDO UM PESADELO?

Imagine acordar no meio de uma cirurgia? Podemos ver, ouvir, sentir a pressão e, às vezes, até dor. Mas não podemos falar, nos mover nem sinalizar para os médicos e enfermeiras que acordamos! Esse fenômeno se chama **consciência sob anestesia**. Segundo a Sociedade Americana de Anestesiologistas, acontece em cerca de um a dois pacientes em cada mil administrações de anestesia geral todo ano. É um pesadelo, certo? Mas esse estado não é sonhar ou lembrar coisas antes e depois de estar totalmente sedado. Por vezes pode ser uma experiência traumática para algumas pessoas, e elas podem até desenvolver transtorno de estresse pós-traumático como resultado (para saber mais sobre TEPT, veja o Capítulo 14).

Cientistas e médicos se dedicam a resolver esse problema trabalhando com dispositivos tecnológicos para monitorar o nível de consciência de um paciente cirúrgico. Houve alguns erros no caminho e eles ainda precisam propor uma ferramenta robusta, mas com avanços em EEG, RM e outras abordagens de examinar e monitorar a atividade cerebral, eles continuam otimistas (para saber mais sobre essas tecnologias, veja o Capítulo 13.)

Zzzzs

Dormir representa uma alteração na consciência. Quando estou adormecido, estou inconsciente. O sono é caracterizado por uma alteração na atividade das ondas cerebrais, também chamada de *atividade eletrofisiológica*. O sono, como um nível de consciência, pode ser diferenciado de outros níveis de consciência medindo a energia eletrofisiológica do cérebro com EEG. Quando alguém está acordado e em alerta, o cérebro emite uma onda com frequência de 13 a 30 hertz (Hz), chamada de *atividade beta*. Quando a pessoa está acordada, mas relaxada, o cérebro mostra uma *atividade alfa* — uma frequência de 8 a 12Hz.

Em geral o sono é dividido em quatro estágios com um *estágio secundário*. Cada um é caracterizado por atividades cerebrais específicas.

» **Estágio 1:** Quando a pessoa fecha os olhos e começa a relaxar, entrando no modo sono, as ondas cerebrais estão em uma frequência alfa. Conforme se aprofunda no Estágio 1, as ondas cerebrais ficam menos regulares e têm maior amplitude. É a *atividade teta*, de 3,5 a 7,5Hz. Este é o período de transição entre estar acordado e adormecido, e dura cerca de dez minutos.

» **Estágio 2:** Durante o sono no Estágio 2, a atividade das ondas cerebrais é irregular e tem picos de ondas EEG com grande amplitude, chamados *complexos K*. Também existem sequências curtas de ondas de 12 a 14Hz, chamadas *fusos*. A pessoa está no sono profundo neste estágio, mas pode achar que não está dormindo. Minha esposa me acorda quando estou dormindo na frente da TV e sempre me diz que estou roncando, mas digo para ela que não estava dormindo. Ronquei acordado. Não sei o que é pior: roncar adormecido ou acordado!

» **Estágio 3:** O Estágio 3 é caracterizado pela presença de ondas de alta amplitude e baixa frequência (3,5Hz), que são um sinal EEG da *atividade delta*. O Estágio 3 dura cerca de uma hora e meia.

» **Estágio 4:** Este estágio é sinalizado pela presença de mais ondas teta interrompendo as ondas deltas suaves. Durante o Estágio 4, os olhos começam a se mover muito rapidamente, o que é chamado de sono *REM (movimento rápido dos olhos)*. Ele é caracterizado pela presença da atividade beta. Aqui, parte do cérebro está ativa, mas desconectada dos sistemas musculoesqueléticos; porém, a pessoa *está* adormecida.

A pessoa sonha durante o sono REM. Após atingir este estágio, em geral cerca de uma hora e meia no processo inteiro, o resto da noite é caracterizada por períodos alternados de sono REM e não REM (atividade dos Estágios 1, 2 e 3).

Cansaço mental e esquecimento

Não sei necessariamente por que outras pessoas dormem, mas eu costumo dormir porque estou cansado. Em grande parte, pesquisadores ainda não sabem exatamente por que elas dormem, mas alguns acreditam que o sono tem uma função *restauradora*. Uma pesquisa que analisa os efeitos da falta de sono, ou privação do sono, sugere que as pessoas dormem para que o corpo possa restaurar o que foi perdido ou danificado durante as horas em que ficaram acordadas. Há ainda os que propuseram que, durante o sono, conexões neurais formadas durante o dia são consolidadas.

Quando as pessoas têm dificuldades para dormir, elas podem sofrer com um *distúrbio do sono* formal, em que há anomalias na quantidade, na hora ou na atividade mental ou comportamento de quem dorme. Há duas grandes categorias de distúrbios do sono: *dissonias* e *parassonias*:

» **Dissonias** consistem em dificuldades na quantidade, na qualidade ou na hora do sono. *Insônia* é um tipo comum de dissonia, em que as pessoas têm dificuldade de adormecer ou ficar adormecida. *Hipersonia* é uma condição de sonolência excessiva. Alguém com criança pequena em casa? É possível dizer que tem "hipersonia"? *Narcolepsia* envolve adormecer totalmente, de forma repetida, do nada. Pode ser bem quando está dirigindo, durante uma conversa ou uma palestra. Muito inconveniente!

» **Parassonias** consistem na atividade das ações corporais na hora errada. Por exemplo, *pesadelos* são um tipo de parassonia que envolve a ativação inadequada do processo cognitivo ou do pensamento durante o sono, caracterizada por sonhos muito assustadores nos quais uma pessoa se sente ameaçada ou em perigo. *Sonambulismo* é outra parassonia que envolve sair da cama durante o sono, andar, ter um olhar vazio no rosto, parecer adormecido, mas não ser responsivo, e ser extremamente difícil de despertar. Eu costumo sair da cama, destrancar a porta e ir para a rua. E outras pessoas são conhecidas por um comportamento bem sofisticado durante o sonambulismo, variando desde fazer um sanduíche até dirigir para uma cidade próxima. Existem também processos judiciais famosos em que os réus declararam ter cometido assassinato durante o sonambulismo. Em 1994, por exemplo, Michael Ricksgers declarou que matou a esposa por acidente durante uma crise de sonambulismo. O tribunal não acreditou. A *apneia do sono,* uma parassonia caracterizada por pausas anormais na respiração ou frequências respiratórias muito baixas, demonstrou ter importantes consequências para a saúde, como pressão alta e ataques cardíacos.

CUIDADO

Privação do sono é um grande problema no moderno estilo de vida atarefado, rápido e com estímulos 24 horas por dia. E as consequências dos distúrbios do sono podem ser significativas, variando entre raciocínio lento, baixa atenção, performance ruim no trabalho e irritabilidade. Isso não significa que as pessoas que são privadas do sono parecem zumbis ou um "walking dead". Não é tão dramático assim, mas a privação foi relacionada a uma sensação de morte cerebral ou ter dificuldade de raciocínio e cognição, sentir-se mentalmente mais lento e ter confusão mental.

Então, vá dormir! Após terminar a leitura, claro! Por fim, os efeitos de longo prazo na saúde quanto aos distúrbios do sono só agora estão sendo considerados. Boas fontes de informação sobre esses distúrbios são os sites Associação Brasileira do Sono (absono.com.br) e https://sbpt.org.br.

Pelado no Trabalho: Sonhos

Certa vez sonhei que dizia a um grupo de belas mulheres que meu nome era "Toca do Lobo". Talvez exista um significado por trás disso ou foi apenas uma bobagem mental. Acho que, se você perguntar à maioria, as pessoas dirão que acreditam que sonhos têm significado simbólico ou importância. Os sonhos representam outro estado alterado da consciência, e alguns psicólogos pressupõem que os sonhos têm significados que podem ser interpretados. Não tenho certeza sobre o significado do meu sonho Toca do Lobo ou o que minha persona em sonho estava tentando transmitir, mas talvez eu tenha imaginado que impressionaria ser uma espécie de "Casa de Lobos", que sou perigoso, hostil ou tenebroso. Que sinistro!

Sonhos podem ocorrer durante o sono REM e não REM. Os sonhos que a maioria das pessoas mais considera quando fala sobre eles ocorrem durante o REM. Podem ser estranhos, experiências alucinógenas um pouco sem sentido. O conteúdo dos sonhos e como são vivenciados por uma pessoa no sono REM pode ser resultado de diferentes regiões do cérebro estando ativas nesse momento em particular, como o córtex visual (o que "vemos" quando sonhamos), o córtex auditivo (o que "ouvimos") ou as áreas motoras do cérebro (o que fazemos e como nos movimentamos em um sonho). Portanto, quando tenho um sonho em que vou para o trabalho pelado, ouço pessoas rindo e vejo reações em seus rostos, a culpa é dessas áreas do cérebro! (Não de desejos exibicionistas no fundo do meu inconsciente!)

A Psicanálise forneceu uma visão abrangente da importância psicológica dos sonhos e de sonhar. Freud e outros teóricos psicanalistas fazem uma observação simples: Os sonhos têm significados mais profundos do que sugerem seu conteúdo superficial. No livro *A Interpretação dos Sonhos*, Freud afirma que os sonhos normalmente representam nossas tentativas de satisfazer desejos que não percebemos conscientemente. Com a técnica da interpretação dos sonhos, um psicanalista ajuda um paciente a chegar à raiz do significado de seus sonhos. Se tenho um sonho sobre adquirir um novo carro, ele significa mais do que meu desejo por um novo carro. Pode significar inúmeras coisas, mas o significado é algo único à minha criação psicológica, algo idiossincrático. O carro pode representar um desejo reprimido de ser livre; o carro é um símbolo do movimento.

LEMBRE-SE

Entender o significado de muitos sonhos às vezes não é tão complexo. Eles podem simplesmente ser reflexos de eventos, preocupações ou experiências que merecem a nossa atenção prioritária. Outras vezes o "verdadeiro" significado de um sonho é extremamente difícil, se não impossível, de descobrir. Os sonhos e seus significados são um fenômeno muito pessoal e subjetivo. Mas só porque os sonhos e seus significados simbólicos são difíceis de analisar de modo científico, isso não deve afastar a crença de uma pessoa de que seus sonhos têm um significado mais profundo. O processo de descobrir o significado dos sonhos na terapia, factualmente correto ou não, pode ser uma experiência estimulante e, em geral, útil.

O psicólogo Alan Hobson, em 1977, propôs uma teoria do sonho que postula que os sonhos não têm nenhum significado inerente e são apenas alucinações criadas por disparo de neurônios aleatórios, com o resto do cérebro tentando entender após o fato. Porém, esse modelo já não é amplamente aceito. Muitos psicólogos passaram a ver o sonho como um processo da memória que combina fragmentos de memória de um passado recente e um remoto em cenários novos e imaginários.

Os sonhos representam o processo de consolidação da memória enquanto dormimos (para saber mais sobre memória, veja o Capítulo 6). Sonhar é um tipo de processamento da informação, como muitos outros no cérebro, e, como tal, segundo o psicólogo Erin J. Wamsley, é uma extensão e semelhante à consciência desperta. Pesquisas foram feitas para testar essa noção de incorporação da memória e mostraram que, por exemplo, quando a cobaia joga um videogame antes de adormecer, o jogo fica incorporado em seus sonhos. Então atenção, pessoas que jogam *GTA!* Contudo, os sonhos não são apenas "reproduções", mas um tipo de "filme" que combina fragmentos de memória em novas experiências que o sonhador jamais teve.

Alterando Sua Consciência

Pessoas tentam alterar deliberadamente sua consciência desde o início da história da humanidade. Os seres humanos usavam meditação, medicamentos, rituais religiosos, privação do sono e vários outros meios para alterar seus níveis de consciência diária.

O psicólogo e autor Stanley Krippner identificou mais de vinte estados de consciência alterada. Entre os estados de consciência alterada mais intrigantes identificados por Krippner estão estes quatro:

- » **Arrebatamento:** Um sentimento intenso de emoção avassaladora, vivenciado como agradável e positivo. Pessoas relataram sentir arrebatamento após sexo, rituais religiosos, danças rituais e uso de substâncias psicoativas.

- » **Estados de transe:** Um estado de alerta, mas muito sugestionável. Uma pessoa em transe é focada em um único estímulo e está alheia a grande parte de tudo mais à sua volta. As pessoas em transe às vezes contam que elas sentem estar "em harmonia" com o mundo. Rituais religiosos, cantos, hipnose, lavagem cerebral, ioga e até música podem levar a estados de transe.

- » **Devaneio:** Pensamento rápido não relacionado ao ambiente atual da pessoa. O devaneio costuma ser resultado de tédio, privação sensorial e privação do sono.

- » **Consciência expandida:** Consciência aumentada atípica da experiência diária e consciência. Pessoas experimentam meios de "expandir" sua consciência usando drogas para privação sensorial. Há quatro níveis de consciência expandida:

    - **Sensorial:** Uma experiência alterada de espaço, tempo e outro fenômeno sensorial.

    - **Lembrança analítica:** Uma experiência na qual pessoas desenvolvem novas ideias e revelações sobre si mesmas, o mundo e seu papel nele.

- **Simbólica:** Identificação com figura histórica ou pessoa famosa acompanhada de símbolos místicos, como ter uma visão de crucifixo ou anjo.

- **Integral:** Uma experiência religiosa e/ou mística normalmente envolvendo Deus, algum outro ser ou força sobrenatural. Em geral a pessoa se sente fundida ou em harmonia com o Universo. Este estado às vezes era chamado de *consciência cósmica*. Krippner e outros especialistas acreditam que bem poucas pessoas são realmente capazes de atingir esse nível de consciência.

Alterando a consciência com drogas

Talvez um dos métodos mais comuns para alterar a consciência seja usando drogas. Tal uso para alterar a consciência de alguém é um fenômeno antigo e, ao mesmo tempo, uma prática contemporânea. Arqueólogos descobriram vestígios de cocaína em corpos mumificados no Egito Antigo.

Algumas pessoas afirmam que uma das finalidades de usar drogas é ter uma melhor percepção do conceito da consciência em si. A maioria que usou drogas conta que fez isso para ficar *alta* ou intoxicada.

O estado de ficar alto realmente representa uma alteração na consciência, talvez indo de um nível de consciência que envolve sentimentos negativos para um nível diferente no qual a pessoa não se sente mais "mal". A ideia de que as drogas são um escape parece verdadeira, se você considera que muitas que alteram a mente e o humor disparam uma transição entre os estados de consciência.

Nem todas as drogas têm necessariamente um impacto na consciência. Não me lembro de ficar alterado na última vez em que tomei aspirina ou antibiótico. As drogas cujo principal efeito é a alteração da consciência são chamadas de *psicoativas*. As drogas e as substâncias psicoativas comuns incluem LSD, psilocibina, fenciclidina (PCP), maconha, cocaína, anfetaminas, barbitúricos, ecstasy e álcool.

Embora algumas pessoas considerem o uso de drogas para a finalidade pretendida de expandir a consciência como sendo algo bom, como profissional da saúde eu me sinto obrigado a advertir sobre os muitos efeitos negativos do uso e do abuso de substâncias psicoativas. Vício, lesão cerebral, problemas de saúde mental, distúrbios psicológicos, problemas sociais e legais são consequências comuns desse uso. Com isso em mente, recomendo extrema precaução a qualquer um que pense em usar drogas a evitá-las e afirmo que procurar estados mais elevados de consciência sem o uso de substâncias pode ser bem mais esclarecedor e menos arriscado.

NATURALMENTE ELEVADO

Stanley Krippner define um estado alterado de consciência como um estado mental vivenciado de modo subjetivo, como representando uma diferença no funcionamento psicológico dos estados normal, alerta e desperto de um indivíduo. A importância da diferença vivenciada subjetivamente pode ser mostrada por uma história contada por Baba Ram Das em seu livro *Esteja Aqui Agora*.

O nome original de Baba Ram Das era Richard Alpert. Ele era professor de Psicologia em Harvard nos anos 1960, onde, com Timothy Leary, fazia experimentos com LSD. Talvez uma das frases mais famosas de Timothy Leary tenha sido: "Ligue, sintonize e caia fora." Alpert e Leary acabaram sendo demitidos.

Ram Das viajou para a Índia em busca do caminho da sabedoria hindu e para descobrir se alguém poderia explicar por que o LSD parecia ter um efeito tão profundo na consciência. Um dia, Ram Das encontrou um guru sábio e respeitado. Ele perguntou ao guru se era possível explicar os efeitos do LSD. O guru pediu um pouco da substância e Ram Das atendeu. O guru usou mais LSD que Ram Das tinha visto um ser humano usar, mas ele não pareceu ser afetado! Ele não teve a tal "viagem ácida". Não houve alteração em seu estado atual de consciência; ele não vivenciou um estado alterado de consciência quando usou LSD. Isso significa que o guru já estava em um tipo de "viagem da realidade" ou "LSD espiritual"? O guru respondeu apenas que sua consciência estava "além" do que o LSD poderia fornecer, portanto, não teve efeito sobre ele.

Consciente da minha mente (estados meditativos)

Os estados meditativos da consciência são considerados uma forma especial de consciência, mas não necessariamente anormais nem inadequados. Como outros estados da consciência, o foco ou o objeto de atenção difere com a meditação. Há uma concentração intensa e foco de atenção em uma faceta particular da experiência, da atividade mental ou da experiência física.

O estado meditativo costuma ser referido como observar o próprio pensamento. O objetivo ou a finalidade é praticar como uma forma de treinamento mental para aumentar a habilidade da pessoa em se concentrar, ficar calma e estar ciente. Também é usado como uma estratégia de enfrentamento positiva diante da angústia e da adversidade.

A meditação é considerada uma técnica de aprimoramento mental. Há muitas formas diferentes de meditação com sutis diferenças; o foco da meditação de ser os próprios pensamentos da pessoa, uma afirmação ou uma frase repetida várias vezes (como um canto religioso ou uma oração). *Meditação transcendental (MT)* é uma prática que coloca os praticantes em um estado de "pura consciência", na qual não há concentração forçada, mas uma experiência de estar livre e sem amarras. Já a *meditação de atenção plena* envolve o monitoramento atento e a detecção de sensações, sentimentos e pensamentos em um contexto de consciência "sem apego" (estou ciente... há um pensamento sobre cachorro, uma imagem de gato, agora uma agradável sensação, agora uma respiração etc.)

A prática da meditação está associada a benefícios positivos na saúde, como menos estresse e tensão muscular. Ela é usada junto com a psicoterapia para depressão e transtorno de estresse pós-traumático (TEPT). Embora seja historicamente associada ao budismo, muitos consideram a meditação como uma prática ecumênica e não religiosa, aplicável a fins médicos, educativos, atléticos e até comerciais. Além do mais, por que os budistas devem ficar com toda a diversão?

Entrando em hipnose

Feche os olhos e relaxe. Você está *muuuiiitooo* relaxado. Sua respiração é lenta, você está começando a sentir sono. Está *muuuiiitooo* relaxado.

Então, funcionou? Olá? Você está sob meu poder hipnótico? Provavelmente não. Nem tenho treinamento em hipnose. É uma habilidade especial, e nem todos os terapeutas ou psicólogos são treinados nisso. *Hipnose* é um procedimento no qual uma pessoa, chamada *hipnotizador*, sugere mudanças nas sensações, nos sentimentos, nos pensamentos ou nos comportamentos de um indivíduo. Alguns psicólogos acham que a hipnose é apenas um aumento de sugestão que permite ao hipnotizador "controlar" o comportamento da pessoa. Outros propõem que a hipnose é realmente um estado alterado de consciência, no qual uma pessoa se *dissocia* (separa) de seu estado normal ou habitual de consciência.

LEMBRE-SE

O segredo para entender o mecanismo da hipnose é a *sugestão*. Uma *sugestão* é a diretiva dada ao indivíduo para agir, sentir ou pensar de certo modo. Um hipnotizador começa o processo com algumas sugestões agradáveis e progride com solicitações mais sofisticadas. Esse processo é chamado de *indução hipnótica* e é considerado um leve transe hipnótico.

A hipnose tem sido usada para muitas finalidades diferentes, variando desde entretenimento até ajudar alguém a parar de fumar. As aplicações mais controversas envolvem regressão a vidas passadas e recuperação de lembranças reprimidas. Existe pouca evidência científica que legitime a regressão a vidas passadas por meio da hipnose. É realmente impossível comprovar. Por quê? Qualquer coisa que alguém fala pode ser verificada apenas com registros históricos, e se eu consigo pesquisar e verificar, a pessoa em questão poderia procurar para fingir uma regressão.

3 Pensar, Sentir e Agir

NESTA PARTE...

Conheça o raciocínio do pensamento humano, que os psicólogos chamam de cognição, inclusive o conteúdo dos pensamentos e o processo mental.

Entenda o que é ser inteligente por meio da discussão sobre comunicação, linguagem, inteligência e diferentes teorias de "ser inteligente".

Acesse seus sentimentos em um capítulo sobre motivação e emoção.

Compreenda psicologicamente a aprendizagem com uma revisão de Ivan Pavlov, seus famosos cães e a teoria do condicionamento operante.

> **NESTE CAPÍTULO**
>
> » **Raciocinando sobre o pensamento**
> » **Inicializando a mente**
> » **Entendendo a memória e outros processos mentais**
> » **Descobrindo fatos sobre inteligência**
> » **Compreendendo a linguagem**

Capítulo 6
Pensamento e Fala

Antes da explicação do conceito psicológico complexo do pensamento, veja um pequeno experimento mental: imagine-se na cama, acordando de uma boa noite de sono. Você pressiona o botão do despertador, afasta as cobertas e vai para o banheiro. Agora, o experimento. Ao chegar ao banheiro, você esquece por que está lá. A resposta pode parecer óbvia, porque acabou de sair da cama e foi direto para o banheiro, mas você esqueceu. Então olha em volta e não consegue saber onde está. Nada é familiar e você está cercado por um mundo estranho de formas, imagens, objetos, sons e luzes. Você olha para um objeto que reflete a imagem de alguma outra coisa, mas não sabe o que é. Fica confuso, desorientado e basicamente perdido. Sua mente está totalmente vazia. Você não consegue nem pensar em nada para dizer, pedindo ajuda. Você fica preso lá. O que fará?

Se o exemplo parece um pouco estranho, ou pelo menos um pouco abstrato, é porque a situação *seria* estranha. Sem a capacidade de pensar, a vida pareceria a situação do banheiro que acabei de descrever. O pensamento permite reconhecer objetos, resolver problemas e se comunicar. Você realmente teria problemas se não pudesse pensar. Não conseguiria nem descobrir como sair do banheiro.

Neste capítulo, descrevo os conceitos do pensamento (cognição) e os processos da linguagem e seus componentes, como atenção, memória, tomada de decisão, inteligência, linguagem (inclusive fala e linguagem não verbal, como a linguagem de sinais) e compreensão.

Dentro da Mente

O que é exatamente o pensamento? Um pouco mais adiante neste capítulo, peço para você analisar seus próprios processos mentais, portanto, seria útil se soubesse o que está analisando. Em Psicologia, o termo *cognição* se refere ao processamento mental das informações, inclusive memória, raciocínio, solução de problemas, conceitualização e imagens.

Estudar o pensamento (ou, mais estritamente, a cognição) é muito difícil. Por quê? É difícil ver! Se eu abrisse seu crânio e o examinasse, veria o pensamento? Não, veria uma coisa enrugada e rosa-acinzentada (seu cérebro). Nos primeiros anos da pesquisa psicológica sobre pensamento, os psicólogos pediam aos participantes em estudos sobre pensamento que participassem de algo chamado de introspecção. *Introspecção* é a observação e o relato da própria experiência interna de alguém. Os psicólogos davam aos participantes um problema matemático simples para resolver e pediam que falassem em voz alta conforme faziam os cálculos. Esses exercícios eram para capturar as etapas envolvidas no processo mental. É importante lembrar que grande parte do pensamento ou da cognição ocorre fora da percepção consciente. Nesse sentido, a introspecção não era muito útil, mas agora seria?

Experimente! Pegue um papel em branco e lápis. A instrução é resolver o seguinte problema matemático e anotar cada etapa realizada, uma a uma:

47.876 + 23.989

A resposta é 71.865. Se você não acertou, não se preocupe; todos temos pontos fracos. Na verdade, se errou, a técnica da introspecção pode conseguir mostrar o que você fez errado. Faça de novo cada etapa para resolver o problema.

Você acabou de participar de um experimento psicológico e não doeu nada, não foi?

Agora, imagine como seria difícil usar a introspecção para analisar todo o seu pensamento. Seria muito difícil; na verdade, impossível. Parte do motivo para que psicólogos não usem mais a introspecção é que as pessoas são cegas para grande parte do que nossas mentes (ou cérebro) fazem. A introspecção não consegue capturar os processos sofisticados do pensamento e não é uma medida muito confiável, porque se baseia em um relato subjetivo. Atualmente, psicólogos usam a modelagem computacional, experimentos formais, estudos de lesões, PET, fMRI, potenciais relacionados a eventos e outros meios complexos para pesquisar o pensamento. Psicólogos tentam criar modelos de sistemas que pensam como as pessoas.

LEMBRE-SE

Os psicólogos cognitivos medem o "comportamento" do pensamento conforme ele se manifesta no teste que alguém realiza, seu comportamento manifesto ou como o cérebro é ativado quando realiza uma tarefa de raciocínio.

Pensando como um PC

Descobrir como o pensamento funciona é uma busca desde Aristóteles, passando pela Renascença com Descartes e chegando à era moderna. Uma ferramenta útil que os pensadores usam para explicar o funcionamento da mente é a *metáfora*. Inúmeras metáforas foram desenvolvidas ao longo do tempo, inclusive a mente como uma máquina a vapor, um relógio e até computador. Nesta seção, apresento o conceito da mente e do pensamento como processos computacionais, nos quais as representações da informação são manipuladas como processos reais do pensamento. De onde veio a ideia da "mente computacional"?

Desafio de Turing

Alan Turing (1912-1954) propôs algo chamado *Teste de Turing*. Ele era um matemático britânico e cientista da computação que foi fundamental ao ajudar a decifrar os códigos secretos de submarinos alemães durante a Segunda Guerra Mundial. Ele desenvolveu uma "máquina computacional" para decifrar tal código. Há uma ótima representação dessa máquina no filme sobre Alan Turing estrelado por Benedict Cumberbatch, chamado *O Jogo da Imitação* (2014).

Na época, um jogo de salão popular envolvia colocar um homem e uma mulher atrás de portas diferentes; os convidados tinham que se comunicar com eles por escrito. A intenção era adivinhar corretamente se era um homem ou uma mulher atrás de certa porta com base apenas em suas respostas para as perguntas dos convidados. Turing propôs que a comparação mudaria para homens ou mulheres em relação ao computador e ao ser humano para descobrir se os convidados conseguiam determinar se o computador ou uma pessoa respondia às perguntas. Se os convidados não conseguissem saber a diferença, então o computador era considerado como "fazendo as vezes" do ser humano, ou seja, o resultado do teste significaria que um computador poderia "representar" o pensamento humano a seu modo, em uma *arquitetura simbólica ou cognitiva*, ou linguagem de programação.

Segundo o dicionário Merriam-Webster, a palavra "cognitivo" tem origem no latim *cognitīvus*, que basicamente significa "saber", "conhecimento" ou "conhecer". Uma máquina que passa no teste de Turing "sabe" em essência as mesmas coisas e "possui" (armazena) o mesmo "conhecimento" de seu rival humano. Ele só armazena esse conhecimento em um conjunto de "códigos" simbólicos usados para calcular e produzir a resposta para uma pergunta. Turing propôs que, se as máquinas podem raciocinar por meio da computação, talvez a mente humana faça o mesmo.

O teste de Turing é uma demonstração de como a computação pode ser feita com símbolos ou representações, e é uma analogia para como a mente humana pode fazer cálculos com símbolos e representar o mundo real em termos mentais. O título do filme mencionado antes é inteligente porque "jogo da imitação" é quando uma máquina imita e modela o pensamento humano.

Cálculo

Com base no trabalho de Turing e no posterior advento do computador moderno, psicólogos e investigadores da área começaram a examinar com mais seriedade as operações realizadas por computadores, chamadas *cálculo* ou *computação*, como possíveis modelos para os processos mentais humanos. Foi um avanço significativo. Usar o computador como um modelo para como ocorre o pensamento é chamado de *modelo computacional-representativo da mente* (e do pensamento). A ideia é profunda e simples: a mente e todos os seus processos complexos, como percepção, pensamento, solução de problemas etc., compõem uma máquina de processamento da informação que faz cálculos.

O que é "computação"? É uma manipulação de símbolos segundo uma regra predefinida que transforma um conjunto de símbolos em outro. Por exemplo, suponha que exista a seguinte regra para representar a letras W, S, D, O e R:

W = 1

S = 2

D = 3

O = 4

R = 5

Portanto, "words" (palavras, em inglês) seria representada como "14532" e a palavra "sword" (espada), como "21453". Essa transformação é a computação. Então, o cérebro, como um "dispositivo" computacional, transforma um tipo de informação, como ondas de luz (ou as letras no exemplo "words"), em outro tipo, padrões neurais (ou números, no exemplo "words").

O modelo computacional-representativo da mente também se chama *abordagem do processamento da informação* para a cognição. Pesquisadores cognitivos começaram a projetar e "criar" programas de modelos de processamento computacional/informação que poderiam ser executados em computadores para ver se os programas de computador conseguiam fazer as mesmas coisas que o pensamento humano. Esses modelos eram basicamente simulações de computador para o pensamento humano e costumam ser referidos como *arquiteturas cognitivas*. Prédios têm plantas arquitetônicas, assim como esses modelos. Richard Samuels, professor de Filosofia na Ohio State University, afirma que em geral os cientistas cognitivos concordam com a noção de que a mente é um "mecanismo" que consiste em "partes" e diz: "Com essa suposição, um projeto central da ciência cognitiva é caracterizar a natureza desse mecanismo, para tentar dar conta da arquitetura cognitiva, que especifica as operações básicas, as partes componentes (por exemplo, processos) e a organização da mente."

Representação

Cálculos são feitos com representações mentais. *Representação mental* é um símbolo de certo estímulo (como uma árvore) na mente. O termo "símbolo" é usado aqui em um sentido muito vago para se referir a algo que substitui outra coisa. Portanto o estímulo "árvore", por exemplo, pode ser simbolizado pela ativação de um conjunto específico de neurônios no cérebro.

Sente-se por um segundo, fique confortável e pense na imagem de uma rosa. Concentre-se para que a imagem seja clara; veja o caule verde e as folhas, as pétalas rosas e os espinhos. Tente imaginar a rosa em detalhes. Se alguém entrasse no cômodo enquanto você faz isso e perguntasse se há uma rosa no ambiente, o que você diria? Se não existe, então a resposta seria "não". Mas considere a ideia de que realmente há uma rosa no local ou, pelo menos, está no ambiente porque existe uma em sua mente, a rosa imaginada. Portanto, se eu abrisse seu crânio e examinasse sua cabeça, eu veria uma rosa, certo? Claro que não! A rosa só existe na forma simbólica ou representativa dentro da mente.

Lembre-se: o pensamento consiste em símbolos que representam informações sobre o mundo, os objetos nele e a manipulação desses símbolos. A manipulação mental dos símbolos se baseia em combinar, separar e recombinar os símbolos em cadeias mais complexas ou sistemas de símbolos com significado. Veja de novo a palavra "rosa". Ela consiste em partes mais simples chamadas letras, e a combinação específica dessas letras dá origem à palavra específica e à imagem do objeto chamado "rosa". As letras podem ser reorganizadas para escrever a palavra "raso", que é algo totalmente diferente e, assim, um pensamento inteiramente diferente. Isso mostra que até um sistema simples como o alfabeto pode originar um conjunto quase infinito de símbolos ou representações maiores e mais significativas.

LEMBRE-SE

De onde vêm todos os símbolos? Os símbolos são gerados sentindo coisas no mundo. Quando vejo uma rosa, há uma representação simbólica correspondente dessa rosa na minha mente quando penso nela. Desse ponto em diante, a definição de pensamento no livro *Psicologia Para Leigos* é o processamento mental da informação como cálculos realizados nas representações e as várias operações envolvidas no processo.

Processamento

A mente passa por quatro etapas básicas ao processar a informação:

1. **Uma informação de estímulo a partir dos sentidos chega ao cérebro (você vê Lebron James enterrando pela primeira vez).**

2. A informação é analisada (seu cérebro pensa: "Uau. É impressionante").

3. Possíveis respostas diferentes são geradas (seu cérebro tenta descobrir como ele faz isso).

4. Uma resposta é executada e monitorada para dar feedback (você calça seus tênis de basquete e vai para a quadra).

Esses mecanismos básicos de processamento da informação às vezes são chamados de *arquitetura* do pensamento. São as *regras do pensamento* e requerem todos os componentes básicos a seguir:

» **Entrada:** A informação sensorial que vem do mundo ou de dentro de sua própria mente e é considerada.

» **Memória:** O sistema necessário para armazenar o conhecimento. Informações sobre pessoas e outros elementos no mundo são armazenadas na mente e na memória.

» **Operações:** Regras que determinam como a informação no sistema da memória é utilizada (raciocínio, solução do problema e análise lógica). Veja a matemática como exemplo: se tenho 100 números armazenados na memória e sou confrontado com um problema matemático, as operações determinam como resolvo esse problema.

» **Saída:** "Programas" de ação que envolvem dizer ao resto da mente e ao corpo o que fazer após as operações mentais serem realizadas.

Módulos, Partes e Processos

Jerry Fodor (nascido em 1935) é um filósofo norte-americano que propôs que o sistema complicado de informação/processamento da mente pode ser dividido em operações específicas, ou módulos, que realizam tarefas específicas do pensamento: módulo de atenção, módulo de solução de problemas etc. Nas seções a seguir apresento algumas operações mentais mais importantes ou procedimentos, inclusive atenção, memória, formação de conceitos e solução de problemas.

Mais de sessenta anos depois, Steven Pinker, o muito conhecido psicólogo de Harvard, concorda com Fodor, afirmando com veemência que a "mente é um sistema de órgãos da computação... organizado em módulos... cada um com um design especializado". É importante lembrar que esses "órgãos" não são "partes do cérebro" no sentido material. É um uso estranho da palavra "órgão", mas os cientistas cognitivos estão falando sobre os processos cognitivos que ocorrem dentro da estrutura de rede neural do cérebro.

Processo de atenção

Existe uma cena em um dos meus filmes favoritos, *Debi & Loide: Dois idiotas em apuros* (1994), estrelando Jim Carey (Lloyd) e Jeff Daniels (Harry), em que Harry conta a Lloyd uma história sobre como uma namorada terminou com ele no ensino médio.

Harry conta a Lloyd que ele não sabia por que ela terminara a relação, algo sobre ele não ouvi-la, mas ele não prestara atenção quando ela disse o motivo.

Harry não tinha prestado *atenção*, um dos processos de pensamento mais críticos e primários. O mundo e a mente em si estão cheios de informação e estímulo. É extremamente barulhento, vibrante, confuso, colorido, desfocado e repleto de coisas. Como escolher e focar o que é importante e ignorar o resto?

LEMBRE-SE

Como parte do processamento da informação, atenção é definida como o processo cognitivo de selecionar estímulos e informações no ambiente para processar mais, excluindo ou inibindo outros estímulos e informações. Há informação demais em torno da mente das pessoas e no ambiente para cuidar de todas. Um processamento eficiente e efetivo da informação requer seleção.

Os psicólogos Daniel Simons e Christopher Chabris fizeram um experimento que mostra esse recurso seletivo da atenção. Resumindo, foi pedido a cobaias que assistissem a um vídeo de pessoas passando com inocência uma bola de basquete uma para a outra. Antes do final do vídeo, uma pessoa vestida de gorila entra na tela, bate no peito e sai. Foi perguntado se as pessoas se lembravam de ter visto o gorila; cerca de metade informou não ter notado o gorila. Isso é conhecido como *cegueira inatencional*; quando uma pessoa foca algo, ela não vê as informações não relacionadas. Isso é um princípio ativo em shows de mágica e truques com as mãos. Desculpe, não considero David Copperfield um mágico, mas com certeza ele sabe como aproveitar a cegueira por desatenção!

Existem diferentes processos de atenção:

» **Atenção focada:** Concentração em uma fonte de informação, excluindo todo o resto.

» **Atenção dividida:** Foco em duas ou mais informações simultaneamente.

O psicólogo Donald Broadbent desenvolveu um modelo de atenção cognitivo em que a atenção é caracterizada como um canal com capacidade limitada para a passagem de informação. Primeiro a informação sensorial é processada, depois a informação semântica (ou significado). O segredo do modelo de Broadbent é que as informações precisam ser lidadas para serem mais processadas.

O modelo de Broadbent não explica todos os dados sendo coletados com a pesquisa para que outros modelos sejam desenvolvidos. Uma descoberta conhecida como *efeito coquetel* apresentou um desafio para o modelo de Broadbent. Você já esteve em uma festa barulhenta e, de repente, ouviu seu nome mencionado no outro lado da sala? Bem, em particular você não pretendia nem esperava ouvir eu nome, mas aconteceu porque é importante. Sua mente lida com as informações *importantes*.

Experimentos levaram psicólogos cognitivos a caracterizar a atenção como um processo dinâmico em que a seleção da atenção e a seleção da "não atenção" são feitas ao mesmo tempo. Teoria de pesquisa guiada é um modelo dinâmico de atenção que propõe que a atenção é guiada pelas informações importantes das pesquisas anteriores ou episódios de participação. É considerado um modelo de atenção vertical em que as pessoas são consideradas como pesquisando ativamente, em vez de recebendo informações passivamente, como é mais o caso no modelo de Broadbent.

Voltando ao conceito de "módulo", "parte" ou mesmo "órgão", a noção é que esse módulo não existia na arquitetura na mente de uma pessoa, então ela não poderia lidar com ele. Sem participação, sem processamento.

Processo de memória

Pensar envolve a manipulação de símbolos mentais armazenados como conceitos, ou seja, representações dos objetos encontrados no mundo. Como esses símbolos são armazenados? Memória!

Para conceitualizar memória, imagine um banco. Pense em conta-corrente e conta-poupança. Cada uma faz algo um pouco diferente com seu dinheiro porque têm finalidades diferentes. A conta-corrente costuma funcionar para o uso diário e de curto prazo. A poupança é para o armazenamento de prazo mais longo. Suas memórias armazenam informações de modos variados também.

Três sistemas separados de armazenamento estão envolvidos na memória: *memória sensorial*, *memória de curto prazo* e *memória de longo prazo.*

Memória sensorial

Memória sensorial é um sistema de memória de fração de segundo que armazena a informação que chega pelos sentidos. Você já olhou para o sol, fechou os olhos e desviou o olhar? O que acontece? Ainda é possível ver um sol na mente. Essa imagem residual é uma memória sensorial visual conhecida como memória *icônica*. Para o estímulo auditivo, isso se chama memória *ecoica*. Esse processo ocorre tão rápido que às vezes é considerado parte do processo de percepção (para saber mais sobre percepção, consulte o Capítulo 5), mas é, de fato, parte do sistema da memória geral.

Memória de curto prazo

A *memória de curto prazo (MCP)*, também conhecida como *memória operacional*, consiste nas informações ativas em sua consciência exatamente agora, as coisas das quais você está ciente. A luz na página do livro, as palavras lidas, o estômago roncando e o som do trânsito lá fora são partes de sua percepção consciente, e são armazenadas em sua MCP. As coisas das quais você não está ciente podem simplesmente ser esquecidas em muitos casos.

Quanta informação sua MCP pode armazenar? O consenso geral é que ela pode armazenar sete itens de informação, mais ou menos dois itens. Isso costuma ser chamado de "número sete mágico" da capacidade da MCP.

Isso significa que posso armazenar apenas sete palavras, sete números ou sete outros itens simples na MCP? Não. Graças a um processo chamado *fragmentação*, posso armazenar muito mais informações que isso. Um exemplo clássico de fragmentação é o uso de *mnemônicos*, que permite pegar uma grande parte de informação e dividi-la em uma pequena frase, para ser mais fácil de lembrar.

DICA

Veja um modo fácil de formar um mnemônico. Se você tem uma lista de coisas que deseja memorizar, pegue a primeira letra de cada palavra e crie uma frase chamativa. Aprendi isso no oitavo ano e nunca mais esqueci: "O Rei Ficou Claramente Orgulhoso da Família do Genro Escolhido." Sabe o que significa? É como os biólogos classificam os diferentes organismos na Terra: Reino, Filo, Classe, Ordem, Família, Gênero e Espécie.

A duração da memória para o sistema MCP é de aproximadamente dezoito segundos. Você pode aumentar o tempo em que armazena as informações na MCP apenas usando algo chamado repetição. *Repetição* é o processo de pensar ativamente em algo. A rotina de repetição é repetir algo inúmeras vezes na mente ou em voz alta para não esquecer. A rotina de repetição funcionará, mas não com tanta eficiência quanto um tipo mais forçado, como criar um mnemônico do tipo "O Rei Ficou Claramente Orgulhoso da Família do Genro Escolhido".

Memória de longo prazo

Se a informação na MCP é repetida o suficiente, ela acaba na poupança da memória, a *memória de longo prazo* (MLP). Basicamente você tem dois modos de depositar informação no banco da memória de longo prazo:

» **Repetição mecânica:** Você transfere a informação da MCP com a repetição até ela ser aceita no armazenamento de longo prazo.

» **Repetição elaborativa:** Sua mente elabora a informação, interagindo com suas memórias existentes. Quando a informação é significativa e se refere a algo que você já sabe, lembrar é mais fácil e esquecer fica mais complicado.

ESQUEÇA ISSO!

Já lhe pediram para esquecer algo? Experimente: esqueça o queijo. Conseguiu? Você esqueceu o queijo ou pensou mais nele? A ironia de alguém dizer para você esquecer algo é que é impossível esquecer se você pensa ativamente sobre ele, tornando o conselho "esqueça isso" uma farsa. Se alguém realmente quer esquecer algo, então não deve nem mencionar.

DICA

Quanto mais você processa a informação, ligando-a a algo que já sabe, melhor se lembra dela!

É possível dividir a MLP em três partes básicas:

- » **Memória episódica:** Eventos e situações únicas em suas experiências (casamento, nascimento, formatura, acidente de carro, o que aconteceu ontem etc.).

- » **Memória semântica:** Dados concretos, como férias importantes, nome do primeiro presidente do Brasil e o número do CPF.

- » **Memória procedural:** Informações sobre fazer coisas, como andar de bicicleta, resolver um problema de Matemática ou amarrar os sapatos.

Teoricamente, a capacidade de tamanho e tempo da MLP é infinita porque pesquisadores não descobriram um modo de testar isso. Ela tem capacidade suficiente para terminar um trabalho. Pode parecer estranho quando consideramos quanta informação esquecemos aparentemente. Se a informação existe em algum lugar, por que esquecemos?

Esquecer a informação armazenada na MLP é mais uma questão de não poder acessá-la do que a informação não existindo. Ocorrem duas formas de falha no acesso e ambas envolvem informações atrapalhando:

- » **Interferência retroativa:** Ter problemas para lembrar informações mais antigas porque as mais recentes interferem.

- » **Interferência proativa:** Ter problemas para lembrar informações mais recentes porque as antigas interferem.

Na próxima vez em que você assistir a uma sitcom, tente lembrar os detalhes dos primeiros dez a doze minutos, os dez a doze minutos na metade e os últimos dez a doze minutos do programa. Ou ouça uma palestra e tente lembrar o que foi dito no início, no meio e no fim da apresentação. É possível notar algo que os psicólogos chamam de *efeito da posição serial*. As informações no início e no final do programa ou da palestra são mais fáceis de lembrar que as no meio. Por quê?

LEMBRE-SE

O efeito da posição serial ocorre porque as informações no começo do programa ou da palestra costumam ser aceitas na memória de longo prazo devido à quantidade de tempo que ela dura. As informações no final são mantidas na memória de curto prazo, porque estão frescas na cabeça. E o meio? Simplesmente some.

Processo de conhecimento

Quando foi a última vez em que você saiu com um amigo só para conversar? Vocês foram a uma cafeteria? Falaram sobre romances recentes e relações frustrantes na vida? Conversaram sobre política e o clima? Não importa; vocês conversaram sobre um conceito.

Conceito é um pensamento ou uma ideia que representa um conjunto de ideias afins. *Romance* é um conceito. *Relação* é um conceito. *Política* é um conceito. *Clima* é um conceito. Todos eles são representados como símbolos em seu sistema de pensamento para o processamento da informação e entram nesse sistema via aprendizagem, ou seja, os conceitos são derivados e gerados; eles são formados. Quando objetos compartilham características, eles representam o mesmo conceito. Alguns conceitos são bem definidos, outros, nem tanto.

Considere as palavras a seguir:

>Cauda, Pelo, Dentes, Quatro Patas

O que essas palavras descrevem? Poderia ser um gato, um cão, um leão ou um urso. O fato é que você realmente não consegue dizer apenas com essas palavras. Falta um detalhe essencial, uma parte da informação que define claramente o conceito e o separa dos outros.

Agora, considere esta lista:

>Cauda, Pelo, Dentes, Quatro Patas, Late

O que descrito foi agora tem que ser um cão. Por quê? Gatos, leões e ursos não latem. O traço "late" define com exclusividade o conceito de "cão". "Late" é o *traço marcante* do conceito. É um atributo que deve estar presente para o objeto ser classificado como um exemplo de determinado conceito. Considere o seguinte:

>Penas, Bico, Ovos, Voa

Essas palavras descrevem uma ave. Espere um pouco. Pelo menos duas aves não voam? Pinguins e avestruzes não voam, mas são aves. Portanto, voar não é um traço marcante de uma ave, porque os animais não precisam tê-lo para serem considerados como tal. Porém, a maioria das aves voa, então "voar" é chamado de *traço característico* ou atributo. É um atributo que a maioria dos membros, mas nem todos, de um grupo conceitual possui.

Considere uma cadeira. Tente imaginar e representar uma cadeira. Agora, descreva (descreva-a para outra pessoa ou você ficará engraçado descrevendo uma cadeira imaginária para si mesmo). É provável que sua cadeira imaginária consista em madeira, quatro pernas, um assento retangular ou quadrado, e encosto construído com dois suportes verticais em cada lado do assento conectados com algumas ripas horizontais. É uma cadeira típica. É comum. Na verdade, pode ser considerada um protótipo. *Protótipo* é o exemplo mais típico de um objeto ou um evento dentro de certa categoria. É o exemplo quintessencial do conceito representado.

LEMBRE-SE

O pensamento é muito mais complexo do que as descrições simples com uma palavra. Ao desenvolver um pensamento, conceitos com uma palavra são combinados em conceitos com frases longas, conceitos com frases longas em parágrafos longos etc. Em outras palavras, atributos são combinados em conceitos. Conceitos são combinados em proposições. Várias proposições são combinadas em modelos mentais. Por fim, modelos mentais se combinam em esquemas, usados para representar o mundo na linguagem do pensamento.

Por exemplo, veja este processo, construído continuamente sobre si mesmo:

» **Proposição:** "Guerra é um inferno" é uma combinação de dois conceitos afins, com guerra e inferno relacionados.

» **Modelo mental:** Agrupar pensamentos ajuda a entender como as coisas se relacionam:
- Guerra é um inferno.
- A Segunda Guerra Mundial foi uma guerra.
- A Segunda Guerra Mundial foi um inferno.

» **Esquemas:** Organizar modelos mentais em grupos maiores forma unidades básicas de compreensão que representam o mundo. Um exemplo é: "Alguns soldados que lutaram na Segunda Guerra Mundial tiveram trauma psicológico. Algumas pessoas acreditam que isso foi devido à natureza extrema da guerra. Outras disseram, ainda, que a guerra é um inferno."

Outro exemplo pode ser considerar o conceito de "livro". Combine o conceito de livro com outro, como leitura. Então conecte os dois em outros conceitos, como biblioteca. Agora você tem três conceitos afins: livro, leitura e biblioteca. Esse conjunto de conceitos pode formar a proposição de estudar (em oposição a ler por prazer). Então é possível incorporar o estudo nas divisões maiores, ou esquemas, de escola ou de um processo de certificação.

Conceitos são formados a partir de ocorrências conjuntas de traços encontrados na experiência. Eles representam ideias com relação entre si, ou seja, para entender, compreender ou pegar o significado de um conceito, a mente representacional relaciona os conceitos com outros conceitos.

Por exemplo, qualquer pessoa que interage regularmente com crianças dirá como é difícil explicar certos conceitos para uma criança curiosa, porque é difícil encontrar palavras que ela já conheça e possa usar como referência.

Criança: "O que é computador?"

Pai/mãe: "Computador é como uma... uma... hum... TV... hum... mas... hum... você pode digitar nele."

Criança: O que é digitar?

Vê aonde isso vai dar?

Alguns cientistas cognitivos e psicólogos descobriram uma saída para essa armadilha conceitual sugerindo que todos os conceitos são inatos e inerentes. Uma das abordagens mais interessantes e produtivas para esse problema vem das teorias da *cognição incorporada (CI)* e da *simulação incorporada (SI)*.

A ideia central por trás da CI e da SI é que a mente compreende ou pega os conceitos por meio de um processo de simulação que usa as partes motoras e perceptivas do cérebro do pensador para representar a experiência. Essa simulação permite a compreensão porque as pessoas entendem os conceitos com uma referência às experiências corporais associadas a eles.

"Estar fora de si."

"Tapa na cara."

"Experiência reveladora."

Tudo captura a essência da CI e da SI. Você entende o significado dessas frases em termos de experiência corporal. As experiências corporais, sensoriais e motoras são o significado; são a experiência, o conceito. Se eu quero entender um novo conceito, uso as experiências corporais, sensoriais e motoras para chegar ao entendimento. Compreendo a "experiência reveladora" porque abri meus olhos e sei (porque a vivenciei) o que isso significa.

Curiosamente, os defensores da CI/SI dizem que as partes do cérebro usadas para realmente ter a revelação, mover o braço ou ver o nascer do sol são as mesmas usadas ao conceitualizar o significado de "revelação" e outras frases. Enfim, CI/SI são recém-chegadas à área da Psicologia cognitiva, mas são muito promissoras e pesquisadas ativamente.

Processo de raciocínio

Raciocínio é um processo de pensamento que envolve dois componentes básicos:

> » **Premissas:** São afirmações sobre um objeto ou um evento que dão suporte a uma conclusão. As premissas declaram uma situação, como "Todos os carros de bombeiro são vermelhos". Outra premissa pode ser: "Meu pai dirige um carro de bombeiro no trabalho."
>
> » **Conclusões:** Os pontos derivados das premissas. São válidas apenas se podem ser elaboradas com lógica e raciocínio a partir das premissas. Uma conclusão lógica para as premissas afirmadas aqui pode ser: "Meu pai dirige um carro vermelho no trabalho."

Raciocinar é o ato de chegar a conclusões com base na verdade das premissas que precedem a conclusão. O raciocínio pode ajudar as pessoas a descobrirem se suas conclusões são válidas ou se têm um sentido lógico. Quando os argumentos fazem sentido lógico, o raciocínio é bom. Faz um sentido lógico que meu pai dirige um carro de bombeiro vermelho no trabalho porque isso resulta das premissas.

Mas se fosse assim: "Todos os carros de bombeiro são vermelhos. O carro do meu pai é vermelho. Portanto, o carro do meu pai é um carro de bombeiro", não teria lógica, porque a primeira premissa não afirma que todos os carros são vermelhos, apenas que os carros de bombeiro o são. Portanto os outros podem ser vermelhos, inclusive os carros de bombeiro. Meu pai pode dirigir um Toyota vermelho. A lógica é como uma medida para verificar nosso raciocínio.

Há dois tipos básicos de raciocínio: indutivo e dedutivo.

Indutivo

No raciocínio indutivo, você começa fazendo observações (premissas) para coletar fatos e dar suporte ou refutar (validar) um resultado hipoteticamente afirmado ou situação (conclusão). Considere o seguinte:

> Choveu segunda-feira.
>
> Choveu terça-feira.
>
> Portanto, concluo que choverá na quarta-feira.

Esse é um exemplo de raciocínio indutivo. Duas observações ou premissas são usadas para prever um terceiro resultado. Acho que a pessoa que prevê o clima onde eu moro usa a lógica indutiva para suas previsões, e não a tecnologia computadorizada de milhões de dólares que a emissora de TV anuncia.

Dedutivo

O raciocínio dedutivo usa premissas que pretendem fornecer uma prova conclusiva da verdade para a conclusão. Uma conclusão baseada na lógica dedutiva é, por necessidade, verdadeira, desde que comece com premissas verdadeiras. A dedução costuma iniciar com generalizações e razões, e fica particular. Considere o seguinte exemplo de raciocínio dedutivo:

Todos os homens devem ser livres.

Sou um homem.

Portanto, devo ser livre.

A conclusão decorre logicamente das duas premissas. Ela tem que ser assim com base no que é afirmado nas premissas. Veja um exemplo de conclusão falsa:

Todas as galinhas botam ovos.

Minha ave botou um ovo.

Portanto, minha ave deve ser uma galinha.

É falsa porque a primeira premissa se refere a um subconjunto da categoria maior, aves. A segunda premissa inclui essa categoria maior, portanto se refere a alguns eventos não cobertos pela primeira. Se você mudar as duas premissas, poderá criar um argumento válido logicamente:

Todas as aves botam aves.

Minha galinha botou um ovo.

Portanto, minha galinha deve ser uma ave.

Processo de tomada de decisão/escolha

Vá para a esquerda e chegue lá cinco minutos atrasado. Vá para a direita e *talvez* chegue lá na hora; é um risco porque às vezes há muito trânsito no caminho. Pode significar que você estará vinte minutos atrasado. Para muitas pessoas, o deslocamento de manhã é um problema diário. Como chegar ao trabalho na hora com o menor tempo de viagem, com o menor trânsito e se estressando o mínimo possível? Você precisa resolver esse problema e parte da solução requer tomar decisões. Talvez use o raciocínio para escolher seu percurso. Talvez não.

As pessoas resolvem problemas o dia inteiro e tomam centenas, se não milhares, de decisões diariamente. Na verdade, uma condição relacionada ao esgotamento mental se chama "fadiga de decisão", ou seja, simplesmente ter problemas demais e tomar decisões demais em determinado dia. Algumas escolhas são de vida ou morte, outras, menos; mas tudo contribui.

Tomar decisão é o ato de escolher uma opção ou uma ação a partir de um conjunto de opções baseado em critérios e estratégias. O estudo da tomada de decisão é realmente uma ciência multidisciplinar complexa em si, englobando economia, ciência política, ciência da computação, gestão e negócios, marketing. Não sei quanto a você, mas às vezes decido com uma moeda.

Certa vez trabalhei em uma empresa em que a tomada de decisão mais importante ao longo do dia (pelo menos percebida por meus colegas de trabalho) era onde almoçar. Tínhamos um "Roda do Almoço" para girar; onde ela parava, comíamos, teoricamente. Em geral acabávamos discutindo e por fim anulando a "escolha" da roda, devido aos qualificadores e às ressalvas das lembranças de flatulência, contas altas ou "jantei isso noite passada". Isso ilustra um ponto muito debatido na pesquisa da tomada de decisão: há mais coisas a se considerar ao tomar uma decisão, e a maioria das pessoas usa diversas abordagens.

Jogar uma moeda é um modo de decidir, mas não é bem um processo cognitivo, é? É apenas um modo de deixar o acaso escolher; não é uma escolha. Mas as pessoas fazem escolhas usando processos como *tomada de decisão intuitiva*, que se refere às escolhas baseadas no que é mais fácil, familiar ou preferido. Tenho certeza de que você consegue ver como isso pode funcionar algumas vezes, mas em outras uma decisão para fazer o que é preferido é a escolha errada. Pense na última vez em que você acabou comendo a quarta fatia de bolo e lamentou depois.

As decisões também podem vir de uma abordagem mais específica com base na evidência *empírica* com tentativa e erro, experimento, estimativa, experiência ou consulta com um especialista. A organização *Consumer Reports* (EUA) fornece uma evidência experimental para informar qual liquidificador comprar ou qual marca de desodorante usar.

Se você está sem tempo ou precisa tomar muitas decisões com recursos limitados, então sua opção para escolher pode ser usar uma *heurística*, que é um atalho mental baseado em princípios, regras, máximas etc. A tomada de decisão ética pode ser considerada heurística, escolhendo com base em um código de ética. Minhas crenças religiosas podem ser consideradas em minha tomada de decisão.

Amos Tversky e Daniel Kahneman estudaram a tomada de decisão heurística e identificaram diferentes tipos desse modelo. Veja as duas heurísticas mais usadas:

> » **Heurística representativa:** Fazer uma escolha com base na situação em questão sendo parecida com outra. Se você se perdeu em uma floresta ao andar a cavalo, pode tentar refazer seus passos para encontrar o caminho. Você começa procurando o rastro e usando a heurística representativa, decide se o rastro encontrado é, de fato, rastro do cavalo porque está familiarizado com ele e sabe como é. É ruim se não sabe como é o rastro de uma onça!

> **Heurística da disponibilidade:** Tomar uma decisão com base em informações fáceis e prontamente disponíveis. É a abordagem "a primeira coisa que passa pela cabeça" ao escolher. Agências de notícias são culpadas por divulgar o uso dessa heurística. Muitas vezes elas contam a mesma história ou histórias parecidas, para que a história mais recente da dieta da moda fique em sua mente. Na próxima vez em que você escolher uma dieta, deixe a heurística fazer a escolha, em todo o processo!

As pessoas tomam decisões sem nenhum planejamento. O que aconteceu com a deliberação, pensar bem, ser racional? Os modelos de tomada de decisão *racionais* se baseiam na suposição de que as pessoas tomam decisões após pesarem o custo/benefício das opções e acabam escolhendo a opção em que os benefícios superam os custos. Esses custos podem incluir fatores como utilidade, risco, funcionalidade e qualidade.

O famoso psicólogo Herbert Simon propôs que embora os seres humanos possam ser tomadores de decisão racionais, essa racionalidade tem *fronteiras* ou limites. Em sua teoria da *racionalidade limitada*, Simon propõe que, como o ambiente é muito complexo, é possível que um tomador de decisão não consiga pesar racionalmente *todas* as opções para chegar a uma decisão ideal. Assim, as decisões racionais são limitadas; portanto, as decisões devem se basear em informações limitadas, atalhos e estimativa razoável. Simon não lamenta essa situação; ele afirma que a racionalidade limitada é um fato da cognição e da mente humana, e em geral resulta de decisões relativamente embasadas e boas.

Dan Ariely em seu conhecido livro *Positivamente Irracional: Como nos apaixonamos pelas nossas próprias ideias*, explicou melhor o conceito da racionalidade limitada. Ele identificou com experiências muitas situações em que as decisões não se baseiam apenas em informações incompletas, mas às vezes bem irracionais e não ideais. Resultado: as pessoas tomam decisões irracionais. O interessante é que Ariely mostra que elas tomam decisões irracionais de modos previsíveis:

> **Relatividade:** Às vezes uma escolha entre duas opções se baseia na relação entre elas, não na qualidade absoluta de cada escolha. Por exemplo, nas eleições para presidente, muitas pessoas dizem não gostar dos dois candidatos, mas acabam escolhendo o que determinam como o "menos ruim".
>
> **É gratuito:** Coisas de graça são boas, certo? Nem sempre, mas às vezes uma escolha inferior é feita (irracional) porque é gratuita. Ficar na fila por três horas para obter um brinde com a compra nem sempre vale o tempo de espera.

> **Quente e frio:** Decisões tomadas quando você está no calor da emoção são diferentes das escolhas feitas quando está calmo. É um clássico: quando se trata de bom senso e tomada de decisão, as pessoas sempre os violam. As decisões tomadas sob forte emoção podem ser previsivelmente irracionais.

Processo de solução de problemas

Resolver problemas parece bem simples. Você tem um problema e o resolve. Você já viu o programa de TV *MacGyver*, dos anos 1980? MacGyver conseguia resolver qualquer problema que surgisse. Ele podia transformar um palito de dentes em um Jet Ski ou um lançador de foguetes. Eu me sentava e assistia com espanto, depois pegava minha caixa de ferramentas e desmontava a torradeira, tentando transformá-la em um receptor de satélite; quatro horas mais tarde, eu tinha uma pilha de peças e não havia um modo de fazer torradas. É claro que MacGyver tinha melhores habilidades que eu para solucionar problemas.

Newell e Simon (1972) são praticamente os padrinhos da Psicologia da solução de problemas. Praticamente toda pesquisa sobre o assunto cita o estudo deles. Eles definiram estas etapas básicas do processo de solução de problemas:

1. **Reconhecer que um problema existe.**
2. **Criar uma representação da situação que inclui o estado inicial do problema e o objetivo final (solução).**
3. **Gerar e avaliar as possíveis soluções.**
4. **Escolher uma solução para experimentar.**
5. **Executar a solução e determinar se ela realmente funciona.**

DICA

Às vezes essas etapas são identificadas pelo acrônico IDEAL, formulado por Bransford e Stein em 1993:

I — Identificar o problema.

D — Definir e representar o problema.

E — Explorar as possíveis estratégias.

A — Agir.

L — Lembrar e avaliar os efeitos.

O mundo tem tantas estratégias de solução quanto problemas, mas a maioria das pessoas tende a usar as mesmas repetidamente. Por exemplo, *tentativa e erro* é um modo popular de resolver um problema. Você já observou crianças pequenas usarem tentativa e erro ao tentarem colocar formas em seus respectivos lugares em um recipiente. Uma criança pegará um bloco em círculo e tentará colocá-lo em cada recorte até encaixar, então passará para o bloco seguinte.

A estratégia de tentativa e erro é muito ineficiente, mas às vezes é a única disponível, particularmente em situações sem uma definição clara do problema, quando parte do processo é descobrir qual é o problema.

Algumas técnicas mais comuns para resolver problemas:

» **Análise de meios e fins:** Esta estratégia envolve dividir o problema em problemas secundários menores e chegar ao resultado final.

» **Trabalhar ao contrário:** Este modo de resolver um problema é como desmontar algo e refazer para descobrir como o objeto (ou o problema) é criado.

» **Brainstorm:** Uma técnica que envolve propor o máximo possível de soluções para o problema sem editá-las. Não importa se as soluções são improváveis, inviáveis, idiotas ou ridículas; você as coloca para fora e as elimina após não pensar em outras possíveis soluções. Até minha ideia de fazer o Super-homem usar seu sopro supergelado para deter o aquecimento global entra nessa técnica.

» **Analogias e metáforas:** Estas estratégias envolvem usar um problema paralelo ou parecido que já foi resolvido para solucionar um problema não relacionado anteriormente. A Crise dos Mísseis Cubanos era como um "jogo da galinha" com propulsão nuclear, e quem vacilasse, pestanejasse ou se acovardasse primeiro perdia. Acho que o presidente Kennedy era muito bom nesse jogo.

LEMBRE-SE

Fechando a lista de processos, voltemos ao conceito de "módulo", "parte" do mesmo "órgão" por um minuto. Pense um pouco: se um módulo faltasse na arquitetura na mente de uma pessoa, então ela não conseguiria prestar atenção, lembrar, saber, raciocinar, decidir, escolher ou resolver problemas. Sem módulo, sem processo. Se uma pessoa não tivesse nada, seria possível dizer que ela era "sem noção", como um presente ruim na brincadeira de amigo oculto no escritório, no fim de ano.

Tudo É Conexão

Um dos meus professores favoritos, Dr. Jay Brand, disse em nossa aula de ciência cognitiva que qualquer modelo de cognição que não mapeia os limites biológicos reais no cérebro é inútil na melhor das hipóteses e muito errado na pior, ou seja, se não combina com o que há dentro de nossas cabeças, então não é um modelo preciso. Os modelos computacionais são excelentes e indispensáveis, mas eles não dizem muito sobre como o cérebro faz todo esse cálculo.

Lá vêm os conexionistas para salvar o dia. Em 1996, James McClelland e David Rumelhart propuseram um modelo para explicar a cognição em termos de funcionamento neural conhecido como *rede neural* ou abordagem do *processamento distribuído paralelo (PDP)*. O PDP propõe que a cognição é caracterizada por redes no cérebro, muito parecido com neurônios e sinapses, operando paralelamente em grande parte. "Paralelamente em grande parte" significa que todos os processos do pensamento podem ocorrer simultaneamente, não apenas de maneira linear. A informação não pode ser "armazenada" no cérebro em um local, mas distribuída entre os neurônios em rede. Portanto, em vez de um "local" em si, você tem redes como "locais". Pense assim: se você cria uma peça de mobília na empresa Ikea (coitado), todas as partes estão "separadas" e só quando elas são montadas você tem a "mesa". Mas a mesa é apenas uma coleção de partes montadas de certo modo, reunidas pela rede das partes que interagem. Você pode desmontar a mesa e ainda terá as partes, mas não a mesa. Os conexionistas acreditam que a "mesa" existe em sua mente como partes espalhadas entre os neurônios, mas, quando a rede de neurônios trabalha junto e se mistura, você tem a mesa, pelo menos na mente. Experimentos baseados no modelo conexionista conseguiram simular parte do que o cérebro faz, mas muito mais pesquisa está sendo feita neste exato momento.

LEMBRE-SE

Por fim, os modelos computacional e conexionista são corretos e úteis. O modelo computacional explica como o pensamento é feito em geral, e os modelos conexionistas mostram como esses processos podem se manifestar e operar no cérebro real.

UM CIBORGUE NO BOLSO?

Aqui está algo para pensar: Que tipo de "mente" um iPhone tem? É de carne ou não? Ele "anda" por aí (com você, conforme anda). Pode monitorar seus aspectos biológicos, psicológicos e funcionamento social (com apps). Sabe onde está no espaço com GPS. Sabe se está de cabeça para baixo ou não. Antecipa seus desejos e necessidades com publicidade, lembretes e solicitações. Tem memória e lembra tudo que você faz, sobretudo com a ajuda da capacidade iCloud de armazenamento em massa. Está ligado e conectado a uma rede maior de outras versões de si mesmo por meio de redes sociais.

Como diria o Dr. Frankenstein: "Está vivo!" Bem, contanto que seja levado conosco para todo lugar e continue sendo alimentado (carregado), então talvez seja uma versão híbrida da máquina de Turing com carne (nossa carne). Mas ele precisa de nós tanto quanto precisamos dele. Poderíamos viver sem ele; conseguimos viver sem smartphones na maior parte da história do ser humano. Mas ele não pode viver sem nós. Ou pode? Não até ter pernas, rodas ou membros, eu acho.

Corpos e Mentes

Até agora tivemos modelos de máquina bons e claros para o pensamento. Por que complicar com um modelo puro? Falemos um pouco sobre robôs. Há muitas representações de robôs em filmes e na literatura. Veja os robôs no filme *Eu, Robô*. Eles são máquinas que pensam, mas têm um corpo de metal (ou um tipo de composição futurista). Existem os robôs (ciborgues) no filme *Bladerunner*, com corpos feitos de carne. Há várias formas de robôs nos filmes *O Exterminador do Futuro*, com pele (Arnold), sem pele, sem pele feitos de um metal líquido estranho; e, no filme mais recente, existe até um ser humano com partes robóticas. Qual pensa mais como humano? A máquina de Turing pensaria diferente se fosse feita de carne, ossos e sangue? O fato de que alguns têm carne e outros não é importante para descobrir a cognição? Bem, o robô Arnold com carne era o mais legal!

Existe um famoso experimento mental em Filosofia que vai direto à essência para saber se a carne importa na compreensão do pensamento. É chamado de "Cérebro na Cuba". Imagine um cérebro em um recipiente com fios conectados. Os fios se ligam a um computador, com a atividade do cérebro funcionando no hardware e em sua versão de software do cérebro. A atividade desse cérebro é diferente de um cérebro dentro do corpo real? Alguns filósofos e cientistas cognitivos dizem que sim. É onde entra o modelo da cognição conhecido como *cognição incorporada*. Evan Thompson e Diego Cosmelli afirmam que a premissa básica da cognição incorporada é que o requisito mínimo para uma cognição humana é um corpo vivo.

Lembra-se do Capítulo 3 quando expliquei dualismo e monismo? Somos monistas, certo? A cognição incorporada é uma extensão lógica da perspectiva monista. Mente e corpo, inclusive cérebro, não são separados porque o cérebro não pode viver sem o corpo e vice-versa. Por extensão lógica, a cognição humana não pode existir sem o corpo também. Desculpe, Turing.

LEMBRE-SE

O princípio fundamental da cognição incorporada é que ela é o produto da inter-relação entre cérebro, corpo e conexão do cérebro com o mundo exterior de sensações conforme o corpo interage com esse mundo. A mente processa informações sobre o mundo via corpo. Nossos olhos, orelhas, bocas, mãos e todas as outras partes do corpo são a conexão da mente/cérebro com o mundo. Sem carne, sem cognição humana. Isso não quer dizer que os computadores não pensam, mas só não fazem isso como os seres humanos.

O suporte para modelo da mente incorporada vem de algumas observações interessantes, como o fato de que usamos gestos (com nossas mãos e rostos) quando falamos para transmitir informações entre nós. A percepção visual ocorre porque temos olhos, retinas e nervos óticos. Em geral somos melhores ao aprender tarefas quando podemos tocar, sentir e interagir fisicamente com o que estamos tentando aprender (prática). Segundo George Lakoff e

Mark Johnson em seu livro *Metáforas da Vida Cotidiana*, até usamos metáforas físicas quando falamos, como "entregar em mãos um projeto" ou "circular", para uma ideia. Ambas são metáforas baseadas no movimento físico.

Pensando que Você É Muito Inteligente

Agir com inteligência talvez seja o ponto alto e o maior processo cognitivo da mente humana. Afinal, os processos cognitivos de gerenciar a informação e os vários componentes de atenção, lembrar coisas etc. devem produzir algo útil, certo? Na verdade, é possível mostrar inteligência como resultado coletivo da cognição humana que decorre de uma habilidade para atingir objetivos, adaptar-se e operar no mundo. Isso é *comportamento inteligente*.

Psicólogos vêm tentando descobrir o que é inteligência há tempos. Existem muitos exemplos para dar suporte à teoria de que os seres humanos não têm inteligência. Basta ver os vídeos caseiros idiotas. Um cara se esquece de desligar a eletricidade antes de passar a fiação de um cômodo ou alguém tenta alimentar um urso e quase vira o jantar. Talvez eu fique entretido com os infortúnios das outras pessoas em um vídeo porque elas não podiam ser menos inteligentes. Ou talvez me sinta eufórico porque não tive o mesmo destino delas.

LEMBRE-SE

Pessoas têm habilidades diferentes para resolver problemas, aprender, pensar com lógica, usar bem a linguagem, entender e adquirir conceitos, lidar com abstrações, integrar ideias, alcançar objetivos etc. Essa lista impressionante de habilidades humanas representa uma das ideias do que é de fato inteligência; essas habilidades *são* a inteligência. Para ter uma definição mais concreta, *inteligência* pode ser entendida como uma coleção de habilidades cognitivas que permite a uma pessoa aprender com a experiência, adaptar-se ao mundo com sucesso e ir além das informações apresentadas no ambiente.

Considerando os fatores da inteligência

Claro, inteligência é uma coleção de habilidades cognitivas, mas deve existir uma construção unificadora chamada "inteligência" que pode ser medida e quantificada, certo? Os psicólogos acham que sim e eles vêm trabalhando incansavelmente para testar e medir a inteligência há tempos. Como parte desse trabalho, eles desenvolveram testes de inteligência e trabalharam com militares, escolas e corporações, tentando classificar as diferenças individuais na inteligência na escolha do trabalho, em distinções acadêmicas e promoções. De tudo isso surgiu o conceito "g" como um fator de inteligência geral e mensurável.

O fator g é composto de componentes secundários conhecidos como *fatores s*. Juntos, os fatores g e s compõem o que se chama *teoria da inteligência com dois fatores*:

> **Fator g:** Um psicólogo propõe um teste de habilidades mentais e o aplica a muitas pessoas. Quando uma pontuação é calculada e uma média é feita com as habilidades, um fator de inteligência geral é estabelecido. É o fator um da teoria com dois fatores, comumente referido como *fator g* ou fator de inteligência geral. Ele representa como é sua inteligência em geral com base em seu desempenho nesse tipo de teste de inteligência.

> **Fator s:** A pessoa pontua em cada um dos testes de habilidade específica que representam os fatores s. Uma pontuação do fator s representa a habilidade de uma pessoa em certa área. Junte todos os fatores s e você obtém o fator g. Os fatores s de inteligência comumente medidos incluem memória, atenção e concentração, compreensão verbal, vocabulário, habilidades espaciais e raciocínio abstrato.

Então, a inteligência segundo a teoria psicométrica é uma pontuação em um teste de inteligência. Como seria? Cada teste é composto de testes secundários e, em geral, as pessoas que pontuam alto em um teste também pontuam nos outros. Isso revela uma relação entre as habilidades individuais como medidas pelos testes secundários; o conceito de inteligência geral fundamenta essa relação.

PAPO DE ESPECIALISTA

Em uma teoria relacionada, o psicólogo e pioneiro na pesquisa da inteligência Louis Thurston (1887–1955) propôs uma teoria da inteligência chamada *habilidades mentais primárias*. É basicamente o mesmo conceito da parte do fator s na teoria com dois fatores, com mais um detalhe. Para Thurston, a inteligência é representada pelos diferentes níveis de desempenho de uma pessoa em sete áreas: compreensão verbal, fluência verbal, número, memória, espaço, velocidade perceptiva e raciocínio. Mas o trabalho de Thurston teve muito pouco apoio em pesquisa.

Vendo mais de perto

Psicólogos continuam a dividir a inteligência geral em fatores específicos. A *Teoria das Habilidades Cognitivas de Cattell-Horn-Carroll* (Teoria CHC) propõe que o "g" é composto de várias habilidades cognitivas que, em conjunto, o produzem. O trabalho inicial de colaboradores individuais para a teoria CHC (Raymond Cattell, John Horn e John Carroll) acabou produzindo um modelo de inteligência geral que consistia em dez camadas com inúmeras habilidades individuais dentro dessas camadas, como a seguir:

> **Inteligência cristalizada (Gc):** Conhecimento geral e adquirido.
> **Inteligência fluida:** Habilidades de raciocínio e solução de problemas.
> **Raciocínio quantitativo:** Habilidades quantitativa e numérica.
> **Habilidades de leitura e escrita:** Leitura e escrita.
> **Memória de curto prazo:** Memória imediata.

- **Armazenamento de longo prazo e recuperação:** Memória de longo prazo.
- **Processamento visual:** Análise e uso de informação visual.
- **Processamento auditivo:** Análise e uso de informação auditiva.
- **Velocidade de processamento:** Pensamento rápido e automático.
- **Velocidade de decisão e reação:** Chegar a uma decisão e reagir rápido.

Pesquisadores continuam a trabalhar com o modelo CHC e desenvolveram programas de pesquisa buscando aumentar as dez camadas. Muitos profissionais acreditam que as habilidades sensoriais e motoras precisam ser incluídas mais completamente nessa teoria, e pesquisadores examinam fatores "experimentais" (sentido do olfato), habilidade psicomotora e velocidade. Espere um pouco, você quer dizer que posso ter um olfato inteligente?

Muitos pesquisadores da inteligência e profissionais aceitam o CHC como um triunfo da ciência psicológica e o modelo consensual das concepções psicométricas da inteligência. Mas é um modelo funcional, e muitos investigadores da inteligência e teóricos consideram a teoria CHC um bom começo ou o segundo ato, mas não a palavra final sobre inteligência.

Adicionando a experiência de vida

Robert Sternberg desenvolveu a *teoria da inteligência de sucesso* em parte para lidar com a controvérsia da experiência de vida, que afirma que muitas pessoas inteligentes podem ser espertas quando se trata de educação formal ou na sala de aula, mas falta bom senso na vida real ou nas questões práticas. Um mito cultural afirma que Albert Einstein, sem dúvidas dotado em Matemática e Física, não conseguia amarrar os sapatos. Não sei se é verdade, mas Sternberg parece concordar que um aspecto importante de ser inteligente é ter um bom nível de bom senso ou inteligência prática. Os três componentes da inteligência de sua teoria são:

- **Inteligência analítica:** A capacidade de analisar, avaliar, julgar, decidir, escolher comparar e contrastar.
- **Inteligência criativa:** A capacidade de gerar modos novos e criativos de lidar com problemas novos.
- **Inteligência prática:** O tipo de inteligência usado para resolver problemas e pensar sobre ações do cotidiano. Como Einstein amarrando os sapatos, abrir um vidro de picles, descobrir como acessar um serviço de streaming ou como enviar mensagem em grupo.

Superando com múltiplas inteligências

Já parou para pensar o que torna Michael Jordan um bom jogador de basquete? E Mozart? Ele escreveu óperas inteiras de uma só vez, sem editar. É impressionante! Segundo Howard Gardener (1983), cada um deles tem um tipo específico de inteligência.

LEMBRE-SE

Gardener criou uma teoria conhecida como *múltiplas inteligências*, observando pessoas extremamente talentosas e dotadas. Ele propôs sete tipos de inteligência que normalmente são omitidos nas teorias convencionais sobre inteligência:

» **Habilidade cinestésica corporal:** Michael Jordan parece ter muita desta habilidade. Pessoas com muita habilidade cinestésica corporal têm uma coordenação superior entre mãos/olhos, um grande equilíbrio e uma compreensão profunda e controle sobre seus corpos quando praticam atividades físicas.

» **Habilidade musical:** Se você consegue bater os pés e as mãos em uníssono, então tem alguma inteligência musical — um pouco. Pessoas com muita inteligência musical têm a habilidade natural de ler, escrever e tocar música excepcionalmente bem.

» **Habilidade espacial:** Já ficou perdido em seu próprio quintal? Em caso afirmativo, é provável que você não tenha um nível muito alto de inteligência espacial. Esta inteligência envolve a capacidade de navegar e se mover no espaço, e a habilidade de representar cenas tridimensionais na mente.

» **Habilidade linguística:** É a habilidade tradicional para ler, escrever e falar bem. Poetas, escritores e oradores articulados têm muito desta habilidade.

» **Habilidade lógico-matemática:** Esta inteligência inclui a habilidade para resolver problemas matemáticos básicos e complexos.

» **Habilidade interpessoal:** O dom da palavra e o vendedor de carros usados são bons exemplos de inteligência interpessoal. Uma "pessoa sociável" que tem boas habilidades de conversação, sabe como interagir e se relacionar bem com outros tem uma alta habilidade interpessoal.

» **Habilidade intrapessoal:** O quanto você se conhece? A inteligência intrapessoal envolve a habilidade de entender seus motivos, emoções e outros aspectos da sua personalidade.

Qualquer um de nós pode ter graus variados das inteligências de Gardener. Posso ser um ótimo jogador de basquete e um gênio da Matemática, mas posso não conseguir manter uma conversa, ficar perdido quando vou ao mercado e não ter ideia sobre como me sinto com tudo isso.

Atingindo a pontuação — Na curva

Psicólogos gostam de medir coisas, sobretudo as relacionadas a comportamento humano e processos mentais, como habilidades cognitivas. Medir e documentar as diferenças individuais são a essência da ciência psicológica aplicada.

LEMBRE-SE

Se você segue a CHC, o modelo de Sternberg ou o conceito de múltiplas inteligências, não se esqueça do conceito da média. A inteligência é considerada como existindo na população humana junto com o que é chamado de *distribuição normal*. Essa distribuição é basicamente um conceito estatístico que se relaciona ao intervalo final de qualquer traço em particular ou fenômeno psicológico em uma população.

As pessoas variam em inteligência. Uma distribuição normal (veja a Figura 6-1) é estabelecida supondo que, se a população total fizesse um teste de inteligência, a maioria ficaria no centro, em torno das pontuações médias com alguma variação: um pouco abaixo ou um pouco acima da média. Uma distribuição normal também é denominada *curva de sino* — porque lembra um sino, com um centro grande e extremidades achatadas à direita e à esquerda. A maioria das pessoas fica em algum ponto na faixa da inteligência média. Cada vez menos pessoas estão nos níveis de inteligência mais próximos das extremidades mais altas e mais baixas do espectro.

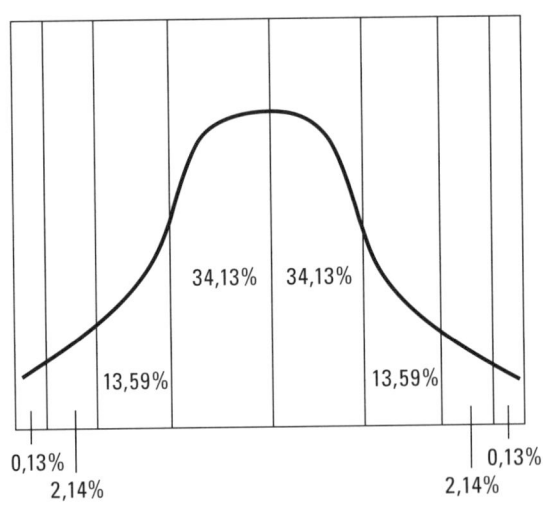

FIGURA 6-1: Distribuição normal.

34,13%   34,13%
13,59%   13,59%
0,13%   0,13%
2,14%   2,14%

© John Wiley & Sons, Inc.

Na extremidade alta da curva de inteligência estão as pessoas consideradas *dotadas intelectualmente*; na extremidade baixa estão as consideradas *incapacitadas intelectualmente* (veja o Capítulo 15 para saber mais sobre deficiência mental).

Brilhando

Einstein era um gênio, certo? O que é exatamente gênio?

Em geral, os psicólogos se referem às pessoas superinteligentes como dotadas intelectualmente, ao invés de usar o termo gênio. Mas não existe nenhuma nota de corte uniforme sobre um teste de inteligência para determinar o superdotado. Uma pontuação média de inteligência padrão é 100 e, no geral, qualquer pontuação acima de 120 é considerada superior. O superdotado se refere a 1 a 3% da população, ou seja, em 100 pessoas, apenas 1 a 3 são consideradas dotadas.

CUIDADO

Muitos psicólogos são cautelosos ao definir o superdotado em termos numéricos e estatísticos, e advertem que os contextos cultural e social devem ser considerados. O gênio de uma cultura é o lunático de outra? Não sei ao certo se é tão drástico, mas é importante considerar que o superdotado é multifacetado e não vinculado tão facilmente a uma nota de corte.

Foram feitas inúmeras tentativas para estabelecer uma definição de superdotado intelectual. O ilustre psicólogo norte-americano Robert Sternberg propôs que o superdotado é mais do que habilidades superiores relacionadas ao processamento da informação e à análise; também inclui uma habilidade superior para se beneficiar e aprender com as experiências do outro e resolver rápido futuros problemas, automatizando a solução. Ele propôs que as pessoas dotadas são especialmente habilidosas ao se adaptar e escolher ambientes ideais de um modo que está além do processo básico da informação e do que é considerado uma inteligência geral ou "g".

Pesquisadores continuam a examinar o conceito de superdotado intelectual e uma descoberta consistente é que as pessoas dotadas têm maiores *habilidades metacognitivas* ou conhecimento de seus próprios processos mentais e como regulá-los. Estas três estratégias metacognitivas específicas costumam ser usadas por pessoas superdotadas:

» **Codificação seletiva:** Diferenciar entre as informações relevante e irrelevante.

» **Combinação seletiva:** Reunir elementos aparentemente distintos de um problema para uma nova solução.

» **Comparação seletiva:** Descobrir conexões novas e não óbvias entre informações novas e antigas.

Aprendendo uma Linguagem

A inteligência é definitivamente o ápice da realização na cognição, reunindo os processos componentes para produzir seres que aprendem e se adaptam, você e eu! Mas ficar só com a inteligência seria desvalorizar a cognição humana porque outro conjunto de processos incrível e sofisticado realiza o objetivo unificado da linguagem.

A mente humana produz, utiliza e compreende a linguagem. É uma das habilidades cognitivas mais sofisticadas e exclusivas que os humanos têm. Sim, outras espécies se comunicam com sons e têm um tipo de "linguagem" (como baleias e pássaros), mas quando foi a última vez que um golfinho contou uma história ou escreveu a versão literária suína equivalente a *Romeu e Julieta* (ou seria *Porcomeu e Leitoeta*?)

A linguagem como processo cognitivo tem sido muito estudada e debatida, e continua sendo o foco central da Psicologia cognitiva. O estudo da linguagem em geral se chama *linguística* e o estudo psicológico da linguística é a *psicolinguística*.

Babel

Talvez uma das coisas mais incríveis sobre a linguagem é que você e eu a aprendemos. Os bebês não nascem falando. Eles levam tempo absorvendo e aprendendo. Por fim, sons, palavras, frases, parágrafos, histórias e tratados são gerados.

No Capítulo 12, apresento os marcos do desenvolvimento da linguagem para você ter uma ideia sobre quais linguagens devem ocorrer e quando. Esta seção descreve os modelos cognitivos subjacentes de como a linguagem se desenvolve em primeiro lugar.

Existem vários modelos de desenvolvimento da linguagem nos campos da Linguística e da Psicolinguística, mas três se destacam: *nativista, behaviorista* e *interacionista*.

Nativista

Noam Chomsky, filósofo, linguista e pensador político, é o principal proponente da teoria nativista. A essência do argumento nativista é que a linguagem é inata, basicamente inerente e ligada ao DNA e ao desenvolvimento do cérebro. De muitos modos, ela apenas acontece — como o desenvolvimento do cérebro, do fígado, do pâncreas e daquela marca de nascença estranha em suas costas.

As regras da linguagem são inatas no que Chomsky chama de *Gramática Universal*. Todos os falantes no mundo, não importa as diferenças individuais da linguagem, possuem essa gramática universal como parte de seu dom genético humano. Crianças podem até criar linguagens próprias ou várias formas de gíria com suas próprias regras gramaticais e estruturas devido ao que Chomsky chama de *dispositivo de aquisição da linguagem*, ou seja, um módulo ou um mecanismo cognitivo inato que é disparado pela linguagem no ambiente. Observe que, segundo a visão dele, o módulo é apenas disparado; não há aprendizagem com o ambiente.

Behaviorista

O modelo behaviorista afirma que a linguagem é aprendida. As pessoas a aprendem observando os falantes no mundo e por meio de processos de condicionamento clássico e operante (veja o Capítulo 8 para saber mais sobre os condicionamentos clássico e operante). Provas a favor da perspectiva behaviorista incluem o fato de que pode levar meses e, às vezes, anos para uma pessoa desenvolver as devidas habilidades de linguagem. Os behavioristas acreditam que isso ilustra o processo de aprendizagem.

Interacionista

Natureza ou criação? Ambas! A linguagem é inata *e* aprendida segundo esse modelo. Uma versão importante da teoria interacionista é a abordagem *interacionista social*, que afirma que os pais e os falantes adultos da linguagem modelam e dão um suporte de aprendizagem para quem aprende a linguagem, orientando para um uso maduro e correto dela por meio da interação social.

Regras, sintaxe e significado

Para entender como a mente processa a linguagem, pesquisadores a dividiram em diferentes partes. A linguagem, como parece, pode ser entendida em termos de regras de seu uso, conhecidas como *gramática*. A gramática é dividida em três partes:

- **Fonologia:** As menores unidades da fala (fonemas) que determinam como os sons são usados para formar palavras.
- **Sintaxe:** Maneiras como palavras e frases se combinam para formar sentenças.
- **Semântica:** Significado.

Existem cerca de 800 ou mais fonemas na família linguística humana. Os falantes do inglês usam 52; algumas línguas usam mais de 100. Pense no som das várias línguas. Algumas parecem mais rápidas. Outras usam sons guturais; há aquelas suaves e leves. Diferentes línguas têm sons e fonemas variados (a menor unidade distinta de som em uma linguagem).

Considere esta frase: Loja João foi à. Parece certa? Provavelmente não, porque as regras de sintaxe determinam como as palavras se combinam de modo que faça sentido em certa língua. E mais: mudanças sutis nas posições das palavras em uma sentença podem mudar o significado de determinada frase e transmitir um pensamento muito diferente. Por exemplo, veja as seguintes palavras e note como a reorganização delas muda radicalmente o significado de cada frase: roubou, Luís, banco, o.

    Luís roubou o banco.

    O banco roubou Luís.

Elas significam duas coisas muito diferentes. As mesmas palavras, diferentes significados dependendo da sintaxe. De qualquer modo, coitado do Luís.

Notei um fenômeno interessante ao realizar um teste cognitivo e aplicar testes de vocabulário. Certas definições erradas ocorrem repetidamente. Pergunto a uma pessoa o significado da palavra "ontem" e ela responde: "As coisas que fiz ontem." Agora, não tenho certeza sobre o que isso significa, por assim dizer, mas é fascinante o fato de que essa definição, embora não seja realmente a certa, ocorre repetidas vezes. Para essas pessoas, "ontem" se refere ao conjunto de ações que ela realizou no dia anterior. A palavra significa algo diferente para elas e para mim.

Como eu realmente não sei sobre o que elas estão falando, não estamos nos comunicando bem nem nos entendendo. A outra pessoa não responde à regra semântica da gramática que determina a definição compartilhada e acordada da palavra "ontem".

As regras da semântica determinam que os significados das palavras sejam universais ou amplamente entendidos e acordados, possibilitando a comunicação. Quando alguém diz "elefante", por causa da semântica, sei que a pessoa fala sobre um grande animal com um nariz longo. Isso se aplica às línguas de sinais também, que têm uma gramática própria e se desenvolverá como as línguas faladas, contanto que haja um ambiente de sinais rico em torno de uma criança com deficiência auditiva.

> **NESTE CAPÍTULO**
>
> » Entrando nos eixos
> » Sabendo o que você quer
> » Sentindo-se bem/mal
> » Mantendo a calma!

Capítulo **7**

Precisar, Querer, Sentir

Por que as pessoas levantam e vão trabalhar todo dia? Por que minha prima adolescente colocou piercing no umbigo? Por que as pessoas fazem exercícios? Para ser honesto, acho que a melhor parte da Psicologia é fazer todas essas perguntas interessantes!

Mas nem sempre há muito mistério por trás do motivo de as pessoas agirem de tal modo. A maioria de nós trabalha para pagar as contas e ganhar dinheiro para tirar férias, ter conforto e entretenimento. Essas coisas fazem sentido e não costumam requerer muito raciocínio. Mas quando alguém faz algo extraordinário, extremamente difícil ou terrível, surge a pergunta "Por quê?".

Por que Madre Teresa dedicou a maior parte da vida a trabalhar com doentes e pobres na Índia? Ela viveu na extrema pobreza, sacrificando todo conforto para ajudar a população pobre e aparentemente esquecida. Por que ela faria tal coisa? A dedicação de Madre Teresa ao chamado religioso e missão foi notável. Ela suportou condições duras e ficou firme; sua motivação era forte e inabalável. As ações dela eram resultado do amor pelas pessoas ajudadas?

Neste capítulo, apresento a abordagem psicológica para a motivação. Simplesmente saber as particularidades de uma ação deixa uma lacuna no que se sabe sobre comportamento, caso você não saiba por que alguém escolhe certo curso de ação ou, pelo menos, por que pensa que faz algo.

Além de explorar as várias teorias da motivação, também examino as opções, que alguns psicólogos marcam como os principais fatores de motivação para todos nós. Psicólogos dão muita importância às emoções por causa do papel essencial que elas desempenham no comportamento humano e nos processos mentais. "Por que agimos de tal modo" tem muita relação com a maneira como nos sentimos.

Qual É Minha Motivação?

Você está fazendo teste para um papel em um filme. Recebe algumas linhas para ler diante de uma banca. Agora, entre no personagem e comece a representar! Ação! Você vai em frente e a banca o interrompe, dizendo: "Não estou sentindo." Você começa de novo. Os jurados param mais uma vez. Eles não estão convencidos! Por fim, você diz, frustrado: "Qual é minha motivação? Por que estou atuando assim e dizendo essas coisas?" É um clichê agora, mas dizem que os atores geralmente precisam entender de onde vêm os personagens e a motivação deles para "entrar no papel", ou seja, por que o personagem age de tal modo? Ele não é "orientado" para fazer algo, conseguir, realizar, evitar, buscar algo?

Assim como entender a motivação de um personagem, os psicólogos querem saber quais são as motivações das pessoas, de onde elas vêm e o que fazemos por causa delas. Muitos capítulos neste livro descrevem "como" os processos mentais e o comportamento são "feitos". Há material relacionado à motivação por toda parte, mas este capítulo foca a pergunta "por quê", tão essencial em grande parte da Psicologia. Nunca realizei uma pesquisa científica, mas dados baseados em relatos pessoais mostram que a pergunta sobre por que as pessoas agem de tal modo está, pelo menos, entre as duas mais feitas a mim. (A outra é "Por que me sinto assim?" Veremos mais sobre emoções posteriormente no capítulo.)

O professor Lambert Deckers, da Ball State University, afirma que estar "motivado" é entrar em ação por um *motivo* ou um *incentivo*. Ele define um motivo como algo valioso no ambiente que somos levados a buscar ou adquirir. Os motivos podem ser biológicos, como fome, ou psicológicos, como a necessidade de criar ou ser criativo. Os incentivos podem ser biológicos, como comida, e psicológicos, como uma boa nota.

Nas próximas seções descrevo as várias teorias relacionadas às fontes e estruturas da motivação, variando desde a genética básica até lutar pela independência e alívio de uma dor psicológica.

Um pouco de adrenalina com o urso?

Durante a evolução humana, certos comportamentos foram naturalmente selecionados (coloque na pilha "manter"), porque eles contribuem para a sobrevivência de certos indivíduos de uma espécie. Imagine um grupo de pessoas vivendo em uma floresta com lobos, ursos e vários outros animais perigosos. Agora imagine que um grupo de três homens e três mulheres dessa comunidade encontra um urso. Um homem e uma mulher saem correndo assim que veem o urso e escapam. Outro homem e mulher ficam lá, congelados. Eles acabam sendo o almoço do urso. O casal final tenta lutar com o urso usando paus e pedras. Eles perdem.

Se o homem e a mulher que fugiram decidirem ter um filho, haverá uma boa chance de a criança ser uma corredora quando encontrar ursos. Os outros casais (os congelados e os lutadores) morreram, portanto, não podem ter filhos. É uma ilustração pitoresca de como a evolução seleciona os traços que nos ajudam a sobreviver. Aqueles que sobrevivem reproduzem. É seguro pressupor que o casal que fugiu teve instintos melhores que os outros dois. Os instintos deles foram melhores no sentido de que conseguiram ficar vivos. Os instintos que nos ajudam a ficar vivos ficam no pool genético.

Da perspectiva evolucionista, motivação é o comportamento direcionado a transmitir os nossos genes. Em 1976, o biólogo evolucionista Richard Dawkins escreveu o importante livro chamado *O Gene Egoísta*. Dawkins propôs que somos orientados ou motivados para passar nossos genes. Para Dawkins, a "unidade" básica de motivação é o gene. Portanto, na próxima vez em que você fizer algo e for questionado, poderá dizer: "Meu gene egoísta me obrigou!"

Como os genes são passados? Sobrevivemos nos adaptando e, quando sobrevivemos, acasalamos e transmitimos nossos genes. Adaptação é o segredo. Se não nos adaptássemos, morreríamos, e se morremos antes do acasalamento, não transmitimos nossos genes.

Antes de chegar a conclusões de que tudo isso parece uma justificativa para nosso egoísmo e egocentrismo, pense no componente acasalamento. Para acasalar com eficiência, temos que cooperar. O acasalamento cooperativo funciona melhor. Precisamos transmitir nossos genes; temos que acasalar antes de morrer; temos que cooperar para acasalar.

Dawkins era realmente um defensor da cooperação na forma de *altruísmo*. Os zoólogos A. Gardner e J. J. Welch dizem que os genes altruístas são a melhor garantia de sobrevivência de uma espécie. Altruísmo pode ser definido como um comportamento que beneficia a chance do outro de se adaptar e sobreviver à custa de si mesmo. Isso pode parecer contraditório, porque como podemos nos sacrificar para ajudar na transmissão dos meus genes egoístas? Para responder a essa pergunta, temos que ver quem nos motiva a ser mais altruístas. Somos mais motivados para ser altruístas com a família ou parentes. O altruísmo faz sentido em relação à família ou a parentes porque compartilhamos genes com eles. Portanto, se tenho que sacrificar meus genes individuais pela segurança dos genes da família, então aumentei a probabilidade de que meus genes sejam transmitidos. Sacrificar-se nesse caso é uma aposta genética e uma jogada melhor. Então, ajuda aí. É bom para seus genes.

Sentimento de carência

Muitas pessoas podem relacionar preocupação com dinheiro e finanças. Tenho certeza de que até os bilionários no mundo passaram uma ou duas noites sem dormir contando mentalmente suas notas. Alguns de nós aprenderam a viver dentro do orçamento, separar dinheiro para o financiamento do imóvel, parcelas do carro, plano de saúde e despesas domésticas, até segurar um dinheirinho para entretenimento, se sobrar algum. Quando comecei a viver dentro do orçamento, algo estranho começou a acontecer. Quando ia a uma loja e via algo do qual gostava, como um par de sapatos ou uma ferramenta elétrica legal, eu me perguntava se realmente precisava. Parte de ter orçamento envolve descobrir o que você realmente precisa e quais são suas prioridades financeiras.

Primeiro, gasto meu dinheiro com o que preciso. Minhas necessidades são um determinante poderoso do que faço com meu dinheiro. Posso até dizer que sou *guiado* (ou pressionado) por minhas prioridades. Atender às minhas necessidades é uma das maiores motivações, se não a maior, em minha vida. As necessidades guiam meu comportamento, elas me motivam.

Clark Hull propôs uma teoria da motivação que enfatizava a satisfação da necessidade. As necessidades são geradas a partir de duas coisas: *homeostase* e *restauração do equilíbrio*. Sinto homeostase quando minhas necessidades são atendidas e me sinto equilibrado — sem precisar de nada. Quando minhas necessidades não são atendidas eu me sinto desequilibrado, então, sou motivado a restaurar o equilíbrio por meio da satisfação das minhas necessidades.

A teoria de Hull é chamada de *teoria de redução de impulsos* porque as pessoas são levadas a atender suas necessidades. *Impulsos* são motivações para ter satisfação e homeostase. Existem dois tipos:

> » As necessidades biológicas indispensáveis para a sobrevivência são chamadas de *impulsos primários*. Fome, cansaço e sede são exemplos de impulsos primários. Se você pensar, os impulsos primários têm um grande papel na vida diária. Grande parte do dia gira em torno de atender a fome e conseguir abrigo.

> Qualquer necessidade diferente do impulso primário é chamada de *impulso secundário*. Muitos são aprendidos na família, grupos sociais e cultura geral. A importância dos impulsos secundários é determinada por como eles se associam aos primários. As pessoas são levadas à escola e a tirar boas notas para que tenham uma vida melhor e possam sustentar a si mesmas e à família. Os impulsos secundários não têm valor inerente; são apenas importantes na medida em que dizem respeito aos impulsos primários.

LEMBRE-SE

Um dos limites da teoria de redução de impulsos é que ela não deixa espaço para as necessidades que parecem relacionadas apenas de modo periférico à nossa sobrevivência biológica. Um dia de surfe restaura meu equilíbrio homeostático? A quais necessidades básicas o surfe atende? Posso estender um pouquinho e dizer que faço questão de surfar porque, se não surfo, fico deprimido, não consigo trabalhar, então não consigo comer. Isso tornaria o surfe um impulso secundário na base de uma longa cadeia de outros impulsos secundários. Mas provavelmente a maioria das pessoas não reduz, não de forma consciente, cada uma de suas atividades ao menor denominador comum da sobrevivência biológica.

Embora não seja tecnicamente uma teoria intuitiva, a teoria motivacional de Abraham Maslow afirma que as motivações resultam de um conjunto básico de necessidades que você se esforça naturalmente para satisfazer. Maslow acreditava que algumas necessidades são mais básicas que outras. Comer é mais básico que tirar 10 na prova final de Português. Ambos são necessidades (para algumas pessoas), mas uma é mais fundamental que a outra.

LEMBRE-SE

Maslow cria uma lista de necessidades prioritárias que ele organizou em um triângulo chamado *hierarquia das necessidades:*

> No nível mais baixo e fundamental, estão as *necessidades físicas básicas* por comida, água e sono. Essas necessidades direcionam o comportamento até que sejam atendidas.

> O próximo nível do triângulo contém necessidades por *segurança e proteção*, como o devido abrigo e amparo.

> *Amor e pertencimento* são o próximo nível de necessidade.

> O quarto nível é a *autoestima*, esforçar-se em situações que aumentam o amor-próprio.

CAPÍTULO 7 **Precisar, Querer, Sentir**

> A *autorrealização*, ou seja, a necessidade de realizar nosso principal potencial e viver em um alto nível de consciência de nós mesmos e dos nossos desejos, é o nível alto. Quando alguém atingiu a parte mais alta do triângulo/hierarquia, a pessoa está no *auge da experiência* ou uma sensação que sinaliza chegar ao nível mais alto da motivação. No entanto, é importante salientar que até para uma pessoa que se autorrealiza, essas experiências máximas são breves e pouco frequentes. Uma pessoa não fica no auge das experiências.

Sabendo quem manda

Liberdade pode ser a melhor motivação de todas. Ao longo da história, sociedades e grandes grupos sacrificaram suas vidas pelo direito de determinar seus próprios destinos, tomar as próprias decisões e ser os donos das próprias vidas. A Declaração de Independência dos EUA, criada por Thomas Jefferson, talvez seja o documento quintessencial de tal autodeterminação, o direito de determinar as ações de alguém sem coação de terceiros ou influência externa.

Edward Deci e Richard Ryan propuseram uma teoria psicológica da motivação conhecida como *teoria da autodeterminação (TDA)*. Ela determina que os motivos humanos para competência, autonomia e afinidade são centrais para o que orienta o comportamento. Eles podem até ser considerados os "Thomas Jeffersons" da Psicologia motivacional. Eles propõem e citam a pesquisa para dar suporte ao conceito de que as necessidades para sentir competência, autonomia e afinidade são necessidades humanas universais, encontradas em todas as culturas. Essas necessidades são consideradas necessárias para as pessoas terem bem-estar, realizarem ou se sentirem em um nível ideal nas tarefas da vida, como trabalho, escola e relacionamentos. A TDA reconhece dois tipos diferentes de motivação:

> **Motivação autônoma** é *intrínseca*, ou interna, à pessoa; ela vem de dentro e reflete um sentimento de não coerção e liberdade de escolha.

> **Motivação controlada** é uma função das contingências externas, recompensas ou punições, como vergonha, recompensa ou reconhecimento público.

A motivação controlada está associada aos sentimentos de ser pressionado para pensar, sentir ou agir segundo certo padrão externo, em oposição ao padrão interno de um indivíduo. Um exemplo histórico incrível de motivação autônoma é da grande Rosa Parks, uma mulher afro-americana que desafiou a segregação racial nos EUA ocupando os lugares "apenas para brancos" no transporte público. Ela tinha coragem suficiente para ocupar o assento de sua escolha. Apesar da pressão para se conformar, ceder e ter sua motivação "controlada", *ela escolheu* onde sentar, ela estava motivada de forma autônoma e desafiou a história. Segundo a TDA, é melhor estar no controle de si mesmo, ser seu próprio chefe, ter a liberdade de fazer escolhas; isso atende a uma necessidade humana básica e estimula a motivação.

Deci e Ryan consideram a autonomia como sinônimo de estar no controle de si mesmo, regular a si mesmo, participar da *autorregulação*. Já para a TDA, que se refere à necessidade humana, ao motivo de ser autônomo e estar no controle de si mesmo, a *autorregulação* é um conjunto de controles psicológicos sobre emoções, comportamentos e pensamentos de um modo consistente com atender as metas pessoais. A TDA pode ser considerada o "motivo" do comportamento humano, mas a autorregulação é o "como".

A psicóloga Andrea Burger define a autorregulação como a capacidade de um indivíduo de monitorar e modular a cognição, a emoção e o comportamento para atingir metas e/ou se adaptar às demandas de situações específicas. O comportamento autorregulado envolve um pensamento e ação controlados, focados e atentos, em oposição à ação impulsiva e reativa. A autodeterminação, ao que parece, não é possível sem uma autorregulação adequada.

Ser autônomo e estar no controle de si mesmo é muito bom, mas várias pessoas abandonaram após a decisão de fazer dieta, exercícios, parar de fumar ou mudar algum outro aspecto indesejável de seu comportamento. Elas "querem" fazer dieta, mas comem em excesso. Querem se exercitar, mas acabam vendo filmes que assinaram.

É onde entra o conceito de força de vontade. Existe uma luta por autocontrole acontecendo, uma luta da vontade. Roy Baumeister define *força de vontade* como a habilidade de resistir às tentações de curto prazo para atender metas de longo prazo. Alguns psicólogos consideram a força de vontade um componente lógico da autorregulação, estar no controle de si mesmo diante de motivos concorrentes ou contraditórios, ou impulsos. Você pode fazer dieta e perder peso, ou se divertir comendo aquele prato inteiro de frango xadrez e incha.

Nos anos 1960, o psicólogo Walter Mischel fez alguns experimentos muito simples, mas poderosos, popularmente conhecidos como "experimento do marshmallow". Basicamente era oferecida a uma cobaia, uma criança, uma pequena recompensa, como um marshmallow, mas o pesquisador dizia que ela teria uma recompensa maior se não comesse o marshmallow enquanto ele estava fora da sala por um curto período de tempo. Se ela retardasse a gratificação por um curto período de tempo, teria uma recompensa maior. Bem, algumas crianças conseguiram, outras não. Considerou-se que aquelas que não comeram tinham habilidades mais fortes para retardar a gratificação. Uma pesquisa complementar com as mesmas crianças muitos anos depois mostrou que aquelas que conseguiram esperar tiveram resultados acadêmicos melhores e menos probabilidade de sobrepeso.

A pesquisa sugere que a força de vontade é uma habilidade psicológica que existe em todas as pessoas em maior ou menor grau. A força de vontade foi equiparada a um "músculo mental" que pode crescer, ficar mais forte, enfraquecer, cansar e até atrofiar. Uma força de vontade grande foi associada ao sucesso na mudança comportamental, como parar de fumar ou manter um regime de exercícios.

O estresse e a necessidade de resistir muito a uma tentação foram encontrados em uma força de vontade fraca. Por isso provavelmente é uma boa ideia não ir a uma confeitaria quando tudo o que você quer é uma xícara de café. Claro, a menos que já tenha "escolhido" comer uma torta de maçã ou uma trança de chocolate.

Despertando interesse pela costela

O *nível de ativação ideal* é considerado uma versão mais refinada da teoria de redução de impulsos. Ao invés de ser apenas orientado para atender as necessidades biológicas básicas em um nível mínimo, essa teoria determina que as pessoas são motivadas para alcançar o nível mais alto possível de satisfação.

O que significa "nível mais alto de satisfação"? Pense nisso como a teoria de ativação da costela prime. Quando meu corpo precisa de energia, tenho fome e desenvolvo um estímulo primário ou motivação para comer algo. Agora se essa teoria fosse a "teoria da ativação do hambúrguer" ou a "teoria do nível mínimo de ativação", então eu pegaria um X-burguer gorduroso e resolveria o problema. Mas por que eu comeria um hambúrguer se posso comer um bife? Posso atender à necessidade primária e também desfrutar do ótimo sabor ao mesmo tempo.

Outro componente do nível ideal da teoria da ativação envolve ser motivado a buscar o melhor nível (ideal) de ativação para maximizar o desempenho. Em 1908, em um exemplo de como funciona a teoria do nível ideal da ativação, os psicólogos Yerkes e Dodson descobriram que as pessoas fazem melhor as atividades quando estão ativas moderadamente, ou seja, não muito relaxadas nem muito tensas. Isso se chama lei de Yerkes-Dodson.

Alguma vez você se apresentou diante de um grande grupo ou classe? Ficou nervoso? Em caso afirmativo, quanto? Nervoso a ponto de vomitar e desmaiar? Ficar tão nervoso constitui um nível extremo de ativação; e se você sentiu isso, sabe que não ajuda para um excelente desempenho. Do mesmo modo, se alguém está relaxado demais, pode não se esforçar o suficiente para se preparar devidamente para a apresentação, e pode acabar tendo um desempenho horrível. O melhor é estar bem no meio.

O interurbano mais barato compensa

Quando chego em casa e vejo a luz vermelha piscando na secretária eletrônica, quero saber quem ligou. Foi um amigo que não vejo há um tempo? Um parente sumido? Não, era uma daquelas empresas interurbanas chatas tentando me fazer mudar de provedor.

Muitos esforços de marketing se baseiam em uma teoria motivacional chamada de *teoria da expectativa*. Essa teoria acredita que as motivações são o produto da análise de um indivíduo quanto às recompensas em potencial associadas a certo comportamento e à probabilidade de conseguir tais recompensas. As operadoras interurbanas contam comigo associando um botão a uma expectativa de recompensa. É um meio simples, mas poderoso, de motivar as pessoas, sobretudo se você pode fazê-las pensar que as recompensas vão rolar!

A *teoria do incentivo*, muito relacionada à teoria da expectativa, simplesmente determina que somos motivados para buscar recompensas e evitar experiências negativas, como a dor. Minha experiência com anúncios de spam me levou a esperar problemas em minha caixa de entrada com provedores de coisas não solicitadas que não preciso no dia a dia, o que supera a recompensa esperada de economizar algum dinheiro com seus "ótimos negócios". O que eu espero, acontecendo ou não, por fim tem um efeito poderoso sobre meu comportamento. Quando vejo esses e-mails nem os abro, só os deleto.

Encarando a teoria do processo oponente

Às vezes sou motivado a fazer coisas que não são muito divertidas, como ir à academia; pelo menos, não acho muito divertido. Algumas pessoas gostam. Mas a verdade é que as pessoas podem iniciar comportamentos que parecem mais dolorosos que prazerosos na superfície. Isso não significa que elas têm uma necessidade ou um instinto masoquista. As motivações que podem parecer externamente dolorosas e não tão agradáveis às vezes podem ser explicadas com a *teoria do processo oponente*, que afirma que as pessoas são motivadas não pela resposta ou pelo incentivo inicial, como a dor de um exercício pesado, mas pela reação que ocorre após a resposta inicial, como o reflexo de um corpo tonificado, em boa forma e saudável no espelho olhando para mim.

Para toda resposta que ocorre há uma reação oposta chamada de *processo oponente*. Após ser exposto a certo estímulo por um tempo, a resposta inicial diminui e a resposta oposta fica mais forte.

Muitas pessoas gostam de comida apimentada e condimentada. Pessoalmente gosto do sabor do alimento, não de senti-lo vinte minutos depois da mordida, mas cada um na sua. Qual é a resposta oposta, o processo oponente, das comidas apimentadas? É a endorfina, aqueles analgésicos naturais liberados pelo corpo para combater a dor. Comidas condimentadas queimam quimicamente a língua e o corpo combate essas queimaduras com analgésicos naturais. É uma sensação boa quando os analgésicos com endorfina acalmam a queimadura. As pessoas que gostam de comidas apimentadas pensam que comem isso por causa do condimento, mas, segundo a teoria do processo oponente, elas são apenas um bando de viciadas em endorfina. Sim, elas queimam a língua para aproveitar a reação oposta ou *oponente* da liberação de endorfina!

A teoria do processo oponente tem sido usada para explicar por vezes a desconcertante aflição da toxicodependência. Claro, quando uma substância ou uma droga é usada, há um aumento, uma euforia e uma experiência de sentimentos agradáveis. Mas, assim que os efeitos da droga passam, há uma experiência desagradável com efeitos colaterais. Segundo a teoria do processo oponente, a pessoa viciada usa drogas de novo para aliviar essas experiências desagradáveis. Elas não usam necessariamente para ficarem doidonas, usam para aliviar os efeitos colaterais negativos.

Acreditando em si mesmo

Todos conhecem Lebron James, certo? Talvez ele seja o melhor jogador profissional de basquete de todos os tempos. Observar Lebron James fornece um bom manual para debater a *teoria sociocognitiva da motivação*. Para muitos (pelo menos aqueles que torcem para Lebron não estar na equipe), James parece um egocêntrico arrogante e muito confiante. Independentemente de você ter ou não uma visão negativa dele, Lebron nos mostra como acreditar em si mesmo pode nos alimentar e motivar em direção a uma meta. Ele queria ser o melhor e trabalhou muito para chegar lá. O importante não é que Lebron teve sucesso, mas que acreditar em si mesmo o levou a ser obsessivo e implacável. Lebron faz exercícios o ano inteiro, segue sua dieta, pratica, pratica e pratica. Como acredita que esses esforços o ajudarão, ele continua trabalhando pesado.

A teoria sociocognitiva da motivação propõe que as pessoas são motivadas para agirem e atingirem suas metas, e que a avaliação de seu comportamento contínuo fornece um feedback se estão ou não avançando na direção certa. Esse processo pode ser dividido em cinco componentes essenciais, dispostos por Dale Schunk e Ellen Usher:

> » **Metas e autoavaliação:** São os objetivos de nosso comportamento, o que tentamos fazer ou manter. Sem objetivos, não temos metas e sem metas, temos uma motivação sem foco, o que realmente equivale a pouca motivação (a menos que a meta de alguém seja não ter metas, mas isso é outro assunto para os niilistas). O componente de autoavaliação se refere ao processo no qual avaliamos nosso progresso real em relação à meta. Estamos indo na direção certa? Em caso afirmativo, continuamos e, se há uma lacuna, podemos dobrar ou triplicar nossos esforços. De qualquer modo, somos motivados para fechar a lacuna; não desistimos! Lebron não desistiu.

» **Expectativas do resultado:** Somos motivados para agir de modos que *acreditamos* nos aproximar de nossas metas. Também buscamos interagir com pessoas que acreditamos que nos ajudarão a chegar lá. As expectativas podem nos motivar por longos períodos de tempo, pois acreditamos que finalmente chegaremos lá se continuarmos.

» **Valores:** Somos motivados a agir de modos que estejam de acordo com o que valorizamos. Por exemplo, sou motivado a trabalhar muito durante a semana para conseguir levar meus filhos para surfar no fim de semana. Valorizo meu tempo com eles, ensinando-lhes algo divertido e saudável, vendo eles ganharem confiança e observando-os enquanto se sentem bem e se divertem.

» **Comparação social:** Somos motivados a ter um comportamento que mostra melhoria em relação a outras pessoas que trabalham com as mesmas metas que temos. Lebron é motivado para ser o melhor jogador de basquete, portanto ele se compara com seus iguais e os melhores antes dele, como Michael Jordan. Ele se esforça para ter mais pontos que Karl Malone ou Kareem Abdul-Jabbar.

» **Autossuficiência:** Quanto mais acreditamos em nossa habilidade de atingir nossa(s) meta(s), mais ficamos motivados. Isso não significa que a autossuficiência é uma garantia de sucesso, mas pode ser o combustível no processo. Baseamos nossa crença em quatro fontes de informação:

- **Experiências de domínio:** Vemos o que realmente realizamos ou alcançamos até então para nos dizer se somos eficazes.

- **Experiências indiretas:** Observar outras pessoas atingirem nossas metas nos dá a confiança de que "pode ser feito".

- **Formas de persuasão social:** Somos motivados pelo encorajamento de outras pessoas que são vistas como qualificadas e confiáveis.

- **Índices fisiológicos:** Ansiedade, estresse e outras emoções fortes podem dar um feedback sobre o progresso real ou antecipado em relação a uma meta. A ansiedade me deixa saber que desviei da meta ou algo está me bloqueando, por exemplo.

Prazer e dor

É bem verdade que, na vida, somos motivados a buscar prazer e evitar ou escapar da dor. Esses motivos permeiam o reino animal. O vencedor do Nobel e músico Bob Dylan diz exatamente isso em sua música "Silvio":

> Uma vez que todo prazer tem uma ponta de dor, pague seu bilhete e não reclame.

Bob Dylan teria sido um grande psicólogo.

Por anos, psicanalistas tiveram muito a dizer sobre motivação em relação a prazer e dor. Em seu artigo de 1920 "Além do princípio de prazer", Sigmund Freud propõe que nossa motivação primária é o *princípio do prazer*, um instinto vital incessantemente orientado por uma força que Freud chamou de *libido* (basicamente "desejo"). A teoria psicanalítica da motivação de Freud é usada mais na terapia psicanalítica/psicodinâmica do que como modelo científico da motivação. Todavia, coloca a busca por estímulos de sobrevivência na frente e no centro do estudo da motivação.

Se alguém é seguidor de Freud e da psicanálise ou não, a importância do estudo do desejo para o entendimento da motivação é essencial. Wilhelm Hofmann e Loran F. Nordgren afirmam: "O desejo nos leva à ação" e "Os desejos são os principais motivadores em nossas vidas".

Nos anos 1950, James Olds e Peter Milner descobriram o que eles consideraram um "centro do prazer" no cérebro de ratos. Os ratos pressionavam com obsessão e repetidamente uma alavanca para receber um estímulo elétrico nesse centro do cérebro. Eles faziam isso milhares de vezes por hora. Os ratos até preferiam esse estímulo a alimentos. Mas, antes de você começar a achar que ratos são apenas bichinhos gananciosos e lascivos, esses resultados foram repetidos em primatas e cobaias humanas também.

Uma pesquisa posterior mostrou que esse centro de "prazer" era uma área do cérebro com alta concentração do neurotransmissor dopamina. Contudo, outra pesquisa mais adiante mostrou que ver a dopamina como a "química do prazer" não era muito correto. A pesquisa continuou e desenvolveu uma compreensão dos sistemas cerebrais envolvidos na busca por prazer. Uma pesquisa de Pecina e Berridge mostrou que o prazer no cérebro está ligado a uma rede de pontos conhecidos como *pontos hedônicos*, que servem para ampliar o aspecto "prazeroso" de um estímulo ou estímulos. Mas os pesquisadores ainda não estavam felizes (os pontos não eram disparados) e acabaram voltando para a dopamina como um motivador primário ao nos guiar em experiências prazerosas. Essa pesquisa diferencia "gostar" e "querer". A dopamina está envolvida no processo de "querer", guiando a motivação.

É claro que buscamos o prazer! Mas também não evitamos a dor? O psicólogo E. Tory Higgins nos lembra de que as "pessoas são motivadas por querer o prazer e evitar a dor". Isso é chamado de *princípio hedônico*, que é a "suposição motivacional básica das teorias que cruzam todas as áreas da Psicologia". Em 1959, o psicólogo Theodore Christian Schneirla, em seu estudo da *aplysia* (lesma-do-mar), mostrou que, em um nível muito básico, os organismos se aproximam dos estímulos que representam a "sobrevivência" e evitam os estímulos que representam "não sobreviver" ou ameaças. Embora sejam sinônimos em essência, um levantamento da literatura o levará a duas "versões" dessa conceitualização de "ir ao encontro e se afastar" da motivação: *desejoso/defensivo* e *aproximação/fuga*.

Contudo, E. Tory Higgins propõe que o simples conceito de aproximação/fuga é limitado, e apresenta o conceito de *foco regulatório* para aperfeiçoá-lo. O principal ponto é que as pessoas são motivadas para reduzir a lacuna entre os estados atuais e os finais desejados. Nós queremos estímulos que nos aproximam de nosso estado final desejado e evitamos os que nos afastam ou bloqueiam a realização desse estado final. Isso nos foca na promoção de comportamentos do estado final e na prevenção dos comportamentos "não do estado final".

Fugindo da dor psicológica

Até então, examinamos a motivação da perspectiva de nos aproximar do prazer e evitar a ameaça. Mas e se a característica já existe na pessoa e ela não a evita com sucesso? O que acontece? Há mais coisas para se manter vivo do que evitar. Claro, diga isso a alguém que sofre de agorafobia. É onde entra o conceito de *escape* ou *motivação de escape*. Escapar de uma ameaça ou situação perigosa é "muito fácil", como estudado em animais e seres humanos. Para os animais, uma pesquisa postulou essa resposta de escape como algo que eles fazem para evitar a predação ou ser comidos, o que realmente não se aplica ao homem, exceto em filmes de zumbis e ao nadar com tubarões. A diferença entre escape e rejeição é que as motivações do escape iniciam assim que a fuga não é possível.

A dor é um belo motivador. A dor psicológica não é diferente. Segundo o psicólogo Alan Fogel, as mesmas áreas do cérebro ativadas durante uma dor física também são ativadas na dor emocional. Fogel pergunta: "Onde ocorre a dor emocional?" Afinal, não é como quando ralamos o joelho. Então onde é o joelho emocional ralado correspondente? Fogel sugere que a dor emocional deve ter um local. Ele cita uma pesquisa feita sobre rejeição social e menciona que a medicina comportamental e a psicologia da saúde mostram que, quando estamos diante de nossos entes queridos, temos uma resposta parassimpática vagal que nos acalma, diminui o batimento cardíaco e a respiração. Ocorre o oposto quando somos afastados dos nossos entes queridos. O sistema nervoso simpático inicia e ficamos estressados. Aliás, tudo isso acontece na área do peito, portanto o sofrimento realmente é uma realidade fisiológica.

A dor psicológica é nosso sistema nervoso simpático dolorido. É isso? É o que acontece quando somos arrasados com a dor emocional quando nosso filho tem câncer, um ente querido se machuca em um acidente ou nosso casamento de vinte anos chega ao fim? As pessoas que sofrem de depressão ou esquizofrenia descreveram isso como uma experiência dolorosa. Sobre o que elas estão falando, afinal? Biólogos, neurobiólogos e afins argumentam que o conceito de dor psicológica é muito vago, subjetivo, para ser estudado adequadamente. Psicólogos nunca se esquivaram da subjetividade. E mais, a Associação Internacional para o Estudo da Dor (IASP) afirma: "Se as pessoas veem sua experiência como dor e se relatam isso dos mesmos modos como uma dor causada por danos no tecido, ela deve ser aceita como dor."

Encontrando alívio

O alívio da dor mental pode vir de muitas fontes. Buscar proximidade e conexão com uma pessoa carinhosa, ter cuidado pessoal na forma de comportamentos saudáveis, como exercícios e boa alimentação, psicoterapia e oração são meios que as pessoas usam para encontrar alívio da dor psicológica. Infelizmente, não são as únicas maneiras. Algumas pessoas buscam alívio da dor mental de modos pouco saudáveis ou úteis, abusando de álcool ou drogas, mutilação e até suicídio. Esses motivos parecem paradoxais e contraditórios. Infelizmente, existem pessoas que seguem essas direções. Talvez conheçamos alguém ou tenhamos membros da família que mostraram um ou todos esses comportamentos.

Comportamento autodestrutivo

Uma pesquisa sobre comportamento autodestrutivo ou prejudicial (abuso de drogas, comportamento arriscado, mutilação) demonstra que tais comportamentos são usados como uma tentativa de controlar as experiências caóticas, perigosas, de indução do medo e emocionalmente dolorosas. Em geral perguntamos por que alguém continua a beber quando as consequências são terríveis. Por que alguém se corta? Por que se mata? Embora o debate sobre isso continue além desta seção, uma descoberta consistente é que evitar e escapar da dor psicológica é um denominador comum. Uma emoção dolorosa pode ser um gatilho para uma recaída de alcoólatras em recuperação. Uma separação pode ser um gatilho para alguém furar o braço com alfinete. Ficar preso em uma relação abusiva pode ser um gatilho para uma tentativa de suicídio. De novo, todos esses comportamentos são exemplos de evitar ou escapar da dor, mesmo que pareçam um paradoxo e autodestrutivo. Tais comportamentos aparentemente autodestrutivos são "racionais" em essência nesse sentido. São tentativas de aliviar o sofrimento, portanto não são um paradoxo afinal.

Dor psicológica e suicídio

Talvez não exista outro psicólogo mais associado ao conceito da dor psicológica que Edwin Shneidman. Dr. Shneidman começou examinando a relação entre dor psicológica e suicídio nos anos 1950, quando iniciou um estudo que analisava as cartas de suicídio das pessoas que conseguiam seu intento. A partir dessas cartas, ele começou a formular o conceito de *psychache* (dor na alma). Em seu livro *Suicide as Psychache: A clinical approach to self-destructive behavior* [sem publicação no Brasil], ele afirma:

> Quase no fim da minha carreira em suicidologia, agora acho que posso dizer o que tenho em mente com poucas palavras: o suicídio é causado pela psychache. Psychache se refere à mágoa, à angústia,

à sensação dolorosa, à dor, à dor psicológica na psique, na mente. É intrinsecamente psicológica; a dor de excessiva vergonha, culpa, humilhação, solidão, medo, angústia, medo de envelhecer, morte triste ou qualquer outra coisa.

Existe, claro, o componente subjetivo da experiência nesse conceito, e o Dr. Shneidman sugere que depende do limite da pessoa para suportar a dor psicológica. Ele afirma que qualquer tentativa de entender suicídio em termos de sexo, idade, raça ou aspecto socioeconômico fracassará. É a simples motivação para escapar e encontrar alívio para o sofrimento.

Inúmeros Poemas Ruins: Emoções

Emoção e motivação estão intimamente relacionadas. Quando preciso de algo, fico motivado para atender essa necessidade. Quando meu estômago ronca, sei que tenho fome. Mas como sei quando outras necessidades mais psicológicas estão sendo atendidas, como a necessidade de autoestima? Quando certas necessidades pessoais não são atendidas, as emoções enviam um sinal. Elas podem indicar que você não está atingindo suas metas motivacionais (na forma de desapontamento, por exemplo) ou que está (talvez na forma de felicidade). Elas podem nos dizer quando algo é bom e devemos fazer mais, e quando algo é ruim e devemos fazer menos. Resumindo, as emoções se adaptam. Psicólogos se interessam pelas emoções desde o início do campo formal. Hoje, a teoria da emoção e a pesquisa às vezes são referidas como *ciência afetiva*, o estudo científico da emoção ou do afeto.

Antes de avançarmos, acho importante ver algumas definições. Há muitos termos que se referem a emoções, como *afeto*, *humor* e *sentimentos*. Veja o que o Dicionário de Psicologia da APA mostra:

» **Afeto:** A *experiência* de uma pessoa de um sentimento ou uma emoção.

» **Emoção:** Um *padrão de reação* complexo que envolve elementos vivenciais, comportamentais e psicológicos com os quais um indivíduo tenta lidar com uma questão ou um evento com significado pessoal. A qualidade específica da emoção (por exemplo, medo ou vergonha) é determinada pela significância específica do evento.

» **Humor:** Qualquer *estado emocional* de curta duração, em geral de baixa intensidade (como bom humor ou humor irritado). Os humores diferem das emoções pela falta de um objeto. Por exemplo, a emoção da raiva pode ser despertada por um insulto, mas um humor irascível pode surgir quando alguém não sabe o motivo da raiva nem o que provocou essa raiva.

» **Sentimento:** Uma *experiência fenomenal* independente. Os sentimentos são subjetivos, avaliativos e independentes das sensações, dos pensamentos ou das imagens que os provocam.

A partir dessas definições, parece que afeto e sentimentos são muito parecidos. O humor é de longo prazo e mais duradouro, como uma emoção sustentada por um período de tempo. A emoção inclui mais coisas que o resto e provavelmente é nossa melhor aposta em termos de ser observada e medida. Para nossas finalidades, usarei a emoção no resto do capítulo. Nas próximas seções, defino emoção, exploro suas funções e examino como elas podem ser "usadas" para melhorar o funcionamento.

Emoção é um padrão de reação complexo com três componentes inter-relacionados:

» **Experiência vivida/subjetiva:** Quando tenho certa emoção, chamo isso de *sentimento*. Minha experiência de tristeza pode consistir em querer chorar, falta de energia ou motivação. É minha experiência de tristeza; é subjetiva.

» **Componente comportamental/expressivo:** Cada emoção se expressa e é comunicada de maneira única. Expressões faciais, linguagem corporal, postura, palavras, frases, gestos e várias outras expressões acompanham e comunicam a experiência de uma emoção.

» **Resposta psicológica:** Todas as emoções são compostas de respostas que envolvem o cérebro e a atividade do sistema nervoso. Quando tenho raiva, meu coração bate rápido e minha respiração acelera. Quando estou triste, me sinto cansado.

Cuidado com o dente-de-sabre!

Pesquisa sobre emoções ao longo dos anos abrange uma grande variedade de ciência psicológica, com a *psicologia evolucionista* não sendo uma exceção. Psicólogos endossam essa perspectiva de comportamentos específicos e processos mentais como respostas adaptativas desenvolvidas por seleção natural. Pressupõem-se que as emoções fazem parte desse processo de adaptação.

Cosmides e Tooby propõem um extenso conjunto de programas comportamentais e mentais (considere os programas de computador) que ajudam as pessoas a lidarem com os desafios da sobrevivência. Cada programa funciona de modo independente, criando um pesadelo logístico. Se você acha que se preparar para uma viagem de acampamento tem uma logística difícil, tente coordenar todos os comportamentos e processos mentais dos seres humanos! É onde entram as emoções.

SENTIMENTOS SALVAM VIDAS

Além de sinalizar se alguém atingiu ou não a meta, as emoções têm outras funções. Elas preparam as pessoas e as alertam para situações perigosas em potencial. Gavin De Becker faz altos elogios a essa função das emoções em seu livro *Virtudes do Medo*. Resumindo, o medo salva nossas vidas. Você já esteve em uma situação em que teve a sensação de que algo estava muito errado? Esse "sentimento" era sua emoção alertando sobre a possível presença de perigo que você pode não ter observado conscientemente ou do qual não estava ciente. De Becker aconselha ouvir essa voz com mais frequência e ficar mais sintonizado com ela como uma poderosa ferramenta de sobrevivência.

Emoções positivas podem dar alívio nas provações e nas tribulações da vida. A felicidade é boa. Como seria a vida se você nunca sentisse alegria? Muito triste, claro! É mais fácil ter uma boa relação com alguém que é feliz. A felicidade também leva à socialização, que pode levar ao romance, que leva a filhos, o que leva a passar os genes para produzir esse procriador de felicidade em primeiro lugar. As emoções positivas têm o potencial de tornar as pessoas mais atraentes e permitir uma conexão social.

Cosmides e Tooby veem as emoções com um tipo de "programa principal", trabalhando para organizar e integrar todos esses comportamentos e pensamentos. Dessa perspectiva, as emoções têm uma função regulatória. Elas ajudam as pessoas a descobrir o que precisam fazer em determinada situação e se elas atingiram ou não a meta desejada. Cosmides e Tooby listam os seguintes "programas" regulados pela emoção:

» Mecanismos de percepção
» Atenção
» Memória
» Categorização
» Prioridades motivacionais
» Metas atuais
» Adaptações para coletar informação
» Mecanismos de inferência especializados
» Comunicação e expressão
» Processos de aprendizagem

- » Reflexos
- » Nível de energia, humor e alocação de esforço
- » Fisiologia
- » Comportamento

Portanto, basicamente essa lista coloca a emoção no centro de coordenação de quase todos os processos mentais e comportamento para a sobrevivência.

Mais considerações sobre a "utilidade" evolucionista das emoções vêm de um campo chamado *psiquiatria evolucionista*. O Dr. Randolph M. Nesse propõe um papel parecido para as emoções em adaptação, mas aborda do ângulo da doença mental em seu livro *Good Reasons for Bad Feelings: Insights from the frontier of evolutionary Psychiatry* [sem publicação no Brasil]. Nesse propõe essa evolução não apenas das emoções "selecionadas" para a finalidade de adaptação, mas também considera os distúrbios mentais relacionados às emoções por um bom motivo. Ele afirma o seguinte:

> Por que há distúrbios mentais? A seleção natural poderia ter eliminado a ansiedade, a depressão, o vício, a anorexia e os genes que causam autismo, esquizofrenia e doença maníaco-depressiva. Mas não o fez. Por quê?

Ele sugere que, ao estudar os distúrbios emocionais, aprendemos mais sobre o motivo de existirem emoções em primeiro lugar. Ele afirma que há obstáculos ao entender o papel evolutivo das emoções, por exemplo, mostrar emoções negativas como "inúteis". Ele propõe que os sintomas normalmente apresentados aos profissionais de saúde mental fornecem pistas úteis para algo que está "errado" e precisa ser endereçado, inclusive os sintomas emocionais. Pense assim: se tenho uma grande tristeza relacionada a um problema ou um evento, então minha atenção (e do meu terapeuta) deve ir para esse problema ou evento, não apenas para a grande tristeza. As emoções negativas são sinais de alerta no painel do funcionamento. Nesse chama isso de *princípio do detector de fumaça*. As emoções em geral e as emoções negativas em particular são úteis. Ele afirma:

> Diante de ameaças ou perdas, a ansiedade e a tristeza são úteis, mas o relaxamento feliz causa problemas. [...] A vantagem [contudo] não é dos indivíduos com constante ansiedade, tristeza ou alegria, mas dos que sentem ansiedade quando a perda é ameaçada, tristeza após uma perda, entusiasmo e alegria diante da oportunidade e do sucesso.

Certa vez eu disse a um professor meu que o transtorno de estresse pós-traumático (TEPT) existe para mostrar que o trauma é ruim e que, se prestarmos atenção apenas nos sintomas, não conseguiríamos reduzir ou eliminar as causas, como guerra, violência, abuso ou abandono. Portanto eu propus que o TEPT é útil! Ele olhou para mim com se eu fosse maluco. Talvez.

Seu cérebro com emoção

Já conheceu alguém que fica realmente amoroso, nostálgico e muito emotivo sob influência de álcool? Sabe o bêbado sentimental? Esse fenômeno comum é um ótimo indicador de que nossos cérebros certamente têm alguma relação com as emoções. Pesquisadores que procuram emoções "no cérebro" fizeram um bom progresso ao longo dos anos.

Antonio Damasio explica que as emoções são centrais na avaliação do que, no fundo, tem valor para nós à medida que interagimos com o ambiente. Ele até sugere que as emoções têm um papel importante em nossa construção e experiência do ego. Ele afirma: "As emoções corretas são apenas uma joia integrada da regulação da vida." (*E o Cérebro Criou o Homem*, 2010) Imagens de objetos ou eventos no ambiente atual ou na lembrança e memória disparam uma cadeia de respostas emocionais em várias regiões do cérebro e do corpo, sendo mobilizadas para endereçar o estímulo com ações coordenadas de processos mentais, comportamento e respostas fisiológicas. O cérebro recebe um sinal; as emoções são ativadas e colocam em movimento outras partes do cérebro para mobilizar a ação; outras partes do cérebro buscam feedback por meio da percepção ou de eventos externos/internos (chamados *interocepção*) e por aí vai, até a situação, o problema ou o evento ser lidado com sucesso ou resolvido. O processo inteiro é complexo e belo.

O psicólogo Josepeh Ledoux é famoso em Psicologia (junto com Albert Bandura, Martin Seligman, Mary Ainsworth, Carol Gilligan e muitos outros). Ele estudou muito a emoção em geral e o medo em especial. Ledoux define as emoções como "os estados não conscientes do cérebro que conectam estímulos importantes a mecanismos de resposta". O estudo do medo de Ledoux o levou a propor que existe diferença entre nossa experiência consciente de uma emoção, o *sentimento*, e a ativação do cérebro subjacente, a emoção. A emoção do medo é a ativação de um circuito subjacente do cérebro designado a detectar e nos ajudar a responder à ameaça e ao perigo. Ele chama esse circuito cerebral de *estado de motivação da defesa*.

Ao ver um carro acelerando em minha direção no retrovisor quando estou parado no trânsito sem um jeito de escapar, não tenho a emoção do medo; tenho a emoção do "cérebro respondendo à ameaça e à ativação do estado de perigo" (formalmente conhecido como "medo"). É interessante observar que psicanalistas há tempos consideram que os processos inconscientes (como a atividade do estado de motivação da defesa) influenciam nosso comportamento fora de nossa percepção consciente, e, trazendo essa experiência para a percepção consciente (para a experiência do sentimento), um paciente conseguiria modificar esse processo para melhor. Freud parecia estar no caminho certo, mas ele não tinha a ressonância magnética nem eletrodos para ajudá-lo.

Sim, todo esse "processamento" é bom e magnífico, mas você pode estar se perguntando: "Onde estão as emoções *no* cérebro?" Anita Deak, da Universidade de Pécs, na Hungria, tem uma excelente visão geral da pesquisa que responde exatamente isso. Ela resume a literatura que identifica as seguintes áreas do cérebro como críticas para a emoção:

» **Amígdala:** Esta área do cérebro pode ser encontrada dentro da camada do lobo temporal e está envolvida na aprendizagem emocional, na memória emocional, no processamento dos sinais emocionais de outras partes do cérebro e na detecção da emoção.

» **Ínsula:** Esta área está localizada na camada externa do lobo temporal e está envolvida na percepção dos eventos de reação emocional que são recuperados na memória ou imaginados, e na coordenação das respostas sensoriais e motoras (movimento) a estímulos imprevisíveis e ameaçadores.

» **Córtex cingulado anterior:** É a parte do sistema límbico e está localizada no "topo" do cérebro, na frente. Está envolvido no monitoramento e na avaliação da emoção, integrando as funções do sistema nervoso autônomo (como batimento cardíaco e respiração), os sinais emocionais de outras partes do cérebro e os sistemas de atenção no cérebro.

» **Córtex orbitofrontal:** Localizado logo acima dos olhos, na testa, este córtex está envolvido em integrar as informações sensoriais para modular os processos sensoriais e cognitivos por meio de feedback, e influencia muito as respostas autônomas e motoras.

Qual vem primeiro, corpo ou mente?

Se as emoções consistem em três componentes (experiência subjetiva, reações fisiológicas e componente expressivo), qual ocorre primeiro? Penso e sinto raiva antes de meus músculos ficarem tensos? Digo que estou com raiva antes de saber que estou? Entender esse processo pode ser confuso; é como o caso da galinha e do ovo em relação às emoções. Mas não se preocupe; o fazendeiro Cash — que sou eu! — está aqui para colocar todos os ovos na cesta certa. Três teorias principais explicam a ordem de nascimento dos componentes da emoção.

Teoria de James-Lange

A *teoria de James-Lange* tenta encontrar sentido na confusão. Quando uma pessoa passa por uma situação ou um estímulo que leva a uma reação emocional, o corpo dela reage primeiro. Há um conjunto de reações físicas automáticas ao estímulo emocional. Os sistemas sensoriais respondem enviando sinais para os centros emocionais do cérebro, criando um estado de ativação. Após a reação fisiológica, o cérebro analisa o que está ocorrendo. Por fim, após a ativação e a avaliação, ocorre a experiência subjetiva da emoção. Então o cérebro reconhece o medo, por exemplo, depois de interpretar essa longa cadeia de reações fisiológicas. A expressão emocional vem após o reconhecimento da experiência da emoção.

Primeiro você vê o urso. Então seu coração dispara e ocorrem outras reações fisiológicas relacionadas ao medo. Você pensa consigo mesmo que seu coração está disparado, foge do urso e deve ter medo. Só depois de analisar, você consegue comunicar que tem "medo".

Teoria de Cannon-Bard

A *teoria de Cannon-Bard* da emoção é uma variação da teoria de James-Lange. Essa teoria também propõe que a reação fisiológica ao estímulo ocorre antes da experiência subjetiva de uma emoção, mas com uma pequena alteração. Cannon-Bard não concorda que as atividades complexas da ativação muscular e as ações subsequentes (como fugir do urso) são os primeiros processos fisiológicos envolvidos.

Partes específicas do cérebro, consideradas menos sofisticadas, são ativadas primeiro, segundo Cannon-Bard. Essas partes "inferiores" do cérebro enviam simultaneamente sinais para três áreas de "nível mais alto": área de avaliação, área de ativação e área de experiência. Comparando com James-Lange, a principal diferença aqui é que a ativação, a análise, a experiência e a expressão ocorrem ao mesmo tempo, mas só depois das áreas mais básicas do cérebro serem sinalizadas ou ativadas.

Então eu encontro um urso, as áreas inferiores do meu cérebro são ativadas, depois eu corro, analiso minha corrida, percebo que estou com medo e grito "Socorro, vou morrer", tudo ao mesmo tempo. Se isso o intriga, veja o Capítulo 3 e leia mais sobre o cérebro.

Teoria de dois fatores

Stanley Schacter da Columbia University e Jerome Singer da Penn State University são psicólogos que propuseram uma terceira variação no processo emocional. A *teoria de dois fatores* deles tem elementos de James-Lange e Cannon-Bard, mas muda um pouquinho. Ao invés de ter uma reação inicial do corpo e das áreas inferiores do cérebro, seguida do processo de avaliação, a teoria de dois fatores determina que as reações fisiológicas e a avaliação cognitiva ocorrem juntas, criando um loop de feedback e coproduzindo a experiência subjetiva de uma emoção. Informações da situação e do ambiente são usadas no processo de avaliação. A avaliação emocional é vista como *genérica* (não específica de certa emoção) até uma análise ser feita.

Segundo essa teoria, vejo o urso e tenho uma atividade fisiológica e avaliação cognitiva ao mesmo tempo. "Estou atento e há um animal perigoso na minha frente. Devo ter medo."

Teoria construtivista

Lisa Feldman Barrett propôs um bom upgrade nas teorias da emoção de James-Lange, Cannon-Bar e Dois fatores. Ela sugere que a emoção, como a conhecemos, é uma *construção* da mente. Sempre falo para meus filhos que não sou rigoroso com eles; a mente deles diz isso (é gaslighting; tenho vergonha de mim mesmo). Dra. Feldman Barrett desenvolveu a *teoria da emoção construída*. Ela afirma:

> Emoções não são reações ao mundo. Você não é um recipiente passivo da informação sensorial, mas um construtor ativo de suas emoções.

Recebemos informação sensorial e com os dados de experiências passadas armazenados na memória, construímos significado e passamos a agir. Ela afirma que, sem a experiência passada, essas informações sensoriais seriam apenas "ruído", e a pessoa não saberia o que fazer em resposta. A pessoa nem as vivenciaria como uma emoção. Essa visão de emoção é uma extensão do trabalho de Jean Piaget no campo da emoção. Piaget não via as pessoas como recipientes passivos da informação, mas participantes ativos na construção do conhecimento por meio de um conhecimento construído ativamente, criando e testando suas próprias teorias do mundo ao redor. Tudo bem, não me sinto totalmente envergonhado com o que falo para meus filhos; é meio verdade.

Expressando-se

Quando alguém sorri, está feliz? E a pessoa que encara você, enche o peito e fica vermelha? Consegue imaginar o que ela está sentindo? Claro que sim. Todas as emoções têm um componente expressivo e comunicativo que consiste em sinais verbais, expressões faciais, contato visual, outros movimentos do corpo e expressões não verbais.

Algumas pessoas acreditam que os componentes expressivos das emoções são inatos ou inerentes. O mesmo acontece com a habilidade de diferenciar o que alguém sente observando essas expressões. Algumas expressões emocionais parecem ser universais, como sorrir quando está feliz e franzir a testa quando está triste.

Certas situações limitam esses aspectos das emoções também. Embora nem sempre seja o caso, em geral as pessoas não comemoram nem riem em funerais, e não costumam gritar com raiva quando recebem um cumprimento ou um presente. Em algumas culturas, os funerais são tristes, atividades discretas em que há pouca exibição pública de emoção, mas em outras culturas pode ser uma grande manifestação de emoção, com pessoas gritando, batendo nas próprias cabeças e se agarrando ao caixão do falecido.

LEMBRE-SE

A cultura tem muita relação com como e quando as emoções são mostradas, inclusive quais emoções são adequadas de sentir e expressar.

A fala expressa sentimentos de vários modos:

> » **Velocidade da fala:** A velocidade da fala pode aumentar ou diminuir dependendo de como a pessoa se sente.
>
> » **Tom de voz:** A voz de uma pessoa pode ser amistosa ou dura, e essa variação de tom diz muito sobre as emoções expressadas.
>
> » **Volume:** O volume da voz transmite informação também. Quando alguém está com raiva ou empolgado, pode falar mais alto, por exemplo.

DICA

Se você quer aparentar calma quando está com raiva, esforce-se para falar devagar, use um tom suave e mantenha o volume baixo. Se quer intimidar alguém, fale rápido, em tom áspero e muito alto. Isso envia o sinal de que está com raiva.

Seres humanos sentem muitas emoções diferentes: medo, tristeza, euforia e desgosto, para citar algumas. Pare um pouco e pense em sua vida: quais emoções você sente com mais frequência? Como terapeuta, já vi toda a gama. Cobrir todas elas estaria muito além do escopo deste capítulo, mas veremos as duas mais importantes (na verdade, todas são importantes): raiva e felicidade.

Reconhecendo a raiva

Por falar em problemas, raiva é uma questão que merece muita atenção. Se por um lado a raiva pode ser reprimida e não expressada o suficiente, por outro ela é mostrada de modos inadequados e extremos todo dia. De qualquer maneira, a raiva é uma emoção natural, e é tão importante para as relações humanas quanto o amor.

Você já viu uma camiseta com os dizeres "Não sou preconceituoso, eu odeio todo mundo"? Mensagem incrível, certo? Isso se iguala aos adesivos do personagem Calvin, do desenho norte-americano *Calvin e Haroldo*, fazendo xixi em tudo, desde símbolos de diferentes fabricantes de carro até a Receita Federal. Às vezes, parece haver muita raiva por aí.

De onde vem a raiva? Existem muitas teorias. Uma é que a raiva é consequência de vivenciar sentimentos negativos ou dolorosos. Inúmeras coisas podem levar a sentimentos negativos: condições físicas desagradáveis, dor física, movimentos limitados e até barulhos altos. Gosto de me referir a essa teoria como "fator rabugento". Psicólogos teorizam que as seguintes coisas disparam a raiva:

- **Sentir-se deprimido:** As pessoas deprimidas correm mais risco de sentir raiva. Até tristeza e dor podem gerar sentimentos de raiva. É comum que pessoas tenham muita raiva quando morre alguém próximo.

- **Estar separado dos desejos:** Quando as pessoas não conseguem se envolver em uma atividade desejada ou realizar uma ação desejada, elas tendem a ficar com raiva. Sroufe propôs a existência de um sistema de *raiva*, que funciona como uma panela de pressão. Uma pessoa fica cada vez mais frustrada conforme seus desejos e atividades são bloqueados repetidamente, acabando por levar à experiência de raiva com o bloqueio. Não há diretrizes nessa teoria sobre onde ficam os pontos de ruptura.

- **Separação do(s) parceiro(s):** *Parceiro(a)* é alguém que temos próximo ou com quem criamos um forte vínculo emocional. Quando alguém ligado a você vai embora, você reage com raiva. Essas reações de raiva foram determinadas por pesquisadores observando as reações de crianças pequenas sendo separadas de suas mães. Isso parece acontecer com adultos também. Você já viu alguém ficar furioso quando seu par romântico quer acabar com o relacionamento? Infelizmente, esse tem sido o caso em muitos crimes passionais terríveis.

UM POUCO DE DIVERSÃO

Considere o seguinte experimento: cobaias recebem uma dose de epinefrina que ativa o sistema nervoso simpático. Ela é responsável pela resposta "lutar ou correr". Algumas cobaias são informadas sobre o que é a injeção, outras recebem informações incorretas ou nenhuma sobre a injeção. Então, as pessoas são divididas em um dos dois grupos: um grupo em situação de raiva e outro em situação de euforia. É pedido que o grupo com raiva preencha um questionário ofensivo, planejado para deixá-las com raiva. O grupo com euforia é colocado em uma sala com um pesquisador alegre, que sorri e se diverte o tempo todo!

Os dois grupos receberam a mesma droga, portanto seus corpos produziram a mesma reação fisiológica e o mesmo tipo de ativação. Mas você acha que eles sentiram essa ativação como emoções iguais? As cobaias no grupo com raiva disseram sentir raiva e aquelas no grupo com euforia disseram sentir alegria. Lembre-se de que ambos os grupos tiveram a mesma ativação fisiológica, portanto, a emoção vivenciada se baseou na informação fornecida a elas pelas pistas ambientais aplicadas na experiência genérica da ativação do sistema nervoso autônomo. Como previu a teoria de dois fatores, aparentemente as cobaias identificaram sua atividade fisiológica avaliando a situação ou o contexto.

Embora possa ser bem destrutiva, a raiva é uma emoção válida e importante, e existem pontos positivos nela. A raiva pode ser bastante adaptável. Ela pode ajudar na autodefesa, alimentar a ambição e, às vezes, impedir que alguém aja agressivamente com outra pessoa. Se uma pessoa for machucar você, por vezes mostrar raiva pode fazê-la pensar melhor.

CUIDADO

Lembre-se de que certas pessoas reagem à raiva com mais raiva ainda, portanto, tenha cuidado com essa tática. A raiva pode mobilizar muita energia física em um curto período de tempo. Se duas pessoas com raiva se encontram, quem recua primeiro? Talvez nenhuma. Quando eu trabalhava no sistema prisional, testemunhava isso com frequência. Caras durões com muito a provar confrontavam suas raivas, e o resultado não era nada bom; em geral, os dois ficavam machucados e também colocavam em risco outros presos e os carcereiros.

A raiva não precisa ser destrutiva, contanto que seja expressa adequadamente e de forma construtiva. Uma pesquisa mostra que crianças que expressam devidamente sua raiva têm menos problemas emocionais e sociais quando crescem. Às vezes, bebês e crianças pequenas usam a raiva como um sinal de que estão frustradas e talvez precisem de ajuda com algo, como comer.

Sendo feliz

Outro dia, no meio do trabalho, peguei me sentindo bem, particularmente positivo, e parei para pensar no que eu estava fazendo, o que acontecia à minha volta e o que produzia essa experiência positiva. Eu estava feliz?

Filósofos, poetas e muitas pessoas na crise da meia-idade concordariam: felicidade é um conceito vago. Os psicólogos não discordam. A definição exata de felicidade, como estudá-la e pesquisá-la é uma controvérsia, em parte porque pesquisas mostram consistentemente que a felicidade é mais do que ter a experiência de emoções positivas. Ela pode ser entendida como uma experiência multifacetada que consiste em muitas coisas, inclusive a autopercepção da satisfação de vida por uma pessoa, crenças positivas sobre a vida e ter mais emoções positivas que negativas, em média. A felicidade é considerada sinônimo de bem-estar na pesquisa psicológica.

Minha experiência positiva de outro dia foi produto de minha incrível xícara de café, do delicioso e inesperado burrito no café da manhã, das boas-vindas que recebi do pessoal da clínica ou da minha sensação de ser útil para meus primeiros clientes? Quais foram os ingredientes da minha felicidade aquele dia? Quais são os ingredientes do meu bem-estar?

Bem-estar subjetivo

Veja duas pessoas: uma tem um bom trabalho, amigos, cônjuge carinhoso e filhos bem comportados; a outra tem um trabalho imprevisível, poucos amigos e não é casada. Qual é mais feliz? Essa pergunta está no centro da abordagem para a felicidade, conhecida como *bem-estar subjetivo (BES)*.

O psicólogo Ed Diener, da Universidade de Illinois, fez um importante trabalho sobre o bem-estar subjetivo e o processo de autoavaliação envolvido. A abordagem BES da felicidade postula que o bem-estar é basicamente as fortes emoções positivas que uma pessoa pode sentir quando ela reflete e avalia sua vida. BES é a abordagem "cada um sabe de si" da felicidade. A resposta para a pergunta inicial é quem avalia a vida de forma mais positiva: a pessoa amistosa com um bom trabalho ou um cara solteiro com trabalho instável. Talvez nenhum; talvez ambos; a resposta não resulta de uma lista objetiva de "ingredientes da felicidade". A pessoa mais feliz é aquela que se julga individual e subjetivamente feliz. Só isso!

Talvez essa abordagem pareça bem simplista; para algumas pessoas ela é muito profunda. Qualquer que seja a posição assumida por uma pessoa, a teoria do bem-estar subjetivo da felicidade deixa o julgamento da felicidade para o indivíduo julgar por si mesmo.

Alguns pensam que a abordagem BES da felicidade é limitada demais, pois não endereça por que nem como alguém tem um alto BES ou em que a pessoa baseia sua avaliação do BES. Ela não aborda o que "leva" ao BES, portanto não é prescritiva, não é útil, não pode ser aprendida nem ensinada.

Bem-estar psicológico

O psicólogo C. D. Ryff apresenta uma abordagem da felicidade mais parecida com uma "lista", conhecida como *abordagem do bem-estar psicológico*. O modelo de Ryff propõe:

- **Autoaceitação:** Sentimento positivo sobre si mesmo.
- **Relações positivas com outras pessoas:** Boas relações.
- **Autonomia:** Ser independente com autocontrole e autodeterminação.
- **Domínio do ambiente:** Conseguir escolher e criar ambientes adequados às necessidades e aos desejos.
- **Objetivo de vida:** Ter crenças que dão significado à vida.
- **Crescimento pessoal:** Desenvolver seu potencial e crescer como pessoa.

PERMA

Martin Seligman é outro psicólogo que aborda a felicidade de uma perspectiva mais ampla que a abordagem BES "cada um sabe de si". Os ingredientes de Seligman para a felicidade e uma boa vida são capturados no acrônimo PERMA (em inglês, *Positive emotions, Engagement, (Positive) Relationships, Meaning, Accomplishment*):

» **Emoções positivas:** Sentir-se bem com mais frequência do que mal.

» **Engajamento:** Ficar absorvido e altamente focado no que está fazendo; semelhante a estar "na área" durante uma prática esportiva ou compor uma peça musical.

» **Relações (positivas):** Ter boas relações com boas pessoas na vida.

» **Significado:** Sensação de que seus esforços e talentos servem a um propósito maior do que a si mesmo.

» **Realizações:** Domínio e sucesso no nível mais alto ou uma busca em particular, no trabalho, nos esportes ou na escola.

DICA

Adotando a abordagem BES, a abordagem do bem-estar psicológico e os modelos PERMA juntos, pareceria que certo grau de avaliação subjetiva positiva, boas relações, domínio e significado são os principais componentes para uma boa vida, para a felicidade. Assim, na próxima vez em que eu me sentir feliz, pode ser apenas resultado daquela boa xícara de café e o burrito no café da manhã (BES), pessoal simpático (boas relações) e saber que estou ajudando alguém (domínio e significado)!

Inteligência sentimental: Inteligência emocional e estilos

Em 1996, o psicólogo Daniel Goleman apresentou ao grande público o conceito de *Inteligência Emocional* em seu livro *Inteligência Emocional: A teoria revolucionária que redefine o que é ser*. Nos anos seguintes, houve muita pesquisa sobre inteligência emocional (IE), ou seja, a habilidade de uma pessoa em perceber, controlar e usar suas emoções de modo produtivo. A IE foi comparada a uma forma de inteligência porque é vista como uma habilidade ou uma capacidade mental em particular, e descobriu-se que está associada a alguns resultados positivos na vida de uma pessoa, assim como ser inteligente tradicionalmente (de modo cognitivo), por exemplo, o sucesso no trabalho.

Os psicólogos Mayer, Salovey e Caruso definem a IE como a habilidade de raciocinar precisamente sobre emoções e usar esse conhecimento para melhorar o pensamento. O Dr. Reuvan Bar-On considera a IE como um conjunto de habilidades emocionais que ajudam uma pessoa e lutar e ter sucesso no mundo e no ambiente. Talvez um exemplo de comportamento ou habilidade "não inteligente emocionalmente" possa mostrar melhor isso. Durante uma reunião de equipe, vi um colega muito respeitado gritar e criticar um estudante de pós-graduação por cometer um erro de escrita bobo em uma documentação. Isso causou um grande alvoroço, porém, mais tarde, ficamos sabendo que o colega tinha recebido notícias muito preocupantes sobre sua saúde poucos minutos antes da reunião. O pobre estudante foi alvo de muita emoção que ele não merecia. O colega estava claramente alheio ao papel de suas emoções nessa interação. Nada inteligente, nem um exemplo de IE alta.

Richard Davidson, em seu livro *O Estilo Emocional do Cérebro,* aprofunda o conceito de emoção talvez um pouco mais que o conceito de uma "habilidade" ou uma "capacidade" em seu modelo de *estilo emocional*. Para Davidson, é menos sobre IE e mais sobre as respostas predominantes e consistentes de uma pessoa a suas experiências de vida. Davidson propõe as seis dimensões a seguir para determinar o estilo emocional de uma pessoa:

» **Resiliência:** Com que rapidez você se recupera do estresse e do desafio.

» **Percepção:** Por quanto tempo você consegue manter uma perspectiva positiva.

» **Intuição social:** O quanto você é bom captando sinais sociais.

» **Autoconsciência:** O quanto você percebe as sensações do corpo relacionadas às emoções.

» **Sensibilidade ao contexto:** O quanto você é bom ao usar o ambiente para regular as emoções.

» **Atenção:** O quanto você é focado.

LEMBRE-SE

A inteligência emocional e as abordagens no estilo emocional veem a emoção de uma perspectiva mais ampla que coloca a "habilidade" emocional e a capacidade no centro do enfrentamento e do sucesso. Não é suficiente ter "conhecimento teórico", é preciso ter "conhecimento sentimental", ou seja, saber como sentir, o que fazer com isso e como usar a seu favor.

Estando no Controle

Com todos os processos cerebrais, partes e construções, uma pessoa pode sentir que todos nós somos apenas navegadores passivos no oceano da emoção. Calma aí. Está claro agora que as emoções são importantes, criticamente importantes para a sobrevivência e o bem-estar. Há um processo mental ou processos comportamentais que ajudam a orientar o barco? É onde entra o conceito de *regulação emocional* (RE). Isso é definido como o controle e o uso da emoção que facilita nos aproximar ou atingir uma meta (adaptativa, realização) ou nos fastar de um estímulo nocivo. Mencionei como as emoções em si ajudam a nos aproximar ou afastar, mas o processo de regulação emocional em si está essencialmente envolvido também. A regulação emocional ajuda nas relações, na vida diária, na convivência, na vida saudável, na criação de vínculos, em ser feliz e a lidar com sentimentos negativos.

James Gross e Ross Thompson explicam que a RE pode ser automática ou controlada, consciente ou inconsciente. A RE pode operar no processo inteiro (mais sobre o processo daqui a pouco) ou em diferentes estágios ao longo do processo. Com a RE, as emoções podem ser modificadas em termos de rapidez com que aparecem (latência), "tamanho" ou magnitude (intensidade) e quanto tempo demoram (duração). Gross e Thompson enunciam cinco processos de RE. Considere-os como chaves de controle da emoção.

» **Seleção da situação:** Este processo de RE envolve tomar uma atitude ao "selecionar" situações que aumentarão ou diminuirão as chances de que uma emoção desejada será vivenciada ou uma emoção indesejada não será. Planejamos ir a uma festa porque nossas chances de nos sentir bem são mais altas para uma emoção positiva. Planejamos não ter uma conversa difícil com um colega de trabalho sobre seu comportamento inconveniente.

» **Modificação da situação:** Como nem sempre podemos selecionar previamente as situações para aumentar nossas chances de nos sentir de determinado modo, podemos ter que modular ou nos adaptar a certa situação. Aqui, modificamos algum aspecto da situação para nos aproximar ou afastar de uma emoção. Se você não consegue evitar falar com seu colega de trabalho porque o chefe chamou os dois na sala dele para "resolver tudo", você pode pedir para fazer isso imediatamente a fim de acabar logo e não ficar remoendo o dia todo em uma antecipação terrível.

» **Mobilização da atenção:** Aqui, regulamos a emoção sem mudar a situação direcionando nossa atenção para um estímulo ou algum aspecto (ou aspectos) que aumentará nossas chances positivas/negativas. Algumas estratégias incluem distração, desvio da atenção, concentração ou mudar o foco de alguém.

» **Mudança cognitiva:** Alguma vez lhe disseram: "Você está pensando tudo errado"? Se podemos mudar como avaliamos uma situação, podemos mudar nossa emoção em relação a ela. Podemos "pensar" de um modo que mude nossa avaliação da situação. O lado bom é que podemos "ver o lado positivo" ou ver a festa chata como uma chance de conhecer bem uma pessoa. Podemos ver um encontro ruim como "Bem, pelo menos, a pessoa não é tão ruim quanto a última com quem saí". Um juízo encontra o lado bom, e o outro reduz o negativo.

> **Modulação da resposta:** Digamos que seu chefe concordou em fazer a reunião imediatamente, mas assim que você entra, bem no meio, começa a ficar muito ansioso, quase em pânico. Você pode usar a modulação da resposta mudando seu comportamento, fisiologia ou experiência. É possível diminuir os batimentos cardíacos com uma respiração controlada. Você pode se sentar ou criar mais espaço entre você e o colega de trabalho. Pode tentar alterar sua experiência emocional positiva/negativa com uma ação. Há um velho ditado nos círculos de recuperação de álcool e dependência: "Aja de forma correta." Você também pode aplicar esse conselho aos sentimentos.

Nenhum dos cinco processos acontece no vazio. Eles podem ocorrer quando uma pessoa está sozinha, mas também no contexto de uma interação interpessoal. Podemos ser "regulados" por outras pessoas, como cuidadores, família e outras relações. Também podemos "regular" outras pessoas. Os cuidadores ajudam as crianças a desenvolver sua capacidade de RE sendo responsivos aos sinais e dicas delas, respondendo de modos que reduzam a angústia e aumentem a emoção positiva.

DICA

Para ter uma ótima discussão sobre este tema, veja o livro de Daniel Siegel *The Power of Showing Up: How parental presence shapes who our kids become and how their brains get wired* [sem publicação no Brasil]. As famílias influenciam como seus membros avaliam a emoção, fornecem ajuda com estratégias RE e ajudam os membros a terem confiança e autoeficácia na RE. Elas também podem ajudar os membros a aprenderem as regras do uso da estratégia RE aceitável e inaceitável.

Benard Rime destaca que um modo muito comum e poderoso de como a RE é feita nas relações é por meio do processo de *compartilhar* nossas emoções com outras pessoas. As pessoas querem falar sobre como se sentem (exceto quando dizem que não). Se alguém não quer falar sobre como se sente, então pelo menos quer falar sobre situações ou ocorrências que foram emocionalmente sugestivas.

Trauma, estresse, doença — tudo é lucro. Assim como as experiências positivas. Eu me casei em Israel, na pequena aldeia cristã de minha esposa, ao norte, e ficamos lá por quatro meses depois do meu doutorado. (Afinal, eu estava desempregado!) Foi uma experiência incrível e quando voltei, não conseguia parar de falar sobre o assunto. Ainda falo. Uma pesquisa mostra que compartilhar nossas emoções (falando ou mostrando para os outros) traz mais benefício do que quando apenas compartilhamos fatos ou aspectos não emocionais de uma experiência (quando você diz "eu senti", em vez de "eu pensei" ou "eu fiz"). Claro, os psicólogos descobririam pesquisando. Afinal, "Diga como você se sente em relação a isso" é nossa bandeira. As pessoas se sentem mais ajudadas quando compartilham suas emoções. O compartilhamento também pode desencadear muito apoio necessário, validação, assistência, direção, conselho e carinho. Portanto, "diga como se sente em relação a isso. É bom para você!".

> **NESTE CAPÍTULO**
>
> » Tocando o sino de Pavlov
> » Ensinando novos truques a um velho cão
> » Fazendo conexões e mantendo a forma
> » Reforçando o comportamento e punindo o culpado
> » Combatendo a extinção
> » Programando recompensas

Capítulo **8**

Investindo na Árvore de Aprendizagem: Cães, Gatos e Ratos

Atletas são algumas das pessoas mais supersticiosas que existem; só os apostadores os superam nessa categoria. Quando eu jogava beisebol na faculdade, tinha um colega, um arremessador, que usava a mesma camiseta sem lavar enquanto continuava ganhando. Alguns de nós esperavam perder para que ele lavasse a bendita. Outros atletas carregam amuletos, fazem rituais ou rotinas elaboradas para manter viva a sequência de vitórias.

Eu tinha minhas superstições durante os anos de beisebol na faculdade. Para começar, não podia tirar a sujeira apenas de uma das minhas chuteiras (tênis) com meu bastão. Tinha que tirar das duas, mesmo que a outra estivesse limpa. E, ao correr no campo, eu nunca pisava na linha branca. Os outros jogadores nunca questionavam minhas superstições; eles tinham seus próprios hábitos estranhos.

Quando iniciei meus estudos em Psicologia, comecei a imaginar de onde vinha tudo isso. O que me convenceu de que o jogo seria ruim se eu pisasse na linha branca? Em algum momento, devo ter pisado e o jogo foi mal. Eu vi uma conexão entre o que fiz (pisei na linha) e o que aconteceu comigo (tive um jogo ruim). Fiz uma conexão entre meu comportamento e uma consequência, no caso, negativa. Psicólogos chamam isso de *aprendizagem supersticiosa*.

Quando existe uma conexão real entre o que você faz e certo evento que se segue, positivo ou negativo, ocorre um tipo específico de aprendizagem. Você aprende que, quando faz algo, a ação é seguida de uma consequência. Os behavioristas usam o acrônimo A-B-C: Antecedente (o que acontece antes) → *Behavior*, ou Comportamento (a ação realizada) → Consequência (o que acontece após a ação). Toda aprendizagem é um processo de *condicionamento*, um tipo de aprendizagem em que é feita uma associação entre os eventos.

Neste capítulo, descrevo o processo de aprendizagem e mostro como os comportamentos aprendidos se aplicam ao *condicionamento clássico*, um tipo de aprendizagem no qual dois eventos se associam, assim como ao *condicionamento operante*, uma aprendizagem na qual uma consequência importante segue uma resposta específica, fazendo com que essa resposta tenha mais ou menos probabilidade de acontecer de novo.

Os condicionamentos clássico e operante levam à aprendizagem. O que é "aprendido" no condicionamento clássico é que dois estímulos anteriormente não associados agora são "relacionados" ou *associados*. Um bom exemplo é algo chamado de *aprendizagem de aversão ao gosto*. Certa vez comi um coquetel de camarão, passei mal e vomitei. Desse dia em diante, só de pensar no coquetel sinto náuseas. *Aprendi* que coquetel de camarão e doença estão relacionados, pelo menos para mim. *Aprendi* que o *gosto* do camarão era *repulsivo* porque estava associado à náusea.

No condicionamento operante, a associação aprendida é entre certo comportamento e o que acontece depois, a consequência. Se você já pegou um peixe em determinado lugar em um lago ou rio, sabe que desse dia em diante, sempre que for pescar, continuará a tentar primeiro nesse lugar. O que você aprendeu é que seu comportamento de pesca (comportamento) no lugar X (contexto) resultou em uma *consequência positiva* ou recompensa. A receita dessa recompensa aumenta a probabilidade de que você repetirá o comportamento que disparou a recompensa na próxima vez quando estiver na mesma situação.

LEMBRE-SE

Condicionamento clássico significa dois estímulos sendo relacionados. Condicionamento operante é a relação de dois estímulos aumentando a probabilidade de que um comportamento ocorrerá de novo (ou não).

Aprendendo a Se Comportar

Você estava lá ou pelo menos viu, e não estou julgando — muito. É a birra em público com todos os principais ingredientes: vergonha dos pais, desdém do observador, criança sem controle. E apenas o brinquedo cobiçado, guloseima ou permissão tem o poder de acabar com isso. Desesperado, você cede e acalma a criatura hostil.

A maioria das pessoas parece concordar que uma birra em público para satisfazer um objetivo emocional ou físico é um *comportamento aprendido*, uma resposta que é ensinada ou adquirida com a experiência. Portanto, quando explode uma birra, os pais tendem a ter a culpa, por ensinar à criança que isso funciona. Porque dá certo! Uma criança gritando e se debatendo normalmente consegue o que deseja; as crianças veem que funciona para as outras (aprendizagem observacional) e vivenciam os resultados quando o fazem (condicionamento operante). Então, por que não dar um show?

Há mais de um século, um grupo de filósofos britânicos fez essa mesma pergunta e tentou descobrir a natureza da aprendizagem. Eles observaram que, quando duas experiências ocorrem juntas no tempo (proximidade temporal) e espaço (proximidade espacial), elas se associam, ou seja, as pessoas aprendem que quando o evento ou o objeto A ocorre, o evento ou o objeto B também ocorre. Parece fofoca — "A e B sempre juntos!". Autoestrada e trânsito andam juntos; hambúrgueres e batatas fritas não fazem planos individuais; birras andam de mãos dadas com brinquedos novos. Eles ficam juntos. Estão associados!

As birras em público aproveitam as associações. A criança percebe que "Sempre que estou na loja, meu comportamento horrível leva a um novo brinquedo em minhas mãos". E infelizmente para o pai/mãe cansado, estressado e impaciente, a frequência também tem seu papel. O pai/mãe aprende que comprar um brinquedo para a birra; um alívio rápido para o cansaço. Como essa cena continua a acontecer repetidamente, forma-se uma associação cada vez mais forte.

A boa notícia é que o comportamento aprendido pode ser desaprendido com os mesmos processos de aprendizagem, também conhecidos como condicionamento.

Babando como os Cães de Pavlov

Meio nojento, não?

Pessoalmente, prefiro ir ao dentista a fazer uma pesquisa sobre padrões de salivação dos cães. Eu sou assim. Mas um homem corajoso, o psicólogo russo Ivan Pavlov, enfrentou o trabalho. Pavlov estudava a digestão com cães quando ficou interessado em como a apresentação de alimento ativava automaticamente a resposta de salivação nos animais estudados. Ele descobriu que a formação de saliva era automática.

DICA

Experimente. Pense em algo muito saboroso e veja se sua boca saliva automaticamente. Deu certo? Deve ter dado, porque a salivação é uma resposta involuntária ao alimento. É como o corpo se prepara para receber comida. A saliva ajuda a quebrar o alimento em partes digeríveis.

Nesta seção, descrevo como Pavlov descobriu por que certas associações disparam determinadas respostas naturais e, assim, descobriu o condicionamento clássico. Também mostro como as associações podem mudar para alterar certas respostas aprendidas.

Condicionando respostas e estímulos

Pavlov criou um dispositivo para coletar a saliva diretamente nas glândulas salivares dos cães, conforme elas trabalhavam. Imagine um cão amarrado em uma gaiola com um tubo anexado às suas glândulas salivares e o cientista maluco contando cada gota. Nem Hollywood teria imaginado uma cena mais excêntrica.

Nesse ponto, é provável que Pavlov estivesse contente com sua pesquisa sobre digestão canina; mas um dia ele notou algo estranho; os cães salivavam, às vezes, mesmo quando não era apresentado o alimento. O que estava acontecendo? Algo mais causava salivação?

Pavlov propôs uma explicação *associacionista*, ou seja, os cães tinham aprendido a associar outros estímulos ao alimento. Mas o que disparava essa resposta?

Pavlov fez uma série inteira de experimentos para descobrir como os cães tinham aprendido a associar automaticamente estímulos não ligados a alimento de um modo que produzia a salivação. Um experimento típico era assim:

1. **Pavlov colocava seus cães na coleira com tubos de saliva anexados às glândulas salivares deles.**

2. **Ele tocava um sino e observava se os cães salivavam ou não, e descobriu que os cães não salivavam.**

3. Então tocou o sino, esperou alguns segundos e ofereceu comida aos cães. Os animais salivaram.

4. Ele repetiu o sino mais a oferta de comida várias vezes. A propósito, essas combinações se chamam *tentativas*.

5. Após ficar satisfeito com o número de tentativas, Pavlov apresentou apenas o sino, sem alimento.

6. Ele descobriu que o sino sozinho produziu a salivação!

LEMBRE-SE

Condicionamento se refere a aprender com o processo de associação, aprender com a experiência. A descoberta de Pavlov ficou conhecida como *condicionamento clássico*.

Após realizar seus experimentos, ele identificou quatro componentes necessários do condicionamento clássico:

» **Estímulos incondicionados (EI):** O alimento que Pavlov oferecia a seus cães, o *estímulo incondicionado*, é o que dispara a resposta incondicionada. A comida estimula a salivação.

» **Respostas incondicionadas (RI):** Os cães de Pavlov salivavam de modo automático, ou involuntário, quando um alimento era oferecido. Eles não precisaram aprender nem ser condicionados a salivar diante da comida. Pavlov chamou essa resposta de *incondicionada* ou não aprendida. Ela acontecia sem aprender. Era um reflexo.

» **Estímulos condicionados (EC):** O sino que Pavlov tocava em um experimento típico, chamado de *estímulo condicionado*, é o item que os cães aprenderam a associar ao alimento por meio do processo de combinar as tentativas. Após tentativas suficientes, um estímulo condicionado produz uma resposta por si só.

» **Respostas condicionadas (RC):** Após o EC começar a produzir a RI, a resposta é chamada de *condicionada*. De forma simbólica, esse sistema lembra a Tabela 8-1.

TABELA 8-1 Condicionamento Clássico

Nº de Tentativas	Resultado
	EI → RI (alimento produz salivação automaticamente)
1	EC + EI → RI (sino + alimento produz salivação)
2	(sino + alimento produz salivação)
3	(sino + alimento produz salivação)

(continua)

(continuação)

Nº de Tentativas	Resultado
4-9	(sino + alimento mais algumas vezes produz salivação)
10	EC → RC (sino sozinho produz salivação)

Extinção

O poder do condicionamento clássico é muito impressionante. Pense: se você combina devidamente dois estímulos, por fim, o EC sozinho fará o trabalho. Mas quando a combinação para e o EC produz a resposta sozinho, o poder do EC acaba desaparecendo. Se um EC é apresentando vezes suficientes sem o EI, finalmente o EC deixa de provocar a RC.

Esse fenômeno se chama *extinção* e é um modo de inverter o processo do condicionamento clássico. Por exemplo, os cães de Pavlov aprenderam a salivar com o som do sino. Mas se o sino continuasse sendo mostrado sem a oferta de comida, os cães acabariam parando de babar com o sino.

Mas espere: tem mais!

Algo ainda mais interessante acontece se o EI é reintroduzido algum tempo após a extinção, a *recuperação espontânea*. Nesse ponto, a capacidade de EC provocar a resposta é devolvida e mais uma vez o EC dispara a RC. Isso significa que você pode usar técnicas de condicionamento clássico para ensinar novos truques a um velho cão, e pode inverter o processo com a extinção. Com essa habilidade, você nunca será o cara chato na festa, que fica no canto. É possível impressionar seus novos amigos com truques de condicionamento clássico e socorrer os pais do rei da birra, faminto por brinquedos, ensinando-os a parar de ceder e deixar a extinção assumir o controle.

DICA

Veja um truque legal de festa se você pensa em testar sua destreza com o condicionamento clássico.

1. Reúna algumas pessoas — família, amigos, colegas de trabalho, qualquer uma. Pegue alguns pacotinhos de limonada em pó. É muito azedo, sem açúcar. Dê um pacote a cada participante.

2. Peça a cada pessoa para enfiar o dedo na limonada e lamber (é o EI). Peça que observe se suas bocas salivaram. As pessoas dirão que sim. Se não, consiga pessoas melhores que babam.

3. Agora escolha um EC (sino, luz, apito, qualquer coisa). Faça o processo de combinar o EC com provar a limonada (EC→EI→RI repetidamente).

4. Após dez a vinte tentativas, realize algumas tentativas, apresentando apenas o EC e peça aos participantes que observem se as bocas salivaram. Eles dirão que sim! É o condicionamento clássico.

5. Se o grupo realmente ficar mais tempo com você, agora é possível começar a praticar a extinção e a recuperação espontânea!

Vale a pena mencionar outro modo de inverter os efeitos do condicionamento clássico. Você fez o teste da limonada e ensinou com sucesso as cobaias pavlovianas a babar com um comando. Se quiser mudar o efeito, escolha outro EI que produza outra resposta (RI) e condicione de forma clássica as cobaias com o novo EI. Esse processo se chama *contracondicionamento*.

O contracondicionamento funciona muito bem se o novo EI produz uma resposta incompatível com a antiga RC. Se a antiga RC era salivar, talvez você escolha um novo EI que faça a boca secar. Não sei o que poderia ser; talvez comer areia.

Asseguro que, se você condicionar de modo clássico o sino com comer areia, o sino terá problemas para disparar a água na boca de novo... a menos, claro, que você inverta o processo todo mais uma vez. Só tenha certeza de que dará às cobaias um intervalo de vez em quando e não tente comer areia como um jogo de salão; foi só um exemplo!

Generalização clássica e discriminação

Você pode estar pensando: "Grande coisa. Os cães aprenderam a salivar com um sino. E daí?"

Bem, se você é mesmo difícil de impressionar, deve saber que o condicionamento clássico é, de fato, um fenômeno muito importante em termos de sobrevivência humana. Ele ajuda as pessoas a aprenderem coisas simplesmente por associação, sem esforço; e isso pode ser muito vantajoso. Em outras palavras, após um EC ser associado a um EI a ponto de o EC produzir a RC sozinha, essa aprendizagem pode se expandir automaticamente por meio de um processo chamado *generalização*.

A generalização ocorre quando algo parecido com o EC (chamarei de EC-2) provoca a RC, mesmo que o EC-2 nunca tenha sido associado antes ao EI original. Por exemplo, se você aprende a associar certos gestos faciais, como mostrar os dentes ou olhar com desprezo, com uma possível violência, então isso (EC) produz medo (RC), considerando que apenas um punho fechado ou uma ameaça verbal (EI) despertava medo (RI) no passado. Então é possível generalizar o mostrar os dentes e sentir medo em conexão com um contato visual direto e não evitado (EC-2). Essa generalização pode salvar sua pele. A generalização ajuda as pessoas a se adaptarem, porque as respostas aprendidas são aplicadas a novas situações.

CUIDADO

Mas a generalização pode sair pela culatra. Se, por exemplo, sou atacado por um Pit Bull cinza, posso ficar com medo sempre que vir um cão cinza, mesmo que seja um Chihuahua. Esse "excesso de aprendizagem" pode limitar meu comportamento e causar um sofrimento desnecessário, porque fiquei com medo de cães que não trazem nenhum perigo real para mim; portanto, em vez de só evitar Pit Bulls cinzas, evito todos os cães.

Outro exemplo de generalização que sai pela culatra ocorre com experiências traumáticas dos veteranos de guerra que sofrem de estresse pós-traumático. Se eles vivenciaram explosões altas e fogo pesado, desenvolveram uma reação de medo a esses eventos; esses veteranos podem responder ao ouvirem o escapamento de um carro ou algum outro barulho alto do mesmo modo como responderam ao tiroteio em uma zona de guerra. Isso pode tornar a vida muito difícil, sobretudo para pessoas que vivem em uma área urbana com muitos barulhos altos.

Quando as pessoas começam a generalizar em excesso os comportamentos aprendidos, não existe um processo conhecido como *discriminação*. Você sabe como *discriminar*, ou dizer a diferença, entre estímulos, como o som de um disparo potencialmente fatal e um som apenas irritante do escapamento do carro. A discriminação é aprendida quando um EC-2 (3, 8 ou 25) ocorre vezes suficientes sem provocar uma resposta. Fica claro que apenas o EC, não o EC-2, produzirá necessariamente a RC.

Regras do condicionamento!

Se tudo o que é preciso para disparar uma resposta natural a um estímulo não natural é combinar um estímulo natural com um não natural e apresentá-los juntos por um tempo, nada poderia ser mais fácil.

Sem pressa! O processo é tão simples quanto parece, mas algumas regras específicas devem ser seguidas para conseguir o condicionamento.

LEMBRE-SE

Para formar associações, elas devem estar de acordo com duas regras muito importantes:

» **Proximidade:** As associações são formadas apenas quando os eventos ocorrem juntos. Por exemplo, fico deprimido quando acordo toda segunda-feira e penso que volto a trabalhar. Portanto, para mim, trabalho e acordar estão associados.

» **Frequência:** Quanto mais dois (ou mais) eventos ocorrem juntos, mais forte fica a associação.

A *proximidade,* quando um evento segue outro no tempo, é absolutamente necessária para ocorrer o condicionamento clássico. Pense: e se Pavlov mostrasse o sino (EC) após oferecer comida (EI)? Ou e se ele tivesse mostrado o sino quinze minutos antes da comida? O EC deve vir imediatamente antes do EI para formar uma associação.

Cada cenário de sequência e tempo representa técnicas de condicionamento que não são muito eficientes. Se Pavlov mostrasse o EI antes do EC, que é um processo conhecido como *condicionamento retardado,* os cães não teriam feito nenhuma associação ou ela seria muitíssimo fraca. Se ele apresentasse o sino bem antes do alimento, um processo conhecido como *condicionamento de traço,* os cães poderiam formar uma associação fraca ou nenhuma.

O melhor modo de assegurar que uma associação forte ou mais rápida seja formada durante o processo de condicionamento é seguir estas diretrizes:

> » Mostre o EC logo antes do EI e mantenha o EC ativo ou por perto até que o EI apareça. Assim, o EC é percebido como sendo próximo do EI.
>
> » Faça muitas tentativas com o EC e o EI combinados com frequência. A força da associação é um produto direto da frequência da combinação.
>
> » Use um EC forte ou intenso para condicionar mais rápido. Uma luz forte condiciona mais rápido que uma fraca. Um sino alto condiciona mais rápido que um fraco.

Mas não quero que você pense que tudo o que precisa fazer é apresentar com frequência um EC intenso antes de um EI para conseguir o condicionamento clássico. Mesmo que a regra da proximidade afirme que se dois estímulos são próximos uma associação será formada, não é assim tão simples.

A culpa é de um aluno de pós-graduação chato chamado Robert Rescorla que questionou se a proximidade era suficiente. Talvez ele tenha achado tudo simples demais.

Rescorla propôs que outra regra (a regra da *contingência*) fosse adicionada. A ideia dele é que um EC não tem que ser apenas próximo de um EI, mas também um indicador preciso do EI, ou seja, se o EC está presente em momentos aleatórios (em um minuto, sete, dois ou doze minutos, por exemplo) com o EI, então o EC não é um indicador previsível do EI. O participante (animal ou ser humano) não ganha poder preditivo vivenciando o EC, portanto o EC falha em disparar a RC. Assim, o EC deve estar presente com o EI de modo que o participante possa antecipar, com bastante certeza, que o EI está para acontecer.

Adicionar outra regra aos requisitos do condicionamento clássico de Pavlov é um grande feito para um estudante de pós-graduação. Mas Rescorla não terminara. Mais tarde, ele e outro psicólogo, Allan Wagner, fizeram outra grande contribuição para a teoria da aprendizagem. Pronto?

O modelo Rescorla-Wagner (1972) simplesmente determina que, para um EC ter máxima eficiência, o EI deve ser inesperado. O processo de aprendizagem depende do elemento surpresa. Se um participante espera o EI sempre que vê o EC, então ele aprende a associá-lo corretamente; mas no final a força da associação atinge o máximo. A força aumenta drasticamente primeiro, então estabiliza conforme a novidade do EC passa e se torna mais "esperada". Assim, o poder de uma associação para provocar uma RC é uma função da surpresa. Quanto mais novo o EC, mais forte a associação.

Batalha de teorias: Por que o condicionamento funciona?

É útil saber como realizar o condicionamento clássico (verifique a seção "Condicionando respostas e estímulos" anteriormente para ter instruções sobre esse truque!) e a resposta do condicionamento permite às pessoas que aprendam sobre seu ambiente de modo a melhorar a adaptação e uma coisinha chamada sobrevivência. Mas por que o condicionamento funciona? Por que estímulos não relacionados antes se associam?

Pavlov acreditava que a ativação simultânea de duas áreas distintas no cérebro forma associações entre um EC e um EI. Essa ativação resulta na formação de um novo caminho entre as duas áreas. É como se sentar ao lado de um estranho no ônibus e, com uma conversa educada, perceber que os dois conhecem a mesma pessoa. Essas duas pessoas não relacionadas anteriormente se associaram com essa ligação comum e nasce uma nova conexão.

Clark Hull apresentou uma segunda versão. Ele acreditava que a associação formada é realmente entre o EC e a RI, que se torna a RC. Cientistas são mais criativos quando descobrem como fazer duas teorias diferentes concorrerem entre si ao prever o resultado de um experimento. Essa criatividade possibilita que eles idealizem um teste experimental crítico. Holland e Staub começaram a testar a teoria de Hull. Eles condicionaram ratos usando ruído e ração.

Segundo Pavlov, os ratos aprenderam a associar ruído e alimento. Mas Holland e Staub confrontaram a ideia de Pavlov com a de Hull tentando tornar o alimento um EI pouco atraente. Primeiro, eles ensinaram os ratos a associar o ruído (EC) ao alimento (EI). Depois colocaram os ratos em um disco giratório e giraram para que eles ficassem enjoados. Aqui, eles ensinaram aos ratos a associar alimento à náusea. Então, depois de girá-lo por um tempo, eles apresentaram de novo o ruído e os ratos não responderam a ele. Isso "desvalorizou" o alimento associando-o à náusea.

Pavlov achava que a conexão original era entre ruído e alimento. Mas Hull previu que desvalorizar o EI não faria diferença na resposta dos ratos; ele sugeriu que a associação crítica se forma entre ruído (EC) e comer (RI). Mas desvalorizar o EI fez diferença. Girar os ratos no disco e tornar o alimento menos atraente para eles como resultado não deveria ter feito diferença, segundo Hull, mas ele estava errado. Deve existir uma conexão entre EC e EI; o EC não pode ficar fora do ciclo para ocorrer o condicionamento.

Portanto, Pavlov prevalece!

Não é apenas uma tradição rígida. Tem um real valor preditivo. Mas a aprendizagem não para por aí. Consulte o Capítulo 9 para ver novas aventuras ao aprender sobre a aprendizagem.

Estudando os Gatos de Thorndike

O condicionamento operante ocorre em todas as facetas do cotidiano: em casa, no trabalho e em espaços públicos. Pais usam recompensas, ou o condicionamento operante, para que seus filhos façam o trabalho de casa ou cumpram as tarefas. Veja como funciona o condicionamento operante.

Todo mês sou pago pelo meu trabalho. Sou pago apenas para ficar sentado e ocupar espaço? Não, sou pago para realizar as tarefas do meu trabalho, para trabalhar. Eu faço algo e alguma coisa acontece. Eu trabalho e recebo. Eu trabalharia se não fosse pago? Provavelmente não, por dois motivos.

Primeiro, tenho coisas melhores para fazer com meu tempo do que trabalhar de graça (a administradora do meu cartão de crédito também não ficaria feliz). Segundo, de acordo com a teoria do condicionamento operante, eu trabalho *porque* sou pago. O "algo" que vem do meu comportamento de trabalho é uma recompensa, uma consequência positiva.

Quando faço algo como trabalhar na minha profissão, acontece alguma coisa; sou pago. Então, o que acontece? Eu continuo trabalhando todo mês, portanto, o salário que recebo deve me afetar. Voltando ao início dos anos 1900, Edward Thorndike criou uma teoria, conhecida como *lei do efeito*, que abordava essa ideia de consequência tendo um efeito no comportamento.

Thorndike decidiu examinar esse fenômeno fazendo uma pesquisa com gatos. Ele criou a *caixa problema* feita de madeira com ripas espaçadas e uma porta que poderia ser aberta por um mecanismo especial. Thorndike colocou um gato com fome dentro dela e fechou a porta. Depois, colocou comida em um prato fora da caixa, que o gato pudesse ver pelas ripas. Parece cruel, não é? O gato alcançaria a comida através das ripas, mas o alimento estava longe. O único modo de o animal pegar a comida era com Thorndike ou abrindo a porta.

É óbvio que Thorndike não abriria a porta; ele estava fazendo um experimento. O gato tinha de descobrir como abri-la sozinho. Não se vê muitos gatos por aí abrindo portas. Então o que ele fez? É um suspense, não é? O que o gatinho faminto fará na caixa problema? Ele abrirá a porta e comerá com voracidade a preciosa comida que estava longe de seu alcance momentos antes? Ou ele conhecerá seu fim, faminto nas mãos de um psicólogo cruel?

O gato precisava descobrir como abrir a porta e Thorndike era um homem paciente. Ele esperou e observou, esperou e observou. O gato andava dentro da caixa, colocava a patinha para fora, miava, saltava nas laterais e agiu de inúmeras maneiras aleatórias lá dentro. Mas então aconteceu algo incrível. Sem querer ele bateu no trinco que segurava a porta fechada e ela abriu por milagre! Viva! O gato conseguiu comer e todos viveram felizes para sempre.

O que Thorndike aprendeu com seu pequeno experimento?

Nada. Ainda não tinha acabado.

Então ele colocou o pobre gato de volta na caixa para recomeçar. Tudo bem, certo? O gato sabia o que fazer; basta pressionar a alavanca, gatinho! Mas quando voltou para a caixa, o gato agiu como se não soubesse que tinha acionado o trinco para abrir a porta. Ele começou a agir dos mesmos modos aleatórios de novo.

Não tenha medo, por fim o gato acionou o trinco sem querer novamente e mais uma vez foi recompensado tendo acesso à comida. Thorndike continuou fazendo esse experimento muitas vezes e fez uma observação incrível. O tempo que levava para o gato descobrir que o trinco era a chave da liberdade (bem, da comida!) ficou cada vez menor em cada tentativa subsequente. Por que o gato estava ficando mais rápido? Thorndike propôs que a comida ajudava o gato a aprender a associação entre acionar o trinco e escapar.

LEMBRE-SE

A lei do efeito de Thorndike determina que uma resposta que resulta em uma maior satisfação para um organismo (por exemplo, animal ou ser humano) terá mais probabilidade de ser associada à situação que a antecedeu. Quanto maior a satisfação, maior o vínculo entre situação e resposta.

Basicamente, a consequência de obter comida servia como recompensa para aprender a abrir a caixa. O comportamento de "abrir a caixa" do gato é como meu trabalho e o alimento é como meu salário.

Então, voltando à minha pergunta original sobre se meu salário tem efeito ou não em mim, o fato é que eu continuo trabalhando, como o gato de Thorndike continuou abrindo a caixa para ter comida. Portanto, a consequência de minha ação parece me levar a realizar essa ação novamente.

Reforçando o Caso do Rato

Quando a consequência de uma ação ou um evento aumenta a probabilidade de que o evento ou ação acontecerá de novo, essa consequência se chama *reforçador*. É como uma recompensa, e as recompensas costumam motivar a repetição das ações que ganharam a recompensa. O condicionamento operante são os efeitos dos reforçadores no comportamento.

B. F. Skinner, um dos psicólogos mais famosos de todos os tempos, seguiu os passos de Thorndike ao usar animais para investigar o condicionamento operante. Ele criou uma caixa com uma alavanca dentro e a chamou de *caixa de Skinner*. Quando um animal pressionava a alavanca, caía uma ração do alimentador, dentro da caixa. Skinner queria saber se os ratos colocados na caixa conseguiam aprender a pressionar a alavanca para receber comida.

Essa tarefa era muito mais difícil do que se pode pensar. Os ratos não estão acostumados a pressionar alavancas para ter comida. Skinner teve que facilitar um pouco o processo com um procedimento conhecido como *modelagem*, uma técnica de recompensa com aproximações bem-sucedidas da meta. Skinner recompensava os ratos com comida por realizar um comportamento que era próximo, mas não exato, da resposta requerida. A modelagem foi feita aos poucos para que os ratos finalmente chegassem ao ponto de pressionar a barra e receber seus reforçadores de comida.

Após os ratos pegarem o jeito, eles aprenderam a pressionar a barra para ter alimento do mesmo modo como os gatos de Thorndike aprenderam a abrir a porta. Os bichinhos aprenderam porque a recompensa do alimento lhes ensinou a pressionar a barra.

Descobrindo o reforçador certo

Nos casos dos gatos de Thorndike e dos ratos de Skinner, as cobaias aprenderam porque foram recompensadas com comida. Comida é uma recompensa poderosa para animais, mas é apenas um tipo de reforçador. Qualquer coisa que aumenta a probabilidade de que um comportamento ocorra de novo pode ser usada como recompensa ou reforçador. Pode ser comida, dinheiro, intervalo ou férias. Também pode ser algo abstrato, como aprovação, elogio ou atenção de outra pessoa.

Existem dois tipos básicos de reforço:

» **Reforço positivo** é o uso de qualquer reforçador que aumenta a probabilidade de que um comportamento ocorrerá de novo.

» **Reforço negativo** ocorre quando a remoção do estímulo negativo leva à maior probabilidade de que um comportamento ocorrerá de novo. Um bom exemplo é quando um aluno tumultua a aula durante uma atribuição que ele tenta evitar ou escapar. O professor o tira da sala e reforça negativamente o comportamento inadequado. O professor acha que está punindo o aluno, mas na verdade o aluno está escapando de uma demanda desagradável.

A ideia básica do condicionamento operante é que os comportamentos reforçados (positiva ou negativamente) têm mais probabilidade de ocorrer de novo. Mas isso acontece em todos os reforçadores? Todos eles são criados igualmente? Se Skinner tivesse dado aos ratos cinco reais sempre que eles pressionassem a alavanca, eles ainda teriam aprendido a resposta?

É provável que não. Existem diferenças entre os reforçadores e elas afetam o impacto que os reforçadores têm sobre as respostas. Nem todas as consequências recompensam ou reforçam, pois elas variam de pessoa para pessoa (ou de animal para pessoa).

Dois tipos de reforçadores positivos são eficientes:

» Os **reforçadores primários** são recompensas que não requerem modelagem ou treinamento prévio para serem eficientes. Exemplos podem ser comida ou sensações físicas agradáveis.

Em 1971, David Premack propôs uma ideia interessante de que os reforçadores primários podem ser identificados vendo em que as pessoas gastam mais do seu tempo. Se elas passam muito tempo assistindo à TV, andando de bicicleta ou dormindo, então essas atividades podem ser consideradas reforçadores primários. Seu *Princípio de Premack* determina que as respostas com alta probabilidade podem ser usadas para reforçar as respostas de menor probabilidade. É como usar sorvete para fazer seu filho comer legumes. Se querem sorvete (resposta de alta probabilidade), eles comerão legumes (resposta de baixa probabilidade).

» Os **reforçadores secundários** são coisas que se tornam um reforço por meio de experiência e aprendizagem. Esse resultado ocorre associando o reforçador secundário ao primário usando técnicas de condicionamento clássico (veja a seção "Condicionando respostas e estímulos", anteriormente neste capítulo).

> O melhor exemplo de um reforçador secundário é o dinheiro. Não nascemos sabendo o valor do dinheiro (e alguns de nós nunca sabem). Mas acabamos aprendendo o valor dele conforme experimentamos sua associação com coisas de que gostamos, como comida, roupa, moradia e carros caros. Em algumas instituições, como escolas e hospitais, os cuidadores recompensam os comportamentos adequados com *fichas*, que podem ser descontadas posteriormente para recompensas específicas. Esse tipo de sistema é chamado de economia de fichas, como um dinheiro local.

Após identificar o que a cobaia considera ser o reforço, fica possível influenciar o comportamento dando recompensas por realizarem as devidas respostas.

Por exemplo, considere uma gerente que tem problemas para fazer os funcionários voltarem do almoço na hora certa. O que ela pode fazer? Primeiro, é preciso descobrir qual é o reforço do grupo ou de cada indivíduo. Nem todas as recompensas são um reforço para todas as pessoas. Então, ela deve começar a recompensar qualquer pessoa que tem o comportamento desejado, voltando do almoço na hora certa. Ele poderia dar presentinhos, dinheiro ou adesivos do Smiley.

Ou a gerente poderia usar um reforço negativo. Por exemplo, poderia mandar o funcionário reclamão (que reclama demais e aumenta a ansiedade de todos só de pensar em chegar tarde) almoçar com os retardatários. Os atrasados odeiam tanto ouvir o reclamão se queixando que começam a voltar na hora só para evitar ouvi-lo sem parar.

Esse conceito de reforço negativo confunde muitas pessoas. Como tirar algo do caminho ou remover um estímulo nocivo aumenta a probabilidade de um comportamento? Você pode ter vivenciado essa tática se já teve um pet em casa que não parava de chorar enquanto você tentava dormir. Se você colocou o bichinho em outro cômodo ou na garagem, provavelmente respondeu ao choro levantando e verificando a criaturinha fofa. O que aconteceu quando caminhou até o filhotinho? Provavelmente ele parou de chorar. Se você voltou para a cama, aposto que o choro o acordou de novo menos de dez minutos depois.

O problema nessa situação é que o *seu* comportamento estava sob controle do reforço negativo. O choro do filhote foi um estímulo nocivo (e chato). Quando você foi para a garagem, o choro parou, aumentando a probabilidade de que continuaria andando até o bichinho sempre que ele chorava. Você reforçava negativamente indo até ele, e o filhote tinha um reforço positivo com o choro! Oops.

Usando a punição

Os reforços positivo e negativo são consequências que provavelmente aumentam certos comportamentos. Mas e a outra consequência, a *punição*? Ela é qualquer consequência que diminui a probabilidade de uma resposta e não necessariamente algo considerado em geral como punição. Por exemplo, se sempre que você liga para certo amigo ele parece distraído, como se não ouvisse o que você diz, é possível que isso o leve a ligar menos para a pessoa.

Um tipo de punição é simples, ou seja, a introdução de algo nocivo ou desagradável.

O outro tipo, *punição negativa*, envolve remover um reforçador, como tirar a bicicleta de uma criança. Novamente, como o reforço, a punição pode ser muito individual; o que uma pessoa vivencia como desagradável ou punição pode não se aplicar à outra.

A punição é usada para influenciar o comportamento das pessoas o tempo todo. Pais punem filhos. Tribunais punem criminosos condenados. Administradoras de cartão de crédito punem pessoas pelo atraso no pagamento. Mas a punição funciona?

LEMBRE-SE

A punição pode ser um meio muito poderoso e eficiente para diminuir a frequência de um comportamento, mas lembre-se:

» A punição deve ser a forma menos intensa necessária para produzir a resposta desejada. Porém, os alvos podem se habituar a cada aumento subsequente na punição e a intensidade excessiva da punição é um problema também. Para ela ser eficiente por um longo período de tempo, você deve ajustar a intensidade de modo significativo.

» Para ser eficiente, a punição deve ocorrer o mais próximo possível da resposta sendo punida. Se um pai/mãe espera três semanas para punir um filho por quebrar uma lâmpada, é provável que a criança não tenha ideia sobre o motivo de estar sendo punida; assim, a punição não tem efeito para desencorajar um futuro comportamento.

» A punição deve ser firme, consistente e vir acompanhada de uma explicação clara do motivo dela estar sendo aplicada.

Existem questões éticas associadas à punição, significando que ela deve ser considerada com muito cuidado em todas as circunstâncias.

CUIDADO

Claro, muitas pessoas ficam desconfortáveis com a ideia de infligir dor ou sofrimento a outra pessoa para alterar o comportamento. O uso da punição pode ter algumas consequências negativas:

» **Medo:** Quando as pessoas são punidas com eficiência, elas podem aprender a antecipar uma futura punição e desenvolver uma grande ansiedade enquanto ficam à espera do que vai acontecer. Isso pode ter um efeito perturbador na vida da pessoa punida, podendo levar à rejeição e à apatia.

» **Agressão:** Trabalhei em cadeias e prisões, e vi homens ficando com mais raiva e cada vez mais agressivos como resultado das condições duras que eles enfrentavam quando presos. Quando chega a hora de essas pessoas serem soltas e encararem o mundo de uma maneira renovada, elas estão disfuncionais e institucionalizadas, em geral incapazes de fazer a transição para o mundo lá fora como resultado da punição.

A pessoa que aplica a punição pode se tornar um EC desagradável por meio do condicionamento. Por exemplo, uma criança pode evitar um pai/mãe que a pune com frequência. A proximidade faz isso; a pessoa está lá sempre que sou repreendido ("Espera só seu pai chegar em casa." Obrigado, mamãe).

Programando e escolhendo a hora do reforço

Já se perguntou por que as pessoas continuam voltando a lugares como Las Vegas e Atlantic City repetidamente para dar seu dinheiro ao fundo de expansão de cassinos? O resultado de apostar é que o grande vencedor é sempre a casa, o cassino. Todo mundo sabe disso, mas algumas pessoas não conseguem ficar longe.

As pessoas continuam voltando por causa de algo chamado *esquema de reforço*, um horário ou uma determinação para quais respostas reforçar e quando reforçar. Existem quatro esquemas de reforço básicos, cada um com diferentes efeitos na resposta em questão:

» Razão fixa (tipos contínuo e parcial)

» Razão variável

» Intervalo fixo

» Intervalo variável

Recompensas contínuas

Talvez a forma mais comum de reforço seja chamada de *reforço contínuo*, em que a razão é de um para um. Um comportamento, uma recompensa. Envolve reforçar um comportamento sempre que ele ocorre. Sempre que puxo a alavanca da máquina caça-níqueis, eu ganho! Tudo bem, eu quero.

O reforço contínuo é bom para a fase de aprendizagem da modelagem (veja "Reforçando o Caso do Rato" anteriormente para ter uma análise da modelagem) ou para o que é chamado de *fase de aquisição*. Aprender um novo comportamento leva tempo. O reforço contínuo agiliza o processo de aprendizagem.

Mas o problema do reforço contínuo é que ele se extingue rápido. Se sou reforçado sempre que volto na hora certa do almoço para o trabalho, então provavelmente paro de retornar na hora assim que meu chefe para de reforçar meu comportamento.

Batendo na cabeça esporadicamente

Muitas vezes o reforço em nosso mundo é intermitente e esporádico. Claro que não vencemos sempre que puxamos a alavanca no caça-níqueis. B. F. Skinner não projetou essas máquinas.

Mas o psicólogo comportamental dos cassinos, B. A. Loser, sim. O reforço menos frequente (por exemplo, exigindo mais de uma resposta) é chamado de *reforço parcial*. Existem dois tipos de esquemas de reforço parcial e cada um se subdivide na previsibilidade ou na aleatoriedade.

>> O primeiro tipo de reforço parcial se chama *esquema da razão que envolve mais de uma resposta sendo requerida para ganhar uma recompensa.* Com um esquema da razão, o reforço é dado apenas depois de um número específico de respostas. Se um pai/mãe usa esse esquema com os filhos, ele/ela pode dar uma recompensa apenas para uma quantidade de notas 10 que o filho tem no boletim ou após certo número de vezes em que ele limpa o quarto. Os esquemas da razão podem variar se um número fixo de resposta ou um número variável delas é requerido para receber o reforço.

- Um esquema de reforço com *razão fixa* envolve sempre reforçar o mesmo número de respostas dadas. Se vou recompensar meu filho a cada dois 10 conseguidos, isso nunca muda; o reforço segue a cada duas notas 10.

- Um esquema de reforço com *razão variável* envolve dar o reforço para um número variado de respostas fornecidas. Posso reforçar meu filho com duas notas 10 agora, mas posso reforçá-lo com um, três ou dez notas 10 mais para frente. O segredo dessa abordagem é manter o alvo imaginando. Fazer isso tem um efeito poderoso na persistência de uma resposta porque as pessoas continuam com o comportamento necessário porque não sabem quando virá o reforço. Uma razão variável resiste muito mais à extinção que o reforço contínuo.

» Outro tipo de esquema de reforço parcial, *esquema de intervalo,* se baseia na quantidade de tempo transcorrido entre os reforços. Você ainda deve responder para ter uma recompensa, mas precisa aguardar um tempo antes de a resposta "funcionar".

- Sou pago uma vez ao mês. O tempo determina quando recebo. Meu esquema de pagamento é um exemplo de esquema de reforço com *intervalo fixo*. O intervalo de tempo nunca varia.

- Outro tipo de esquema de intervalo é o *intervalo variável*. Aqui as respostas são reforçadas por uma quantidade variada de tempo transcorrido desde o último reforço. Essa abordagem seria como ser pago no final de um mês, ser pago dois dias depois, novamente três semanas adiante etc. Os esquemas de intervalo variável também resistem muito à extinção pelo mesmo motivo dos esquemas de razão variável; o alvo nunca sabe quando será reforçado, portanto, deve continuar respondendo para descobrir.

A aposta é motivada por um esquema de intervalo variável para que as pessoas continuem injetando dinheiro, aguardando a grande recompensa.

Tenho certeza de que você já ouviu: "Você não ganha se não joga." Na próxima vez em que pensar que "deve" ou for obrigado a ganhar porque está sentado na mesma máquina por três dias sem banho, dormir ou comer qualquer coisa, lembre-se de que é variável. Nunca se sabe quando a máquina terá sucesso. Portanto, tente lidar com sua raiva se finalmente desistir e a próxima pessoa que sentar ganhar tudo!

Por isso se chama jogo de azar.

LEMBRE-SE

A hora do reforço também é crítica. Uma pesquisa mostrou que o reforço deve ocorrer imediatamente ou o mais rápido possível após a resposta desejada. Se você espera muito, a conexão entre a resposta e a consequência do reforço se perde. Os ratos de Skinner nunca teriam descoberto como pressionar a alavanca se tivessem recebido um vale-comida resgatável somente após cinco visitas à loja Ração para Ratos Deluxe, em vez da gratificação imediata por sua conquista.

Controle do Estímulo e Generalização Operante

Você já notou como as pessoas reduzem a velocidade na rodovia quando veem a polícia rodoviária? Provavelmente é porque em algum momento já foram multadas. O que acontece quando o bom e velho policial (não de trânsito) está na estrada? Ninguém diminui. Apenas o ignora. Este é um exemplo de desrespeito flagrante da lei? Não. É um exemplo de *controle do estímulo*, a ideia de que uma resposta pode variar como função do estímulo presente na hora do reforço ou da punição. Embora ambas as autoridades de reforço da lei possam multar por velocidade, a maioria de nós sabe que os policiais não costumam multar nas rodovias. Os estímulos têm efeitos diferentes em nosso comportamento porque levaram a consequências diversas. A punição vem apenas da polícia rodoviária.

Às vezes, quando aprendemos uma reposta devido ao reforço, automaticamente podemos *generalizar* essa resposta em outros estímulos parecidos. Se eu generalizasse minha experiência de multa da polícia rodoviária ao policial, reduziria também a velocidade para os policiais. Ou se sou reforçado para voltar do almoço na hora, também posso generalizar esse comportamento chegando na hora pela manhã. A generalização ajuda a agilizar o processo de aprendizagem, porque não temos tempo para receber reforço em cada resposta que provocamos.

Discriminação Operante

Por vezes as pessoas aprendem em excesso uma resposta ou um comportamento. Elas iniciam a resposta quando não deveriam porque generalizaram demais.

Algumas vezes isso acontece com psicoterapeutas. Podemos estar em uma situação social, não trabalhando, quando alguém começa a falar como seu dia foi difícil. "Diga mais sobre como você se sente", pode escapar. Todos olham para o psicoterapeuta em questão como um maluco. Talvez seja hora de tirar férias.

DICA

Também já vi esse fenômeno em filmes. Um ex-policial exagera ao ver seu neto apontar uma pistola de água para ele e derruba a criança para "acabar com a ameaça". São problemas de *discriminação*, respondendo a apenas um de dois ou mais estímulos em particular. O problema é resolvido apresentando à pessoa estímulos e só reforçando a resposta para o correto. Coloque o vovô no meio de um assalto e jogue o neto com uma pistola de água na mistura. Reforce apenas o detetive Vovô quando ele neutralizar com sucesso a ameaça do assaltante (estímulo 1), não por eliminar o neto (estímulo 2). Ele aprendeu a discriminar uma ameaça real e uma inofensiva.

4
Eu, Você e Todo o Resto

NESTA PARTE...

Descubra a teoria da personalidade, os tipos mais comuns de personalidade e tópicos, por exemplo, como se conhecer e desenvolver identidades.

Conecte-se às pessoas em volta e descubra a influência que os outros têm sobre seu comportamento, os diferentes modos como as pessoas se comportam em grupos e como se dar bem (ou não).

Veja a Psicologia do desenvolvimento e acompanhe o desenvolvimento da concepção à adolescência.

Saiba de que modo a era digital afeta como nos relacionamos e vivemos nossas vidas.

> **NESTE CAPÍTULO**
>
> » Percebendo que a música é a mesma
> » Entendendo traços e situações
> » Aproximando e evitando
> » Aprendendo o comportamento com os outros
> » Pensando sobre si mesmo
> » Conhecendo a si mesmo

Capítulo 9
Eu Comigo Mesmo

Psicologia? É sobre pessoas, certo? Eu, você e todo o resto. Talvez o ramo em toda a Psicologia mais investigado seja o estudo da personalidade ou *ciência da personalidade*. O psicólogo David Funder (meu antigo professor!) propõe que o estudo da personalidade é onde todos os ramos diferentes da Psicologia se juntam. Pensar, sentir, aprender, comportar-se, crescer e socializar ocorrem exatamente onde? Em uma pessoa, claro! Portanto, quem sou eu?

Imagine que meu velho amigo Brad entra em contato comigo do nada. Fico animado para ter notícias dele, portanto, decidimos nos encontrar para tomar um café e conversar. Quando vou para o café, imediatamente o vejo. Ele não mudou nada. Eu me aproximo e digo: "Brad!" Ele olha para mim e, nesse instante, percebo que não me reconheceu. (Tenho um medo constante de que, quando vejo velhos amigos, eles não me reconheçam, portanto, às vezes não digo nada! Explico isso melhor em um minuto.)

Brad me olha e diz:

— Posso ajudar?

— Sou eu, Adam!

Sei que é meu velho amigo, mas ele não me reconhece. Estou mais velho (óbvio, e acho que não envelheci muito bem); ganhei peso e tenho um "corte de cabelo" diferente (na verdade, careca). Tanta coisa mudou, não é?

Veja como realmente aconteceu. Estou almoçando fora com alguns colegas e reconheço um velho amigo de infância na mesa em frente. Continuo olhando, sem ter certeza de que ele me reconhece (lembre-se de que às vezes penso isso). Ele se lembra de mim? Após olhar algumas vezes, fazemos contato visual, e ele diz: "E aí, Adam?" Eu respondo: "Oi, Jason! Há quanto tempo!"

Conversamos um pouco. Perguntei sobre o irmão dele e o pai. Falamos sobre algumas coisas e seguimos nossos caminhos. Foi bom. Ele ainda se lembra de mim.

As duas situações são realmente sobre minha personalidade. O "eu" é consistente ao longo do tempo, apesar do meu envelhecimento. Com certeza minha personalidade mudou de alguns modos, mas a "essência" de quem eu sou obviamente se manteve.

Essas características estáveis são o que o famoso psicólogo Philip Zimbardo descreve como um conjunto complexo de qualidades psicológicas únicas que influenciam o comportamento, o pensamento e as emoções em situações e no tempo, que é uma excelente definição funcional de personalidade.

LEMBRE-SE

Personalidade é um sistema estável de tendências ao agir, pensar e sentir de determinada maneira.

Descrever a personalidade de alguém é, basicamente, desenvolver uma imagem geral a partir de várias partes de informação disponíveis sobre ela que se mantêm fiéis com o passar do tempo e mudanças de circunstância.

Teorias da personalidade pressupõem que certo conjunto de características gerais pode ser como um resumo de como é uma pessoa. As primeiras qualidades que vêm à mente ao considerar uma pessoa geralmente são as mais centrais. Quanto mais central a qualidade, mais útil é esse aspecto ao prever o comportamento do indivíduo e diferenciá-lo das outras pessoas. Na verdade, o estudo da personalidade pode muito bem ser onde se destaca a Psicologia como um campo. Por quê? Eu sempre tive um aluno nos cursos de Introdução à Psicologia que acreditava que os psicólogos são reducionistas demais, quebrando o personagem Ovo e nunca juntando de novo suas partes. Bem, a Psicologia da personalidade é essa tentativa.

Minha "Adam-dade" é minha personalidade. É o que me torna único no mundo. A personalidade é que me torna exclusivo. Dezenas ou centenas de pessoas no mundo em volta podem ter o mesmo nome ou se parecer comigo, mas ninguém tem minha personalidade idêntica.

Neste capítulo descrevo o campo da Psicologia da personalidade e mostro várias teorias e a pesquisa da personalidade, inclusive abordagens biológicas, de aprendizagem social e baseadas em traços.

LEMBRE-SE Quando ler sobre essas teorias da personalidade, lembre-se de que ninguém se encaixa perfeitamente nessas categorias. Um conceito importante em Psicologia é o princípio das *diferenças individuais*. Nenhuma *é* uma teoria da personalidade: as teorias são *ferramentas* para entender a complexidade do comportamento humano, pensamentos e emoções.

Cinco Traços Mágicos

As pessoas não nasceram com sua personalidade? Talvez haja apenas qualidades fixas da "persona" presentes desde o início da vida, um tipo de "predefinição". Essa é basicamente a posição das *teorias do traço* de personalidade. Essas teorias representam uma das linhas de pesquisa mais estáveis e confiáveis em toda a personalidade, desde o trabalho do psicólogo Gordon Allport (1897-1967) e seu livro *Personality: A psychological interpretation* [sem publicação no Brasil], considerado o primeiro manual sobre personalidade. Allport e muitos cientistas da personalidade depois propuseram que a personalidade é organizada em um *todo* dinâmico e esse todo participa da interação dinâmica com o ambiente, inclusive com outras pessoas.

As teorias do traço representam as partes que compõem o "todo". Elas resultam da descrição e da medição diretas das características encontradas na população em geral e não estão ligadas a nenhuma teoria em particular, como psicanálise ou teoria cognitiva. *Traço* é um recurso estável da personalidade de alguém que leva a pessoa a pensar, sentir e raciocinar de maneiras particularmente estáveis. Os traços não variam segundo a situação, pelo menos não muito. Para saber mais sobre o papel das influências situacionais sobre a personalidade, veja a seção "Depende da Situação" posteriormente neste capítulo. Os traços "viajam" com uma pessoa *por* situações e circunstâncias.

LEMBRE-SE As teorias do traço propõem que há um conjunto central de traços de personalidade que existe em graus variados em todas as pessoas como um atributo comum e universal do ser humano. As pessoas andam eretas, têm coração, cérebros grandes e traços de personalidade. Por outro lado, os cães andam em quatro patas, têm coração, cérebros médios e nenhum traço de personalidade. Espera aí; sei que alguns apaixonados por cães pararam de ler. Relaxem, tenho certeza de que o cão Skippy[1] tem traços, mas isso é outra história.

Voltando a Gordon Allport, ele estudou a personalidade examinando a linguagem como um meio de determinar quais traços constituíam a essência da personalidade. Allport examinou palavras usadas para descrever as pessoas e as reduziu a três categorias essenciais de traços:

---

1 N. da T.: Skippy (também conhecido como Asta, nascido em 1931 ou 1932; aposentado em 1939) era um cão Fox Terrier de pelo duro que apareceu em vários filmes de Hollywood durante a década de 1930.

» **Traços cardinais:** Uma única característica que orienta grande parte das ações de uma pessoa. Considere um dos atributos de personalidade que melhor descreve alguém que você conhece: legal, bondoso, esquentado ou arrogante.

» **Traços centrais:** Cinco a dez traços principais que compõem os atributos maiores da personalidade de alguém. Por exemplo, ao descrever seu amor, você pode se referir a estas características: divertido(a), gentil, intelectual, passivo(a) e genuíno(a).

» **Traços secundários:** Características menos influentes que afetam menos situações que os traços mais predominantes.

Allport basicamente iniciou o método tentando filtrar a personalidade em uma grande lista de descrições, ficando com uma lista enxuta de traços. Outro psicólogo, Raymond Cattell, continuou seu método e desenvolveu um teste de personalidade que media dezesseis traços (essenciais), chamados *16pf* (dezesseis fatores de personalidade, ou personality factors, em inglês) (para obter detalhes sobre o teste de personalidade, veja o Capítulo 16).

Outro psicólogo (Hans Eysenck) se aprofundou mais usando o mesmo método e concluiu que toda personalidade consiste, em graus variados, em três traços:

» **Extroversão:** Sociável, expansivo, ativo.

» **Neuroticismo:** Tenso, ansioso, culpado.

» **Psicoticismo:** Agressivo, frio, egocêntrico.

O auge da abordagem dos traços com anos a fio de pesquisa da personalidade resultou em um modelo de traços da personalidade empiricamente aceitos e geralmente respeitados conhecido como os *cinco principais*. Esse modelo estabelece um conjunto de cinco traços considerados os atributos mais essenciais da personalidade. Considere cada fator como uma série contínua de níveis altos e baixos desses traços apresentados:

» **Aberto a experiências:** Uma pessoa "aberta" é independente, em vez de conformada, mais criativa que prática e prefere variedade à rotina.

» **Conscientização:** Uma pessoa conscienciosa é cuidadosa, prudente, disciplinada, bem organizada e não impulsiva.

» **Extroversão:** Os extrovertidos são tagarelas, adoram se divertir e são sociáveis.

- » **Agradabilidade:** Pessoas amáveis são mais simpáticas que críticas, boas, calorosas e gratas.

- » **Neuroticismo:** Os neuróticos são caracteristicamente tensos, ansiosos e inseguros.

Qual é sua fórmula dos "Cinco Mágicos"? Com uma lista de cinco fatores, há uma infinidade de possíveis combinações. Isso deixa muito espaço para a individualidade e, considerando que são dimensões, pode cobrir bilhões de pessoas no planeta.

Acabei Ficando Assim

Em 1977, Albert Bandura realizou um estudo, agora famoso, que examinava as possibilidades de uma personalidade violenta e transformou sua teoria em uma teoria mais ampla da personalidade. Agora, o experimento se chama *estudo do João Bobo*. Esses bonecos são personagens infláveis de plástico com um peso no fundo, balançando de volta quando alguém bate neles ou os chuta. O experimento consiste em um adulto batendo e chutando um João Bobo com uma criança pequena vendo. Então, a criança é colocada sozinha em uma sala com o João Bobo. Consegue imaginar o que acontece? O garotinho se transforma em um Pequeno Rocky. Ele soca e chuta o João Bobo exatamente como viu o adulto fazendo.

A *teoria da aprendizagem social* de Bandura explica o fenômeno. Basicamente, as pessoas conseguem aprender algo só assistindo ou observando. É uma daquelas teorias "não me diga!" em Psicologia. Ei, ninguém mais mostrou a teoria como Bandura fez. A teoria da aprendizagem social se tornou uma poderosa teoria da personalidade e de seu desenvolvimento. Nossas personalidades são um "produto" de nossas experiências de aprendizagem observacional a partir das pessoas à nossa volta. Todos somos um bando de imitadores. Se você vê seus pais sendo antipáticos, provavelmente você é antipático também.

LEMBRE-SE

Bandura continuou a expandir sua teoria da personalidade por imitação endereçando o motivo de as pessoas agirem de tal modo, ou seja, o que motiva as pessoas a agirem de certas maneiras?

Ele apresentou dois conceitos muito importantes para lidar com isso:

- » **Autoeficácia** é uma crença pessoal na habilidade de alguém realizar um comportamento com sucesso. Essa crença se baseia no que Bandura chamou de *processo de autoavaliação,* que é apenas uma análise das ações de alguém, uma avaliação dos sucessos e dos fracassos. Desse processo surge uma ideia das capacidades da pessoa, sendo motivada por suas crenças sobre a capacidade de ser bem-sucedida e inibida pelos possíveis fracassos. Você faz o que acha que pode fazer e vice-versa.

> **Autorreforço** é tão simples quanto se dar recompensas por fazer coisas. Alguns pais dão recompensas aos filhos ou reforço por fazerem o dever de casa ou limparem o quarto. Bandura acreditava que as pessoas fazem isso consigo mesmas até certo ponto e que a maioria se beneficiaria fazendo mais. Portanto, na próxima vez em que você fizer algo, se dê uma pequena recompensa. Isso ajudará sua autoeficácia.

Representando Nós Mesmos

Alguns psicólogos enfatizam como as pessoas se representam e representam suas experiências do mundo como aspectos essenciais da personalidade e do comportamento. Provavelmente você já foi a uma festa do escritório ou festa de fim de ano na escola em que algum gênio tenta ser útil dando a todos um crachá. Sempre fico tentado a colocar algo idiota no meu ou usar o nome de outra pessoa.

O crachá é uma forma tosca de apresentação, ou representação, de si mesmo para outras pessoas. Às vezes coloco um apelido no meu; eu tinha alguns. Apelidos são bons exemplos de "identificação" que informa um pouco mais sobre uma pessoa que seu nome habitual. Quando você conhece alguém com o apelido "Fedido" ou "Psico", tem uma impressão um pouco diferente que teria com "Canhoto" ou "Magro".

Crachás, apelidos e nomes comuns são exemplos de representações de quem você é. São modos convenientes e abreviados de organizar muita informação sobre alguém. Alguma vez você conversou sobre um filme e esqueceu o nome do ator principal? "Você sabe, aquele cara naquele filme com aquela mulher?" Só dizer "Brad Pitt" é muito mais fácil do que explicar as características da pessoa sempre que deseja falar sobre ela. Esse jeito de organizar as informações sobre as pessoas e o mundo é produto da tendência da mente humana de impor ordem e estrutura a nossas experiências.

Esquemas

A representação estruturada da experiência se baseia nas recorrências de qualidades parecidas de uma pessoa ou experiência em repetidos eventos. Essa ordem assume a forma de *esquemas* ou construções mentais para "Joe", "Brad Pitt" ou "eu". Joe é meu vizinho que toca música muito alta. Brad é um ator famoso que todo homem inveja. Eu? Sou o cara que inveja Brad Pitt. Após essas representações estruturadas do eu e dos outros serem desenvolvidas, as pessoas podem usá-las para reconhecer e entender as informações recém-encontradas; as representações influenciam como uma pessoa interage com o mundo.

Esquemas Iniciais Desadaptativos são enfatizados na terapia focada em esquemas desenvolvida pelo Dr. Jeffrey Young.

LEMBRE-SE

Os psicólogos da personalidade cognitiva enfatizam a representação da experiência baseada em esquemas como a construção organizacional central na personalidade humana. Dois tipos básicos de esquemas têm um papel ao estabelecer regularidades e padrões de personalidade: esquemas próprios e esquemas relevantes socialmente.

» **Esquemas próprios** são as unidades organizadas de informação sobre si mesmo; às vezes são chamados de *autoconceitos*. Qual é o conceito de "você" ou de "mim"? Um debate profundo sobre como a noção de si de uma pessoa é desenvolvida está além do escopo desta seção, mas, tirando os detalhes exatos, a noção de si é representada na forma de esquemas.

» **Esquemas sociais** são redes conceituais integradas que incorporam sua própria noção de si e as opiniões dos outros sobre você. Esses esquemas dão informações detalhadas sobre alguém variando desde a demografia (como a idade) até seus valores, e essas informações podem ser atualizadas automaticamente com a experiência ou revistas com uma atenção consciente e esforço.

Roteiros

Os *esquemas socialmente relevantes* envolvem a representação de categorias das outras pessoas, ambientes, comportamento social e expectativas estereotipadas. Às vezes são chamados de *roteiros*, sequências organizadas de ações geralmente esperadas em várias situações. Um ator no filme representa sua personalidade fora da tela ou simplesmente interpreta um roteiro que o informa como agir, quando falar, chorar etc.? É um roteiro, claro.

Agora, imagine que todo mundo que você vê em um dia está interpretando um roteiro de "personalidade" próprio, escrito pelo autor da experiência e do desenvolvimento. Esses roteiros determinam como a pessoa atua, ou seja, o que diz e faz. É a síntese da teoria da personalidade com roteiro. Muito simples, certo?

Calminha! A ideia de que as personalidades são realmente bem complexas está certa. Walter Mischel (1980) tentou dar cor à versão muito básica e enxuta dos roteiros da personalidade. Ele introduziu cinco modos de a personalidade de um indivíduo ser mais do que roteirizada por uma situação: *competências, estratégias de codificação, expectativas, valores subjetivos* e *mecanismos autorreguladores*.

» Há muito mais na personalidade do que os olhos veem e um aspecto importante é a coleção única de habilidades e capacidades de um indivíduo para resolver problemas e analisar o mundo. Mischel chamou isso de *competências*.

Como você enfrenta e supera os desafios na vida, em parte, define sua personalidade. Você é "lutador" ou "analista"? Alguma vez construiu algo como um quarto extra, uma casa de brinquedo ou, talvez, uma casa de cachorro? Como você lidou com isso? Algumas pessoas sentam e imaginam tudo com antecedência, desenhando uma planta com medidas precisas e especificações. Outras só pegam o material que acham que podem precisar e resolvem durante o processo. Um bom modo de testar é com algo que chamo de "Teste das Instruções". Ao comprar algo que precisa ser montado, você olha as instruções ou coloca isso de lado?

» Como a teoria da personalidade cognitiva enfatiza muito a informação e como ela é armazenada e interpretada, um aspecto importante da personalidade envolve as estratégias e as construções usadas para organizar a informação. É o processo de criar esquemas e roteiros complexos que acaba orientando o comportamento. As *estratégias de codificação* são o único modo de uma pessoa gerenciar e interpretar o mundo. É muito comum que duas pessoas testemunhem o mesmo evento e façam duas interpretações totalmente diferentes. Qualquer pessoa que já discutiu com a esposa, o marido ou ente querido pode atestar isso!

» Você é tão especial quanto suas expectativas de uma situação. Você é um eterno otimista ou pessimista? As *expectativas* consistem nos anseios ou nas previsões de que um evento seguirá necessariamente a outro. Essas expectativas estabelecem regras para o que fazer e como lidar com situações específicas. Se as regras corresponderem à realidade de uma situação, então o comportamento será eficiente e será desenvolvido um sentimento de domínio. Do contrário, acho que a única opção é continuar tentando.

» Você trabalha de graça? Poucos de nós. A maioria trabalha pelo incentivo de ser pago. Os incentivos agem como motivadores para certo comportamento. Mas as pessoas não ficam tentadas pelas mesmas coisas. Os *valores subjetivos* representam quais coisas são importantes para os indivíduos e determinam o que eles querem fazer para ganhá-las. Ei, se você gosta de ganhar estrelinhas douradas no pagamento, em vez de um aumento pelo trabalho bem feito, bom proveito. É isso que o torna único.

» Quais são suas metas de vida? Você tem um plano diretor ou um projeto? Você pode não perceber, mas, segundo Mischel, todos nós temos o que ele chamou de *sistemas e planos autorreguladores*. Você define uma meta, vai em frente, analisa se atinge essa meta ou não, e faz os ajustes necessários. Cada um de nós tem um modo único de fazer isso, caracterizando nosso estilo pessoal.

Por fim, segundo essa visão representativa da personalidade, como uma pessoa se vê e vê o mundo, e como essas visões são planejadas na forma de projetos comportamentais, representam a personalidade.

Depende da Situação

Então agora é possível considerar que nossa "persona" nos acompanha por todo lugar, aparecendo em eventos, atividades e situações, sendo a mesma, atuando igualmente, pensando e sentindo do mesmo jeito. Mas espere. E quando seu primo normalmente calmo dançou na mesa naquele casamento? Ou quando alguém normalmente corajoso e valente se torna um garotinho tímido ao encontrar sua celebridade favorita? Tem uma cena em um dos meus filmes favoritos, *Quase Irmãos* (2008), com Will Ferrell e John C. Reilly, em que o pai do personagem (Dale) de John C. Reilly, Dr. Doback, interpretado por Richard Jenkins, encontra o irmão Derek (Brennan) do personagem de Will Ferrell, interpretado por Adam Scott. Todos estão jantando juntos e o Dr. Doback é apaixonado por Derek, suas histórias, sua altivez, seu estilo. O Dr. Doback fica bobo e risonho e age de modo muito diferente. A mãe de Derek, Nancy (interpretada por Mary Steenburgen), casada recentemente com o Dr. Doback, mal acredita no que vê. Quem é essa pessoa? Por que ele está rindo assim? O que está acontecendo? Recomendo o filme de qualquer modo, apesar da classificação para maiores de dezoito anos.

A personalidade não deveria ser imutável? Posso dizer que não estranho muito essa aparente inconsistência. Se alguém me viu nos jogos de polo aquático com meus filhos, provavelmente dirá que não tem como eu ser um psicólogo especializado em crianças (a propósito, sim, polo aquático é um esporte de verdade; não envolve cavalos nadando e é bem comum na Califórnia). Agora, não sou inadequado mesmo, mas grito alto, muito alto, sou obcecado e não um bom exemplo de estabilidade (não que esses traços sejam ruins para um psicólogo).

O QUE ACONTECEU COM FREUD?

Alguns leitores podem ter notado que, neste capítulo da personalidade, Sigmund Freud não é mencionado, nem outro teórico psicanalítico/psicodinâmico. É de propósito, e não se deve a nenhum desrespeito a esses grandes pensadores. Contudo, o status científico dos trabalhos de outros pensadores psicanalíticos sobre personalidade tem sido visto há algum tempo como puramente teórico, na melhor das hipóteses, e, como coloca o Dr. David Funder (eu sei, de novo!), não devemos fazer uma "visita ao cemitério", incluindo o trabalho de "teóricos brilhantes, mas já falecidos". Desculpem-me, Sigmund, Heinz, Anna, Otto, Robert, Karen, Melanie, Ronald, D. W. e Margaret. Sentiremos sua falta.

APARECENDO PELADO

Eu costumava ter esse sonho recorrente, em que estava pelado em um lugar público. Em um dos sonhos, eu estava no ensino fundamental e a única coisa que vestia era um casaco de pele, sem nada por baixo. Eu ficava muito preocupado com o significado desses sonhos. Tinha um fetiche por casacos de pele ou era exibicionista? Fiquei feliz ao descobrir que esses sonhos provavelmente eram sobre a autoconsciência. Todos nós temos situações diferentes que exemplificam o sentimento de extrema autoconsciência e exposição. Para algumas pessoas, a situação é falar em público; para outras, é dançar em uma boate ou não vestir nada, só um casaco de pele.

Existem psicólogos de personalidade que tentam lidar com essas aparentes inconsistências seguindo a linha do pensamento e da pesquisa conhecida como *psicologia situacional*. Lembra-se do Dr. David Funder, citado anteriormente no capítulo? Bem, o Dr. Funder é uma das principais mentes nessa abordagem da personalidade e afirma que nós criamos uma "falsa dicotomia" entre os determinantes pessoal e situacional do comportamento. Ele cita uma pesquisa que demonstra que esse comportamento pode ser um produto das mudanças situacionais, também mantendo qualidades estáveis entre as situações. É como se nossa personalidade fosse reunida de modo solto, mas não tanto a ponto que não sermos reconhecidos entre as situações. Essa "liberdade" mostra maleabilidade e nos ajuda a ser mais flexíveis e adaptados. Imagine como eu seria chato se agisse como "psicólogo" em um jogo de polo aquático ou qualquer outra situação fora do meu trabalho e prática? Acho que a maioria das pessoas não deseja ser analisada à beira da piscina!

Dr. Funder sugere uma solução para o problema "variante vs. invariante" em termos do que ele chama de *tríade da personalidade* das pessoas, das situações e dos comportamentos. Como é isso para o conceito unificador em Psicologia? A tríade da personalidade é assim:

Situação = Comportamento × Pessoa

Pessoa = Situação × Comportamento

Comportamento = Pessoa × Situação

Claro, tudo isso parece sensato. Os pesquisadores da personalidade situacional não pararam por aí. Eles propuseram um "sistema de classificação das situações" para detalhar essa abordagem. Eles propuseram que as pessoas percebem e classificam as situações de modo muito parecido com como classificam outras pessoas. É como a personificação das situações. Esse processo fornece aos seres humanos uma taxonomia geral da percepção da situação que permite a implantação eficiente do comportamento adaptativo sem ter que processar cada pista, estímulo e situação de novo. Essas categorias de situações ajudam a orientar nossos pensamentos, comportamento e sentimentos de maneiras originais. É um atalho! O sistema de classificação proposto é conhecido pelo sugestivo acrônimo DIAMONDS, que representa oito dimensões de situações usadas para determinar nossas respostas:

» **Dever:** Refere-se às características de uma situação que requer cumprir deveres, tarefas, solucionar problemas e tomar decisões.

» **Intelecto:** As características de uma situação que requer engajamento intelectual, profunda reflexão, devaneio e mostrar inteligência.

» **Adversidade:** As características de uma situação que são ameaçadoras, conflituosas, competitivas e uma possível vitimização.

» **Matrimônio:** Características da situação relacionadas a sexo, amor e romance.

» **Positividade:** Características de uma situação percebida como divertida, agradável e fácil.

» **Negatividade:** Características de uma situação que provoca frustração, ansiedade, raiva e outros sentimentos negativos.

» **Decepção:** Situação caracterizada por decepção, desconfiança, mentira.

» **Socialização:** Socializar, interagir, relacionar-se, cordialidade, segurança.

Sentindo Autoconsciência

No caso de você não ter percebido, os psicólogos não têm nada como garantia. Se John Wayne tivesse feito terapia comigo e viesse com sua atitude machista "Sei quem eu sou e não vou mudar", eu teria mordido a isca. Eu diria: "Tudo bem, quem você é?" Por certo é fácil saber quem você é. Até alguém perguntar, a maioria de nós pressupõe que sabe quem é. É uma velha pergunta do *self*. O que é self e como sabemos que temos um? Qual é minha identidade? Quem sou eu?

Você já viu um cão na frente do espelho? (Então agora falamos sobre cães? Sim!) Às vezes, eles latem para si mesmos ou ficam lá com um olhar confuso. Acredite se quiser, a capacidade de se reconhecer no espelho é muito avançada, e os cães ainda têm que demonstrar que podem fazer isso. Alguns psicólogos argumentam que é uma habilidade exclusivamente humana, embora uma pesquisa tenha mostrado que chimpanzés adolescentes, corvos (um tipo de pássaro), elefantes e orangotangos conseguem se reconhecer no espelho.

Quando desenvolvemos um sentido de autopercepção, conseguimos um estado de autoconsciência. Por que digo "desenvolvemos"? Não temos consciência de nós mesmos no nascimento? Na verdade, pode levar até cinco ou seis meses para um bebê desenvolver qualquer coisa remotamente parecida com a autoconsciência.

A técnica do espelho é uma das ferramentas que psicólogos usaram para testar os níveis de autoconsciência de bebês e crianças. A forma mais simples do teste envolve colocar um bebê na frente do espelho e observar sua resposta. Alguns pesquisadores demonstraram que bebês com cinco a seis meses estenderão a mão e tocarão na imagem no espelho, sugerindo que eles acreditam ser outro bebê ou, pelo menos, alguém diferente.

Em 1979, Michael Lewis e Jeanne Brooks-Gunn realizaram uma versão sofisticada do teste do espelho. Eles colocaram blush nos narizes de dois grupos de crianças: com 15 e 17 meses e 18 a 24 meses. A ideia: se as crianças olhassem no espelho e vissem o blush no nariz, elas tocariam nele ou tentariam removê-lo de algum modo. Mas isso requer que a criança perceba que a pessoa no espelho é ela própria. O que aconteceu? Apenas algumas crianças com 15 a 17 meses estenderam a mão e tocaram em seus narizes, mas a grande maioria com 18 a 24 meses fez isso. Portanto, crianças mais velhas têm maior probabilidade de se reconhecer no espelho.

LEMBRE-SE

Autoconsciência e autopercepção são a mesma coisa. Ser autoconsciente significa apenas ter ciência de si mesmo. Mas o excesso pode ser ruim. Em geral, quando alguém diz que é "autoconsciente", significa que a pessoa tem ciência de alguma falha. Não é esse o tipo de autoconsciência que explico nesta seção.

Aqui, estou falando sobre estes tipos específicos de consciência:

» Consciência corporal

» Autoconsciência privada

» Autoconsciência pública

Consciente do seu corpo

A consciência corporal começa com uma pergunta simples: onde eu começo fisicamente e onde termino? Lembra do filme *Malícia*, com Bill Pullman, Nicole Kidman e Alec Baldwin? Em uma cena, Bill e Alec estão sentados em um bar, e Alec pede a Bill para citar a parte do corpo dele mais dispensável, ou seja, Alec quer que Bill escolha a parte do corpo que ele poderia perder sem causar um grande dano na noção de si. Se você viu o filme, sabe por que ele faz essa pergunta estranha; é um presságio.

Qual parte do seu corpo é mais importante para sua noção de si? Pode parecer estranho, mas conseguir dizer a diferença entre seu corpo e o corpo de outra pessoa é essencial para a autoconsciência. Pense nos recém-nascidos. A conexão física entre filho e mãe que amamenta é inegável, e a percepção de uma criança da noção de diferença, ou separação, da mãe se desenvolve lentamente durante vários meses.

No privado

O quanto você se conhece bem? Você está sempre tentando se entender? O foco interno em seus pensamentos, sentimentos, motivações e noção de si em geral é chamado de *autoconsciência privada*. Quando você "olha para dentro", está autoconsciente de modo privado. Mas se você "olha para dentro" um pouco demais, pode ficar "distraído" de modo privado.

Exibicionista

Fui trabalhar certa manhã e percebi, quando saí do carro, que tinha esquecido algo. Estalei os dedos e pisquei um olho, dei meia-volta e entrei. O que são essas coisas? Lembram algo de um episódio de *Seinfeld*, mas eu aposto que você conhece essas ações, os comportamentos de quando a pessoa esquece algo. Por que fiz esses gestos? Se não fizesse, pareceria um idiota andando para o carro, então voltando sem nenhum motivo aparente. Por que preciso de um motivo? Alguém estava me observando!

Este é o fenômeno do *público invisível*, uma sensação de que você está exposto quando em público e que as pessoas estão observando-o. Adolescentes sempre parecem estar no palco. Se eles tropeçam em uma rachadura na calçada, ficam vermelhos e correm rindo. Isso é um exemplo de *autoconsciência pública, uma sensação de estar na presença de outras pessoas ou de nossa imagem pública, com os outros realmente observando ou não.*

O aspecto mais evidente da autoconsciência pública é a percepção e o foco nas aparências. As pessoas não gastam bilhões de dólares por ano com roupas bonitas, mensalidades em academias e dietas para nada. A autoconsciência pública tem um grande papel sobre quem você é e como se vê.

Identificando-se

Um modo fácil de descobrir quem é você é perguntando a outras pessoas. Sua identidade costuma estar profundamente ligada ao modo como os outros o veem. Quando você se olha no espelho, o que vê? Já imaginou como você é para as outras pessoas? Elas veem a mesma pessoa que você vê no espelho? A parte de seu autoconceito baseado nas reações e nas visões das outras pessoas se chama *self do espelho*, um dos conceitos mais básicos do eu. Afinal as pessoas são criaturas sociais e seria difícil argumentar contra a ideia de que, pelo menos, parte do autoconceito de uma pessoa depende das visões dos outros.

Daniel Stern (famoso psicanalista especializado em desenvolvimento infantil) propôs uma teoria do autoconceito que nos dá uma boa visão sobre como as pessoas desenvolvem um "eu" único. Com seus estudos sobre crianças, ele propôs que todas as pessoas nascem com uma habilidade inata para se tornar cientes de si mesmas por meio de inúmeras experiências.

VOCÊ É O QUE FAZ

O aspecto mais interessante sobre identidade é que, conforme as pessoas envelhecem, muda o modo como elas a definem. Em geral, crianças no ensino fundamental definem quem são pelas coisas que fazem. Crianças muito jovens podem se identificar dizendo: "Eu corro, brinco e ando de bicicleta." Quando se tornam adolescentes, isso muda para conceitos psicológicos, como crenças, motivações, desejos e sentimentos. "Quero ir dançar" ou "Eu me sinto triste hoje". Como os adultos se definem? Provavelmente combinando os dois tipos de autodefinição: conceitos de atividade e psicológicos, por exemplo: "Sou um psicólogo triste que não joga golfe."

LEMBRE-SE

As pessoas nascem com o *self emergente*, que consiste basicamente nas experiências subjetivas de alegria, dor, raiva e surpresa. Sentimentos! O *self essencial* começa a surgir entre dois e quatro meses de idade, quando as memórias começam a se formar e as pessoas desenvolvem uma noção de suas capacidades físicas. Em seguida vem o *self subjetivo*, que surge quando a criança percebe que pode compartilhar experiências com outras pessoas. Um bom exemplo é quando um bebê tenta lhe dar uma bebida de sua garrafa antes de ele beber. Por fim, o *self verbal* se desenvolve quando usamos a linguagem para organizar a noção do self.

Arnold Buss, pesquisador e psicólogo norte-americano, fornece uma boa visão do significado de *identidade*. Dois aspectos compõem a identidade de uma pessoa:

» Identidade pessoal

» Identidade social

Forjando a identidade pessoal

Minha *identidade pessoal* consiste em coisas que me diferenciam na multidão, como meu bíceps grande e porte atlético. Na verdade, estou pensando em algo um pouco mais psicológico, mesmo que a aparência física faça parte da identidade de uma pessoa. Segundo Buss, a identidade pessoal é composta de um *self público* e um *self privado*, cada um com componentes próprios.

Três aspectos importantes compõem o *self público*:

» **Aparência:** Como mencionei antes na seção "Exibicionista", estar ciente de sua aparência é uma parte muito importante de sua identidade. Não é uma perspectiva exclusivamente ocidental. Culturas no mundo inteiro se envolvem em tentativas elaboradas e sofisticadas para melhorar a aparência e aprimorar a beleza pessoal, como definida por cada cultura em particular. Alguns filósofos afirmam que uma noção de estética é essencial para uma boa vida, fundamental para o autoconceito de uma pessoa.

» **Estilo:** George Clooney, Johnny Depp e Jay Z têm estilo. O jeito como eles falam, a linguagem corporal e expressões faciais são inegavelmente "deles". Todos têm um modo peculiar de falar e se mover. Até a caligrafia de uma pessoa é única. Essas coisas compõem o estilo de uma pessoa. Não fique confuso com os exemplos de Clooney, Depp ou Z; estilo não é sobre ser "legal". Meu estilo é único para mim, sendo legal ou não. É o estilo do "Dr. Cash" e não importa o que os outros possam dizer, acho ele muito legal.

» **Personalidade:** Teorias da personalidade tentam explicar a individualidade com base nas diferenças entre as personalidades. Se alguém colocasse minha personalidade no corpo de outra pessoa, meus amigos me reconheceriam? Talvez não de cara, mas finalmente podem começar a notar que existe algo lá porque as personalidades tornam as pessoas únicas; elas tornam uma pessoa identificável. As personalidades são duradouras e não mudam com facilidade. Por causa da consistência e da estabilidade, as personalidades são boas representações de quem é uma pessoa, mesmo que ela aja de modo diferente de tempos em tempos. O Capítulo 9 é sobre personalidade.

O *self privado* consiste nas características que são difíceis de ver e observar por outras pessoas. Quando um paciente chega para a psicoterapia, um psicólogo tem dificuldade para ajudá-lo se ele se recusa a falar sobre seu self privado, ou seja, pensamentos, sentimentos, devaneios e fantasias.

» **Pensamentos:** Saber o que alguém pensa é difícil, a menos que seja dito. Algumas pessoas são melhores que outras ao descobrir o que os outros pensam, mas realmente nada mais é do que um processo sofisticado de adivinhação. Meus pensamentos são exclusivamente meus.

» **Sentimentos:** Os profissionais da saúde mental costumam avaliar os novos pacientes em hospitais psiquiátricos com algo chamado *exame do status mental*. O profissional observa o paciente, em parte para descobrir como ele se sente. Esse aspecto observável de como alguém se sente é o *afeto*. Mas e o que a pessoa diz? Em geral não vejo a depressão de uma pessoa mesmo quando ela diz que está extremamente triste. Isso se chama *humor*, a experiência própria e privada do sentimento de uma pessoa. Quando os pacientes me dizem como se sentem, tenho que acreditar na palavra deles. É muito difícil dizer para alguém que ele não está triste quando diz que está.

» **Devaneios e fantasias:** Quem você seria sem devaneios e fantasias? De novo, as fantasias são geralmente privadas, sobretudo as sexuais. As suas são únicas para você e elas o definem.

Esculpindo uma identidade social

Qual é o seu nome? De onde você é? Qual a sua religião? Cada pergunta é um componente de um aspecto de sua *identidade social* — as coisas que o identificam com certa categoria social.

Afiliação de grupo se refere a coisas como suas vocações e clubes sociais. Muitas pessoas se identificam pelo tipo de trabalho que fazem para viver. "Sou bombeiro!"; "Sou policial!". Sou psicólogo. Mas outra dimensão importante da identidade social são os clubes sociais e as panelinhas às quais uma pessoa se afilia. Seria muito difícil negar a forte identificação que muitos universitários têm com suas fraternidades nos EUA. Outras pessoas se veem como "caubóis" porque usam botas, jeans, chapéus e dançam em fila em clubes de música country. Não importa a sua praia, normalmente isso lhe dá uma sensação de exclusividade que vai além de outros aspectos da identidade pessoal. Sua identidade social é composta de certos fatores de identidade que, quando vistos juntos, são iguais ao "você" social. Esses fatores incluem afinidade, raça, etnia e crenças religiosas.

Afinidade

A maioria das pessoas percebe que a *afinidade* é essencial para a identidade social. Seus parentes são sua "família" e a maioria das pessoas tem o sobrenome de sua família de origem. Nos EUA, os sobrenomes são nomes legais e um modo bem confiável de identificar as pessoas. Embora muitas pessoas tenham o mesmo nome, muitas outras não têm.

Na cultura árabe, o sobrenome não é o principal modo de identificar o parentesco de alguém. Legalmente, os sobrenomes costumam ser usados para a identificação, mas uma pessoa é identificada socialmente pelo pai, e o pai é identificado por quem é seu filho mais velho. Em vez de ser "Sr. Nasser Khoury", um indivíduo nessa cultura seria o "Pai de Josef" ou "Abu Josef". O filho, "Josef Khoury" seria o "Filho de Nasser", "Bin Nasser" ou "Josef Nasser".

Etnia e nacionalidade

Etnia é outro aspecto importante da identidade social e é definido como uma classificação de pertencer a um grupo em particular com base em uma tradição cultural similar. Em geral, essas categorias comuns são encontradas em formulários de emprego e escola. As categorias são bem arbitrárias no nome, mas incluem muitas informações. Algumas pessoas ficam mais à vontade não identificando as diferenças étnicas, porque temem sofrer discriminação. Mas a etnia tem um grande papel em quem são as pessoas e na cultura que orienta suas vidas.

LEMBRE-SE

Nacionalidade é diferente de etnia. Posso ser um cidadão nascido e crescido no Canadá com etnia japonesa. Etnia e nacionalidade são partes importantes da informação sobre uma pessoa porque um cidadão peruano de ascendência japonesa provavelmente é muito diferente de um cidadão canadense de ascendência japonesa.

Afiliações religiosas e de grupo

A *afiliação religiosa* afeta a identidade social de uma pessoa em graus variados. Em Israel, por exemplo, a maioria dos habitantes da cidade de Nazaré tem etnia árabe, mas existem dois grupos religiosos distintos: muçulmanos e cristãos. A identidade religiosa de um indivíduo é um aspecto essencial ao determinar quem ele é. Alguns norte-americanos se identificam muito pela denominação religiosa: católico romano, presbiteriano, luterano, muçulmano, judeu, hindu etc.

Reunindo alguma autoestima

Infelizmente, às vezes ter um *self do espelho* pode ser ruim (veja a seção "Identificando-se", anteriormente neste capítulo). Contanto que os outros vejam você de modo favorável, tudo bem. Mas nem sempre é assim. Crianças, por exemplo, às vezes são depreciadas, diminuídas ou abusadas verbalmente pelos próprios pais. Até os adultos sabem que os outros nem sempre os têm na mais alta estima, portanto, muitas pessoas não têm grande consideração por si mesmas.

Desculpe pela introdução depressiva, mas muitas pessoas precisam entender o conceito de *autoestima*, a avaliação de um indivíduo de seu amor-próprio por meio da ausência. A maioria das pessoas que conheço é muito rápida em identificar se alguém que elas conhecem tem baixa autoestima. Elas existem aos montes. Quero dizer, você já viu a seção "Autoajuda" em uma livraria? Geralmente é muito grande, e eu já me deparei com a seção "Você já é uma ótima pessoa!" nas livrarias e nas bibliotecas que visito.

LEMBRE-SE

Buss faz uma boa avaliação das seis fontes principais de autoestima:

> » **Aparência:** Em geral as pessoas ficam melhor consigo mesmas quando se sentem atraentes. Muita psicologia social demonstrou que as pessoas consideradas atraentes recebem mais favores e são preferidas para a interação social do que aquelas que não. Ter boa aparência significa se sentir bem!

- **Habilidade e performance:** As pessoas se sentem melhor consigo mesmas quando têm boas notas, fazem bem o trabalho e fazem coisas com sucesso. Quanto mais uma pessoa consegue operar sozinha, mais provavelmente ela se sente bem consigo mesma.

- **Poder:** Quando uma pessoa sente que tem o controle de sua vida, é mais provável que ela se sinta bem consigo mesma. Há pelo menos três subcategorias de uma noção de poder: dominação, status e dinheiro. A dominação pode ser conseguida por coerção, competição ou liderança. O status e o dinheiro falam por si só. Não estou dizendo que pessoas pobres e desconhecidas se sentem mal consigo mesmas, mas provavelmente elas ficarão melhores se tiverem status e uma conta bancária maior.

- **Recompensas sociais:** Três tipos de recompensa social fazem as pessoas se sentirem bem sobre quem são.
  - *Afeição:* As pessoas gostam de você.
  - *Elogio:* Alguém diz que você está fazendo um bom trabalho.
  - *Respeito:* Outras pessoas valorizam suas opiniões, pensamentos e ações.

- **Elementos indiretos:** Essa fonte de autoestima é sobre se sentir bem consigo mesmo por causa de coisas "externas", não "internas". A *fama refletida* faz você se sentir bem porque você tem um impulso por estar perto ou associado a pessoas bem-sucedidas, poderosas e populares. É uma forma de autoestima do tipo "conheço pessoas famosas". Ter belos bens materiais também pode fazer algumas pessoas se sentirem melhores consigo mesmas.

- **Moralidade:** Envolve ser uma boa pessoa e viver segundo padrões e regras de conduta social que você admira. Ser uma boa pessoa nunca prejudica a autoestima. Em grande parte, moralidade é um termo relativo. Mas quando alguém sente que tem uma moral elevada (seja qual for a definição dela) em uma situação, provavelmente a pessoa tem uma autoestima positiva.

Além dessas fontes de autoestima, uma pesquisa também sugere que certos aspectos da personalidade podem impactar a autoestima. Timidez e isolamento social são associados a uma noção de pouco amor-próprio. Por outro lado, pessoas otimistas e sociáveis normalmente dizem se sentir melhor consigo mesmas. Então, parece que ser social e ter boas relações são importantes para se sentir bem consigo mesmo. Isso me leva ao tópico das relações, e assim deixo para trás o reino do self isolado.

> **NESTE CAPÍTULO**
>
> » Conectando outras pessoas
> » Aproveitando a família
> » Curtindo com os amigos
> » Envolvendo-se com romance e amor
> » Conhecendo você
> » Comunicando-se com outras pessoas

Capítulo 10
Conexão

Somos melhores juntos, certo? Bem, melhor ou não, todos estamos inseridos em um campo de relações com outras pessoas. O que acontece quando saímos do isolamento virtual e nos aproximamos dos outros? Como fechamos o aparente abismo entre nós e os outros seres humanos em volta? Isso nos leva ao tópico das relações e como são formadas.

Pode haver um "self" sem um "outro"? Veja o que o teórico das relações objetais N. Gregory Hamilton diz:

> Com medo da nossa solidão e pequenez, precisamos ganhar coragem recebendo amor e carinho de nossos cuidadores... Só depois de recebermos a atenção de que precisamos podemos crescer fortes e confiantes o suficiente para aceitar nossas fraquezas e anseios como nossos e cuidar dos outros.

Psicanalistas sempre tendem para a literatura, e, embora sua afirmação não pareça muito científica, Hamilton está falando sobre um dos pilares da investigação psicológica: *relações*. Se estamos conectados ou não, essa não é a questão. Nós estamos. Mas como isso acontece? Neste capítulo explico como ficamos conectados, criamos relações e amor, nos conhecemos e comunicamos.

Afeiçoando-se

Os seres humanos são, sem dúvida alguma, criaturas sociais. Alguns são muito sociais, já outros são menos; mas a maioria tem um desejo de socializar pelo menos um pouco. Na verdade, se uma pessoa tem extremo desinteresse pelas interações sociais, ela pode ter uma forma de doença mental chamada *transtorno de personalidade esquizoide*. Os transtornos de personalidade são detalhados no Capítulo 15.

As relações humanas mais básicas são entre duas pessoas: marido e esposa, irmão e irmã, amigos. Como você cruza a divisão entre seu self isolado e as pessoas no mundo em volta? Os psicólogos abordaram esse problema vendo qual é a primeira relação de uma pessoa em geral: mãe e filho. Percebo que essa não é a primeira relação para todos. Algumas pessoas são criadas pelos avós ou por pais adotivos. Portanto, na verdade, as primeiras relações que as pessoas têm são com os cuidadores primários, que podem ou não ser suas mães.

Até os macacos ficam tristes

Pesquisadores costumam analisar a relação primária entre um cuidador e uma criança usando um conceito chamado *apego*. John Bowlby é considerado a figura dominante na pesquisa do apego (isso significa que ele tem uma grande autoestima, certo?) A teoria de Bowlby determina que as crianças são basicamente dependentes de seus cuidadores por fornecerem as necessidades da vida (alimento, abrigo, estímulo, amor etc.). Em grande parte, as crianças são indefesas, exceto por sua capacidade de "se apegar" e formar uma relação com seu(s) cuidador(es) primário(s). Essa conexão ou apego assegura que as necessidades da criança sejam atendidas.

LEMBRE-SE

Quando uma criança se encontra em situação ameaçadora, ela tenta se reconectar com o cuidador primário. Isso se chama *comportamento de apego*, ou seja, qualquer coisa que uma criança faz para obter ou manter a proximidade com alguém percebido como sendo mais capaz de lidar com o mundo. Um cuidador primário é visto como uma *figura de apego*. Se você sabe que suas figuras de apego estão disponíveis quando precisa delas, se sente mais seguro.

Bowlby via o apego como um aspecto essencial para ter uma vida produtiva e saudável psicologicamente. De fato, quando não existe apego, as crianças costumam ter depressão, ansiedade e geralmente um bem-estar psicológico ruim. Nos anos 1950, por exemplo, profissionais da saúde mental começaram a investigar os efeitos da hospitalização de longo prazo e da institucionalização sobre crianças e eles documentaram problemas graves. Foram inegáveis os efeitos negativos de um cuidado inadequado ou ausente durante a infância e os primeiros anos de vida. Crianças precisam de acesso aos cuidadores que elas conhecem e a quem estão conectadas.

Em 1959, o psicólogo Harry Harlow, da Universidade de Wisconsin-Madison, fez um experimento interessante com macacos. Ele colocou os bebês macacos em uma jaula com duas versões fictícias de macacas mães. Uma das bonecas era de tecido macio e não tinha alimento; a outra era de arame, mas tinha alimento para os bebês comerem. Os bebês preferiram o contato com a boneca macia, apesar da presença de comida com a mãe de arame. Harlow fez outro experimento em que ele privava os filhotes do contato social com outros macacos por até seis meses. Quando esses macacos eram liberados para ficar com os outros, o comportamento deles lembrava o de um ser humano deprimido e ansioso, com graves níveis de comportamento de afastamento, automutilação (por exemplo, se mordendo) e nervosismo.

Apego com estilo

Deve ser inegável que o apego representa uma relação essencial para todas as pessoas, mas estou certo de que você sabe como pode ser grande a lacuna entre o ideal e a realidade; o conceito de apego humano não é nenhuma exceção. Algumas pessoas fazem terapia hoje por causa das relações abaixo do ideal que tiveram com seus cuidadores primários. Portanto, se Bowlby nos apresentou o ideal, o que existe além?

Várias teorias de *estilos de apego* abordam as variações na relação ideal de Bowlby. Foi usada a técnica da *situação estranha* para determinar a natureza e a extensão do apego das crianças. Na situação estranha, uma criança e seu cuidador primário são colocados em uma sala com alguns brinquedos para brincar. Então, o cuidador primário levanta e sai da sala. Os pesquisadores observam e registram a reação da criança. Depois de um tempo, um estranho entra na sala e a reação da criança é registrada de novo. Por fim, o cuidador primário volta para a sala e o comportamento da criança é registrado uma última vez.

Os pesquisadores planejaram a situação estranha para determinar se uma criança usa o cuidador como uma base segura a partir da qual explorar o ambiente. Uma criança vê um cuidador como uma *base segura*, um lugar seguro para explorar o mundo, alguém para quem retornar em segurança se houver necessidade. A situação estranha observou o seguinte para responder a estas perguntas:

» Quando o cuidador sai, a criança se preocupa ou reage protestando?

» Se há um protesto, é porque a criança prefere estar com o cuidador ou ela tem medo de que o cuidador não voltará?

» Quando o cuidador retorna, a criança o recebe com alegria ou reage de algum outro modo mais ressentido ou distante?

As respostas levam a uma descrição dos três estilos básicos de apego:

» **Seguras:** Crianças apegadas com segurança mostram o seguinte comportamento:

- Elas usam o cuidador primário como uma base segura a partir da qual explorar seus ambientes.
- Elas protestam um pouco quando o cuidador sai, mas por fim se acalmam, parecendo confiar que ele voltará.
- Mesmo com estranhos e outros adultos, elas são amistosas, mas não muito.
- Ao se reunirem, elas ficam com o cuidador primário e buscam conexão.

» **Ansiosas/ambivalentes:** Crianças ansiosas/ambivalentes agem assim:

- Elas não usam seus cuidadores como bases seguras para explorar.
- Às vezes elas resistem a um contato inicial com o cuidador, mas resistem firmemente a qualquer tentativa de interromper esse contato depois de ter sido estabelecido.
- Elas são esquivas ou por vezes agressivas na presença de estranhos.
- Elas choram muito com a separação e são difíceis de consolar.

» **Esquivas:** Crianças esquivas agem deste modo:

- Elas parecem precisar de menos contato com o cuidador.
- São indiferentes quando ficam sozinhas ou choram apenas porque estão sozinhas, não porque parecem perder o cuidador.
- No retorno do cuidador, elas evitam ou ignoram a pessoa.

Antes de alguém planejar a própria "situação estranha" em casa para ver o quanto as crianças amam ou não a pessoa, deixe-me explicar a *bondade de ajuste*. Isso se refere a como o cuidador primário e a criança combinam em termos de temperamento e personalidade. Esse ajuste pode ter efeito no estilo de apego e deve ser considerado antes que alguém se subestime como pai/mãe horrível ou "filho detestável".

DICA

Às vezes cuidadores e crianças podem parecer envolvidos em uma dança harmoniosa, perfeitamente sincronizada entre si. Outras, parece que ambos têm dois pés esquerdos. Se uma mãe é nervosa e cheia de energia, ela pode não se sair bem com um bebê calmo — e vice-versa. O estilo de interação e a suavidade como ela acontece é um fator poderoso ao estabelecer um apego seguro. Portanto, se você tem problemas e acha que seu filho está pouco apegado, examine o estilo de interação e veja se há alguma coisa que você possa fazer diferente para melhorar.

Recreação em Família e com Amigos

Já se perguntou por que tantas pessoas ficam deprimidas nas festas de fim de ano? Talvez elas não estejam ansiosas para contrair dívidas para financiar todos os presentes. Ou talvez essas festas as lembrem de como são solitárias. Eu não caio nessa. Veja minha explicação: as festas de fim de ano significam reunir a família e as famílias são muito boas quanto a envergonhar e depreciar uns aos outros apontando problemas com peso, calvície ou salários miseráveis. Isso pode ser muito deprimente! Por sorte, as famílias são boas em algumas coisas positivas também.

Uma *família* consiste em, pelo menos, duas pessoas relacionadas por sangue, casamento ou adoção. Parece que as famílias mudaram um pouco nos últimos vinte anos, inclusive aumentando o número de famílias monoparentais, casamentos homoafetivos e famílias mistas devido ao divórcio. Muitos casamentos terminam em divórcio, portanto, as crianças aprendem a lidar com dois pais/mães, meio-irmãos e festas compartilhadas. Mesmo que a face moderna da família tenha mudado, muitas de suas funções básicas continuam iguais.

O *modelo McMaster do funcionamento familiar* se divide em sete componentes maiores de, adivinha, funcionamento familiar:

» **Solução de problemas:** A capacidade da família para resolver problemas e manter-se funcionando.

» **Comunicação:** A clareza e a objetividade da troca de informação na família. Você sabia que isso ia acontecer.

» **Papéis:** Os diferentes comportamentos e responsabilidades de cada membro da família em termos de atender a necessidades básicas, realizar tarefas domésticas e dar suporte emocional e sustento.

» **Responsividade afetiva:** A capacidade de cada membro da família de expressar e vivenciar a variedade, a intensidade e a qualidade das emoções.

» **Envolvimento afetivo:** O interesse da família como um todo nos valores, nas atividades e nos interesses dos outros.

» **Controle do comportamento:** Regras e padrões de conduta. Arrotar à mesa no jantar nunca foi motivo de riso na minha família, mesmo que estivéssemos bebendo refrigerante e comendo couve-flor!

» **Funcionamento familiar geral:** A capacidade da família em realizar as tarefas diárias em todas as outras seis áreas. Se você desse uma nota para sua família, qual seria?

FILHOS DO DIVÓRCIO

Os efeitos do divórcio sobre os filhos têm sido uma controvérsia desde a primeira canetada na linha pontilhada dos famosos papéis. E muitos pais ficam juntos "para o bem das crianças". No entanto, a maioria das pesquisas costuma mostrar que os filhos não são necessariamente afetados de modo adverso pelo divórcio dos pais. Os meninos parecem ser um pouco piores que as meninas em longo prazo, mas uma pesquisa revela que o indicador mais importante de como as crianças lidam com um divórcio é a natureza do casamento. Se os pais sempre brigam e têm uma relação tumultuada quando casados, então é provável que o divórcio ocorrerá de modo ruim, tendo um impacto negativo sobre o ajuste das crianças. Pesquisadores costumam aconselhar que os casais não discutam nem tratem as questões relacionadas ao divórcio na frente dos filhos e mantenham o mínimo possível de conflito em geral, para evitar estresse e tensão desnecessários, lidando com as dificuldades das crianças.

Paternidade com desenvoltura

Um grande amigo meu recentemente teve um bebê. Logo quando eu estava para dar conselhos psicológicos sobre paternidade, ele começou a falar sobre todos os conselhos que as pessoas lhe deram e como isso o incomodava. Guardei a minha opinião para mim. "Chorar abre os pulmões." "Não dê chupeta aos bebês." Há tantas opiniões sobre como criar os filhos quanto pessoas no planeta. Por sorte, psicólogos vêm tentando simplificar as coisas.

Diana Baumrind, psicóloga clínica e de desenvolvimento, assumiu a tarefa de tentar reduzir a paternidade a algo um pouco mais gerenciável. Ela propôs três estilos principais de paternidade: *autoritária*, *impositiva* e *permissiva*:

- » **Autoritária:** Os pais são rígidos e ditatoriais. Algumas crianças se sentem prisioneiras em suas próprias famílias; os pais são rígidos demais e não ouvem o que os filhos têm a dizer. Eles são como sargentos. O que eles dizem é o que vale e não há discussão. Infelizmente, toda essa dureza tende a sair pela culatra. Os pais autoritários tendem a ter filhos que são excessivamente passivos ou rebeldes e, algumas vezes, hostis. Estes pais podem aprender muito com o próximo estilo de paternidade.

- » **Impositiva:** Essas pessoas tendem a lidar com a paternidade usando um estilo mais democrático. Os pais das gerações anteriores geralmente criticam como os pais "de hoje" tentam argumentar demais com os filhos. "O que essa criança precisa é de uma boa palmada!" Os pais impositivos ouvem os filhos e permitem que eles tenham voz, mantendo autoridade parental e controle. Os filhos parecem prosperar nesse ambiente e tendem a ser mais sociáveis, se sentem mais capazes e mais bem adaptados em geral conforme crescem.

- **Permissiva:** Existem dois tipos de pais permissivos:
    - **Indulgente:** Já foi a uma daquelas festas regadas a cerveja do ensino médio? Nem eu, mas ouvi dizer que são uma doideira. Sempre quis saber onde estão os pais desses filhos. Ah, entendi; eles têm "pais legais". Os pais indulgentes estão envolvidos com os filhos, mas fogem do controle, da autoridade e da disciplina. Às vezes eles até permitem aos filhos que tenham um comportamento questionável porque não querem alienar as crianças.
    - **Indiferente:** Estes pais são negligentes devido a inúmeros fatores possíveis, inclusive obsessão pela profissão, abuso de drogas ou egocentrismo. Seja qual for o motivo para algumas pessoas adotarem este estilo, os pais permissivos tendem a ter filhos que relatam estar mal preparados para lidar com as demandas do crescimento.

Aceitando seu rival: Irmãos

Sempre me pergunto para que servem os irmãos. Aqueles que são filhos únicos podem ter fantasiado sobre ter um irmão ou irmã. As pessoas com irmãos podem pensar que essas criaturas são muito boas só para brigar e roubar seu crush, mas os psicólogos descobriram que, na verdade, há mais coisa aí.

Os irmãos têm um efeito poderoso no desenvolvimento de uma pessoa. Eles criam um ambiente familiar que seria muito diferente sem eles. Os irmãos também são boas fontes de amizade, companheirismo e afeto. Às vezes eles podem até ser modelos a seguir. Veja três outras funções distintas que os irmãos fornecem uns aos outros:

- **Regulação mútua:** Agir como caixas de ressonância e campos de teste para um novo comportamento, como praticar o término de uma relação antes de falar para o(a) namorado(a) desavisado(a).
- **Serviços diretos:** Facilitar as obrigações domésticas e às vezes dar um apoio prático, como caronas, ajudar no dever de casa ou conselhos de moda.
- **Apoio:** Ajuda mútua quando necessária, formando alianças e ficando juntos.

Muitas pessoas estão familiarizadas com a rivalidade e a discórdia entre irmãos. Uma pesquisa mostra que as qualidades negativas mais comuns associadas a irmãos são o antagonismo e as brigas. Algumas pessoas acham que as brigas acabam quando as pessoas crescem, mas a verdade é que o caráter emocional básico das relações de irmãos permanece estável ao longo do tempo. As interações podem mudar, mas os sentimentos continuam iguais.

Ficando íntimo: Construindo pontes

Até então, estou analisando a progressão desde as primeiras relações afetivas, indo cada vez mais longe no mundo social. A ponte que nos leva de Mamãe e Papai para o "mundo" geralmente é vista como as relações com colegas ou *amizade*.

Como é mesmo aquele ditado? "Amigos para sempre"? Ou "Diamantes são eternos"? Nunca lembro. Eu não tenho muitos diamantes, portanto, realmente não importa. As boas amizades têm um lugar especial em nossos corações e mentes. Onde estaria Oprah Winfrey sem Gayle King? Bob Esponja sem Patrick? Butch sem Sundance? Príncipe Harry sem Megan Markle?

Os psicólogos Willard Hartup e Nan Stevens fazem uma bela análise da pesquisa relacionada à amizade. Basicamente eles definem *amizade* como uma relação entre pessoas mutuamente atraídas e envolvidas em um relacionamento recíproco de troca. Amigos são diferentes de conhecidos, no sentido de que nossas relações são geralmente mútuas. Há muito dar, receber e dar de novo, na maioria das amizades.

LEMBRE-SE

Os bons amigos apoiam e ajudam as pessoas a lidarem com os problemas da vida. Mas fazer amigos não é fácil; requer muita habilidade social. Não faz mal se você é bem adaptado socialmente. Ser igual e justo também ajuda. E saber como lidar com os conflitos quando eles surgem ajuda a manter as amizades desenvolvidas.

Quem são seus amigos? Aposto que são pessoas muito parecidas com você. Em geral os amigos têm idade parecida, gênero, etnia e habilidade. Muitas vezes os amigos também têm um estilo de vida parecido. Em termos gerais, conforme as pessoas envelhecem, os amigos tendem a ser pessoas com quem você trabalha, ou seja, provavelmente são da mesma classe socioeconômica também. Isso ainda acontece relativamente, apesar da popularidade das redes sociais e do uso da internet como ferramenta social. Acho que isso significa que não tenho amigos ricos!

A amizade tende a ter um efeito positivo no bem-estar psicológico. As pessoas com boas amizades costumam ser mais sociáveis, prestativas e confiantes. Os amigos fazem bem à saúde. Então, saia por aí e faça alguns amigos!

A importância das amizades em nos ajudar a ser melhores "conectores" começa cedo em nossas vidas, durante a infância, brincando com colegas. Brincar juntos como crianças nos ajuda a aprender a regular nossas emoções, pensamentos e comportamentos com base em aprender como os outros se sentem, pensam e se comportam. Estudos mostram que crianças que "brincam bem" juntas cooperam mais em "tarefas menos divertidas" ou tarefas não preferidas, como limpar e fazer um trabalho. Quando brincamos juntos, lidamos com situações juntos quando não há uma pressão real em si, portanto as apostas são baixas. Isso nos ajuda quando as apostas são realmente mais altas. Essas interações entre colegas durante o jogo são uma boa preparação para muitas outras relações, conforme nosso mundo social se expande.

Atração, Romance e Amor

Companheiros, parceiros, interesses amorosos: há muitos modos de pensar sobre as pessoas que nos atraem e pelas quais temos sentimentos românticos. No mundo atual, esses conceitos estão menos vinculados por gêneros, pressões sociais e normas tradicionais, talvez como nunca antes, mas os princípios básicos são consideramos os mesmos. Eu amo (sem duplo sentido) um comediante que disse que respondeu à namorada quando ela perguntou se ela era "a única" dizendo "Você é uma das únicas", porque ele não conhecia todas as pessoas e poderia haver mais por aí. Essa doeu! Cinismo à parte, basta ver programas "encontre um parceiro" na TV para saber que o amor está muito vivo (*The Bachelor*, *The Bachelorette*, *90 Dias para Casar*, *Casamento à Primeira Vista*, para citar alguns).

A CIÊNCIA DO BOM CASAMENTO

O casamento é interessante, no mínimo. Considerando que a taxa de divórcio nos EUA está entre 42% e 45%, segundo algumas estimativas, parece que é basicamente uma proposta decidida com cara ou coroa. Porém, uma luz foi lançada sobre alguns aspectos do casamento que parece prever o sucesso. O psicólogo John Gottman iniciou uma intensa análise científica e nos presenteou com os seguintes "ingredientes" para um casamento bem-sucedido, que podem ser encontrados no livro dele com Nan Silver, *Sete Princípios para o Casamento Dar Certo*. Os sete princípios são os seguintes:

1. **Aprofunde o conhecimento mútuo.** Familiarizem-se com o mundo um do outro.
2. **Cultive afeição e admiração.** Continuem "gostando" um do outro, vendo-se de forma a sentir estima e respeito.
3. **Voltem-se um para o outro.** Faça propostas que chamem a atenção do seu parceiro e responda às propostas dele.
4. **Aceite a opinião do seu parceiro.** Em vez de se sentir "incomodado" ou criticado, aceite o conselho e considere-o. E talvez até faça o que foi sugerido!
5. **Resolva os problemas que têm solução.** Participe na resolução eficaz de conflitos e priorize.
6. **Supere os impasses.** Ajude o outro a conseguir e realizar os próprios sonhos e metas. Não se "bloqueiem".
7. **Crie significado na vida em comum.** Tenham um envolvimento mutuamente enriquecedor, em torno do que é significativo para os dois.

Como escolhemos quem amamos

Como "pegamos alguém"? Os psicólogos Gul Gunaydin, Emre Selcuk e Cindy Hazan dividiram o processo em quatro estágios: acessibilidade, apelo, alcance e o único.

Acessibilidade

Basicamente esse princípio pode ser resumido dizendo que um critério é a proximidade de uma pessoa no local e conexões sociais em comum. Considere isso como o princípio "Tem alguém que quero que você conheça".

Apelo

O quanto alguém pode ser interessante para nós pode ser dividido em três subcritérios:

- » **Semelhança:** Gostamos de pessoas parecidas conosco. (Argggh!) Não é assim tão nojento. Uma pesquisa mostra que tendemos a ser atraídos por pessoas de nossa própria idade, etnia, educação e grupos religiosos. Também preferimos interesses amorosos em potencial por quem é parecido em atração física (para saber mais sobre o conceito de os "opostos se atraem", veja a seção "Expansão do amor", posteriormente neste capítulo).

- » **Familiaridade:** Quanto mais sabemos sobre uma pessoa, mais fundamentada é nossa escolha. A familiaridade ajuda a coletar informações. É como o critério "a pessoa vem de uma boa família". É um atalho para todos os dados relevantes e informações sobre alguém, como status social, personalidade, atitudes e crenças.

- » **Atração:** Claro que isso tinha que estar na lista! Para simplificar (porque livros inteiros são escritos sobre o assunto), como regra, o que muitas pessoas acham atraente são pessoas geralmente com bom humor; pessoas que se mostram e compartilham informações sobre si mesmas; e ideias incorporadas socialmente sobre atração física dos gestos faciais, corpo, voz e até cheiro de alguém.

Alcance

Esse fator pode ser considerado como o critério "demais para mim" ou nenhum critério. Gunaydin, Selcuk e Hazan afirmam que temos a tendência a gostar de pessoas que gostam de nós. Aprendemos que elas estão "no alcance" com base nessa reciprocidade. Gostar de mim quando eu gosto de você o torna "alcançável".

O "único"

Por fim, quando todas as possibilidades acessíveis, atraentes e alcançáveis são reduzidas, chegamos à paixão romântica. Como Dorothy Tennov afirma em seu livro de 1979, *Love and Limerence: The experience of being in love* [sem publicação no Brasil], "fechamos os portões emocionais para evitar mais invasão" de possíveis outras pessoas.

Muito romântico, eu sei! Psicólogos são meio conhecidos por dividirem as coisas de modos menos "sexy" de ver.

Expansão do amor

"Você me completa." "Você me faz querer ser uma pessoa melhor." "Com você cresço quilômetros em qualquer direção." Gostou da última? Foi uma sugestão só minha. Mas eu tive ajuda de um modelo teórico conhecido como *modelo de autoexpansão do amor*. Há uma ótima fala no filme *A Garota Dinamarquesa* (2015) que captura o sentimento com perfeição: "Eu te amo porque você é a única pessoa que me entendeu, que me fez possível."

O modelo de autoexpansão do amor, desenvolvido por Arthur Aron e Elaine N. Aron, propõe que o amor é construído com base em dois princípios motivacionais:

» O desejo de expandir tudo que é "você" para realizar e perceber melhor suas metas.

» O princípio da "inclusão dos outros em si".

LEMBRE-SE

Uma pesquisa mostra que, quando nos apaixonamos, nossa autoestima e autoeficácia aumentam. Nós nos sentimos melhores e mais confiantes em nós mesmos quando amamos e somos amados, e quando nossa imagem mental e construção de nosso "eu" sobrepõem a imagem mental do outro e a construção de nós. É uma versão científica de "se ver nos olhos do outro".

Questionário da Autoexpansão é um instrumento desenvolvido por Gary Lewandowski e Arthur Aron, designado a medir a extensão em que alguém vivencia a autoexpansão em uma relação perguntando se uma relação fornece novas experiências, novas perspectivas, leva a aprender novas coisas e torna alguém uma pessoa melhor. Basicamente, esse modelo defende que a atração e o gostar recíprocos por meio da semelhança e da familiaridade sugerem para nós que uma relação é "possível" e sinalizam o potencial da autoexpansão. Isso pode explicar o velho ditado: "Os opostos se atraem!"

Conectando Pensamento e Ação

O homem é um ser social, e nenhuma pequena parte da sobrevivência depende da habilidade de uma pessoa em entender e participar efetivamente do ambiente social. A compreensão social (inclusive alianças, inimigos, alocações de recursos, divisão de trabalho, relações, comunicação e autoconsciência) é essencial. Claro, psicólogos investigaram o papel dos processos mentais nessa dança social examinando o que é chamado de *cognição social*. O *Dicionário de Psicologia APA* define cognição social como os processos nos quais as pessoas percebem, pensam, interpretam, classificam e julgam os próprios comportamentos sociais e os dos outros. Mas, naturalmente, pensar não é suficiente. Também temos que nos comunicar com os outros. Nesta seção, explico algumas categorias essenciais de habilidades sociais, inclusive a compreensão do comportamento, dos pensamentos e dos sentimentos de outras pessoas com cognição social.

Explicando os outros usando a percepção

As pessoas estão sempre se observando. Quando você vai a um local público, como um parque ou um shopping cheio, com que frequência observa as pessoas? Você observa as roupas delas, as bolsas que elas carregam ou as conversas que têm. Você nota todas as coisas e usa suas observações para chegar a conclusões.

Não acredita? Quantas vezes você decidiu que o adolescente com cabelo roxo e piercing no nariz está só querendo atenção? Quando foi a última vez em que achou que a mulher que dirige o SUV novinho com os filhos no banco de trás é uma dona de casa cujo marido, jogador de futebol bem-sucedido, paga as contas? De onde as pessoas tiram essas ideias? Talvez o garoto com cabelo roxo esteja fazendo um experimento de psicologia. É possível que a mulher seja CEO e mãe solo. Como saber? Se você é como a maioria, começou a tirar conclusões quase que instintivamente sobre os outros com base no que vê, ouve e vivencia.

Pressupondo

Tentar explicar o comportamento de outras pessoas pode ser complicado. Não é possível saber o que se passa na cabeça delas, portanto, só se pode imaginar o que acontece lá. Mas isso não impede que as pessoas tentem explicar as ações das outras. De fato, é tão comum que existe uma palavra para isso. O processo complexo de chegar a conclusões sobre as intenções e as características das outras pessoas, com base nas observações pessoais delas, é o processo cognitivo social conhecido como *percepção da pessoa*. Quase todos usamos suposições no processo de percepção da pessoa, inclusive:

» Pessoas são *agentes causais;* elas têm uma parte ativa e intencional ao produzir seu próprio comportamento. Ninguém ou nada mais as faz se comportar de certa maneira.

> Pessoas são como eu, pensando e sentido igualmente. Pensar assim permite que as pessoas usem a si mesmas como uma base quando tentam entender os outros.

Rápido no julgamento

Já sentiu amor à primeira vista? Sempre imaginei como isso funciona. Como posso me apaixonar por alguém só de olhar para a pessoa? Talvez uma pesquisa na área dos *julgamentos rápidos* possa ajudar a responder essa pergunta. Os julgamentos rápidos das pessoas são avaliações instantâneas, automáticas e inconscientes.

Eles seguem dois tipos de pista:

> **Pista estática:** As coisas que são relativamente inalteradas em uma pessoa, como aparência, gênero e tipo de corpo (excluindo roupas). As pessoas usam essas informações para fazer *julgamentos de avaliação* sobre os outros, e tais julgamentos podem ser certos ou errados. Posso avaliar uma pessoa com certo estilo de cabelo como tranquila e descontraída (longo e hippie) ou posso vê-la como nerd e certinha (alto e rente nas orelhas). De qualquer modo, estou usando um aspecto da aparência física de alguém para fazer um julgamento sobre o tipo de pessoa que ela é.

> **Pista dinâmica:** Coisas que tendem a mudar dependendo da situação, como expressões faciais, roupas e maneirismos. Quando vejo uma pessoa sorrir, posso avaliá-la como geralmente feliz ou pressupor que ela apenas ouviu uma piada engraçada. De qualquer maneira, estou usando informações relativamente básicas para fazer avaliações rápidas da personalidade ou da vida de uma pessoa.

Criando uma impressão

Os julgamentos rápidos são só o começo das tentativas de entender outras pessoas. Todos nós fazemos julgamentos rápidos e, em geral, não temos consciência disso. No processo da *formação da impressão*, as pessoas vão além dos julgamentos rápidos e fazem inferências profundas sobre como é uma pessoa.

Solomon Asch, na Swarthmore College, propôs uma teoria popular da formação da impressão que foca a existência de *traços centrais* que colorem as interpretações e os significados percebidos dos traços observados. É como uma sensação interna de que certos traços andam juntos. Por exemplo, uma pessoa atraente pode ter mais facilidade para ter a ajuda para trocar um pneu do que uma pessoa sem graça. Isso pode estar relacionado à suposição de que o atributo da atratividade está automaticamente conectado ao atributo da gratidão. Não ajudarei uma pessoa sem graça e ingrata a trocar o pneu.

Teoria implícita da personalidade

Nos anos 1950, Jerome Bruner e Renato Tagiuri consideraram a sensação interna dos traços indissociáveis como parte de uma *teoria implícita da personalidade*. As pessoas aprendem que certos traços andam juntos porque disseram ou observaram que é assim. Ouvi milhares de vezes que pessoas educadas não interrompem, portanto eu imagino que sou muito grosseiro, porque eu interrompo o tempo todo. Interrupção e grosseria "andam" juntas em minha teoria implícita da personalidade.

Basicamente, as teorias implícitas da personalidade são estereótipos. Os estereótipos são uma consequência inevitável das tentativas de entender o mundo social. Eles são considerados atalhos. Possivelmente ninguém consegue armazenar avaliações independentes de cada pessoa que já encontrou. Isso ocuparia espaço demais na memória humana. Ao contrário, as pessoas classificam as outras e, às vezes, essa classificação resulta na formação de estereótipos. Infelizmente, em uma tentativa de simplificar o mundo, as pessoas costumam generalizar demais os aspectos negativos das outras, muitas vezes levando a preconceito e racismo.

Descobrindo as causas do comportamento dos outros

Julgamentos rápidos baseados em informação limitada não são o único atalho do pensamento; a maioria das pessoas também tenta determinar por que uma pessoa fez tal coisa ou o que causou certo comportamento. Isso é conhecido como *atribuição*, um processo pelo qual o comportamento de alguém é vinculado a causas internas ou externas.

LEMBRE-SE

Ao fazer uma atribuição, uma pessoa normalmente considera três importantes partes da informação:

» **Consistência:** Em geral as pessoas se comportam do mesmo jeito sempre que determinada situação ocorre.

» **Distinção:** Quando uma pessoa se comporta de modo diferente com pessoas diferentes e/ou em situações diferentes, os comportamentos dela são considerados "distintos".

» **Consenso:** Existe um acordo de que todas as pessoas agem de certo modo quando participam de certas atividades ou em contextos específicos.

Existem inúmeras combinações possíveis dessas três partes de informação em graus variados, e essas variações dão dicas sobre um comportamento ser motivado interna ou externamente. Por exemplo, a combinação de alta consistência, baixa distinção e consenso leva a uma *atribuição pessoal* (causa interna ou explicação do comportamento de alguém). Quando ajo com consistência nas situações, respondo aos mesmos estímulos do mesmo modo sempre e ajo de modo diferente das outras pessoas nessa mesma situação, provavelmente sou eu. Uma alta consistência, distinção e consenso levam a uma atribuição externa. Quando ajo igual nas situações, mas respondo de modo diferente, mas igual às outras pessoas na situação, aos mesmos estímulos, provavelmente é a situação ou o ambiente externo. Então, a que você atribuiria minha paixão por polca? Nem todos gostam de polca.

Todo esse julgamento levanta a questão sobre se as pessoas são precisas ou não em suas atribuições. Um erro consistente é chamado de *erro de atribuição fundamental.* Na maioria das vezes as pessoas subestimam o papel das causas externas como determinantes do comportamento dos outros. Há uma tendência a ver o que as pessoas fazem como inerente a elas, como causadas pelo ator, pois você não tem uma informação importante sobre o comportamento de alguém nas situações. Em dúvida, atribua ao ator. Quanto mais informações há, melhor juiz você se torna.

Por outro lado, as pessoas também têm uma tendência de ver seu próprio comportamento como resultado das causas externas mais do que o comportamento dos outros (Jones e Nisbett). Isso se chama *efeito/viés do ator- -observador.* Mais uma vez, essa tendência provavelmente é devida ao fato de que as pessoas têm acesso a mais informação sobre si mesmas.

Do mesmo modo, em relação ao sucesso e ao fracasso, as pessoas tendem a atribuir seus sucessos às causas internas e seus fracassos às causas externas. Isso inverte para os sucessos e os fracassos dos outros.

Cuidando de "você" com a teoria da mente

"Não posso ler sua mente, mas espero que você leia a minha" poderia ser o slogan do programa de TV *Heim? Não entendi!* Certo, o programa não existe; eu criei. Mas como lemos as mentes dos outros? Parece que acontece o tempo inteiro. Em 1978, os psicólogos David Premack e Guy Woodruff, no artigo intitulado "Does the chimpanzee have a theory of mind?", introduziram o conceito da *Teoria da mente (ToM),* iniciando uma pesquisa bem desenvolvida no campo da Psicologia social. Eles propuseram que desenvolvemos um sistema de inferências sobre a vida mental e as mentes das outras pessoas na forma de uma "teoria" sobre o que se passa dentro da cabeça delas. Henry M. Wellman detalhou a definição; nossa compreensão conceitual dos estados mentais da outra pessoa surge observando o comportamento dela. Vemos alguém fazendo algo e deduzimos que a pessoa tem pensamentos e sentimentos por "trás" daquele comportamento.

Uma pesquisa chamada *tarefa da falsa crença* foi usada com bebês e crianças pequenas para remontar as origens do desenvolvimento de nossa ToM. Nessa tarefa, é apresentado um teatro de fantoches em que um boneco (Diego) esconde um brinquedo e outro objeto, e sai de cena. Outro boneco (Fred) aparece e "procura" o brinquedo escondido. As crianças sem ToM pensarão que Fred sabe onde Diego escondeu o brinquedo, porque elas sabem! Elas não atribuem a Fred a possibilidade de não ter visto onde Diego escondeu o brinquedo. As crianças com ToM (para Fred) saberão que ele não tem ideia de onde ele está. É um experimento bem legal!

A teoria da mente consiste em mais do que apenas "falsas crenças" atribuídas aos outros. Nossas ToMs incluem uma compreensão das intenções dos outros, desejos, noção subjetiva do self e uma ideia do que as pessoas sabem e não sabem (conhecimento e ignorância). Conforme nossas ToMs ficam mais sofisticadas, entendemos as interações entre esses vários estados mentais.

Dançando com os outros: Teorias da cognição social incorporada

Com os anos, alguns pesquisadores passaram a ver a percepção da pessoa e os modelos ToM da cognição social como limitados, fugindo da questão. Eles pensam que existe mais para entender os outros do que apenas sentar, observar e propor "teorias" sobre eles. Eles propõem que desde o início, quando crianças, participamos de uma "dança" perceptiva, expressiva e recíproca com outras pessoas em nosso ambiente e, com isso, "aprendemos" sobre elas. Agimos, percebemos, agimos, percebemos. Teorias e pesquisas sob essa construção geralmente são referidas como teorias da *cognição social incorporada*.

LEMBRE-SE

A principal noção da cognição social incorporada é que, conforme nos envolvemos ativamente na percepção dos corpos, das faces e das ações dos outros, sentimos o que se passa com eles.

O psicólogo Shaun Gallagher descreve assim:

> Não estou adotando uma posição observacional; não estou do lado de fora pensando ou tentando descobrir o que elas estão fazendo. Ao contrário, estou respondendo a elas de um modo incorporado e faço parte da situação. [...] O que chamamos de cognição social é a primeira interação social. Participamos de um ciclo de feedback que lembra uma dança e o nível correto de análise é a unidade social, não individual. Com uma mímica mútua, imitação, movimentos coordenados e expressão facial recíproca, passamos a "conhecer" os outros. Não temos "modelos mentais" das pessoas; mas temos interações em tempo real que nos informam sobre "elas" e ajudam a participar de uma interação social bem-sucedida fazendo ajustes a cada momento para ficarmos "sintonizados" o máximo possível, com base no feedback que temos quando agimos.

Habilidades de Comunicação

Um dos apelidos de Ronald Reagan era "O Grande Comunicador". Aparentemente, ele de fato conseguia transmitir o seu ponto de vista e as pessoas respondiam bem a seus discursos. Pessoalmente, não tive tempo para analisar as habilidades de comunicação de Reagan. Mas, se você negocia com nações como o presidente dos EUA ou tenta pedir um hambúrguer em um drive-thru, habilidades de comunicação são essenciais para ser uma pessoa qualificada socialmente.

Na Universidade de Ulster, Owen Hargie, Christine Saunders e David Dickson desenvolveram um modelo de *comunicação interpessoal* que identificava vários componentes importantes do processo de comunicação. Todos os episódios da comunicação têm uma meta e várias metas podem ser buscadas simultaneamente. Uma conversa varia como uma função da meta pretendida. Se minha meta é conversar com um velho amigo, posso falar sobre coisas diferentes em comparação com quando estou fazendo uma avaliação psicológica.

Existem também vários *processos mediadores* que modelam o processo de comunicação. Qualquer processo psicológico que afeta atingir uma meta de comunicação ou o resultado da comunicação pode ser um processo mediador. Um processo importante se chama *foco* (aquilo em que se presta atenção), que pode ter um impacto maior. Como você conecta as informações atuais da conversa com o conhecimento anterior também é importante, assim como é importante a *inferência*, ou seja, ir além da informação superficial sendo comunicada.

Outro aspecto essencial do processo de comunicação é o *feedback*, que são as informações fornecidas a mim por outra pessoa sobre como efetivamente estou me comunicando e como as uso. Se você usa o feedback para mudar como se comunica, então pode atender melhor às metas da conversa. Mas algumas pessoas parecem divagar, alheias aos sinais das outras pessoas em uma conversa, não entendendo nada. Esses divagadores não captam o feedback. Uma sugestão: quando alguém adormece quando você conversa, isso é um importante feedback.

LEMBRE-SE

Ser um ótimo comunicador envolve ser bom em três habilidades de comunicação específicas: fazer perguntas, explicar e ouvir.

Fazendo perguntas

Um recurso importante de toda comunicação eficiente é o processo de questionar. As perguntas são uma boa maneira de iniciar uma conversa, coletar informação e expressar para a outra pessoa que você está interessado no que ela diz. Há vários tipos diferentes de pergunta:

» **Lembrança:** Uma pergunta como "Onde você estava na noite do dia 12 de novembro às 22h?" pede que você lembre informações básicas. Só um conselho, se a polícia fizer essa pergunta: ligue para um advogado.

» **Hipotética:** Perguntas designadas a produzir um pensamento criativo como "Se você pudesse ter qualquer trabalho no mundo, qual seria?"

Outras perguntas que fazem o respondente analisar, avaliar ou resolver um problema costumam ter formatos diferentes que solicitam diferentes respostas:

- Perguntas **fechadas** requerem apenas sim ou não, ou uma resposta de identificação.
- Perguntas **abertas** requerem descrição e elaboração.

DICA É uma arte ser um bom questionador. Dar ao respondente contexto e estrutura costuma ajudá-lo a formar respostas que atendam às suas necessidades reais de informação. Você pode começar dizendo: "Tenho três perguntas principais." O importante é dar uma pista para a pessoa sobre o que você está tentando saber.

Explicando

Além de ser bom em questionar, o dom da palavra costuma requerer certa habilidade em se explicar. As explicações dão informações, esclarecem as mensagens e geralmente são usadas para demonstrar uma intenção.

DICA Ao apresentar um ponto na conversa, em geral uma pessoa pode reforçar seu argumento dando uma explicação sólida para o posicionamento assumido. Boas explicações são claras, focadas e ligadas à base de conhecimento do ouvinte. Ser breve e evitar muitos expletivos, como "um", "ah" e "né", também ajuda. Esses termos interrompem a fluência da comunicação e podem causar perda de interesse.

Às vezes ajuda pausar e revisar para que o ouvinte possa organizar e absorver o que já foi explicado. Também é muito importante usar uma linguagem adequada ao público ou ao ouvinte. Se você é técnico demais, geral demais ou básico demais, pode perder o interesse da pessoa.

Ouvindo

Um terceiro aspecto importante de uma comunicação efetiva é ouvir. Conversas unilaterais são desculpas fracas para uma comunicação. Se ninguém ouve, não existe a parte "co" em comunicação.

DICA Algumas boas diretrizes do ouvinte:

- **Focar.** Desligue a TV, guarde o telefone, reduza ruídos estranhos e não se preocupe nem mexa em coisas próximas. Calcular seu imposto e olhar o celular enquanto alguém fala é um sinal óbvio de que você não está ouvindo mesmo.

- **» Esvaziar a cabeça.** Cuidado com preconceitos e ideias preconcebidas, e prepare-se mentalmente para prestar atenção e absorver a informação dada por outra pessoa.

- **» Participar mentalmente.** Mantenha-se focado fazendo perguntas para esclarecer o que o falante diz.

- **» Esperar.** Não interrompa se puder evitar. Responda quando a outra pessoa terminar de fazer a observação.

- **» Processar.** Identifique mentalmente o ponto principal da comunicação do falante e organize o que ele está dizendo em categorias, como quem, o que, quando, por que e como.

- **» Permanecer aberto e atento.** Não use *técnicas de bloqueio,* como negar os sentimentos de alguém ou mudar de assunto. Aceite o que a pessoa está dizendo.

- **» Demonstrar atenção.** Mantenha contato visual e oriente seu corpo na direção do falante, mantendo uma postura aberta. Não cruze os braços nem vire as costas.

Assertividade

Um dos problemas mais comuns que vejo em minha prática clínica é que as pessoas não sabem como se defender e comunicar suas necessidades de maneira direta e confiante. Reclamações sobre colegas de trabalho agressivos, chefes idiotas e cônjuges rabugentos comumente são resultado da falta de assertividade de uma pessoa. Para algumas, a assertividade parece natural; elas são boas em dizer às pessoas o que pensam de modo que não chateia ninguém.

LEMBRE-SE

Não estou falando em ser agressivo; isso normalmente envolve certo nível de hostilidade e negação dos direitos da outra pessoa na interação. Estou falando sobre algo um pouco mais leve que a agressão, *assertividade.*

A assertividade pode ser definida como defender os direitos de alguém e expressar pensamentos, sentimentos e crenças de modo direto, honesto e apropriado, respeitando os outros. Alguém já furou a fila quando você estava no mercado? Você disse para a pessoa ir para o final da fila ou guardou os pensamentos para si, ficando cada vez mais ressentido depois? Que tal pedir comida em um restaurante e receber algo diferente? Você comeu ou mandou de volta? Parece fácil, mas muitas pessoas não dirão nada, porque têm medo de ser vistas como cretinas, rejeitadas ou magoar a outra pessoa.

Assertividade é uma habilidade social que se aprende. Em geral, quando as pessoas melhoram ao ser assertivas, a qualidade geral de suas relações melhora. Elas não sentem mais que não podem dizer o que realmente pensam ou que devem ficar quietas em nome da amizade. Quando as pessoas aprendem a se comunicar de modo assertivo, elas despertam para um novo mundo de possibilidades na comunicação.

DICA Quer ser mais assertivo? *Asserções básicas* são expressões como "Não gosto deste filme" ou "Obrigado, mas não quero mais bolo". *Asserções empáticas* são afirmações usadas para transmitir que você entende a posição da outra pessoa, mesmo que não concorde. "Entendo que você prefere fast-food à comida italiana, mas eu quero mesmo comer espaguete."

Quando alguém começa com uma asserção básica e progride para afirmações mais diretas com pouca ambiguidade, a pessoa inicia uma *assertividade crescente*. É uma boa habilidade para usar com vendedores insistentes, como mostra o exemplo:

>**Vendedor:** Posso ajudar?
>
>**Cliente:** Não, obrigada.
>
>**Vendedor:** Hoje temos estas ótimas ofertas de roupas femininas.
>
>**Cliente:** Não estou mesmo interessada.
>
>**Vendedor:** Que tal...
>
>**Cliente:** Pela terceira vez, eu poderia ficar sozinha? Não quero ajuda.

DICA Uma ferramenta muito útil na linguagem assertiva é "Eu + afirmação", usando uma posição pessoal, ao invés de apontar o comportamento da outra pessoa e usar a palavra "você". No lugar de dizer a meu chefe que ele está me perseguindo e começando a me irritar, posso dizer: "Tenho a sensação de que você está me pressionando injustamente e me sinto frustrado." É mais fácil dizer que fazer, eu sei, mas funciona muito bem. Experimente!

DICA A seguir está uma lista rápida de estratégias de defesa verbais que você pode usar contra pessoas manipuladoras e grosseiras:

- » **Disco quebrado:** Simplesmente repetir sem parar. "Eu disse não! Qual parte do *não* você não entendeu? De novo. Não! Não!"

- » **Cortina de fumaça:** Concordar com o que alguém está dizendo, sem mudar de posição. "Você está certo, devo cuidar da minha alimentação. Ganhei um pouco de peso." Tudo isso enquanto pensa para si mesmo: "Vou comer o que tenho vontade. Quando esse idiota vai embora?"

- » **Metanível:** Levar uma conversa a um nível mais abstrato do que a conversa original. "Acho que este é um bom exemplo de como pode ser difícil expor o ponto de vista de outra pessoa. Eu me pergunto como podemos resolver isso." Gosto de chamar isso de a velha virada do terapeuta! "Qual é o peso ideal? Ser gordo já foi sinal de beleza e prosperidade. Sou bonito e próspero, não gordo."

> **NESTE CAPÍTULO**
> » Correspondendo às expectativas
> » Seguindo o fluxo
> » Tietando
> » Persuadindo com o poder
> » Sendo hostil
> » Ajudando os outros
> » Descobrindo como as pessoas são iguais

Capítulo **11**

Como Se Dar Bem... ou Não

Nunca esquecerei quando vi um vídeo de dois grupos de monges budistas lutando pelo controle de um mosteiro. Fiquei chocado ao ver pessoas, que para mim eram pacíficas, agindo com tanta violência entre si! A imagem foi perturbadora, mas também uma grande demonstração de como uma situação ou a influência de um grupo pode alimentar um comportamento individual. Parece que esses indivíduos normalmente pacíficos foram superados por uma situação que os levou a ter um comportamento que provavelmente eles mesmos não conseguiriam explicar se fosse preciso.

Talvez seja verdade que uma pessoa é puxada e empurrada pela dinâmica de sua personalidade e age instintivamente com base na constituição genética. O comportamento também parece variar como uma função do pensamento. Contudo, a Psicologia estaria incompleta sem considerar as influências sociais sobre o comportamento e os processos mentais.

LEMBRE-SE

Psicologia social é o estudo das causas sociais e das influências sobre o comportamento.

Há tempos os psicólogos sociais sugerem que muitas respostas para perguntas sobre o comportamento humano residem em entender as influências sociais, como normas do grupo, conformidade e pressão do grupo.

Este capítulo explora estas e outras influências sociais sobre o comportamento e destaca o poderoso impacto de estar cercado por outras pessoas. A influência das forças sociais sobre o comportamento individual não pode ser subestimada.

O estudo das influências sociais completa o modelo biopsicossocial do comportamento humano (veja o Capítulo 2 para saber mais sobre esse modelo).

Fazendo Sua Parte

A menos que você seja um eremita e viva sozinho em uma cabana no meio do deserto, você existe dentro de uma *matriz social*, uma configuração multicamadas de relações sociais que variam desde o vínculo entre pais/filhos até interações entre colegas de trabalho. Imagine-se no meio de um enorme círculo com vários anéis, com cada anel representando um nível de organização social.

LEMBRE-SE

Cada círculo contém um conjunto de comportamentos esperados, ou seja, regras que ditam o que cada indivíduo deve fazer. As regras ou as expectativas comportamentais de cada grupo social se chamam normas. As culturas têm normas, assim como as famílias e até as subculturas.

Uma subcultura pode consistir em um pequeno grupo social, em geral organizado em torno de uma atividade recreativa. Uma gangue pode ser considerada um subgrupo dentro de sua própria subcultura. As gangues têm linguagem própria, estilos de roupa e rituais que delineiam regras claras do comportamento de cada membro individual. É a essa estrutura social que me refiro quando uso o termo *norma*.

Normalmente os norte-americanos gostam de se ver como durões individualistas, estremecendo com a ideia de seguir cegamente as normas. Mas as normas não são tão ruins. Elas simplificam situações sociais complexas, permitindo que as pessoas pensem sobre coisas diferentes em relação a como agem e ao que dizem em certa situação. As normas servem como "atalhos mentais", e as situações sociais ocorrem mais suavemente quando as normas são claras.

Algumas normas parecem ser universais. Em 1965, o psicólogo Roger Brown descobriu que as pessoas falam, quase que universalmente, com mais respeito com outras de maior status e são mais casuais com as de status abaixo. Esse modo de se dirigir aos outros está bem incorporado na estrutura de algumas línguas, inclusive espanhol e francês. O modo adequado de conjugar um verbo depende do quanto você conhece a pessoa com quem fala.

> ## DEIXANDO-SE LEVAR
>
> As definições de papel são um poderoso determinante do comportamento e as definições costumam prevalecer sobre as personalidades individuais e as preferências. Em 1972, Phil Zimbardo, psicólogo e professor emérito de Psicologia na Stanford University, fez um famoso experimento conhecido como **experimento da prisão de Stanford**, que mostrou o poder dos papéis. Alunos da faculdade foram recrutados para participar de uma situação de prisão simulada, sendo atribuídos aleatoriamente como guardas ou detentos. O experimento ocorreu em uma prisão improvisada, no subsolo do prédio de Psicologia na Stanford University.
>
> O experimento revelou que as pessoas parecem saber naturalmente o que envolve os papéis de detento e guarda, e Zimbardo precisou interromper o experimento em uma semana por causa do que viu acontecer. Os alunos, antes normais e saudáveis, começaram a levar seus papéis muito a sério. Os guardas tratavam os detentos de forma desumana e com muito desprezo; os detentos começaram realmente a odiar os guardas, focando apenas a evasão do sistema "prisional" e a sobrevivência.
>
> Em outras palavras, os alunos ficaram presos em seus papéis e se esqueceram da realidade da situação.

Por certo, existem normas universais, mas há variações também. Se você é cristão palestino, é costume e normativo resistir firmemente a qualquer alimento oferecido ao visitar a casa de alguém e só aceitar após muita insistência do anfitrião. Por outro lado, os norte-americanos podem até pedir algo para comer e beber quando visitam a casa de alguém sem pensar duas vezes. Outra variação comum nas normas culturais se relaciona a esperar na fila. Algumas culturas parecem não gostar da ordem de espera em fila única quando pedem comida em um fast-food, mas outras, sim. A norma do *espaço pessoal* (o espaço físico ou a área à nossa volta) pode variar muito segundo a cultura. Algumas parecem valorizar o espaço pessoal mais que outras.

LEMBRE-SE

Papel é um tipo específico de norma que define como uma pessoa deve agir em determinada situação. Cada indivíduo tem certos papéis a desempenhar (aluno, funcionário, irmão, irmã, pai/mãe etc.) que ditam diferentes comportamentos para situações diversas. Em geral, os indivíduos têm papéis claros em situações específicas.

Formando um Grupo

Em um episódio clássico da série *Além da Imaginação*, todos fazem cirurgia plástica quando chegam na adolescência e todos passam pela mesma transformação para que pareçam iguais, um tipo de boneco Ken para homens e Barbie para mulheres. No episódio, uma garota decide manter sua aparência natural e, como consequência, é atormentada e ridicularizada por querer isso. Ela foi muito pressionada para se adequar, ceder à pressão do grupo e acompanhar.

Essa dinâmica é uma parte bem real do cotidiano em uma comunidade. Grupos exercem todo tipo de pressão em seus membros individuais. Às vezes os grupos têm regras muito claras e explícitas que mantêm as pessoas alinhadas; em outros casos, as regras ou as pressões são mais sutis.

Nesta seção mostro o grupo, as influências sociais e os determinantes do comportamento de um indivíduo. Isso inclui um debate sobre como as pessoas se adequam e reagem à pressão do grupo, e influenciam um esforço nas tarefas, assim como as pessoas se tratam e "policiam" o pensamento umas das outras.

Conformidade

Conformidade é uma mudança no comportamento que resulta da pressão do grupo real ou percebida. A maioria das pessoas fica surpresa ao perceber quantas pessoas se adequam. Por exemplo, quantas casas roxas existem no seu quarteirão? Não muitas, aposto.

Em um estudo de 1937, Muzafer Sherif, um dos fundadores da Psicologia social, observou como as pessoas mudavam seus julgamentos quando sabiam as respostas das outras. Foi pedido que as pessoas estimassem a distância do movimento de uma luz em um quarto escuro. Sherif descobriu que quando outras pessoas estavam presentes e forneciam uma estimativa diferente, o indivíduo mudava sua resposta para ficar mais alinhada com as respostas das outras. Saber as respostas das outras pessoas influenciava as respostas dos indivíduos.

Em 1955, Solomon Asch, outro pioneiro da Psicologia social, descobriu a mesma coisa quando reuniu pessoas em um grupo e pediu que elas estimassem os comprimentos das linhas. Os indivíduos mudaram suas respostas para se adequarem ao consenso do grupo. Os dois experimentos são bons exemplos de como uma pessoa pode se adequar à pressão do grupo, mesmo que a pressão seja sutil.

Obediência é uma forma extrema de conformidade e costuma envolver ir contra o melhor julgamento ou as intenções mais verdadeiras de alguém Quando penso em obediência, visões de adestramento de cães passam pela minha cabeça; eu parado com uma coleira em volta do pescoço, pulando para receber meu petisco por ter feito o truque solicitado. Parece exagero, não é?

LEMBRE-SE Gostaria de pensar que eu saí de um experimento no qual tive que torturar alguém com choques elétricos, mas a maioria das pessoas em um famoso estudo acatou as ordens e não parou de aplicar choques (veja a seção "Chocante, não?"). Por quê?

CHOCANTE, NÃO?

Em 1965, o psicólogo Stanley Milgram, da Universidade de Harvard, fez um experimento de obediência que beirou o extremo. Na verdade, foi tão extremo que o mesmo experimento não seria permitido hoje, porque não passaria no exame ético exigido. Voluntários foram colocados em um painel de controle com uma chave para dar choques elétricos em um "voluntário" no outro lado de uma divisória. Na verdade, os voluntários eram pesquisadores fingindo participar como voluntários reais.

Premissa: o voluntário recebe um choque sempre que erra uma pergunta. A cada resposta errada subsequente, o choque fica mais forte. Os choques iniciam em 75 volts e chegam até 450 volts.

Em algum momento, o voluntário está gritando e implorando para o voluntário real parar de dar choque. Um pesquisador fica perto do voluntário real com uma prancheta e um jaleco branco insistindo que ele continue com o experimento, seguindo com os choques, apesar dos protestos e da dor óbvia do voluntário que finge.

Na realidade, os impostores não recebiam nenhum choque, apenas fingiam. Mas pergunte a si mesmo: "Quando eu pararia de dar choques?" Talvez você pense que teria parado no segundo em que o voluntário começou a gritar e pedir para parar. Tenho certeza de que os voluntários no estudo de Milgram pensavam assim.

Porém, o resultado chocante (desculpe, não pude resistir) foi que 63% dos voluntários reais foram até 450 volts em concordância (ou obediência) com o pesquisador! É voltagem suficiente para, possivelmente, causar morte.

Existem oito fatores que parecem aumentar a conformidade e a obediência:

» **Distância emocional:** Quanto mais contato uma pessoa tem com um indivíduo, menos provável é que ela aja sem compaixão em relação a ele. É mais difícil ser cruel com outra pessoa quando a vítima tem um rosto.

» **Proximidade e legitimidade da autoridade:** Quando uma figura de autoridade é próxima, a obediência é mais provável. A legitimidade da autoridade também é importante. É mais provável que você seja obediente a um indivíduo que pensa ter uma autoridade genuína do que alguém que percebe como impostor.

» **Autoridade institucional:** Quando uma figura de autoridade faz parte de uma instituição aceita, é mais provável haver obediência, ou seja, tenho mais probabilidade de acatar as sugestões de um juiz indicado do que de um cara do meu lado no ponto de ônibus (pressupondo que ele não é o juiz). Uma autoridade institucional reconhecida tem um efeito poderoso sobre a obediência.

> **Tamanho do grupo:** Grupos de três a cinco pessoas têm um efeito máximo sobre a pressão de conformidade; os grupos com menos de três e mais de cinco pessoas têm um efeito menos poderoso.

> **Unanimidade:** Quando os grupos estão em total acordo, é mais difícil para um único indivíduo resistir à conformidade.

> **Coesão:** Quanto mais um grupo sente que está ligado e fortemente organizado, mais poder ele tem sobre seus membros. Como exemplo, eu costumava jogar softbol em uma equipe sem uniforme, e isso não parecia certo. Precisávamos de uniformes para ser uma equipe real. Os uniformes são o único modo de aumentar a coesão porque parecer igual aos outros em um grupo fortalece o senso de união.

> **Status:** Pessoas com um status mais alto que você tendem a ter mais influência sobre sua obediência/conformidade.

> **Resposta pública:** As pessoas se adequam mais quando seus comportamentos se tornam públicos. É mais fácil discordar no privado ou de forma anônima.

Embora a conformidade e a obediência não sejam necessariamente ruins, aprender a resistir a ambas pode ser importante, por via das dúvidas. Alguém só precisa pensar na Alemanha nazista, talvez o exemplo mais terrível dos perigos da conformidade, para entender por que manter certo grau de diversidade individual é importante em qualquer grupo social.

O melhor modo de evitar a conformidade pode ser manter o bom senso e o respeito pela particularidade humana. Liberdade de expressão e tolerância religiosa também são boas proteções contra a conformidade. Contanto que as pessoas se sintam à vontade sendo elas mesmas e possam falar livremente o que passa por suas cabeças, a conformidade é um pouco mais difícil (veja, posteriormente neste capítulo, a seção "Farinha do Mesmo Saco... ou Não" para saber mais sobre preconceito e estereótipos).

É melhor com ajuda

"Não existe EU em EQUIPE!" Muitos treinadores usam essas palavras em seus discursos de encorajamento, tentando passar a ideia de que quanto melhor a equipe jogar junto, melhores serão os resultados. E psicólogos sociais descobriram que essa ideia é verdadeira até certo ponto. Quando estamos diante dos outros, as pessoas ficam mais ativas e têm mais energia psicologicamente, e os comportamentos dominantes são fortalecidos. Esse fenômeno se chama *facilitação social*.

Robert Zajonc, professor emérito na Universidade Stanford, descobriu que quando uma pessoa faz algo relativamente simples e rotineiro, estar na presença de outras pessoas melhora o desempenho dela. Mas quando uma tarefa é complexa, ter outros por perto pode prejudicar a performance.

Portanto, pode ser uma boa ideia fazer o concurso de cálculo em um lugar diferente do Madison Square Garden. Embora provavelmente seja tranquilo dobrar a roupa no Garden.

Relaxando

Quando eu estava no ensino fundamental II, os professores costumavam me pedir para participar de projetos em grupo. Em geral era assim: quatro alunos pouco motivados faziam par com o colega "esperto" e deixavam o "esperto" fazer todo o trabalho. Então os alunos desafiados pela motivação colocavam seus nomes no projeto para ganharem crédito.

LEMBRE-SE

Esse é um exemplo de *vadiagem social*, ou seja, a tendência de as pessoas exercerem menos energia e esforço quando participam de uma tarefa em grupo que ignora a responsabilidade individual.

Em 1979, os psicólogos Latane, Kipling, Williams e Harkins descobriram, por exemplo, que quando as pessoas eram colocadas em grupos de seis e instruídas para bater palmas o mais alto possível, o barulho produzido era menor do que quando uma pessoa batia palmas sozinha. As pessoas fazem corpo mole quando participam de atividades em grupo. Os preguiçosos são *oportunistas,* pessoas que descansam sobre os esforços dos outros no grupo, como as crianças que só mexem a boca no coral da escola.

Ei, se ninguém pode dizer que estou cantando ou não, por que eu me esforçaria? Não receberei crédito por meu esforço individual.

Permanecendo anônimo

Já imaginou por que grupos de pessoas que fazem coisas muito terríveis costumam usar uniformes? Por exemplo, a Ku Klux Klan. Qual o motivo dos chapéus pontudos? Pesquisadores descobriram que diminuir a identidade individual e difundir a responsabilidade individual reduz as inibições das pessoas. Os uniformes reduzem a singularidade do membro individual, assim como as inibições. Essa dinâmica pode resultar nas pessoas fazendo coisas que elas não fariam se estivessem sozinhas ou fossem identificadas com mais facilidade. Quando isso acontece, elas se tornam *desindividualizadas.*

Parece haver certa liberdade quando nos misturamos na multidão ou ficamos no anonimato. Talvez as pessoas tenham menos medo de ser pegas fazendo algo ruim nessa situação. Crianças, por exemplo, foram pegas roubando mais quando são desindividualizadas.

Parece que o anonimato e a falta de identificação única podem facilitar o comportamento antissocial, algo a pensar quando se considera o quanto uma sociedade pode ser anônima. Algumas pessoas nem conhecem seus vizinhos de porta. Então de novo, com as redes sociais e a internet ficando ainda mais difundidas, viver no anonimato está ficando cada vez mais difícil.

Pensando como um

Grupos podem ter efeitos positivos e negativos sobre o comportamento individual. Você pode realizar melhor algumas tarefas ao trabalhar em um grupo e ser mais preguiçoso realizando outras.

Em 1971, Irving L. Janis, psicólogo e pesquisador na Universidade Yale e professor emérito na Universidade da Califórnia, Berkeley, apresentou um conceito relacionado a um efeito potencialmente negativo da participação em grupo: um fenômeno conhecido como *pensamento de grupo*. Quando grupos trabalham para eliminar discórdia e diferença de opinião para manter a harmonia do grupo, eles se envolvem no pensamento de grupo.

Por vezes, a diferença de opinião pode ameaçar a coesão de um grupo. Quando as pessoas começam a expressar ideias contrárias às visões do grupo, o grupo pode reagir negativamente. Galileu foi uma das vítimas mais famosas do pensamento de grupo na história. Ele descobriu evidências relacionadas ao sistema solar que desafiavam o pensamento dominante da época. Ele recebeu grandes elogios e honras? Dificilmente! Ele foi trancado na prisão por ser herege, um dissidente.

Os grupos trabalham muito, de modos consciente e inconsciente, para evitar a diferença de opinião. Janis identificou oito sintomas do pensamento de grupo que podem existir em um grupo:

- » **Ilusão da invulnerabilidade:** Quando os grupos pensam que são intocáveis, é mais provável que eles esmaguem o dissidente.
- » **Crença na superioridade moral do grupo:** Quando um grupo pensa que é essencialmente ético, ele ignora a própria imoralidade.
- » **Racionalização:** Um grupo se torna mais obtuso quando justifica coletivamente suas ações.
- » **Estereotipagem dos oponentes relevantes:** Quando um oponente é visto em termos tendenciosos ou preconceituosos, as afirmações dele que contradizem as visões do grupo são mais fáceis de ignorar.
- » **Pressão para conformidade:** Uma forte pressão nos indivíduos acompanha a vontade do grupo e não discordar minimiza o dissidente; os inconformados são expulsos.
- » **Autocensura:** Os membros do grupo mantêm as opiniões dissidentes para si mesmos, ao invés de criar problemas em alguns casos.
- » **Ilusão da unanimidade:** Às vezes o dissidente interno pode ser mantido longe da visão do grupo inteiro; portanto, ele parece não existir.
- » **Guardiões do pensamento:** Alguns membros do grupo assumem um papel ativo ao defender o grupo do dissidente ou de informações contrárias. Eles são como a "polícia do pensamento" no livro *1984* de George Orwell.

O pensamento de grupo pode causar muito problema. Alternativas ao status quo podem passar sem reflexão, impedindo uma análise completa de qualquer problema que o grupo enfrenta. Os riscos podem ser ignorados. Enfim, o grupo toma decisões que podem estar comprometidas.

Alguns modos de evitar o pensamento de grupo:

» Encoraje que todos no grupo expressem suas próprias opiniões e pontos de vista.

» Convide pessoas externas para o grupo, dando pontos de vistas alternativos.

» Peça aos membros individuais do grupo para assumirem o papel do advogado do diabo para resolver ideias conflitantes.

Persuadindo

Quem me dera ter um pouco mais do poder de persuasão. O maior exemplo desse poder vem da série de filmes *Guerra nas Estrelas*. Os guerreiros Jedi têm a capacidade de influenciar os pensamentos dos outros usando "A Força", para o que é chamado de "truque da mente Jedi". Na verdade, tenho certeza de que o cara que me vendeu meu último carro usou esse truque comigo; o lado escuro da Força, eu acho. Viajei.

Persuasão é uma força poderosa em todas as interações e organizações sociais. As pessoas não a usam apenas para vender produtos. Há dois caminhos:

» **Rota central:** A rota central ocorre quando o "persuadido" processa ativamente a informação potencialmente persuasiva. Em 1991, Bas Verplanken, professor de Psicologia social na Universidade de Bath, descobriu que quando as pessoas pensam profundamente sobre algo, qualquer mudança associada na atitude ou na opinião tem mais probabilidade de ficar alterada.

» **Rota periférica:** Essa abordagem envolve fazer alguém associar uma mensagem pretendida a certas imagens, às vezes positivas ou negativas. Isso conta com a habilidade natural da mente em associar coisas. Lembra do condicionamento clássico? (Se não, verifique o Capítulo 8.) Exemplos de persuasão via rota periférica incluem usar modelos com corpos bem definidos para vender matrículas em academias.

Os psicólogos Petty e Cacioppo advertem que, se você tentar persuadir alguém, não avise o que acontecerá. Distrair as pessoas que você espera persuadir ajuda, porque elas não conseguirão montar um contra-argumento forte para suas pretensões.

> **MOLEZA**
>
> Há um ótimo vídeo de uma banda de rock chamada Cake que demonstra com perfeição a influência da participação do persuadido. No vídeo, um homem caminha por uma praia, pedindo para pessoas reais colocarem fones de ouvido e ouvirem a nova música. Elas são encorajadas a comentar a música. É uma técnica de publicidade muito mais poderosa do que se o homem caminhasse com uma placa dizendo: "Veja a nova música da banca Cake. Já nas lojas!" Os persuadidos participam da própria manipulação. É lindo. Não sei se os criadores do vídeo pensaram nisso, mas, em caso afirmativo, conseguiram uma ótima técnica de persuasão!

E mais, quatro componentes principais formam qualquer argumento persuasivo: credibilidade do comunicador, abordagem de entrega, engajamento e idade do público. Explico esses componentes nas próximas seções.

Credibilidade do comunicador

É mais provável que uma mensagem seja persuasiva se alguém percebeu a credibilidade.

» **Expertise costuma ser um indicador poderoso de credibilidade.** As pessoas ouvem os especialistas. Mas lembre-se: só porque alguém diz que é especialista não significa que necessariamente é. No caso de dúvida, sempre verifique as credenciais, inclusive formação, treinamento e experiência.

» **É mais provável que as pessoas sejam persuadidas por alguém visto como confiável.** Como um ator usando jaleco branco lançando um suplemento de ervas, por exemplo.

» **Mensagens de pessoas atraentes são mais persuasivas.** O termo *atraente* pode se relacionar ao apelo físico da pessoa ou à personalidade e ao carisma.

» **Similaridade tem seu papel.** Quanto mais uma pessoa se parece com você, mais fácil é para ela persuadi-lo.

Abordagem de entrega

Alguém persuasivo deve apelar para a emoção da pessoa ou o raciocínio e pensamento crítico? Veja a discriminação destas e de outras opções de entrega de mensagens:

> **Abordagem racional:** Em 1983, John Cacioppo e colaboradores descobriram que, ao tentar persuadir pessoas altamente instruídas e analíticas, é melhor uma abordagem racional. Essas pessoas parecem gostar de pensar bem, analisar a informação antes de tomar uma decisão. Elas não são necessariamente mais inteligentes, mas em geral são mais cientes das informações recentes.

> **Abordagem emocional:** Aqueles que não têm tempo ou inclinação para ler cada crítica do consumidor quando compram um carro novo têm mais probabilidade de confiar nas outras pessoas e são influenciadas por apelos emocionais. O processo mental é: "Minha irmã disse que amou o carro dela. Acho que comprarei um."

> **Fator medo:** Muitas mensagens persuasivas usam o medo para afastar as pessoas de comportamentos prejudiciais ou insalubres (encontre exemplos no Capítulo 18). Essas mensagens funcionam. Anúncios que provocam medo estão por toda parte, dizendo para você parar de fumar, evitar o abuso de drogas, votar em fulano de tal e jamais na outra opção, por exemplo. Só há um problema. Se você assustar as pessoas para persuadi-las, será preciso dar informações concretas sobre como lidar ou mudar de comportamento; do contrário, o público poderá congelar e não agir diante do medo.

> **Argumento bilateral:** Um argumento bilateral reconhece a outra posição, dando a impressão de imparcialidade e objetividade. Anunciantes usam essa técnica há anos, fazendo "testes de degustação" e outros desafios comparativos com seus concorrentes. Você sabe como funciona!

Engajamento do público

O melhor modo de apresentar uma informação persuasiva é fazer o público atuar ativamente no processamento do argumento. Um engajamento ativo prende a atenção da outra pessoa e tem uma expectativa de que ela entenderá a mensagem, lembrará e agirá. Conforme aumenta a energia que uma pessoa investe no processamento mental de uma mensagem, também aumenta a probabilidade de que será fixada. A recepção passiva de uma mensagem, como ouvir uma palestra, possivelmente terá menor impacto.

Idade do público

Uma pesquisa descobriu que pessoas mais velhas têm menos probabilidade de mudar suas atitudes e opiniões que os mais jovens. Em torno dos vinte anos é quando as pessoas são particularmente vulneráveis à persuasão. É um momento na vida de muitas pessoas em que há inúmeras escolhas, e informações são trocadas rapidamente. Muitas pessoas com vinte e poucos anos estão na faculdade, entrando no mercado de trabalho e expandindo suas redes sociais. Elas estão expostas a um mundo inteiro de informação e resistir à persuasão pode ser mais difícil.

DICA — Quer saber como resistir à persuasão? Com o bombardeio diário de mensagens persuasivas que você pode encontrar, é bom saber como ficar firme em suas próprias crenças e atitudes. O psicólogo William McGuire propôs que um bom modo de resistir à persuasão é com o processo de *inoculação da atitude*, que envolve se expor a argumentos fracos, ou mais fracos, contra sua posição para inocular, ou consolidar, sua resistência aos contra-argumentos. Esse processo lhe dá prática e confiança na refutação. É como um aquecimento antes do grande jogo. E, se você precisar inocular a atitude ou a posição de outra pessoa quanto a uma questão, tente lhe dar argumentos contrários fracos.

Sendo Cruel

Provavelmente a maioria das pessoas se considera civilizada, mas é difícil ignorar toda a violência e fúria tão comuns no mundo atual. Alguns dos atos mais terríveis da brutalidade humana foram cometidos nos últimos anos, não em alguma sociedade selvagem de um passado remoto. E infelizmente a maioria das pessoas vivenciou alguma forma de violência e agressão. Atrocidades em massa afetando nações inteiras, assim como atos hediondos em menor escala entre pessoas, indicam que agressão e violência são fatos infelizes da vida humana.

Por que as pessoas agem machucando as outras? O que dispara a violência de uma pessoa? Psicólogos pesquisaram respostas para essas questões estudando a *agressão*, uma forma de violência. *Agressão* pode ser definida como qualquer comportamento direcionado e com a intenção de machucar outra pessoa ou pessoas.

Existem dois tipos:

» **Agressão hostil** é guiada pela raiva e é um fim em si.

» **Agressão instrumental** é usada para servir a alguma outra finalidade, como intimidação e extorsão.

Grande parte das teorias sobre agressão foca determinar por que a agressão hostil é cometida.

Agindo naturalmente

Uma ideia é que algumas pessoas nascem com um instinto violento e uma predisposição genética para agir com agressividade. Parece que algumas crianças são naturalmente mais agressivas que outras, e uma pesquisa fundamenta a teoria do assassino nato:

> Freud propôs que as pessoas nascem com instintos agressivos e estudos genéticos mostram que gêmeos idênticos têm mais probabilidade de serem igualmente agressivos que gêmeos fraternos (Rushton et al, 1986).

> Outra pesquisa também mostra níveis mais altos do hormônio testosterona em homens e mulheres condenados por crimes violentos quando comparados com os condenados por crimes não violentos (Dabbs, 1988).

O cérebro pode ter alguma relação também. Centros específicos no cérebro parecem estar envolvidos na produção e na inibição de comportamentos agressivos. Indivíduos com danos graves nos lobos frontais do cérebro há muito tempo foram observados como tendo mais dificuldade para controlar impulsos agressivos do que pessoas sem esse dano, porque essa inibição é vista como uma das funções do lobo frontal. Essa dificuldade em controlar a agressão é um processo de desinibição.

Frustração

Talvez pessoas violentas e agressivas sejam apenas frustradas. Sou um daqueles motoristas que ficam nervosos quando parado no trânsito; já outros motoristas são grosseiros. Eu não xingo as pessoas pela janela nem brigo, mas com certeza fico frustrado.

Em 1989, o psicólogo social Leonard Berkowitz, conhecido por sua pesquisa sobre agressão humana, descobriu que às vezes a frustração leva à agressão e em outras, não. Quando alguém fica frustrado, pode ficar com raiva, e quando a pessoa sente raiva, fica predisposta a agir com agressividade. É como o corpo e a mente são envenenados, em alerta, para agirem com agressão. Esse gatilho vem da avaliação cognitiva de uma situação e normalmente de uma conclusão de que a pessoa que está irritando o faz de propósito. Esse cenário provavelmente produz uma resposta agressiva. Portanto, se você pisa no pé de alguém, é melhor esperar que ele perceba que foi um acidente.

Fazendo o que aprendeu

É possível que a violência tenha a ver com pessoas sendo um produto de seu ambiente. Uma pessoa agressiva pode ter aprendido a agir agressivamente observando outras pessoas agindo assim.

Albert Bandura, professor emérito na Universidade Stanford, concordaria. *A teoria da aprendizagem social* acredita que o comportamento agressivo é aprendido observando outras pessoas e vendo as agressivas recompensadas por tal comportamento. Em geral, meninos são recompensados por serem "durões". Boxeadores e lutadores de MMA (Mixed Martial Arts) são pagos regiamente para baterem nas pessoas. Alguns podem dizer que os atos agressivos são recompensados regularmente em nossa sociedade também. Qual criança não veria os benefícios da agressão em tal ambiente?

> ## A CULPA É DA MÍDIA
>
> Assisti à televisão com violência minha vida inteira e não me considero uma pessoa violenta. A maioria das pesquisas conclui que há uma pequena correlação positiva entre a exposição à violência na mídia (filmes, televisão, música, internet e videogames), ou seja, quanto mais violenta é a mídia que uma criança assiste, maior é a chance de que ela terá um comportamento agressivo.
>
> A Academia Americana de Pediatria afirma que "A evidência de uma ampla pesquisa indica que a violência na mídia pode contribuir para um comportamento agressivo, dessensibilização da violência, pesadelos e medo de ser machucado" nas crianças.
>
> Minha pergunta é: por que há tanta violência na mídia? Ela oferece aos espectadores algo de valor? É uma técnica de persuasão emocionalmente ativadora usada por empresas para vender seus produtos? Não sei, mas pode ser bom examinar os motivos por trás da inclusão de tanta violência na indústria do entretenimento.

Violência na televisão e em videogames entraram na mira nos últimos anos por causa de sua conexão percebida com o grande aumento na violência entre jovens. Cidadãos norte-americanos assistem muito a TV. As crianças em particular passam muito tempo na frente de diferentes telas.

Já em 1972, pesquisas Gallup informavam que os norte-americanos assistiam em média a sete horas de TV ao dia. Em 2012, esse número era praticamente igual, entre seis e sete horas por dia. Independentemente da sua opinião sobre a conexão entre violência e televisão, o fato é que há muita violência na telinha.

Em 1990, George Gerbner descobriu que sete em dez programas continham cenas de violência, com a programação do horário nobre contendo cinco atos violentos por hora. Sem dúvida alguma, a TV distribui uma boa dose de imagens violentas. Em 2006, um Comitê do Senado dos Estados Unidos descobriu que uma criança norte-americana em média vê 200 mil ações violentas e 16 mil assassinatos na TV quando chega à idade de 18 anos.

Dando uma Mãozinha

Sempre fico maravilhado com pessoas como madre Teresa, que dedicam suas vidas a ajudar os outros. O sacrifício de madre Teresa foi inquestionável. O que leva as pessoas a ajudarem assim? Certamente não era o dinheiro para o santo. Nunca vi madre Tereza andando por aí em um Rolls-Royce.

Um assunto favorito entre psicólogos sociais é o *altruísmo* — preocupar-se e ajudar outras pessoas sem pedir nada em troca. Talvez os psicólogos estudem o altruísmo com tanto zelo porque ele faz parte do dia a dia. As pessoas sempre passam por situações em que alguém precisa de ajuda, mesmo que seja um comercial triste, passado tarde da noite, mostrando crianças famintas em outras nações.

Acho que a maioria das pessoas gosta de se ver como prestativa. Ou, se não forem particularmente prestativas, então pelo menos querem ajudar em certas situações ou quando a necessidade é extrema. Muitas pesquisas feitas por psicólogos sociais investigam por que, quando e quem as pessoas realmente ajudam. Algumas descobertas são surpreendentes e até chocantes.

Em 1964, na cidade de Nova York, uma mulher chamada Kitty Genovese foi brutalmente assassinada fora de seu apartamento por um homem com uma faca. Ela lutou com o agressor e gritou pedindo ajuda por quase 35 minutos. Ninguém apareceu para ajudar. Posteriormente, relatos de 38 vizinhos afirmaram que eles tinham testemunhado o crime e ouviram os gritos dela, mas nada fizeram para ajudar.

O que aconteceu nessa situação? Por que ninguém ajudou? Conforme você lê, pode estar dizendo para si mesmo que teria ajudado. Quando ouvi pela primeira vez essa história, pensei: "Qual o problema com essas pessoas?" Mas pense bem. É improvável que todas as 38 pessoas fossem frias, indivíduos insensíveis que não se importavam com uma mulher sendo assassinada por perto. Ao contrário, essas pessoas foram influenciadas pelo princípio psicológico social, em que situações sociais têm uma poderosa influência sobre o comportamento individual. A história de Kitty Genovese ilustra o ponto central da Psicologia social: o poder de uma situação é um fator maior ao determinar o comportamento do indivíduo.

Por que ajudar?

Antes de apresentar algumas teorias principais do motivo para as pessoas terem atos altruístas, quero fazer um pequeno teste.

DICA

Da próxima vez em que você estiver em um lugar público, experimente isto:

» **Experimento 1:** Deixe cair cinco moedas perto de um grupo de pessoas e aja como se não tivesse notado. Veja quanto tempo leva para alguém ajudar você. Tente lembrar o máximo que puder sobre elas.

» **Experimento 2:** Finja tropeçar e cair em um lugar público. Faça as mesmas observações (isso pode ser um vídeo do YouTube interessante, mas não é recomendado por motivos de segurança).

Se você fez os experimentos, o que aconteceu? Quem ajudou? Quanto tempo levou para receber ajuda? Você sabe por que uma pessoa decidiu ajudá-lo? Eu sei; provavelmente foi por causa de sua ótima aparência! De fato, acredite se quiser, a atratividade faz diferença. Explico isso mais adiante neste capítulo.

EMPATIA COM A SIMPATIA

Algumas pessoas confundem empatia e simpatia. *Empatia* envolve uma compreensão pessoal do sofrimento alheio, e *simpatia* é uma preocupação distante e impessoal com o sofrimento da outra pessoa. Imaginar-se no lugar do outro é um tipo de empatia e sentir pena de uma pessoa que está em uma situação difícil é a apresentação com simpatia.

Teorias sobre o motivo para as pessoas realmente ajudarem outras existem em todo lugar. Vejas as mais populares:

» **Teoria da troca social:** Ajudar é um tipo de processo de negociação.

» **Teoria do egoísmo:** Ajudar alguém pode levar a recompensas.

» **Teoria genética:** Ajudar é um impulso genético.

Trocando bens sociais

Os pesquisadores E. B. Foa e U. G. Foa introduziram a *teoria da troca social*, a ideia de que ajudar faz parte de um processo recíproco de dar e receber "bens" sociais, como amor, apoio e serviços. As pessoas tentam minimizar os custos pessoais e maximizar os benefícios, como qualquer bom negociante. Em situações de auxílio, se o benefício de ajudar é maior que o custo de não ajudar, é mais provável que uma pessoa ajude. Esse tipo faz sentido se você considera que, às vezes, ajudar as pessoas envolve se arriscar fisicamente ou uma grande inconveniência.

Também fundamentando essa teoria está a *norma da reciprocidade* de A. W. Gouldner, que defende que uma norma cultural diz para as pessoas que elas devem retribuir a ajuda a quem as ajudou. Você coça minhas costas e eu coço as suas. Em troca, as pessoas não prejudicam quem as ajuda. Nunca cuspa no prato em que comeu! Só tem um porém nessa teoria: às vezes, as pessoas ficam ofendidas se você lhes oferece ajuda. Se elas não podem retribuir o valor, podem se sentir humilhadas com a oferta. A reciprocidade funciona melhor quando é entre iguais.

À procura do número um

Nos anos 1950, Ayn Rand escreveu *A Revolta de Atlas*, um famoso romance filosófico que promovia a "virtude do egoísmo". Se cada pessoa procurar o "número um", tudo ficará bem, segundo a teoria.

Rand não foi a única a considerar que o egoísmo não é tão ruim. Semelhante à teoria da troca social, a teoria do egoísmo argumenta que o comportamento prestativo é orientado pelos *próprios* interesses de uma pessoa. Você dá para receber? Algumas recompensas são externas, como elogio e notoriedade, e outras são internas, como diminuir sentimentos negativos — a culpa, por exemplo.

Motivado pelo amor interior

Em 1991, o psicólogo social Daniel Batson socorreu o senso de bondade da humanidade com a teoria de que as pessoas ajudam outras porque os indivíduos têm uma *empatia* natural pelos outros, sobretudo as pessoas a quem estão ligadas.

O psicólogo e professor emérito Martin Hoffman, da Universidade de Nova York, descobriu que até os bebês parecem ter uma habilidade natural de "sentir" pelos outros. Eles choram quando ouvem outro bebê chorar. Eles estão chorando porque o som do choro do outro machuca seus ouvidos? É provável que não; é mais certo que eles choram porque entram em contato com a dor do outro bebê. As pessoas podem se sentir angustiadas vendo o infortúnio do outro. Essa empatia natural pode encorajar o comportamento prestativo.

Com que frequência você ajuda as pessoas do outro lado da rua segurando placas com os dizeres "Trabalho em troca de comida"? Você se sente responsável por elas? Elas esperam que sim. A *norma da responsabilidade social* acredita que as pessoas devem ajudar as outras que precisam. Mas, em 1980, Bernard Weiner, na UCLA, descobriu que normalmente as pessoas aplicam essa norma apenas a situações em que percebem o indivíduo que precisa de ajuda como não tendo causado a situação devido à própria negligência ou falha. Se eu acho que a pessoa só precisa de ajuda porque ela "fez isso a si mesma", é menos provável que eu siga a norma da responsabilidade social.

Você acha que o cara com a placa no outro lado da rua fez escolhas ruins ou de algum modo ferrou com tudo? Pergunte a ele; nunca se sabe até perguntar. Você pode estar evitando sua responsabilidade social se não oferecer ajuda.

Richard Dawkins também defende a teoria genética em seu livro *O Gene Egoísta* (1976), em que propôs que as pessoas são altruístas porque seus genes as obrigam a isso. A ideia da *proteção de parentesco* afirma que os genes promovem o comportamento altruísta entre os parentes ou a família para assegurar a sobrevivência da constituição genética do grupo. Seguindo essa linha de raciocínio, é muito menos provável que eu ajude alguém que não conheço. Por quê? A pessoa não compartilha meus genes.

LEMBRE-SE

Quanto mais material genético compartilho com alguém, mais a possibilidade de eu estar ajudando a pessoa. Simples assim. Nada mais.

Quando ajudar?

Uma das descobertas mais incríveis na pesquisa do altruísmo é a ideia de que as pessoas têm menos probabilidade de ajudar quando na presença de terceiros do que quando estão sozinhas. Parece estranho, não é? Achei que o medo de parecer fria e indiferente diante dos outros pudesse encorajar a pessoa a ajudar mais.

Mas uma pesquisa mostra o contrário. Quando a pessoa está em público, realmente tem menos probabilidade de notar que outras precisam de ajuda. Por exemplo, na cidade de Nova York, as pessoas estão sempre cercadas de gente. É um lugar movimentado e a maioria não tem tempo para notar tudo e todos simplesmente por causa do enorme volume de informação; é mais fácil desaparecer na multidão.

Curiosamente, quando outras pessoas estão por perto, também é menos provável interpretar o comportamento de alguém indicando que precisa de ajuda. Transeuntes olham para os outros buscando um sinal de como devem responder em uma situação. Se os outros não agirem alarmados, então um indivíduo não ficará alarmado (nem reagirá) também. Se a situação é ambígua, não é uma situação de ajuda clara, a interpretação do evento na presença dos outros provavelmente será de que uma intervenção não é necessária, sobretudo se as outras pessoas são estranhas.

Um problema final quanto à ajuda na presença de terceiros é chamado de *difusão da responsabilidade*. Em geral as pessoas pressupõem que o outro cuidará do que precisa ser feito. Se não há ninguém mais por perto, então sobro eu; eu tenho que ajudar. Mas há outras pessoas, é fácil supor que elas ajudarão. O que acontece quando todos pressupõem que o outro dará assistência? A ajuda não acontece.

É exatamente o que dois pesquisadores, os psicólogos Latane e Darley, descobriram em um estudo de 1968, no qual cobaias foram testemunhas de uma vítima com falsa convulsão. As pessoas que acreditaram estar sozinhas chamaram a emergência mais rápido do que aquelas que pensavam ser apenas uma das testemunhas.

Mas nem tudo são más notícias quando se trata de grupos. Uma pesquisa descobriu que, quando alguém do grupo age, as outras pessoas provavelmente agem. Pessoas prestativas nessa situação servem como *modelos sociais positivos* e são uma forte influência sobre o comportamento altruísta. O problema é alguém fazer o primeiro movimento. Até isso acontecer, as forças negativas do efeito espectador ficam ativas. *Efeito espectador* ou *apatia do espectador* é a dinâmica de não se envolver em uma situação quando há pessoas demais por perto; provavelmente você só fica lá também. Portanto, vá em frente e seja um herói. Faça o primeiro movimento, alguém precisa fazer.

Quem dá e recebe ajuda?

Às vezes, em minha vida pessoal, sinto vontade de ajudar as pessoas e em outras, não. Por vezes prefiro assistir à televisão a ajudar meu amigo a mudar o novo sofá de lugar. Contudo, outras pessoas parecem sempre ter ajuda disponível quando precisam dela (diferentemente do meu amigo que comprou o sofá). Certas pessoas são mais prestativas ou "capazes de conseguir ajuda" que outras?

Como a ajuda afeta os sentimentos? Sempre quis saber sobre a origem da tradição de comprar charutos para amigos quando nasce um bebê. Ainda não sei de onde vem isso, mas uma pesquisa sobre altruísmo mostra que pessoas contentes tendem a ser mais prestativas ou generosas (papai feliz, charuto de presente). Isso significa que pessoas tristes não ajudam? Na verdade depende do quão gratificante ajudar os outros é para a pessoa com tristeza. Se as pessoas tristes não são egocêntricas e autofocadas demais, os atos altruístas podem ser muito recompensadores para elas. Sentir-se bem fazendo o bem! Sentir-se mal fazendo o bem! Parece bom, sobretudo se eu me sinto mal.

Pessoas piedosas costumam ser vistas como prestativas. Muitas ONGs são administradas por instituições religiosas. Mas os religiosos realmente são mais prestativos que seus vizinhos sem religião? Veja o que mostra uma pesquisa: quando as pessoas mostram que a religião é muito importante em suas vidas, descobriu-se que elas dão 2,5 vezes mais dinheiro para caridade em comparação com quem demonstra que a religião não é muito importante. O veredicto: os religiosos são definitivamente generosos e, em algumas pesquisas, são mais generosos que as pessoas sem religião.

Em 1986, os pesquisadores Eagly e Crowley descobriram que as mulheres recebem mais ajuda que os homens, e as mulheres atraentes foram mais ajudadas que as pouco atraentes. Imagine que os homens feios por aí estão sem sorte. Felizmente para eles, a semelhança com quem ajuda parece ser um fator. Quanto mais alguém se parece ou se veste como eu (ou você), maior a probabilidade de que vou ajudar. Portanto, é melhor cruzar os dedos e esperar que na próxima vez em que você precisar de ajudar, alguém pense que você tem boa aparência.

Farinha do Mesmo Saco... ou Não

Os aeroportos, em particular os internacionais, são lugares incríveis, na minha opinião. A diversidade desses lugares é impressionante. Pessoas de todas as cores, formas, tamanhos, culturas e nacionalidade, todas sob o mesmo teto. Mas essa diversidade é um terreno fértil para a discriminação. Sempre que pessoas com diferenças se reúnem, há a possibilidade de preconceito.

Nesta seção, apresento preconceito, estereótipos e discriminação, descrevendo como responder a essa dinâmica social.

Examinando os ismos

Preconceito é uma atitude, pensamento ou crença negativa e desrespeitosa sobre uma pessoa com base em sua participação em certo grupo. Alguns órgãos de segurança pública foram acusados de usar uma prática preconceituosa e controversa, conhecida como *perfil racial*, na qual os agentes pressupõem que certos indivíduos estão potencialmente envolvidos na atividade criminosa porque pertencem a determinada "raça" ou grupo étnico.

Um exemplo conhecido do potencial perfil racial aconteceu na fiscalização dos aeroportos após os ataques terroristas em Nova York, Washington e Pensilvânia em 11 de setembro de 2001. Como resultado do ataque, a segurança dos aeroportos ficou mais inclinada a parar e fazer mais perguntas a indivíduos de ascendência percebida do Oriente Médio. Se isso realmente está acontecendo, então a fiscalização é culpada de perfil racial.

A psicóloga Lynne Jackson sugere que o preconceito é, em parte, baseado em *estereótipos,* crenças de que a maioria dos membros de um grupo possui as mesmas características, traços e tendências comportamentais. Homens brancos não sabem pular nem dançar. Os árabes são terroristas. Os asiáticos não sabem dirigir. Quem mora em favela é bandido. Essas declarações gerais são ofensivas, certo? Essa é a questão do preconceito baseado em estereótipos; essas conclusões sobre pessoas baseadas em sua afiliação a certo grupo são desrespeitosas.

E mais: as pessoas costumam ver o que esperam ver. Portanto, se alguém no grupo-alvo tem o comportamento que nosso estereótipo prevê, *bummm!* O estereótipo ganha força. As outras pessoas no mesmo grupo que não se comportam de acordo com nossos estereótipos normalmente não são notadas.

Algumas formas comuns de preconceito incluem:

- » **Racismo** gira em torno da "raça" ou da etnia percebida da pessoa.
- » **Sexismo** se baseia no gênero da pessoa.
- » **Preconceito de idade** foca a idade da pessoa.
- » **Preconceito contra deficientes** se baseia na deficiência da pessoa.
- » **Nacionalismo** gira em torno da nacionalidade da pessoa.
- » **Preconceito contra pessoas com transtornos e/ou deficiências mentais** se relaciona às capacidades ou às doenças mentais da pessoa.

Intolerância religiosa (atitudes negativas em relação a uma pessoa com base em crenças espirituais) e homofobia (medo de pessoas com orientação homossexual) também são formas comuns de preconceito.

E a *psicologofobia*? O medo da pessoa ser psicólogo e a crença de que todos são malucos, têm barba (se homens) e adoram dar conselho de graça em coquetéis. Tudo bem, criei isso e fiz minha barba. Mas os psicólogos têm seu representante!

Os estereótipos podem ser conscientes ou não. Posso estar ciente das minhas crenças estereotipadas ou não. Mas de onde vêm os estereótipos e o preconceito subsequente? De uma perspectiva da teoria da aprendizagem social, os preconceitos podem ser aprendidos. As pessoas certamente aprendem crenças específicas dos pais, da comunidade, grupos de colegas e cultura.

Alguns teóricos sugerem que o preconceito é consequência da evolução humana, que o processo mental é uma parte inerente da mente humana que evoluiu para ajudar o ser humano a identificar quem faz parte de "seu" grupo ou não, quem traz perigo ou é um possível concorrente quanto aos recursos.

Todavia muitos psicólogos propõem que, em última instância, o preconceito é um processo de avaliação cognitiva, basicamente uma consequência da tendência da mente em "juntar" informações com a finalidade de tornar as inúmeras informações mais gerenciáveis. O preconceito é um atalho mental. Pesquisas mostram que, em situações nas quais as pessoas estão distraídas, cansadas ou desmotivadas, elas ficam mais vulneráveis ao pensamento preconceituoso e estereotipado. Lynne Jackson compara essa dinâmica a um tipo de "processo lento" que surge quando faltam recursos para processar com cuidado a informação social.

Entendendo a discriminação

A mente humana pode ter a tendência de agrupar pessoas na forma de preconceito, e muitas vezes esse não é um processo inocente. O preconceito pode levar à *discriminação*, um tratamento diferencial de uma pessoa ou um grupo com base em atitudes e crenças nocivas. Preconceito, embora tenha uma aparência natural, costuma ser implantado por grupos e indivíduos favorecidos contra grupos e indivíduos que desfrutam de níveis inferiores de vantagem social.

Duas formas comuns de discriminação:

» **Interpessoal:** Atos individuais de discriminação, como não escolher a criança baixinha para a equipe de basquete (ela pode ser muito boa!).

» **Institucional:** Políticas, procedimentos, regras, leis; leis eleitorais (nos EUA) que proíbem o pobre ou os mais velhos de votarem porque eles não têm a devida identificação, por exemplo; ou uma cultura em uma organização que desfavorece sistematicamente um grupo em comparação a outros.

Fazendo contato

A tendência aparentemente automática no pensamento humano, por sorte, pode ser lidada com uma abordagem conhecida como contato, formalmente estudada pelo psicólogo Gordon Allport. O contato acredita que, quando um grupo de pessoas diferentes se reúne para colaborar em uma meta comum ou projeto, as atitudes positivas entre elas aumentam, e as negativas diminuem. Isso não significa que você pode dar uma festa de rua e convidar todos os seus amigos diversos e preconceituosos, e eles aprenderão a conviver. Para dar certo, os contatos devem ser estruturados para dar suporte à igualdade, à cooperação e à segurança.

Os psicólogos Pettigrew e Tropp analisaram centenas de estudos e propuseram os seguintes ingredientes principais de um "contato" bem-sucedido:

- **Redução da ansiedade** ocorre com a exposição a outras pessoas sem ameaça ou perigo.
- **Maior empatia** é resultado de aprender com e sobre os outros.
- **Maior conhecimento** sobre os outros diminui os estereótipos.

Uma pessoa também pode reduzir suas atitudes estereotipadas e preconceituosas simplesmente tendo amigos e associados que são amigos ou ligados a pessoas do outro grupo. É uma situação de contato indireto e funciona para diminuir o preconceito e os estereótipos porque uma pessoa em quem você já confia mostra confiança em outra pessoa, ou seja, você pode confiar na pessoa também.

Por exemplo, se seu melhor amigo de infância faz amizade com um colega que pertence a um grupo contra o qual você tem preconceito, é muito provável que você seja menos tendencioso com essa pessoa e grupo depois de saber que seu amigo de confiança gosta da companhia dele.

LEMBRE-SE

Pesquisas também sugerem que normas de grupo e culturais claras e bem comunicadas *contra* o preconceito podem ter um grande impacto. Em geral, o preconceito contra indivíduos é resultado da pressão do grupo para obedecer e adotar atitudes preconceituosas. Por outro lado, a mesma pressão para obedecer pode ser uma poderosa influência também.

> **NESTE CAPÍTULO**
> » O começo de tudo
> » Explorando e dominando
> » Experimentando
> » Criando e conectando
> » Envelhecendo

Capítulo 12
Crescendo com a Psicologia

Alguma vez você já se perguntou como seria ter um pai/mãe psicólogo? E se os dois fossem psicólogos? Seria bom ou ruim? É possível imaginar uma conversa típica durante o jantar:

Pai/mãe: Como foi seu dia hoje?

Criança: Bom.

Pai/mãe: Bom, hein? Engraçado; parece que alguém não teve um dia bom. E aí, meu amor? Como foi realmente seu dia?

Criança: Briguei de novo com aquele valentão estúpido na escola. Bem, não cheguei a brigar. Ele pegou minha lancheira e jogou no lixo.

Pai/mãe: Como você se sentiu? Frustrado? Com raiva? Qual foi sua reação com a situação?

Criança: Sabe, apenas uma vez eu gostaria de ouvir você dizer que vai fazer algo sobre isso ou me proteger. Talvez você possa me ensinar a me defender. Estou cansado de fazer terapia durante o jantar. Vou para o meu quarto.

Pai/mãe: Bem, acho que estraguei tudo. Como eu me sinto com isso?

Não sei se ter um psicólogo como pai/mãe é necessariamente bom ou ruim. Algumas pessoas parecem achar que traumatizaria uma criança porque tudo o que ela faz seria muito analisado. Mas isso não é justo. Se um pai/mãe é pediatra, espera-se que a pessoa deixe seu conhecimento médico na porta e não trate os próprios filhos se eles adoecem? Claro que não. Mas sem exageros.

Uma das maiores áreas do estudo de Psicologia é o desenvolvimento psicológico. Embora muitas pessoas pensem em crianças quando ouvem o termo, Psicologia do desenvolvimento abrange a vida inteira do homem. *Psicologia do tempo de vida* é o estudo do desenvolvimento psicológico humano, da concepção até a morte.

Descrevo algumas áreas tradicionalmente cobertas pela Psicologia do tempo de vida em outros capítulos neste livro. Por exemplo, o desenvolvimento da personalidade é o foco do Capítulo 11. O autodesenvolvimento e o desenvolvimento das relações são explorados no Capítulo 10. Todavia, este capítulo foca os desenvolvimentos físico e motor, o desenvolvimento cognitivo e o desenvolvimento social.

Da Concepção ao Nascimento

O processo do desenvolvimento psicológico começa na concepção. Os processos genéticos, que têm um grande papel no futuro desenvolvimento dos comportamentos e dos processos mentais, se originam com a união do óvulo da mulher e do espermatozoide do homem. Cada união cria uma nova combinação genética chamada *genótipo*, a constituição genética de um indivíduo.

Por meio de um processo complexo mais bem compreendido por geneticistas e biólogos, os genes se expressam no que é chamado de *fenótipo*, a manifestação real dos códigos genéticos nos processos biológicos e psicológicos como modelados e impactados por nosso ambiente. Portanto, isso significa que posso ter o genótipo de ser alto e musculoso, mas, se eu tiver desnutrição e nunca me exercitar, posso ficar aquém do meu potencial genótipo.

Nesta seção apresento a gravidez e o processo do desenvolvimento fetal.

Xs e Ys se unindo...

Espermatozoide e óvulos são células especializadas no corpo que contêm metade do material genético necessário para criar uma pessoa inteira; são chamados de *células sexuais* porque estão envolvidos na reprodução sexual.

O ser humano tem 46 cromossomos. A pessoa tem 23 cromossomos da mãe e 23 do pai. As células não relacionadas às sexuais têm um conjunto completo de material genético com 46 cromossomos. Os cromossomos é que determinam os aspectos únicos da composição biológica e psicológica. São os blocos de construção genéticos da estrutura celular.

O 23º par de cromossomos, os sexuais, determina o sexo da criança. Os cromossomos sexuais podem ser X ou Y. Os espermatozoides podem ter o cromossomo X ou Y, mas o óvulo tem apenas o X. Quando o espermatozoide e o óvulo se unem, essa combinação única determina o sexo da criança.

Os meninos têm um 23º par que contém um cromossomo X e um Y (XY). As meninas têm dois Xs (XX). Como a mãe pode fornecer apenas o cromossomo X e o pai fornecer X ou Y, a contribuição do cromossomo sexual do pai tem um papel decisivo.

A função da genética no comportamento humano e nos processos mentais faz parte de uma disputa interminável conhecida como debate da *natureza versus criação*. Os defensores do argumento natureza acreditam que o comportamento é determinado geneticamente. A biologia é o destino, por assim dizer. Os defensores da criação acreditam que os ambientes nos quais a pessoa cresce determinam sua composição psicológica.

LEMBRE-SE

Esse debate foi basicamente abafado nos últimos 25 anos pela posição intermediária de que fatores biológicos e ambientais estão envolvidos, com diferentes pesos dados a um ou a outro, dependendo do processo psicológico em questão.

Unindo e dividindo em uma só noite

O desenvolvimento biológico começa com o processo da reprodução sexual. É assim que começa o desenvolvimento psicológico e o comportamento; os processos mentais estão intrinsecamente ligados ao desenvolvimento biológico. Para saber mais sobre a relação entre psicologia e biologia, vá para o Capítulo 3.

O processo de desenvolvimento começa após homem e mulher terem uma relação sexual:

Estágio germinal (da concepção até duas semanas)

1. **O espermatozoide e o óvulo se encontram, combinando sua metade do conjunto de cromossomos.**

   É a *fertilização*, e ocorre nas *trompas de Falópio*.

2. **Após 24 a 30 horas, um *zigoto* unicelular (o óvulo fertilizado) começa a se dividir.**

   Isso ocorre na trompa de Falópio também. Por meio de um processo chamado *mitose*, cada cromossomo produz uma cópia de si mesmo e contribui com a cópia para a formação da segunda célula. As células continuam a se dividir e multiplicar, repetindo esse processo durante o desenvolvimento fetal. O desenvolvimento do feto está em curso!

3. **Três a quatro dias depois, o óvulo fertilizado viaja até o útero.**

   Chegando ao útero, ocorre a *implantação*. Durante a implantação, o óvulo fertilizado se fixa na parede do útero e finalmente se funde e implanta na parede do útero.

4. **Inicia-se o *período embrionário*.**

   Este período ocorre cerca de catorze dias após o *estágio pré-embrionário* ou inicia o *período germinal*. O *período embrionário* dura até o final da oitava semana de gravidez.

Estágio embrionário (da terceira até a oitava semana)

5. **As células continuam a se dividir.**

   O começo do ser humano ganha forma. As formas rudimentares do sistema nervoso e outros sistemas corporais começam a se estruturar.

Estágio fetal (da nona semana até o nascimento)

6. **O *período fetal* começa e dura até o nascimento.**

   Começa no terceiro mês de gravidez. Este estágio final é um processo extremamente delicado. Às vezes problemas psicológicos podem ser atribuídos a problemas no cérebro do feto e no desenvolvimento do sistema nervoso. Deficiência mental, dificuldades de aprendizagem e outros distúrbios cognitivos podem ser ligados a problemas no feto.

LEMBRE-SE É muitíssimo importante que as grávidas tenham alimentação adequada, evitem doenças infecciosas e não usem drogas, álcool nem fumem. Essas mudanças comportamentais não garantirão o nascimento de uma criança saudável, mas certamente aumentarão as chances.

Os desenvolvimentos biológicos de cada período estão destacados na Tabela 12-1.

TABELA 12-1   Desenvolvimento Fetal por Estágio de Gravidez

Germinal (Semanas 0–2): O que Inclui?	
Saco amniótico	Placenta
Embrião	Cordão umbilical
Embrionário (Semanas 3–8): O que Inclui?	
Fase inicial (braços e pernas)	Batimento cardíaco
Olhos e orelhas	Sistema nervoso
Dedos das mãos e dos pés	Medula espinhal

Fetal (Semanas 9–36): O que Inclui?	
Funcionamento dos sistemas orgânicos	Órgãos sexuais
Hemácias	Leucócitos
Feto muito ativo	Feto dorme como recém-nascido

Da Fralda ao Babador

Cerca de 36 semanas após a concepção, algumas felizardas dão à luz uma criança saudável. A infância é uma época emocionante, na qual ocorrem desenvolvimentos físicos e psicológicos a uma velocidade sem precedentes. Em um minuto as crianças não fazem nada, exceto dormir, no outro elas brincam de esconde-esconde.

Nesta seção, descrevo o desenvolvimento inicial das crianças, inclusive os desenvolvimentos motor e cognitivo, além do desenvolvimento da linguagem.

Instinto de sobrevivência

Por quase nove meses como feto, uma criança conta quase que exclusivamente com a mãe para sobreviver. Essa dependência não termina no nascimento. Embora os sistemas biológicos básicos do bebê funcionem sozinhos, a manutenção de tais sistemas requer um cuidado atento da mãe ou do cuidador primário. Às vezes, pais de primeira viagem podem ficar sobrecarregados com a responsabilidade de cuidar de um bebê. A boa notícia é que as crianças nascem com um conjunto bem impressionante de habilidades básicas para ajudá-las a sobreviver.

Na verdade, quase todas as habilidades básicas de sobrevivência humana estão presentes no nascimento. Quando digo *básicas*, me refiro a muito básicas: respirar, sugar, engolir e defecar. Os bebês precisam respirar para obter oxigênio. Precisam engolir e sugar para comer. Precisam defecar para limpar seus sistemas. Os pais nervosos por aí podem ter certeza de que não será preciso ensinar o bebê a sugar a mamadeira ou o peito. É natural e automático. É um reflexo.

DESENVOLVIMENTO COMPLETO

A Tabela 12-2 não é uma lista completa do desenvolvimento das habilidades motoras na infância. Para ter uma cobertura maior dessas habilidades e outros aspectos do desenvolvimento mencionados neste capítulo, recomendo o livro *Touchpoints: Your child's emotional and behavioral development* [sem publicação no Brasil] de T. Berry Brazelton. O Dr. Brazelton é um pediatra muito respeitado, com muitas ideias e observações ótimas sobre crianças.

Essas habilidades fazem parte de uma lista maior de reflexos inatos com os quais os bebês nascem, ajudando na sobrevivência deles. Veja outras:

» **Reflexo primitivo:** Virar a cabeça na direção da bochecha tocada na tentativa de sugar.

» **Reflexo de moro (susto):** Estender braços e pernas e chorar em resposta a um barulho alto ou movimento de queda repentina.

» **Reflexo de preensão:** Agarrar coisas, como o dedo de alguém.

Sobre o desenvolvimento motor

Uma das áreas mais esperadas do desenvolvimento infantil para muitos pais é o desenvolvimento motor da criança. Os pais mal conseguem esperar para ver seu filho ganhar cada vez mais destreza em suas habilidades físicas. Os bebês têm muito pouco controle sobre seus membros e cabeça quando nascem. Leva tempo para o sistema nervoso central (cérebro e medula espinhal) e o sistema nervoso periférico (nervos fora do cérebro e da medula espinhal) conseguirem coordenação.

A progressão começa com o controle dos movimentos da cabeça, depois dos membros e do tronco, o que normalmente costuma iniciar por volta de seis meses. Por fim, inicia o controle motor mais fino em torno de oito a doze meses. Por exemplo, as crianças começam a pegar coisas com apenas dois dedos quando têm nove meses. A Tabela 12-2 mostra essa progressão.

TABELA 12-2 **Sinopse do Desenvolvimento Motor na Infância**

Idade em Meses	Habilidades Presentes
1-3	Levantar a cabeça e sentar com apoio
4-8	Manter a cabeça parada e equilibrá-la; olhar em volta; usar o dedo polegar para segurar; sentar por pouco tempo sem apoio

Idade em Meses	Habilidades Presentes
8–12	Coordenar as atividades das mãos; controlar o tronco e sentar sem apoio; engatinhar; começa a preferir o uso de uma mão ou outra; sentar e ficar nessa posição enquanto segura algo; andar com ajuda, dando passos simples
14	Ficar de pé sozinho e andar sem dificuldade
18	Correr e cair

Conforme os bebês crescem, seu comportamento motor fica mais sofisticado. Eles podem correr, chutar, derrubar, andar de triciclo e realizar várias outras sequências complexas de comportamento motor. As *habilidades motoras finas*, maior destreza e controle sobre o uso dos dedos e das mãos continuam a se desenvolver conforme as crianças descobrem como manipular pequenos objetos, como xícaras, lápis de cor e pequenos brinquedos.

Flexionando os músculos

À medida que as crianças pequenas começam a contar com seus reflexos e desenvolvem maior controle sobre seus movimentos musculares, seus cérebros se desenvolvem com extrema rapidez. Na verdade, o desenvolvimento cerebral começa durante a gravidez e continua por toda a infância e adolescência. A progressão do desenvolvimento cerebral começa com as áreas motoras do cérebro. Sem tal desenvolvimento necessário nessas áreas, as crianças não conseguiriam responder com reflexos e controlar seus corpos.

A próxima parada no expresso do desenvolvimento cerebral são as áreas *somatossensoriais* do cérebro, as áreas envolvidas na sensação e na percepção (áreas do olfato, paladar, tato, audição e visão). As crianças nascem com boa audição. Elas conseguem diferençar as vozes de suas mães e de estranhos, por exemplo, que pode ser resultado de ouvir as vozes das mães durante a gravidez. Os sentidos do olfato e do paladar também são aguçados. A acuidade visual é menos desenvolvida no nascimento e se desenvolve gradualmente durante o primeiro ano de vida.

Programando esquemas

Como um mapa rodoviário ou modelo, as crianças usam o que o psicólogo suíço Jean Piaget chamava de *esquema*, ou modos mentais de pensar, para representar, organizar e integrar a experiência. *Esquemas* são modos básicos de pensar o mundo. Em vez de ficarem passivas diante do mundo que lhes apresenta informações, as crianças constroem ativamente uma compreensão e uma representação mental dele. Existem três esquemas básicos:

» **Esquema sensório-motor:** Estes padrões organizados de pensamento são gerados com a interação direta de uma criança e a manipulação dos objetos em seu ambiente.

Por exemplo, quando uma criança de um ano joga tudo do seu prato no chão, ela não está tentando chatear os pais. Segundo Piaget, ela está desenvolvendo um esquema sensório-motor para entender a relação entre causa e efeito. É a representação simples de uma relação mecânica básica: "Eu derrubo a comida. Então mamãe e papai ficam vermelhos. É divertido!"

» **Esquema simbólico:** Com o desenvolvimento deste esquema, uma criança começa a representar simbolicamente as primeiras relações sensório-motoras. Ela consegue pensar sobre objetos em seu mundo sem interagir diretamente com eles.

» **Esquema operacional:** Estas atividades internas e mentais envolvem a manipulação das representações simbólicas dos objetos. O esquema operacional envolve a habilidade de pensar de modo abstrato e resolver problemas sem realmente ter que tentar uma solução fisicamente. Portanto, em vez de pular na frente de um carro para saber se isso machuca, a criança consegue imaginar a situação e decidir se ela se machucaria.

Basicamente, os três esquemas começam com interações concretas com o mundo e progridem em um processo de pensamento mais simbólico e abstrato. É um marco do trabalho de Piaget; lembre-se de que você começa com algo concreto e vai para o abstrato. Pensando bem, talvez seja por isso que nunca fui bem na catequese. Não podia deixar de pensar que as nuvens não pareciam fortes o bastante para suportarem o céu. Não cairia tudo? Ainda não consegui entender.

LEMBRE-SE

As pessoas nascem com dois processos que ajudam a desenvolver mais o pensamento:

» **Organização:** Envolve combinar diferentes esquemas já desenvolvidos com esquemas novos e mais complexos. Basicamente você está sempre mudando sua compreensão do mundo para criar uma imagem melhor e mais completa.

» **Adaptação:** É o processo de se ajustar às demandas do ambiente. Consegue-se adaptação com dois processos secundários distintos:

- **Assimilação:** Os pequenos usam a assimilação o tempo todo. Quando Joãozinho chama um cavalo de "cachorrinho", é a assimilação acontecendo. Crianças tentam entender os novos objetos em seu ambiente com base no que já sabem e aplicam isso a novos objetos e situações. É como usar um modelo; a criança tenta encaixar tudo nesse único modelo. Se ela conhece apenas um tipo de animal com quatro patas e rabo, então um cavalo é um "cachorrinho".

- **Acomodação:** Basicamente é o processo oposto da assimilação; em vez de adicionar novas experiências ao antigo *esquema*, o esquema existente é alterado para encaixar a nova informação. A criança pode dividir ao meio uma categoria atual ("cachorrinho" se transforma em "cachorrão" e "cachorro pequeno") ou criar uma nova categoria (cachorrinho se torna "cachorro" e "cavalo") para lembrar as experiências. O crescimento cognitivo é um processo contínuo e persistente de crianças aplicando (assimilando) sua compreensão do mundo e fazendo acomodações para ter novas informações. É o processo geral de adaptação, permitindo a manutenção do equilíbrio cognitivo entre pensamento e ambiente.

Estágio sensório-motor em movimento

O *estágio sensório-motor* é o primeiro do desenvolvimento cognitivo e dura do nascimento até dois anos de idade. Nesse estágio, as habilidades para a solução de problemas de uma criança se desenvolvem além dos simples reflexos. Elas estendem os comportamentos reflexivos a novos objetos em seu ambiente. Uma criança pode sugar um brinquedinho além do peito da mãe ou da mamadeira. Alguns bebês podem precisar de algumas tentativas para se acostumar com uma chupeta até conseguirem aplicar seu conhecimento de sugar natural e habilidade em outros objetos.

Quase por acaso os bebês descobrem que podem ter um efeito físico sobre os objetos no mundo. Aos poucos eles consolidam essas descobertas acidentais e desenvolvem respostas intencionais e coordenadas em escala simples. Finalmente os bebês evoluem em um tipo de experimentação ou aprendizagem de tentativa e erro, na qual fazem coisas com objetos por perto só para ver o impacto que têm sobre tais objetos.

A capacidade de imitar pessoas também se desenvolve durante o estágio sensório-motor. Os bebês costumam sorrir quando alguém sorri para eles. Uma das formas mais comuns de imitação é murmurar. Quando uma criança desenvolve a habilidade de imitar, ela costuma murmurar de volta para quem murmura para ela. Tão bonitinho!

Um último desenvolvimento principal nesse estágio é o desenvolvimento de uma habilidade chamada *permanência do objeto*. Se você esconde algo de um bebê que ainda não desenvolveu a permanência do objeto, ele esquece. Mas quando os bebês atingem essa permanência, eles lembram que o objeto ainda está por perto, mesmo quando não está à vista; eles tentam procurar o objeto escondido. Portanto, se você for esconder coisas de seus filhos, faça antes que a permanência do objeto se desenvolva.

> **PENSANDO BEM**
>
> *Teoria do desenvolvimento cognitivo* é o estudo do desenvolvimento e do amadurecimento do pensamento. Um psicólogo suíço chamado Jean Piaget é o pai e grande rei da teoria do desenvolvimento cognitivo. Piaget começou pensando sobre o pensamento conforme observava o crescimento dos próprios filhos, analisando o comportamento deles e teorizando sobre os pensamentos que passavam por suas cabecinhas. Acho que ter um pai psicólogo pode ser muito assustador.
>
> Piaget é considerado um *mentalista,* porque sua teoria acredita que o comportamento visível de uma pessoa é devido, em grande parte, a como ela pensa sobre o mundo. Piaget enfatizou como uma pessoa pensa, não o que ela sabe. Afinal, um dicionário contém muitas informações, mas consegue resolver a conta 2 + 2? Piaget definia inteligência como a coleção de habilidades mentais que ajuda um organismo a se adaptar. Ele também sugeriu que inteligência envolve buscar *equilíbrio cognitivo* — um equilíbrio harmonioso entre o pensamento de um indivíduo e o ambiente. A pessoa encontra constantemente novas situações e estímulos no ambiente. Essas novas experiências desafiam a mente humana, levando a um desequilíbrio. Pensar é o processo que restaura o equilíbrio.

Aprendendo dentro dos limites

Às vezes, quando brinco com crianças, me pego questionando e testando os limites de seus conhecimentos. Posso ler um livro para elas e pedir para que apontem coisas em cada página: "Onde está a bola?" Esse tipo de lição de casa é perfeitamente válido, contanto que eu não exagere, como costuma acontecer.

Muitos pais começam a ensinar aos filhos algumas noções de conhecimento que servem como base para uma futura aprendizagem na escola. Reconhecer objetos e categorias de objetos, como formas, cores, animais, números e letras, são habilidades básicas que toda criança precisa ter. Embora haja certo nível de habilidade preexistente, a habilidade de uma criança em reconhecer objetos aumenta por volta de dezoito meses a dois anos. Crianças adoram aprender histórias, músicas e cantigas de roda nessa época de suas vidas.

Brincar é uma parte muito importante da experiência de descoberta de uma criança. Com dois anos e meio, a maioria consegue brincar com outras crianças em atividades de cooperação e independentes em um longo período de tempo. Antes dessa idade, elas podem participar de pequenas sessões de brincadeira independentes ou atividade física interativa (como "pirulito que bate bate") com adultos ou crianças mais velhas. Crianças pequenas e na pré-escola preferem brinquedos mais naturais, como areia, barro e água. Elas inventam jogos próprios, mas ainda não se saem muito bem com regras e regulamentos.

LEMBRE-SE

Alguns pais esperam que seus filhos aprendam a reconhecer e escrever letras antes de irem para o jardim de infância. Mas, para a maioria das crianças pequenas e da pré-escola, essas habilidades são avançadas demais e espera-se que tenham muito pouca retenção antes do jardim de infância. Com cinco anos, as crianças começam a formar letras.

Desenhar é uma habilidade relacionada que crianças pequenas e na pré-escola demonstram ter. A maioria com dois e três anos consegue rabiscar e, no final desse período, elas podem fazer linhas retas, curvas e círculos com facilidade. Com quatro a cinco anos começam a fazer representações e imagens com desenhos simples. Elas conseguem colorir dentro das linhas com facilidade.

Dizendo o que você pensa

Muitos pais se lembram das primeiras palavras do seu filho. Quando o pequeno fala as palavras *mamã* ou *papá*, normalmente os corações derretem. A palavra *bola* não costuma ter a mesma reação.

LEMBRE-SE

A posição predominante em Psicologia sobre o desenvolvimento da linguagem é que ela é inata e ocorre aos poucos conforme o cérebro da criança se desenvolve. Isso não significa que as crianças nascem com uma linguagem, mas com a capacidade mental inata de aprender e entender as regras da linguagem na comunidade onde nasceram. Pais podem facilitar o desenvolvimento da linguagem fornecendo um ambiente propício e estimulante, fazendo as crianças usarem palavras para comunicarem suas necessidades e desejos.

Crianças não nascem falando frases nem palestrando. Bem, pelo menos nenhuma que eu conheci. Elas aprendem a falar aos poucos. A linguagem se desenvolve em estágios durante os dois ou três primeiros anos de vida. Uma visão geral rápida das conquistas da linguagem que deixam os pais muito orgulhosos:

» **0 a 4 meses:** A fala infantil começa com *murmúrios*. Nos primeiros meses, os bebês fazem sons que vêm naturalmente dos movimentos da boca (ao se alimentar, respirar e sugar) e do choro. Fazer um som de "língua de fora" ou zumbido são bons exemplos de sons que saem dos movimentos naturais da boca.

Os comportamentos vocais associados a chorar são experimentados e começa o uso da voz. Esses sons ocorrem espontaneamente e em resposta à interação com outras pessoas. Um bebê pode murmurar em resposta ao murmurar da mãe, por exemplo. Essas interações costumam servir como uma base para o futuro desenvolvimento social, assim como uma interação entre pais/filhos em jogos para fazer sons, alternando e sentindo o estilo de interação um do outro.

> **5 a 8 meses:** Os bebês aprimoram levemente os sons básicos. Por volta do sétimo ou oitavo mês, eles começam a formar sons que lembram sílabas. Em português, alguns sons são mais fáceis de falar que outros, como *ma* ou *ba*. É muito difícil que uma criança de seis meses pronuncie um som *nh* ou *l*. Esse estágio de experimentação com sons se chama "balbuciar".

> **12 a 18 meses:** Por volta de um ano, os bebês começam a usar monossílabos simples. Os primeiros sons de consoante e vogal se combinam, produzindo as primeiras palavras polissílabas, como *mamã*, *dodói* ou *tchau-tchau*. Esse processo continua nos meses seguintes, conforme novas palavras surgem, e as palavras dominadas servem como base a partir da qual generalizar.

> **18 meses:** O desenvolvimento da linguagem explode quando os bebês atingem os 18 meses. Com base em sua habilidade de generalizar, as crianças começam a formar frases simples com duas palavras (chamado de "discurso telegráfico"), então frases com três palavras etc. Depois você já sabe, está respondendo a mais perguntas "por que" do que achou ser possível.
>
> Crianças aprendem novas palavras em uma taxa aproximada de uma a cada duas horas. Impressionante! Estudei espanhol em momentos diferentes em minha vida e me sentia superprodutivo quando conseguia aprender uma palavra a cada duas semanas. Muito triste, eu sei.
>
> Essa explosão no desenvolvimento da linguagem continua até as crianças terem três anos. Suas habilidades de linguagem vão além de usar uma palavra para muitas coisas; *bola* não é mais todo objeto redondo, *cachorrinho* não é mais qualquer coisa com quatro patas etc.

A maioria das crianças aprende grande parte (estruturas, regras e muito vocabulário) de sua linguagem nativa por volta dos quatro anos. Quando chega a época de irem para o jardim de infância, as crianças adquiriram cerca de 8 mil palavras e aprenderam a usar a linguagem em várias situações sociais. Elas também conseguem fazer frases interrogativas e negativas. Nesse ponto, os fundamentos da linguagem estão firmemente consolidados, e é só uma questão de aprendizagem contínua e aumento da sofisticação, usando a base existente.

Aptidões sociais

As primeiras relações que as crianças têm são com seus cuidadores primários. Pai/mãe e um bebê costumam interagir com jogos simples visuais e de toque. As crianças também fazem gestos faciais para estranhos. As interações entre criança e cuidador primário são comparadas a uma dança na qual cada parceiro usa as pistas do outro em uma cena que parece bem coreografada. Esse processo de usar o feedback do outro para medir a interação social foi chamado de *interação recíproca* e normalmente depende da habilidade do cuidador primário em responder às pistas dadas pela criança.

Uma boa conexão entre bebê e cuidador primário costuma resultar de algo chamado *bondade de ajuste*, ou seja, o ajuste entre temperamentos e estilos da criança e do cuidador. Eu costumava ouvir meus pais dizerem que cada filho tinha um temperamento diferente e que aprender a responder de modo diferente a cada um às vezes era um desafio. Algumas crianças podem ser muito extrovertidas e procuram estímulo social, mas outras podem ser tímidas e requerer um estilo de interação mais discreto. Acredito que a arte de ser pai/mãe, em parte, é saber como combinar com o temperamento de uma criança; isso normalmente representa um grande desafio na terapia com crianças.

O círculo social de uma criança se expande aos poucos para incluir os irmãos e ela começa a dar sinais de *ansiedade da separação* (medo de ser abandonada pelo cuidador primário) entre 7 e 9 meses. De 16 a 24 meses, as crianças conseguem passar um tempo jogando e interagindo com outras sem muito envolvimento de seus cuidadores primários. A partir de 3 a 4 anos, os mundos sociais das crianças continuam a aumentar. Às vezes ocorrem brigas conforme elas encontram limitações para lidar com outras crianças. Compartilhar e revezar se tornam mais importantes; amizades simples e afeições por crianças específicas também começam a surgir.

Indo para a Escola

A maioria das crianças vai para o jardim de infância por volta dos dois ou três anos no Brasil. Isso marca um momento decisivo e importante no desenvolvimento dela, pois aprendizagem, habilidades cognitivas e sociais ficam cada vez mais importantes. As crianças deixam os pais e o ambiente protetor e facilitador da casa para começar a interagir com um mundo maior e mais complexo. Habilidades relacionadas à escola, como escrever, ler, falar e cálculos simples, começam a ocupar grande parte da energia mental e do tempo delas.

Dominando o lápis de cor

No jardim de infância, as crianças aprendem a usar utensílios e materiais de escrita com maior habilidade. Algumas podem ser expostas à tesoura, cola ou tinta pela primeira vez no jardim. Também espera-se que elas aprendam a escrever letras, seus nomes e algumas palavras simples nesse ano na escola, assim como adquirir o básico para ler, inclusive reconhecer letras e começar a fonética. Conforme as crianças avançam na escola, essas habilidades devem expandir com a habilidade de ler e escrever informações maiores.

Habilidades matemáticas também iniciam com contas. Com quatro ou cinco anos, a maioria pode contar fazendo uma correspondência simples. *Correspondência simples* é quando uma criança consegue contar cada objeto apresentado a ela. Portanto, se eu retiro cinco maçãs, as crianças dessa idade contarão ("um, dois, três" etc.) para cada maçã. Conforme elas saem do jardim de infância e passam para o ensino fundamental, desenvolvem conceitos de adição e subtração, e posteriormente desenvolvem operações mais sofisticadas que incluem multiplicação e divisão avançadas, às vezes, até frações.

Ser pré-operacional não significa precisar de uma cirurgia

O estágio sensório-motor do desenvolvimento cognitivo é seguido dos estágios pré-operacional e operacional. O pensamento continua cada vez mais sofisticado, usando os ganhos dos estágios anteriores e aplicando isso em problemas mais difíceis.

O *estágio pré-operacional* (dois a sete anos) marca o desenvolvimento do pensamento simbólico. Agora uma criança tem a habilidade de permitir que um objeto, um símbolo, represente outro objeto. Um marco disso é fingir uma brincadeira. Como uma madeira se torna uma espada ou a toalha de banho é a capa do super-herói? Representação simbólica!

Contudo as características mais impressionantes dos processos mentais das crianças pré-operacionais são as habilidades que elas não têm. Crianças nessa idade têm dificuldade de classificar objetos em duas ou mais categorias. Por exemplo, se você pergunta se há mais bolas no total ou mais bolas vermelhas em uma coleção de quatro bolas vermelhas e três bolas verdes, em geral elas respondem "bolas vermelhas". Elas ficam presas em uma característica principal da coleção de bolas e não pensam de modo abstrato para resolver o problema. Quanto pesa 50g de pena? Uma criança pré-operacional pode responder algum valor menor que 50g.

LEMBRE-SE Um desenvolvimento clássico que marca nitidamente a diferença entre uma criança pré-operacional e uma criança operacional concreta é chamado de *conservação*, ou seja, a habilidade de entender que algo continua igual mesmo que sua aparência ou propriedades da superfície possam mudar.

Por exemplo, um copo de água grande e um pequeno vazio. Na presença de uma criança, despeje a água do copo grande no copo menor. Agora, pergunte a ela qual copo tem mais água. Ela sempre dirá que é o grande; é maior. Contudo, após ficar mais velha e avançar para o estágio operacional concreto, ela conseguirá resolver o problema.

O *estágio operacional concreto* marca o desenvolvimento da habilidade de uma criança em representar mentalmente uma série complexa de ações e realizar uma lógica relacional. Nesse estágio, as crianças usam uma habilidade chamada *seriação*, que permite a ela organizar objetos em uma série em alguma dimensão, como do maior para o menor, do menor para o maior, do mais alto para o mais baixo etc. Acredite se quiser, a maioria não consegue fazer isso até ter sete anos.

Uma criança operacional concreta ainda trava em problemas mais abstratos ou problemas hipotéticos. Se um problema não tem base na realidade, a criança operacional concreta tem dificuldade para responder à pergunta. Elas recusam perguntas "hipotéticas", porque isso requer que elas abstraiam o conhecimento concreto para situações que nunca aconteceram. Por sorte, isso acontece no estágio das operações formais, na adolescência.

Dentro da zona

O desenvolvimento cognitivo não ocorre no vazio social. Pelo menos é o que o famoso psicólogo russo L. S. Vygotsky enfatizava. Vygotsky propôs que os ambientes social e cultural de uma criança determinavam os tipos e até que ponto as habilidades cognitivas e as capacidades eram desenvolvidas. As demandas dos ambientes social e cultural enfatizam o que é necessário e importante de modo cognitivo.

Para Vygotsky, o desenvolvimento cognitivo é particularmente modelado pelos "professores" que uma criança tem durante o desenvolvimento. Ela se ajustará às expectativas desses professores e mentores cognitivos, aprendendo e internalizando seus processos cognitivos. Esses "professores" são referidos como o *outro que sabe mais* (MKO, sigla em inglês), a pessoa em situação de aprendizagem que tem mais conhecimento, habilidade cognitiva e compreensão. Lembre-se de que esses "professores" não precisam ser reais nem mesmo adultos; podem simplesmente ser outra pessoa MKO, como outras crianças.

Quando uma criança se desenvolve cognitivamente, há lacunas entre o que ela faz e o que se espera. Por exemplo, pode-se esperar que uma criança multiplique até cinco, mas ela sabe apenas a tabuada até um e dois. Mas, com orientação e ajuda, ela pode conseguir um desempenho acima do nível obtido de modo independente. A lacuna entre o que pode ser feito ou não, mas pode ser facilitado por um MKO é o que Vygotsky chamou de *zona de desenvolvimento proximal*. Ele acreditava que é na zona de desenvolvimento proximal que a instrução deve focar mais e ser mais intensa, para impulsionar o desenvolvimento cognitivo.

Sendo ainda mais social

As questões primárias do desenvolvimento social para crianças em idade escolar são as relações com outras crianças e o funcionamento social fora de casa. Quando as crianças vão para a escola, suas relações com os pais estão bem consolidadas. Essas relações continuam a se desenvolver, mas as relações fora de casa são o foco principal entre cinco e doze anos.

Durante esses anos, as expectativas da habilidade social de uma criança aumentam drasticamente. Os pais não toleram mais birras nem técnicas de solução de problemas sociais menos sofisticadas, como bater em outras crianças. Espera-se que as crianças sigam regras e instruções, sobretudo em sala de aula. Aumentam suas associações com outras crianças e elas começam a desenvolver grupinhos centrais de amigos.

Se uma criança tem dificuldades sociais, esses problemas aparecem quando ela entra na escola. Problemas relacionados a conviver com outras crianças, participar de jogos e cooperar com as rotinas esperadas para elas quando longe de seus pais às vezes podem levar à rejeição do outro, a dificuldades emocionais ou à repetência.

Agonizando na Adolescência

Talvez um dos eventos mais importantes na vida de uma criança seja sua experiência com a puberdade. A puberdade é marcada por um aumento nos hormônios sexuais progesterona, testosterona e andrógenos. O desenvolvimento de características sexuais secundárias, como pelos pubianos, amadurecimento dos órgãos genitais, menstruação e desenvolvimento de mamas nas meninas, acompanha a puberdade. O interesse por sexo aumenta muitíssimo conforme os meninos começam a se interessar por meninas, e vice-versa. Os adolescentes não consideram mais que os membros do sexo oposto têm piolho ou são brutos.

Junto com essas maravilhosas mudanças físicas vêm mudanças muito profundas no pensamento. Quando as crianças atingem onze ou doze anos, elas conseguem resolver problemas "hipotéticos" apresentados porque atingiram o auge do desenvolvimento cognitivo das operações formais. Esse período é chamado de *operações formais,* porque os processos mentais concretos da infância se combinam em conceitos mais avançados, como abstrações.

Agora as crianças conseguem raciocinar com base em questões hipotéticas. Elas não precisam de exemplos concretos ou demonstrações como acontecia nos primeiros estágios do desenvolvimento cognitivo. Tornaram-se pequenos cientistas, conseguem fazer miniexperimentos mentais, em vez de enfrentar os problemas com tentativa e erro.

LEMBRE-SE Lembre-se de que só porque crianças e adolescentes podem fazer e responder perguntas, isso não significa que realmente conseguem. Quando eu era adolescente, falhei inúmeras vezes ao me perguntar: "E se eu for pego mentindo para meus pais?" Eu deveria ter usado um pouco mais meu pensamento operacional formal.

Sofrendo na puberdade

Exatamente quando a puberdade começa é um mistério. Ela pode iniciar em momentos diferentes para crianças diferentes. Mas pesquisadores notaram que a idade de início vem diminuindo gradativamente. Em média, as crianças estão entrando na puberdade mais jovens. Esse desenvolvimento foi batizado de *tendência secular,* e pesquisadores acreditam que é devido à melhor nutrição infantil.

A idade média de início da puberdade no Ocidente mostra um declínio de três meses por década.

A época da puberdade pode ter graves repercussões, dependendo de quando ela acontece. Por vezes, meninos que se desenvolvem mais tarde que outros são ridicularizados e sofrem contratempos sociais relacionados à popularidade e namoros. Meninas que se desenvolvem cedo demais passam por situações pelas quais não estão preparadas mental e emocionalmente porque seus corpos as fazem parecer mais velhas do que realmente são.

E o sexo? Existe uma grande variação nas normas sexuais entre sociedades, mas, se uma sociedade coloca ou não limites rígidos no comportamento sexual do adolescente, o desejo sexual é uma questão prioritária para os membros dessa faixa etária. Na maioria das vezes, os adolescentes aprendem sobre sexo com amigos e na mídia. A velha conversa sobre pássaros e abelhas não aparece tantas vezes como se pensa.

Longe dos pais

Uma diferença gritante entre infância e adolescência é a menor importância dos pais na vida de um adolescente. Antes da adolescência, pais e casa ocupam a cena central na vida da criança. Durante a adolescência, os jovens começam a expressar sua independência e autonomia tornando as amizades uma prioridade máxima.

As funções sociais que envolvem os pais ficam em segundo plano em relação às funções exclusivas da adolescência, como danças, festas (sem supervisão) e passeios, nesse estágio no desenvolvimento de uma criança. Passear, enviar mensagens, entrar no Facebook e passar a noite na casa dos amigos são algo comum.

Colegas são a maior fonte de autoestima e a adequação costuma ser mais importante que a aceitação parental. Os adolescentes experimentam a identidade e regras sociais. Habilidades de relação e padrões estabelecidos na infância aumentam em sofisticação nesse estágio. Romances ficam muitíssimo importantes. Ser a estrela da casa dá lugar a desejos de ser popular ou querido entre amigos.

Existindo como Adulto

Embora muitos adolescentes discordem, há vida após a adolescência. Na verdade, a maioria dos anos de uma pessoa no planeta ocorre no que é referido como *idade adulta*, definida como os anos entre 18 e a morte. A idade adulta costuma ser dividida em três períodos:

- **Idade adulta jovem:** 18 a 39 anos.
- **Idade adulta intermediária:** 40 a 64 anos.
- **Idade adulta avançada:** +65 anos

Na idade adulta as pessoas continuam crescendo, mudando e desenvolvendo-se. Esses anos são tão cheios de vida como os dezoito anteriores, só que de modos diferentes. Nesta seção apresentarei as tarefas de desenvolvimento da idade adulta, inclusive casamento, trabalho e aposentadoria.

Olhando para você

A idade adulta jovem inclui várias idades; muitas experiências impactantes da vida de uma pessoa ocorrem nesses anos, inclusive iniciar e terminar a faculdade, iniciar a vida profissional, casar-se e iniciar uma família. Em suma, podem ser anos muito movimentados e produtivos. Muita coisa acontecendo.

Fisicamente, as pessoas estão no auge da força, dos reflexos e do vigor com vinte e poucos anos; ao entrar na idade adulta intermediária, elas ficam cada vez mais cientes das mudanças em seus corpos e como eles são menos resilientes, mais suscetíveis à doença e menos jovens em geral que na idade adulta jovem. As mulheres entram na *menopausa* por volta do final dos quarenta anos e início dos cinquenta, quando param de menstruar, não são mais férteis e sentem mudanças hormonais que podem levar, às vezes, a experiências desagradáveis, como ondas de calor e até ataques de pânico.

Relações e trabalho

As relações na idade adulta continuam a se desenvolver. Em geral, a intimidade é procurada, por vezes resultando em casamento. Embora a taxa de divórcio para os primeiros casamentos nos EUA seja cerca da metade de todos os casamentos, as pessoas ainda se casam. Contudo, o casamento acontece mais tarde, não com vinte e poucos anos, e quase metade (47%) da população adulta norte-americana não está casada, segundo o censo em 2012 feito no país.

Ter e criar filhos pode consumir grande parte da idade adulta jovem, embora nem todos escolham ter filhos. Essa é outra tendência nos EUA que sugere que obrigações socioculturais para "se casar e ter filhos" são menos dominantes que nas décadas anteriores.

Uma parte significativa da vida adulta moderna envolve trabalho e realização. A idade adulta intermediária levanta questões que consideram a sabedoria das decisões tomadas na idade adulta jovem. Se uma pessoa vai para a faculdade logo depois do ensino médio ou entra no mercado de trabalho imediatamente, é provável que ela refletirá e imaginará se foi a escolha certa. Estou fazendo o que queria? Minha rotina tem significado? Atingi minhas metas? Fiz o que queria fazer?

Conforme se aproxima a idade adulta avançada, a pessoa começa a priorizar o que é importante na vida e o que tem menos importância. Quando a transição é feita para essa fase final, a pessoa começa a se ver como sendo velha.

Envelhecimento e Geropsicologia

Se a idade chegou, você não é o único. A população com +65 anos aumentou em 74% entre os anos 1990 e 2020 nos EUA. Por outro lado, pessoas abaixo de 65 aumentaram 24% no mesmo período.

Talvez o mais óbvio seja que os corpos envelhecem e continuam a envelhecer, ou seja, ocorrem muitas mudanças físicas em toda fase da vida, sobretudo na idade adulta avançada. Cabelos e pele afinam, e ficam brancos. Os ossos ficam mais quebradiços e o tônus muscular diminui. Energia e vigor diminuem, assim como as capacidades sensoriais, como visão, audição e até paladar menos precisos.

O declínio físico ao envelhecer foi analisado a partir de, pelo menos, dois modelos explicativos:

> » **Teorias de programação genética do envelhecimento:** Envelhecer é resultado da programação genética, na qual as células param de se dividir e crescer, começando a se "autodestruir" até a morte final.
>
> » **Teorias de desgaste do envelhecimento:** Com o tempo, os corpos quebram com o uso, o acúmulo de resíduos e toxinas cobra seu preço, e o corpo se desgasta, como um sapato velho.

Claro, o corpo não é a única coisa em uma pessoa que envelhece. Mudanças cognitivas na idade adulta avançada incluem algumas alterações menores, como velocidades de processamento um pouco mais lentas e uma memória menos eficiente e efetiva. No lado bom, as pessoas nesse estágio sentem estabilidade e, em alguns casos, têm estratégias e informações melhores para solucionar problemas.

Contudo, a memória continua sendo uma das principais preocupações para a população idosa e suas famílias. É inevitável que eu perca minha memória? Dados e pesquisas nessa área descrevem um cenário muito mais complexo do que se pode esperar. Para algumas pessoas, a perda de memória e comprometimentos não acontecem. Para outras, podem ocorrer formas menos graves de perda de memória para domínios específicos, como memória episódica (para eventos), já outras formas de memória, como memória de conhecimento geral e fatos, permanecem relativamente intactas com a idade (para saber mais sobre memória, veja o Capítulo 6).

Para algumas pessoas, o envelhecimento vem com um risco maior de doenças reais que levam ao declínio cognitivo e ao comprometimento da memória, geralmente referido como *demência*. Uma das demências mais comuns é o *mal de Alzheimer*. Embora não seja totalmente entendido, Alzheimer é uma doença progressiva no cérebro que resulta no declínio cognitivo gradual e irreversível. Estima-se que ocorre em cerca de 20% das pessoas com 75 a 84 anos e quase 50% das pessoas com mais de 85 anos. Tratamentos médicos parecem ajudar em certa melhoria cognitiva para algumas pessoas, talvez diminuindo a progressão da doença, mas atualmente não há cura.

Socialmente, a idade adulta avançada pode ser preenchida com netos e amizades, e, apesar dos clichês, não precisa haver solidão. Claro, o fantasma da morte existe e ver amigos e colegas morrerem é um estresse inevitável. Algumas pessoas envelhecem muito bem; outras, não, mas tem mesmo um bom modo de envelhecer?

Vivo em uma comunidade considerada, em grande parte, um resort para aposentados. Vejo o que considero como "modelos positivos" de envelhecimento à minha volta todo dia: pessoas na terceira idade de exercitando (mais que eu), trabalhando, sendo voluntárias, socializando e parecendo muito boas fazendo tudo isso. Só posso esperar seguir tal modelo.

Adultos mais velhos sendo sociais e ativos são conhecidos como *modelo de envelhecimento ativo*; psicólogos postulam que pessoas que envelhecem melhor são as que mantêm seus interesses, atividades e interação social, e continuam a viver suas vidas alinhadas com a idade adulta intermediária em muitos aspectos.

> **NESTE CAPÍTULO**
>
> » Networking
>
> » Apaixonando-se online
>
> » Lidando com a rebeldia
>
> » Usando a tecnologia em proveito próprio

Capítulo **13**

Psicologia na Era Digital

O que chocaria um viajante do tempo dos anos 1700 se ele aparecesse na cidade de Nova York do futuro? Com certeza os grandes prédios de metal e vidro, máquinas voadoras, carruagens sem cavalos e inúmeras outras maravilhas tecnológicas o deixariam pasmo. Sim, o mundo mudou e continua se transformando rápido, às vezes bem diante dos meus olhos. Meu filho de dois anos joga online e realmente sabe usar um iPad. Uau, eu mal conseguia manusear um brinquedo Tinkertoy (uma forma não digital antiquada de entretenimento da metade do século XX).

Algo chamado "Lei de Moore" determina que o poder da computação basicamente dobra a cada dois anos, tornando-a uma força exponencial. Máquinas, computadores e tecnologia estão por toda parte. Parecem tão predominantes quanto comida, ar e roupa. Tecnologias poderosas e imensamente complexas são uma parte integrante das vidas das pessoas. Tive meu primeiro computador na faculdade. Antes disso, uma máquina de escrever extravagante com um leitor digital era tudo o que eu pensava ser necessário. Eu realmente precisava ir à biblioteca para fazer pesquisas. Tinha que usar o telefone público para ligar para alguém e só tive um pager (o que é isso?) com vinte e poucos anos. A propósito, meu primeiro PC era uma máquina de 33MHz. Ele levava quinze minutos só para ligar e inicializar. Ah, sim, desligávamos nossos PCs naquela época.

Imagine a seguinte cena do filme *O Exterminador do Futuro — A Salvação* (2009):

> **John Connor:** O diabo esteve bem ocupado. O que é isso?
>
> **Kate Connor:** Tem sangue e carne de verdade, apesar de se curar muito rápido. O coração é humano e muito forte. O cérebro também, mas com um chip de interface.
>
> **Marcus Wright:** O que fizeram comigo?
>
> **Kate Connor:** Ele tem um sistema nervoso híbrido. Um córtex humano e um mecânico.
>
> **Marcus Wright:** Blair, o que fizeram?
>
> **John Connor:** Quem fez você?
>
> **Marcus Wright:** Meu nome é Marcus Wright.
>
> **John Connor:** Você acha que é humano?
>
> **Marcus Wright:** Eu sou humano.

Sim, Marcus Wright é um ciborgue, uma combinação de partes biológicas humanas, máquina e tecnologia computacional. Tenho novidades: você e eu somos ciborgues também. Mas não vasculhe seu crânio à procura da interface do computador. Sua vida biológica é interligada à tecnologia conforme você dirige por aí, fica na frente do PC, conversa com outras pessoas usando smartphones, tem sua saúde monitorada por dispositivos no hospital e assiste a pessoas na tela da TV. Tudo bem, é um pouco estranho, admito, mas o fato é que computadores, internet, celulares e o grande poder computacional mudaram fundamentalmente como as pessoas vivem, se veem, interagem entre si e com o ambiente, aprendem, se comportam e passam seu tempo. O contexto da vida humana mudou drasticamente com a tecnologia digital e é essencial entender como tudo isso influencia a psicologia humana, o desenvolvimento e até, talvez, o cérebro.

Ciberpsicologia é o ramo da Psicologia dedicado ao estudo da interseção da Psicologia e de todas as facetas da tecnologia, sobretudo das tecnologias digital e computacional. Neste capítulo, examino como a tecnologia digital impacta as pessoas socialmente e como computadores e a tecnologia afim podem estar mudando a cognição humana. Também explico os lados menos positivos da tecnologia, como o ciberbullying.

Amor e Robôs

O homem é um ser social, uns mais que outros, alguns quase nada e outros são extremamente sociais. Contudo, a evolução humana ocorreu no contexto de estar junto e a sobrevivência da espécie por meio da reprodução sexual depende disso, afinal. Socialização pressupõe comunicação. Embora grande parte da história humana tenha sido dominada pela comunicação via fala (como conversar, contar história, tradições orais na religião), existe e continua a existir um uso simultâneo da "tecnologia" para conectar por meio da comunicação, variando desde pinturas rupestres, pombos-correios, texto escrito, livros, telégrafos etc. até telefone, smartphones e, claro, internet e suas várias redes sociais. Computador e tecnologia digital se tornaram uma forma dominante de comunicação por e-mail, mensagem de texto e videoconferência em tempo real. Computadores, celulares e internet são muitas coisas para várias pessoas, mas certamente são as ferramentas mais sociais e de comunicação.

Fale com a caixa

Os espaços públicos estão repletos de visões estranhas: pessoas andando na rua falando consigo mesmas; ambientes cheios de pessoas sem conversas, mas olhando para pequenos retângulos nas mãos, retângulos maiores nos colos ou ainda maiores nas mesas diante delas. As mãos se movem de modo frenético, com ritmo e um objetivo. As pessoas conversam com outras por meio de dispositivos. Parece estranho, tem até uma sensação estranha, não é? Afinal, elas "conversam" com outras pessoas, leem pensamentos e ideias das outras ou escrevem seus próprios pensamentos e ideias. Na prática, elas se comunicam e socializam. Cientistas que estudam esse fenômeno se referem a esses tipos de comunicação como *comunicação mediada por computador (CMC ou comunicação em rede)*, e suas dimensões sociais correspondentes como o estudo das *redes sociais online* (incluindo amplamente as redes móveis mediadas pela internet).

Os motivos para as pessoas se conectarem por meio da tecnologia digital e pela internet não são tão diferentes dos motivos para se conectarem em carne e osso, e com a tecnologia analógica. Elas querem fofocar, ficar de olho uma nas outras, matar a saudade, ter romance, buscar e dar ajuda, aparecer, contar vantagem etc. Contudo, embora os motivos entre os "dois mundos" de comunicação (online versus offline) permaneçam os mesmos, é interessante notar que os *sites de redes sociais* (SRSs) são considerados o modo preferido de rede social para muitos. Apesar de a necessidade de se conectar socialmente continuar constante, o meio preferido mudou. É um cenário de rápida mudança. Considere que uma pesquisa mostrou que o uso generalizado, difundido e em massa do e-mail diminuiu e está sendo substituído por comunicações no Facebook, no Twitter, no Snapchat, no Instagram e outros serviços.

SRSs são usados por bilhões de pessoas. Então todos estão online e usando redes sociais, certo? Bem, nem todos. Ciberpsicólogos se perguntam se existe uma diferença entre pessoas que usam redes sociais e as que não usam, ou se há uma diferença entre as que usam muito ou só um pouco. Uma pesquisa mostrou que a popularidade do uso das redes sociais pode ser prevista pela sensação de um indivíduo quanto sua eficiência ao usar a internet (chamada de *autoeficácia da internet*), a necessidade de pertencimento e o que é chamado de "autoestima coletiva", ou como a rede social de certa pessoa se vê como um todo. Os extrovertidos têm maior probabilidade de usar as redes sociais, mas eles também são mais sociais offline. O interessante é que não só as pessoas usam redes sociais para atender às suas necessidades sociais, mas, com o tempo, manter a rede social online se torna um objetivo em si.

Eu e meus amigos

Posso ser quem eu quiser online, certo? As identidades online das pessoas são muito diferentes das offline? Uma pesquisa mostrou que, com exceção da completa fraude, tende a haver consistência entre as identidades online e offline. A única ressalva é que minha persona online tende a ser um pouquinho exagerada na direção positiva porque coloco minha versão ligeiramente idealizada de mim mesmo. Embora eu possa colocar qualquer perfil que desejo no site de minha escolha, as redes sociais, como o Facebook, têm certo grau de "policiamento social", em que meu perfil é conectado ao das outras pessoas e, como esse processo ocorre repetidas vezes, surge um tipo de "verdade". Em outras palavras, é relativamente fácil mentir sobre quem eu sou, porém é mais difícil mentir quem eu sou e quem são todos os meus amigos quando a pessoa pode simplesmente olhar todos os meus amigos online e ver por conta própria. Meu eu online e offline se mesclam, dependendo do quanto é compartilhado. Algumas pessoas tomam medidas para assegurar certo grau de separação ou anonimato; outras são muito mais abertas. Às vezes há consequências negativas, como perder um trabalho por causa do mau comportamento exibido em uma página do Facebook. A menos que todos estejam mentindo em massa, tende a haver uma boa quantidade de *persona genuína* online.

Uma das críticas mais comuns do CMS (Sistema de Gestão de Conteúdo) e das redes sociais são o fato de que elas tornam pessoas e sociedade mais isoladas e menos sociáveis, ao que os usuários dizem exatamente o contrário. O que diz a ciência? Uma pesquisa mostrou que a CMC e as redes sociais são como uma "poção" química transformacional do filme *O Monstro do Pântano dos anos 1980*, dirigido pelo mestre dos filmes de terror Wes Craven, estrelando Ray Wise e Adrienne Barbeau. A poção simplesmente faz você "ser mais do que já é". CMS e redes sociais são usados para fortalecer e consolidar as relações offline e que já existem. As pessoas criam, recriam, renovam e mantêm relações online. A socialização online pode ser usada para evitar sentimentos de solidão e criar conexões, mas uma pesquisa mostrou que indivíduos com redes sociais "fracas" ou pequenas não terão nem criarão necessariamente redes online "fortes" ou densas. Aqueles que lutam socialmente não ganham ficando online.

Mas espera um pouco, tenho mil amigos online e somos muito próximos. Certo?! Uma pesquisa mostra que o tamanho da rede de uma pessoa é mais em função de quanto tempo ela fica online, embora, mais uma vez, os extrovertidos tendam a ter redes maiores. Contudo, as redes sociais parecem ter uma ideia predefinida de que a maior quantidade de amigos significa amigos demais, e quanto maior fica a rede da pessoa, mais observadores desconfiam da intimidade dessa rede. A popularidade social como medida por amigos online não parece muito diferente da offline, e é um pouco superficial. Quanto mais atraente fisicamente você é e mais atraentes fisicamente são seus amigos online, mais amigos você terá, por exemplo.

Pessoa perfeita

Digamos que eu escreva um bilhete procurando um amor, uma pessoa bonita, inteligente e carinhosa para passar o resto da vida comigo, coloque em uma garrafa, tampe com uma rolha e coloque nas ondas, no vasto oceano. Alguma vez funcionou? Há uma história correndo por aí na internet sobre um sueco e uma siciliana que se encontraram assim e se casaram, e claro, Kevin Costner e Robin Wright Penn se encontraram assim no filme de 1999, *Uma Carta de Amor*. Um namoro online é quase o oposto exato da "técnica da mensagem na garrafa", mas o motivo pode ser igual: encontrar alguém. O encontro online envolve se mostrar "por aí" em um grande "oceano" de pessoas, ao contrário de um grande "oceano" de água, ou seja, as chances podem aumentar com o namoro online.

O namoro online é muito popular, e estatísticas mostram que quase um quinto de todos os casamentos nos EUA começou como relações online. É uma indústria de bilhões de dólares. Há muitas críticas ao encontro online, algumas feitas sob a perspectiva da segurança, e outras, da perspectiva de que você realmente não consegue conhecer ninguém o suficiente online. Mas também há apoiadores. O namoro online é realmente tão diferente?

Uma pesquisa mostrou que o namoro online é diferente do offline de alguns modos importantes. Para começar, a fase "conhecer você" e até a fase do cortejo das relações mudam. O namoro offline começa mais lentamente porque as pessoas se encontram de modos menos deliberados (a menos que você seja "configurado" por alguém) por meio de seus círculos sociais típicos ou atividades diárias, como igreja, trabalho ou colegas de classe. O namoro offline tende a ser em função da proximidade, um tipo de efeito do "vizinho". Mas o namoro online pode conectar você a possíveis parceiros em qualquer lugar do mundo; não há limites de proximidade.

No namoro offline, as informações sobre um possível parceiro são reunidas mais lentamente conformem elas surgem ou aparecem em uma conversa casual. Realmente não há nada mais embaraçoso do que ir a um encontro e sentir que você está sendo interrogado ou entrevistado. Isso também é válido para ter uma ideia de como você "se sai bem" e interage com outras pessoas. Alguns encontros podem dar à pessoa muitos dados sobre como "é" um possível parceiro romântico em relação às pessoas e em situações sociais. O namoro online pode conectá-lo a "apenas fatos" e aos aspectos importantes e minuciosos de uma pessoa em poucas linhas de um perfil no site de namoro. A coleta de informação é agilizada. Mas os dados online não lhe dão a habilidade de ver a pessoa em ação social. Para tanto, é preciso estar offline.

O principal objetivo do marketing de serviços de namoro online é que esses sites podem conectá-lo a um número extremamente grande de possíveis parceiros. A premissa é que isso facilita encontrar a "Pessoa Certa" porque você fez uma grande pesquisa. Uma crítica desse aspecto do namoro online é que, devido ao grande número de pessoas com quem o candidato entra em contato, a pessoa pode recorrer a estratégias "rápidas e simples" ou superficiais de "exclusão", e fazer julgamentos rápidos com base em recursos mais óbvios (mas talvez menos importantes) no perfil de alguém.

O pesquisador Eli Finkel e seus colegas também advertem os namorados online contra o que eles chamam de "mentalidade da avaliação", em que outras pessoas são vistas como "commodities" ou objetos a ser "consumidos", pois isso pode levar a uma maior tendência de desumanização. É possível ver alguém como um "meio para meu fim", não como uma pessoa real. É um aviso sério, mas uma pesquisa dá certo crédito a essa ideia. Foi observado que, a quanto mais perfis de namoro uma pessoa tem acesso, mais ela pesquisa pelo "parceiro ideal" ou pela "alma gêmea". Essa mentalidade é vista como um problema porque uma pesquisa psicológica social e de relacionamento básica mostrou que, quando uma pessoa espera que um parceiro seja "ideal", essa relação tem menor probabilidade de sucesso quando começa o estresse ou o desafio. E isso sempre acontece! Acredita-se até que os namorados online também podem duvidar das "seleções" românticas atuais porque, bem lá no fundo, eles pensam que pode haver alguém melhor por aí, esperando entre os perfis ainda não explorados, quase um eterno fenômeno "a grama pode ser mais verde".

Mas funciona? Não existem dados científicos para fundamentar a afirmação de que o namoro online é mais ou menos eficiente que o offline. Com certeza o namoro online o expõe para mais pessoas. E pode levar a alguns problemas interessantes, como a "mentalidade da avaliação" ou a uma pesquisa sem fim pelo parceiro perfeito. Como ocorre nas amizades online e nas redes sociais, parece que o mundo online não é tão diferente do offline, embora de uma forma mais exagerada ou amplificada.

(D)evolução digitalizada

Preencha as lacunas:

Pessoas ficam diante das telas da(o) (A)_____ por horas a fio!

Tudo o que meus filhos fazem é brincar com (B)_____ e eles estão sempre naquele bendito (C)_____.

Se eu receber mais um(a) (D)_____ vou jogar esse (E)_____ no lixo!

Algumas possíveis respostas:

A. televisão ou computador

B. LEGOs ou videogames

C. telefone ou tablet

D. mensagem ou e-mail

E. telefone ou computador

Suas respostas para as lacunas podem depender da época em que cresceu. A tecnologia muda, mas algumas reclamações não. Mas alguns críticos da tecnologia moderna fizeram advertências terríveis sobre como os dispositivos e as redes que usamos estão nos deixando piores. O autor Nicholas Carr adverte que a internet está nos tornando idiotas desatentos e superficiais. Mark Bauerfein acha que a geração digital é a "mais burra". Embora essas declarações provavelmente sejam mais provocadoras que realistas, isso levanta a pergunta: como as mentes das pessoas, modos de pensar e, talvez, cérebros estão mudando em resposta à tecnologia digital e à internet?

Para início de conversa, a resposta é que essa pergunta continua sendo muito produtiva; "é cedo demais" para qualquer coisa definitiva. Foi feita uma pesquisa, mas muito mais precisa ser feito. Mas algumas descobertas até o momento realmente contradizem as críticas. Alguns estudos mostraram que surfar a rede, em oposição a tornar as pessoas "superficiais" ou permitir que elas "fechem suas cabeças", realmente estimula o cérebro, de modo que as pessoas usam uma proporção maior de seu circuito neural comparando com quando estão offline. Os circuitos do cérebro envolvidos na tomada de decisão e no raciocínio complexo mostraram ser estar estimulados em particular. Outra pesquisa mostrou que até jogar videogames violentos (a praga!) tem um impacto positivo no desempenho cognitivo, assim como jogar os não violentos.

Com certeza essas crianças digitais não conseguem prestar atenção. Todas têm TDAH, certo? A multitarefa é um modo de "ser" para muitas pessoas digitais. Ao telefone, surfando a rede e baixando um filme, tudo isso ouvindo o professor de Psicologia na aula de Introdução à Psicologia. Uma pesquisa nessa área realmente se curva às críticas até certo ponto. Não há dados confiáveis nem evidências para sugerir que a capacidade de atenção ou a habilidade é melhor nessa população digital porque ela afirma ter "aprendido" a multitarefa. De fato, uma pesquisa mostrou que a atenção *fica prejudicada* nessas situações e, como consequência, o desempenho geral. A evidência até agora sugere que é ainda melhor focar uma tarefa específica que dividir a atenção entre várias.

LEMBRE-SE

Muitas vezes, o que anda lado a lado com o tempo de atenção é a impulsividade ou a impaciência. A geração digital consegue informações rápido, mais rápido que qualquer outro momento na história. Contudo, mais uma vez, não existe nenhuma evidência científica de que a tecnologia digital e a internet tornam as pessoas mais impacientes.

Considere a advertência do autor Andrew Keen tirada do título de seu livro de 2008, *O Culto do Amador: Como blogs, MySpace, YouTube e a pirataria digital estão destruindo nossa economia, cultura e valores.* É uma grande afirmação e questão complexa que teria de ser investigada por sociólogos, antropólogos, talvez historiadores e, claro, psicólogos.

Pesquisadores examinaram essa questão em um nível menor, explorando se a geração digital vê a informação das expressões de seus pares na internet como sendo mais confiáveis que as informações de autoridades. Desculpe, Sr. Keen, não há evidências para fundamentar essa afirmação. Não ainda. Embora as opiniões de colegas encontradas em sites de redes sociais (SRSs) pareçam ser mais valorizadas quando é para entretenimento e preferências de compras, outros estudos mostraram que, quando é para aprender e ter informação para trabalhos acadêmicos, por exemplo, até a geração digital valoriza a autoridade de professores, pais e livros didáticos.

O Lado Sombrio do Mundo Digital

Parece que a tecnologia digital, computadores, celulares, iPads, iPhones, internet e outros acabaram sendo menos prejudiciais que úteis. Porém, há exemplos do "lado sombrio" dessas tecnologias. Roubo cibernético e crime são uma indústria multibilionária. Quantos e-mails fraudulentos e óbvios chegam à sua Lixeira todo dia? Com que frequência você ouve pessoas tendo números do cartão de crédito ou até identidades sendo roubados online? Infelizmente, existem inúmeras notícias de crianças e adolescentes sendo atraídos para situações perigosas (offline) por predadores online em salas de bate-papo, e-mails e outros truques online. De certo modo, o poder, o alcance, a velocidade e o anonimato da tecnologia digital e da internet facilitaram muito cometer certos crimes e fazer ofensas, e eles também chegaram ao domínio da aplicação para outros problemas offline, como vício e bullying.

Fala isso na minha cara

O anonimato pode facilitar muito mentir e diminuir a inibição de uma pessoa. A tecnologia digital em geral e a internet em particular tornam o anonimato algo fácil. Já notou como podem ser grosseiros, cruéis e bem desagradáveis alguns comentários no YouTube? E as críticas de livros na Amazon? Existe uma aparência de que a comunicação mediada por computador (CMS) tem uma tendência de facilitar uma comunicação menos inibida. O ciberpsicólogo John Suler chama esse tipo de comunicação desmedida de *desinibição tóxica*.

Dr. Suler descreve vários fatores que contribuem para o comportamento verbal grosseiro e desmedido que, às vezes, acontece online:

» **Anonimato:** As ações e as palavras de uma pessoa não podem levar diretamente a ela, facilitando agir ou falar de modos que não aconteceriam em outra situação.

» **Assincronia:** Muitas vezes as comunicações online não ocorrem "em tempo real", portanto o impacto emocional de uma situação "esquentada" pode não incluir o pensamento de alguém.

» **Minimização do status da autoridade:** Online, todos são iguais ou parece ser assim no ciberespaço.

Infelizmente um comportamento inadequado e potencialmente prejudicial não para nos xingamentos e nos insultos verbais. A enganação tornou-se um fenômeno online um tanto onipresente. As pessoas fingem ser alguém totalmente diferente, e ocorrem golpes financeiros online e fraudes todo dia. Após um filme de 2010 intitulado *Catfish*, um documentário sobre namoro online e golpes em romances, o termo "catfish" (peixe-gato) agora é sinônimo desse tipo de comportamento. Basicamente, enganadores preparam um namoro falso ou perfis em redes sociais, atraem os desavisados e, às vezes, iniciam relações online duradouras com as vítimas, tudo se passando por alguém totalmente diferente.

O ambiente online está cheio de sociopatas? Os ciberpsicólogos Avner Caspi e Paul Gorsky chamam isso de comportamento *jogo da identidade*. A pesquisa deles descobriu que os usuários frequentes da internet têm mais probabilidade de iludir do que os que frequentam menos e, ao contrário da enganação cara a cara, a enganação online é vista como divertida por si só por alguns criminosos. Eles propõem a existência de uma "moralidade online" alterada que perpetua esse comportamento.

Adição à internet

O comediante Aziz Ansari zomba de si mesmo com bom humor por ser "viciado" em internet. Ele conta a história de como, no meio do trabalho no computador, às vezes ele para o que está fazendo e decide que precisa saber tudo o que há para saber sobre o ator Joe Pesci. Isso pode levar horas e, em algum momento, ele percebe que deve voltar a trabalhar, mas não antes de continuar pesquisando sem parar.

A *adição à internet* não é reconhecido pela Associação Americana de Psiquiatria como uma doença mental diagnosticada formalmente. Contudo, é reconhecida como um problema que as pessoas têm, sofrem e por vezes precisam de tratamento. Pode ser entendido como o uso exagerado, obsessivo e compulsivo da internet, interferindo na funcionalidade (como o trabalho de Aziz).

M. Griffiths lista os seguintes critérios para determinar se uma pessoa pode ser considerada viciada em internet:

» **Relevância:** Estar na internet é a atividade mais importante na vida da pessoa.

» **Mudança de humor:** O humor muda muito em resposta ao uso ou não (por exemplo, ficar enfurecido se algo leva muito tempo para carregar).

» **Tolerância:** São necessárias "doses" mais altas da experiência para conseguir o mesmo resultado.

» **Sintomas de abstinência:** Ocorrem sentimentos ou sensações negativas se a pessoa não consegue ficar online.

» **Conflito:** Ocorrem problemas de relacionamento e baixo rendimento no desempenho na escola ou no trabalho devido ao uso da internet.

» **Recaída e reintegração:** Há uma tendência de voltar ao comportamento viciado mesmo após períodos de controle.

Fatores de risco para ficar viciado em internet incluem ser do sexo masculino, consumo de álcool, insatisfação com a vida familiar e estresse recente. Notavelmente, fatores parecidos são encontrados em todos os vícios.

Como o vício em internet não é visto como necessariamente diferente dos outros vícios, acredita-se que não são as propriedades da internet em si que são o problema, mas a pessoa buscar refúgio do estresse no universo online. Por sorte, há programas de tratamento nos EUA e em outros países.

O bullying sai da escola e vai para a tela

Uma manchete controversa apareceu nos jornais dos Estados Unidos:

Adolescente Comete Suicídio por Causa de Ciberbullying

Houve processos e até acusações criminais. Realmente, não há dúvidas de que o ciberbullying é um problema. O pesquisador P. K. Smith e colegas definem *ciberbullying* como um ato agressivo e intencional realizado por um grupo ou uma pessoa, usando formas eletrônicas de contato, repetidamente contra uma vítima que não consegue se defender com facilidade. O ciberbullying pode ocorrer em salas de bate-papo, por e-mail, em redes sociais e em qualquer outra mídia CMC. Pode ser repetitivo ou acontecer apenas uma vez. Pode ter a forma de ameaças verbais, postagem de imagens ou vídeo, ou usar qualquer outro comportamento verbal (textual) que se encaixe na definição (como atacar a reputação de alguém, por exemplo, ou espalhar mentiras).

Julian Dooley, Jacek Pyzalski e Donna Cross fizeram uma revisão da pesquisa que explora a questão de o ciberbullying ser diferente do bullying cara a cara. Uma diferença óbvia pode ser que as diferenças físicas de poder são menos relevantes online. Mas os motivos para infligir danos e medo parecem ser os mesmos. Outra diferença é que, no bullying cara a cara, o agressor pode ter alguma forma de reforço no momento imediato, já no ciberbullying, essa forma de reforço pode ser adiada ou vivenciada mais indiretamente. No bullying cara a cara, homens tendem a ser a grande maioria dos agressores. Contudo, no ciberbullying, alguns estudos mostraram que mulheres e homens atuam em taxas iguais de prática, e outros mostraram apenas taxas um pouco mais altas para homens. Outra semelhança entre os dois são as motivações subjacentes da intimidação: controle social, dominação e entretenimento.

DICA

O que fazer? Em primeiro lugar, qualquer tipo de bullying nunca deve ser ignorado pelas testemunhas. Porém, há situações em que um caso de ciberbullying pode ser ignorado para aguardar e ver se a intimidação continua. Sameer Hinduja e Justin Patchin do Cyberbullying Research Center dão as seguintes dicas adicionais de enfrentamento:

» Conte para outra pessoa e fale sobre isso.

» Nunca retaliar, porque fazer isso pode alimentar a motivação da intimidação.

» Dizer ao intimidador para parar, sem rodeios.

» Salvar evidências e documentar os incidentes.

> » Bloquear o acesso do intimidador usando as configurações de segurança nas redes sociais, apps de mensagem e e-mail.
> » Informar o bullying ao provedor de conteúdo ou administrador de rede.
> » Ligar para a polícia.

A Tecnologia Pode Nos Melhorar como Seres Humanos?

Tecnologia, internet, redes sociais, videogames, iPads na cadeirinha e telefones nas mãos podem ter uma reputação bem ruim. Mas deve haver algum lado bom, certo? Claro que sim. Certa noite eu conversava com meus dois filhos adolescentes sobre o uso deles da tecnologia. Eu estava falando sobre como eles não interagem mais, não conversam comigo e não têm habilidades sociais. Eles apontaram com prazer que minha maratona de *Game of Thrones* não era muito diferente. Na verdade, disseram que pelo menos eles se comunicam com pessoas, compartilhando fotos e vídeos, contando piadas. Também disseram que veem vantagem nas pessoas postando vídeos em plataformas, como TikTok, porque elas estão se expressando, mostrando orgulho, fazendo os outros rirem etc. "Certo", eu disse (mas, no fundo, ainda não aceito o argumento deles).

Então, como essa tecnologia nos tornou melhores ou, pelo menos, nos ajudou? A tecnologia esteve no centro das revoluções humanitárias no Oriente Médio quando ativistas e manifestantes coordenaram protestos específicos com mensagens de texto e redes sociais. Chats por vídeo e redes sociais permitiram que pessoas tivessem contato com entes queridos e amigos no outro lado do mundo. Saúde a distância conecta pessoas que não poderiam receber tratamento de seus médicos e terapeutas. Capitalistas populares têm acesso a públicos sem enormes corporações pegando a parte delas. Quantidades enormes de informação estão disponíveis para qualquer um com acesso à internet, que antes estavam disponíveis apenas para privilegiados com curso superior ou acesso às bibliotecas da universidade. A informação foi democratizada. A grande computação em nuvem nos ajuda a entender o fenômeno complexo que nos confundia antes. Pessoas encontram maridos, esposas e parceiros. Pessoas encontram parentes ou amigos perdidos há tempos. Podemos remontar nossa ancestralidade como nunca antes. Podemos procurar emprego com mais facilidade. Podemos trabalhar em casa com mais frequência (se conseguimos tal privilégio), o que reduz nossa pegada de carbono. Podemos comprar coisas, mais coisas e ainda mais coisas com muita facilidade. Bem, talvez não seja uma vantagem, a menos que seja você quem vende essas coisas. O atendimento ao cliente é mais acessível. Uau, acho que exagerei aqui. Mas você entendeu, espero.

5 Adaptação e Esforço

NESTA PARTE...

Conheça o crescente campo da Psicologia da saúde e suas abordagens para estresse, doenças, enfrentamento, força psicológica humana e resiliência.

Explore o que significa lutar psicologicamente.

Descubra como os profissionais da saúde mental entendem o "transtorno".

Conheça melhor alguns problemas mais comuns da saúde mental.

> **NESTE CAPÍTULO**
>
> » Sentindo pressão
> » Quando o trauma acontece
> » Lidando com a perda
> » Encontrando meios de manter a calma

Capítulo 14
Quando a Vida Complica

Está pressionado? A maioria de nós se identifica com a música "Under pressure", do Queen. Na época da faculdade, eu conseguia ficar a noite inteira estudando, fazer as provas no dia seguinte e trabalhar como garçom à noite, sem nem pensar em mudar os planos com meus amigos mais tarde. Eu simplesmente conseguia emendar tudo. Quando no mundo corporativo, conseguia trabalhar como psicólogo prisional durante o dia, dava aulas na faculdade pública à noite e fazia testes de deficiência mental nos fins de semana. Eu devo ter trabalhado mais de CEM horas por semana. Então me casei, tive filhos e fiz um financiamento. A pressão aumentou e senti como se nadasse contra a corrente, mal mantendo o nariz fora da água. Eu não conseguia "lidar com isso". Não conseguia!

A "vida" estava passando e eu conheci o estresse de outros modos e, às vezes, desconcertantes. Eu me vi buscando fontes de energia, força, reposição e reserva interior.

Sinto que tudo isso parece bem tranquilo para alguns. Fala sério: trabalho, filhos, blá-blá-blá. Bem, como você verá neste capítulo, a experiência subjetiva da pressão e da tensão faz parte da definição de *estresse* para todos nós. Mas, além do trânsito, das longas filas na loja, do cachorro latindo, das postagens irritantes e insensíveis nas redes sociais, e do temido cursor de rodinha girando, também há *estressores extremos* associados ao *trauma* psicológico. Encarar a possibilidade de morrer em situações de guerra, desastre natural ou pandemia pode ser traumático. Passar por um grave dano físico ou psicológico, como nos casos de violência doméstica, assédio sexual ou abuso infantil, pode ser traumático. Perder alguém que você ama pode ser um trauma. Chega de maldade?

Isso não é uma autobiografia, portanto, pouparei os detalhes, mas passei por situações estressantes comuns e extremas. A luta parece inerente a todos os organismos vivos e poucos (ou nenhum) estão isentos, portanto aprender algo sobre como lidar com estresse e trauma pode ser útil. Por sorte, a ciência psicológica tem algo a oferecer e dizer sobre essas questões. Neste capítulo, apresento e explico os conceitos de estresse, crise, trauma, luto, enfrentamento e resiliência.

Ficando Estressado

Todo ano, perto da mesma época, eu fico doente. Não falha. Chega outubro e eu fico resfriado. É o tempo? É uma maldição cósmica? Em algum momento fiz uma conexão entre ficar doente e estresse. Na escola, era o estresse das provas semestrais. Agora é o estresse das festas de fim de ano. Todos ficam estressados por coisas diferentes e, às vezes, o estresse adoece as pessoas fisicamente.

O que é estresse? A resposta tem duas partes:

» Quando a maioria das pessoas fala em estresse, elas preferem se referir a coisas ou eventos que causam preocupação, ansiedade e tensão, como trabalho, contas, filhos, chefes etc. São *pressões externas*. As tensões e o ritmo da vida moderna parecem tirar o melhor da maioria das pessoas em um momento ou outro. Essa é a primeira parte.

» Estresse pode ser definido como as *respostas mentais e comportamentais e a experiência subjetiva* de uma pessoa quanto às pressões externas.

Modos de ver o estresse

Psicólogos e pesquisadores de outros campos expandiram a definição de estresse mencionada anteriormente. Alguns desenvolveram modelos que veem o estresse como o processo de equilibrar as tensões mental e física. Outros abordaram o estresse da perspectiva cognitiva. Nesta seção, explico três desses modelos.

Homeostase

Definições formais do estresse variam desde descrições das reações do corpo até modelos cognitivos. Em seu livro de 1997 *Stress and Health: Biological and psychological interactions* [sem publicação no Brasil], William Lavallo definiu o estresse como uma tensão corporal ou mental para algo que tira as pessoas do equilíbrio, física ou mentalmente. Por outro lado, quando uma pessoa tem *equilíbrio*, ela mantém o balanceamento entre o mundo externo e seu mundo interno. Em 1939, Walter Cannon, um psicólogo norte-americano da Harvard Medical School, chamou esse conceito de *homeostase*. Basicamente, as pessoas ficam estressadas quando não têm equilíbrio homeostático.

Hans Selye, um endocrinologista da Université de Montréal e indicado ao Prêmio Nobel, formulou uma das teorias mais famosas do estresse. Sua teoria se baseou em algo que ele chamou de *síndrome da adaptação geral (GAS, sigla em inglês)*. A ideia é que, quando alguém é confrontado com algo que ameaça seu equilíbrio físico ou mental, a pessoa passa por uma série de mudanças:

» **Alarme:** A reação inicial ao estressor. Cérebro e hormônios são ativados para dar ao corpo a energia necessária para responder ao elemento que causa o estresse.

» **Resistência:** A ativação do sistema corporal mais adequada para lidar com o estressor. Se o estressor requer que você corra (se você está sendo caçado por uma matilha de cães selvagens), então seu sistema nervoso e hormônios asseguram que você tenha sangue suficiente bombeado em suas pernas para realizar o trabalho. E mais, energia extra é fornecida ao seu coração para que ele possa bombear sangue mais rápido. É um sistema lindamente projetado.

» **Exaustão:** O estágio final. Se o sistema corporal foi ativado no estágio de resistência para realizar o trabalho, sua viagem GAS chega ao fim. Se o estressor continua, você entra nesse estágio final. Quando fica exausto, seu corpo não consegue mais resistir ao estresse e fica vulnerável a doenças e ao esgotamento.

Avaliação

O corpo não é a única coisa que trabalha quando você está estressado. Inúmeras respostas cognitivas (pensamento) e emocionais também acontecem. Arnold Lazarus, um psicólogo sul-africano conhecido por seu trabalho em terapia do comportamento, declarou que, durante o estresse, um indivíduo passa por um processo de análise emocional. É como ter um pequeno psicólogo dentro da cabeça. Você pede a si mesmo para determinar a significância atual do problema e sua importância para o futuro. Como o estresse funciona? Você faz duas *avaliações* importantes ou verificações, conhecidas como *avaliações primárias* e *secundárias*. Avaliação é uma análise ou uma estimativa do valor de algo.

LEMBRE-SE

Na maioria das vezes, algo importante está em jogo ou, pelo menos, você acha que está; do contrário, não ficaria estressado. A análise do que está em jogo é a avaliação primária da situação. Nesse estágio, as situações são classificadas em uma das três categorias:

- **Ameaça:** Um exemplo de situação ameaçadora é quando ela requer uma resposta. Se estou na fila do mercado e alguém a fura, não sou forçado a responder. Mas, se um cara segura minha camisa e ameaça me bater se eu não o deixar entrar na minha frente, tenho que responder de qualquer modo. Por exemplo, correr!

- **Dano de perda:** Uma situação com dano de perda pode envolver se machucar de algum modo: física, mental ou emocionalmente. Um golpe no meu orgulho pode ser visto como uma situação com dano de perda. É relativo.

- **Desafio:** Também posso olhar uma pessoa ameaçadora diretamente nos olhos e ver a ameaça percebida como um desafio. Em vez de ver a situação em termos de perigo, posso vê-la como uma oportunidade de testar aquelas aulas de judô que estou fazendo.

Após descobrir o que está em jogo, faço um balanço dos recursos que tenho disponíveis para lidar com a situação. É a avaliação secundária. Posso examinar minha experiência anterior nesse tipo de situação. O que eu fiz quando isso aconteceu antes e qual foi o resultado? A maioria das pessoas também examina como se sentiu. Se você se viu como uma pessoa capaz, então provavelmente ficará menos estressado do que alguém que se julga menos capaz.

O estresse pode ser visto como algo mais que a situação real; a reação de uma pessoa depende de como ela vê o estressor. O estresse não é uma situação; é uma consequência de como interagem a situação e a resposta de uma pessoa a essa situação. Posso reagir de modo diferente à mesma situação. Por exemplo, se sou chamado para lançar a bola no nono ataque na Final de Beisebol I, posso ficar estressado porque tenho medo de falhar, não conseguir fazer o home run e perder o jogo. Ou posso ver a situação com entusiasmo porque tenho a oportunidade de fazer o último lançamento e vencer. A situação não mudou, apenas minha reação a ela. Uma leva a sentir estresse, a outra, não.

O estresse também pode ser um produto de quanto controle uma pessoa pensa ter sobre eventos e situações. O estresse surge quando as pessoas não têm uma resposta adequada a uma situação e as consequências de fracasso são importantes. Ver a si mesmo como tendo pouco ou nenhum controle pode ter consequências psicológicas e físicas negativas.

DICA

Por outro lado, sentir-se como "senhor do seu domínio" pode ajudar a manter o estresse sob controle. Eu me lembro de um desenho na minha infância chamado *He-Man e os Mestres do Universo*. He-Man tinha uma frase que ele gritava quando estava pronto para lutar: "Eu tenho a força!" Seria ótimo se eu pudesse gritar isso e estar pronto para enfrentar o mundo. Em 1982, George Mandler, professor emérito na Universidade da Califórnia, San Diego, definiu *domínio* como o pensamento ou a percepção de que as coisas no ambiente de um indivíduo podem estar sob controle dele. Lembra muito He-Man para mim.

Alostase

Surpresa! Peguei você! Pense rápido! Fique atento! De repente, eventos ou situações imprevisíveis são estressantes, mesmo quando são bons. Alguns de nós conseguem lidar com isso, outros, não, mas todos temos nossos limites. Pense em ter uma "surpresa" onde quer que você vá, com pessoas assustando você. Talvez elas estejam dizendo apenas "Bom dia!" ou gritando "Anda!" É estressante. Portanto, é bom saber o que está acontecendo, pois isso ajuda a nos preparar e, possivelmente, a responder e enfrentar melhor.

Alguns teóricos e pesquisadores acreditam que o conceito de homeostase focava demais a "reação" na resposta do estresse. Esses cientistas propuseram que a dimensão dos ajustes e das mudanças eficientes nos processos mentais e comportamentos em resposta ao estresse era igualmente crítica ao entendimento, e isso deu origem ao conceito de *alostase*.

Alostase consiste em todas as habilidades de um organismo em responder ao desafio homeostático, fazer ajustes nos processos mentais e no comportamento, e se preparar para ficar mais "pronto" na próxima vez. Então não estamos apenas reagindo, estamos nos adaptando! Não enfrentamos apenas, nós nos ajustamos e continuamos a nos ajustar sem parar.

Segundo o pesquisador Jay Schulkin, conforme o ambiente muda constantemente à nossa volta, despertamos processos mentais, comportamentos e processos biológicos para promover a continuidade, a estabilidade e a previsibilidade. Precisamos que as coisas sejam estáveis e previsíveis, e algumas características do estresse extremo, por exemplo, são a imprevisibilidade e a experiência disso vir "do nada". Se alguma vez já bateram na traseira do seu carro em um cruzamento enquanto você estava lá na sua, conhece a sensação. É um choque que pode ser muito perturbador e intenso. Pelo menos se você viu o carro vindo pelo retrovisor, evitou a surpresa. Jay Schulkin expressa isso bem:

> ... [alostase] significa se adaptar à mudança para atingir a meta da estabilidade diante de circunstâncias incertas, algo que todos nós conhecemos cedo e continuamos a experimentar durante a vida; não é um conceito muito abstrato, é próximo e pessoal, e permeia nossas experiências.

Alostase é um processo adaptativo, não um processo reativo simplesmente. Contudo, parecida com a homeostase e o conceito de exaustão de Selye, tensões crônicas (carga alostática) ou tensões grandes e imediatas podem levar à patologia (para saber mais sobre patologia, veja as seções sobre trauma, posteriormente no capítulo).

Causas do estresse

Então o estresse não é apenas uma situação. É um processo de avaliação e resultado de como a pessoa pensa e se sente em uma situação. Isso explica por que alguns estímulos são estressores e outros, não, e por que algumas pessoas ficam estressadas com certas coisas que não afetam outras. Contudo, algumas situações são muito estressantes para quase todos. Veja algumas coisas que a maioria das pessoas acha estressante:

» **Estressores extremos:** Eventos que ocorrem raramente e têm um impacto grave e trágico nas rotinas e no acesso à normalidade, como desastres naturais, desastres causados pelo ser humano (como derramamento de óleo), guerra, terrorismo, migração e ver outras pessoas se machucarem

» **Estressores comportamentais e psicossociais:** Eventos que ocorrem quando você cresce e muda, inclusive casamento, nascimento dos filhos, educação das crianças, cuidar de uma pessoa doente e ser adolescente

» **Estressores comuns:** Coisas com as quais você lida no cotidiano: viver na cidade, aborrecimentos diários (como dirigir para o trabalho), pressão no trabalho e tarefas domésticas

Em 1967, os psicólogos Holmes e Rahe criaram uma lista de eventos estressantes chamada *escala de classificação de reajuste social*. Eles pegaram diferentes eventos estressantes e deram uma pontuação a cada um; quanto mais alta a pontuação, mais estressante é o evento. Veja os cinco primeiros:

Evento	Pontuação
Morte do cônjuge	100
Divórcio	73
Separação conjugal	65

Evento	Pontuação
Condenação	63
Morte de um parente próximo	63

Se você está imaginando quais são os cinco últimos, veja (em ordem decrescente de estresse): mudança no número de reuniões familiares, mudança dos hábitos alimentares, férias, Natal e pequenos delitos.

Atualizando os estressores da pesquisa, a Associação Americana de Psicologia divulgou em 2011 a seguinte lista do que estressa mais os norte-americanos:

1. Dinheiro
2. Trabalho
3. Economia
4. Relacionamentos
5. Obrigações familiares
6. Problemas de saúde da família
7. Problemas de saúde pessoais
8. Estabilidade no emprego
9. Despesas com moradia
10. Segurança pessoal

O impacto do estresse

O estresse pode impactar todas as áreas de nossa função biopsicossocial. Alguns desses efeitos podem ser tão graves que passam a ser um transtorno diagnosticável real (para saber mais sobre diagnóstico e transtornos, veja o Capítulo 15).

Há tempos o impacto psicológico do estresse interessa pesquisadores e profissionais. Sabemos que a experiência do estresse, em níveis variados, está ao menos muito correlacionada às emoções negativas e comportamentos, como maior irritabilidade, raiva, hostilidade, nervosismo, ansiedade, tristeza, depressão, motivação reduzida e desamparo. Encontrar a conexão exata entre estresse e sua relação com essas emoções negativas e comportamentos é um esforço contínuo conforme pesquisadores buscam ligações entre os dois em várias áreas: biologia, neuropsicologia, cognição, emoções e personalidade.

Por exemplo, uma ligação envolve o conceito de *ruminação*, que é um pensamento constante, persistente, crônico e excessivo. Reproduzir cenários negativos sem parar na mente tem uma clara ligação com um aumento na emoção negativa. Debbie Downer pensa demais! Como alguém regula ou "gerencia" suas emoções também foi citado como um moderador. O *Dynamic Fit Model of Stress and Emotional Regulation* ["Modelo de Ajuste Dinâmico do Estresse e da Regulação Emocional", em tradução livre] propõe que as diferenças individuais entre a reação das pessoas aos estímulos emocionais têm um grande papel. As pesquisadoras Sarah Myruski, Samantha Denefrio e Tracy Dennis-Tiwary afirmam que ser reativo demais é um problema, mas ser de menos também é. Esse modelo também determina que nossa capacidade de usar uma avaliação positiva é um moderador, assim como autoafirmações positivas e a habilidade de usar estratégias de relaxamento quando precisamos. Expressar as emoções também é bom, já reprimir, não.

Com base no trabalho de Selye e colegas, descobriu-se que o estresse pode levar a problemas de saúde físicos ou doença de vários modos. Uma ligação direta entre estresse e problemas de saúde físicos pode envolver pessoas que começam a ter possíveis comportamentos prejudiciais fisicamente como um meio de lidar com o estresse. Muitas pessoas bebem álcool quando estão estressadas. Isso pode ser prejudicial à saúde, sobretudo se você bebe e dirige. Outro comportamento perigoso normalmente associado ao estresse é o aumento do fumo. Ouvi muitos pacientes falarem em fumar para relaxar. Mas é muito prejudicial!

Outra ligação entre estresse e doença física vem do campo novo e interessante da *psiconeuroimunologia*, o estudo da conexão entre Psicologia e sistema imune. Há tempos pesquisadores suspeitam que há uma conexão entre os dois sistemas, e realmente há. Altos níveis de estresse de emoções intensas podem reprimir o funcionamento do sistema nervoso. Não existe um diagnóstico claro de todos os prós e contras, mas suspeita-se que o custo das reações de enfrentamento do corpo ao estresse é pago em parte pelo departamento da imunidade.

Já ouviu falar da resposta "correr ou lutar"? Walter Cannon mostrou que a exposição ao estresse extremo faz as pessoas decidirem se vão sair correndo ou defender seu território e lutar. Parece animalista, mas você também pode ver isso como uma escolha entre se afastar ou gritar com alguém. De qualquer modo, essas ações protetivas requerem energia. Discutir e se afastar de alguém pode ser cansativo! Portanto, o cérebro envia sinais ao coração e ao sistema hormonal, que fazem aumentar a pressão sanguínea. O coração acelera, a respiração fica curta e os níveis de açúcar no sangue aumentam. Quando ocorrem essas mudanças, todos os recursos vitais do corpo se dedicam ao momento. Os recursos das outras áreas são usados para a finalidade imediata de lutar ou fugir.

Os hormônios que disparam quando você está no modo "correr ou lutar" são a epinefrina e o cortisol, ambos com efeitos imunossupressores. Se níveis mais altos que o normal de epinefrina e cortisol estão presentes na corrente sanguínea, então o sistema imune não funciona também. Até faz sentido se você pensar um pouco. Se um urso está caçando você, é provável que a última coisa que passa por sua cabeça seja ficar gripado. Esqueça a gripe; você não pode ficar gripado se o urso arranca sua cabeça! Salve sua cabeça e você poderá lidar com a gripe mais tarde.

Parece haver relações entre estresse e doenças específicas. Fortes emoções negativas, como raiva, hostilidade crônica e ansiedade, estão associadas à hipertensão, úlceras, artrites reumatoides, dores de cabeça e asma.

Crise: Estresse acumulado ou insuportável

Há uma ótima cena no filme *The Doors* (1991), estrelando Val Kilmer como o famoso cantor Jim Morrison. Jim entra em uma sala cheia de gente logo após ser condenado a trabalhos forçados por atentado ao pudor. Ele é bombardeado de notícias ruins de shows cancelados, mulheres ligando, com uma grávida, não ser convidado para o Woodstock, e por aí vai. Ele começa a ter flashes de cenas horríveis: Charles Manson, corpos no Vietnã, bombas, assassinato de Martin Luther King Jr. etc. A música do The Doors toca em toda a cena, com tiros, bombas e gritos, então o som para e ele diz, com uma calma frágil e lágrima descendo pelo rosto: "Acho que estou tendo uma crise nervosa."

O termo "crise nervosa" não é mais ouvido com muita frequência. É usado muito mais na linguagem popular e na mídia. Hoje, falamos em celebridades indo para reabilitação por causa de "exaustão". Crise nervosa? Os psicólogos não usam essa linguagem também; falamos apenas *crise*. O psicólogo Lawrence M. Brammer identificou três tipos de crise:

» **Crises normais do desenvolvimento**, como se formar no ensino médio.

» **Crises situacionais**, como ser feito de bobo pelo amor da sua vida.

» **Crises existenciais**, como quando você percebe que o dinheiro ganho não permite comprar uma casa ou se sente isolado e pensa em se machucar.

Uma crise pode resultar do acúmulo de estresse ou de um evento repentino de estresse insuportável. É definido por Richard James como "a percepção ou a experiência do evento pela pessoa como uma dificuldade intolerável que excede os recursos do indivíduo e suas capacidades de enfrentamento".

> ## RISCO PARA O CORAÇÃO
>
> Pessoas com *personalidade Tipo A*, um padrão de personalidade caracterizado por uma luta agressiva e persistente para conseguir cada vez mais em cada vez menos tempo, são verdadeiros empreendedores do mundo. São os executivos que constroem uma empresa Fortune 500 do zero em poucos anos, os workaholics milionários e os estudantes universitários hipercompetitivos movidos pela perfeição. As pessoas Tipo A tendem a ser muito impacientes e veem quase tudo como urgente.
>
> Você pode estar pensando: "E daí? Essas pessoas podem ser muito bem-sucedidas, certo?" Sim, mas em geral elas têm um risco maior de ter **doença cardíaca coronária**, ou seja, endurecimento das artérias, angina e infarto. Mas antes de você abandonar a escola e fazer das caminhadas relaxantes na praia seu trabalho em tempo integral, lembre-se de que a relação entre as personalidades Tipo A e desenvolver doenças coronárias não é direta. A pesquisa mostra um *aumento* no *risco;* ter esses problemas de saúde pode ser evitado.
>
> Risco significa que essas pessoas precisam tomar cuidado e estar cientes dos fatores que contribuem e dos sinais de alerta. Informe-se sobre doença coronária se você está preocupado; veja o livro *Heart Disease For Dummies* de James M. Rippe. E, se já está preocupado, vá ao clínico geral.

Acontece que fiz minha pesquisa de doutorado sobre crise e cito meu trabalho:

> Crise é uma desorganização temporária e a inabilidade de lutar usando métodos costumeiros, não conseguir resolver e enfrentar um problema com adequação; é um desequilíbrio emocional.

As pessoas em crise podem ter um pensamento desorganizado, pensamentos acelerados e inoportunos (bem representados no filme mencionado anteriormente), confusão, medo, raiva, tensão, impulsividade, até suicídio e ataques verbais violentos.

Por definição, as crises são temporárias, mas podem demorar. A solução de uma crise depende de sua gravidade, dos recursos pessoais e sociais da pessoa, enfrentamento efetivo, mudança da situação, conseguir ajuda, dividir o problema em partes gerenciáveis, regular os esforços de alguém e ter um otimismo básico.

Existem dois tipos de *intervenção de crise:*

> » **Intervenção de crise de primeira ordem** costuma ser referida como *primeiros socorros psicológicos* e envolve um interventor se comunicando com uma pessoa, ajudando-a a explorar o que está acontecendo ou aconteceu, propondo possíveis soluções, tomando uma ação com opções

> e desenvolvendo um plano para acompanhar. Os principais objetivos dos primeiros socorros psicológicos são dar apoio, reduzir a letalidade (evitar que as pessoas se machuquem ou machuquem outras pessoas) e ligar a pessoa aos recursos de ajuda.
>
> » **Intervenção de crise de segunda ordem** normalmente é referida como terapia da crise e é para alguém cuja crise ainda não "acabou". Essa terapia envolve uma intervenção contínua durante semanas.

Transtorno de estresse pós-traumático

> *O sofrimento acaba com nosso mundo. Como uma árvore atingida por um raio, fragmentada, abalada, despida, nosso mundo é destruído pelo sofrimento e nunca seremos os mesmos de novo.* — Nathan Kollar, professor emérito de Estudos Religiosos, St. John Fisher College

Por vezes um estressor pode ser tão grande, prejudicial, assustador e repentino que ele acaba com nossa capacidade de lutar, lidar e atuar. Quando acontece, os psicólogos se referem a isso como *estresse traumático*, ou seja, um estresse tão extremo que é traumático. Um dos resultados psicológicos mais conhecidos da exposição ao estresse extremo (trauma) é o *transtorno de estresse pós-traumático (TEPT)*. Ele pode ocorrer quando uma pessoa é exposta a uma situação de vida ou morte, ou que pode envolver ferimentos graves. Guerra, acidentes de carro, quedas de avião, estupro e agressão física são todos exemplos de situações que causam TEPT. Os sintomas incluem entorpecimento emocional, remorso, insônia, dificuldade de concentração, experiências invasivas, como flashback, evitar eventos e memórias relacionados ao trauma, e excessiva ativação psicológica (hiperatividade devido ao medo). Muitos veteranos das Guerras do Vietnã e do Iraque voltaram para casa com TEPT. Durante a Primeira Guerra Mundial, TEPT era chamado de *trauma de guerra*.

O Centro Nacional de Transtorno de Estresse Pós-traumático (parte do Departamento de Assuntos de Veteranos dos Estados Unidos) define TEPT como um problema de saúde mental que algumas pessoas desenvolvem após vivenciarem ou testemunharem um evento de vida ou morte, como combate, desastre natural, acidente de carro ou abuso sexual. É normal ter lembranças perturbadoras, sentir ansiedade ou ter problemas para dormir após esse tipo de evento.

É importante lembrar que sempre existe um *componente subjetivo* para o estresse traumático. Anna Freud (filha de Sigmund Freud) defendia uma definição individualizada de trauma: "Sempre devo me lembrar de não confundir minha própria avaliação do acontecimento com a avaliação da vítima", ou seja, ninguém vivencia os mesmos eventos como traumáticos. Lembro-me de realizar uma avaliação psicológica para TEPT com um jovem que era veterano de guerra. Inicialmente pressupus que o trauma dele estava relacionado a estar em combate, mas acabou que vinha de um acidente de carro no qual ele se envolveu no Iraque. Como adverte Anna Freud, não se confunda e não faça suposições!

Portanto, se há tanto espaço para a subjetividade, como podemos diagnosticar alguém com TEPT? O *Manual Diagnóstico e Estatístico de Transtornos Mentais, 5ª edição*, tenta explicar essa questão listando critérios que se "qualificam" como um evento traumático ou estressor:

> Exposição à ameaça de morte, a ferimentos graves ou à violência sexual de uma (ou mais) das maneiras a seguir:
>
> 1. Vivenciando diretamente o(s) evento(s) traumático(s).
> 2. Testemunhado, pessoalmente, o(s) evento(s) como ocorrido(s) com outras pessoas.
> 3. Sabendo que o(s) evento(s) traumático(s) ocorreu(ram) com um parente ou amigo próximo.
> 4. Vivenciando uma exposição repetida ou extrema aos detalhes de aversão do(s) evento(s) traumático(s) (por exemplo, socorristas coletando restos humanos...).

Assim que estabelecemos que ocorreu um evento traumático com esses critérios, quais reações podem ocorrer? Memórias invasivas, sonhos, flashbacks, angústia quando exposto a lembranças do(s) evento(s), reação psicológica, fuga, alterações de pensamento e humor, medos e crenças exagerados, menor interesse em atividades, sentir-se isolado ou alienado, e incapacidade de ter emoções positivas, irritabilidade, explosões de raiva, comportamento impulsivo e distúrbio do sono.

Com certeza o estresse traumático/TEPT é uma experiência extremamente angustiante e perturbadora. A má notícia é que parece que muitas experiências o disparam. A boa notícia é que existem alguns tratamentos muito eficientes por aí, inclusive terapia cognitivo-comportamental; terapia da dessensibilização do movimento ocular e de reprocessamento; e exposição prolongada.

Estresse da perda

Perder alguém que você ama pode ser muitíssimo estressante, até traumático. John Bowlby, famoso psicólogo e psicanalista do desenvolvimento, propôs que entender o estressor da perda faz mais sentido dentro do contexto do apego (para saber sobre apego, veja o Capítulo 10). Como somos apegados, essa perda pode ser muito difícil. O luto pode ser profundo e tocar cada parte do ser de uma pessoa. A psicóloga Joanne Cacciatore escreve o luto com a morte de sua filha no livro *Bearing the Unbearable: Love, loss, and the heartbreaking path of grief* [sem publicação no Brasil]:

> Eu queria gritar com os carros que passavam pelo cemitério. Queria gritar para os pássaros nas árvores que faziam sombra em sua lápide... Parecia uma morte física, repetida todo dia ao abrir meus olhos nas raras ocasiões em que o sono chegava. Respirar doía, e uma dor generalizada emanava das pontas do meu cabelo até a ponta dos dedos dos pés.

Embora o luto seja um estressor poderoso, nem sempre é traumático. Dr. William Steele, fundador do National Institute for Trauma and Loss in Children (TLC), afirma que há dezenas de diferentes termos para luto e pesar. Veja alguns:

- **Perda:** Uma experiência com a morte de um ente querido, podendo incluir dor e sofrimento emocional.
- **Luto:** Uma experiência emocional poderosa após uma *perda significativa* que pode incluir ansiedade, saudade, tristeza extrema e confusão.
- **Pesar:** O *processo* de sentir e vivenciar o luto ao longo do tempo.
- **Luto/perda traumática/profunda:** Luto persistente e problemático que atrapalha a atuação da pessoa.

> **DICA**
>
> Esses termos podem ser confusos, portanto pense assim: sinto a perda porque alguém que eu amo morreu. Estou de luto. Sinto pesar. Não consigo evitar o pesar, portanto sinto um luto profundo.

Deixe-me explicar: luto e perda não são transtornos! Mas às vezes a perda pode ser tão devastadora; o luto, tão intenso; e o pesar, tão prolongado que a pessoa que sofre pode ser diagnosticada com "outro" transtorno específico do trauma e relacionado ao estressor: *transtorno de luto complexo persistente*. Quando escrevi este texto, o "transtorno" podia ser diagnosticado com um sistema de classificação *DSM-5*, considerado a categoria "outro x,y,z". Existem muitos "outros" diagnósticos no *DSM-5*, para apresentações nas quais os sintomas estão presentes, causando "sofrimento ou prejuízo importante clinicamente nas áreas sociais, ocupacionais ou outras importantes do funcionamento", mas não atendem ao critério absoluto de qualquer transtorno em certa classe.

Sabe-se que o comitê de especialistas e profissionais que se encontrou para reunir as revisões *DSM* está considerando adicionar isso como um diagnóstico oficial com critérios, como sofrimento reativo à morte e perturbação social/de identidade que dura, pelo menos, doze meses para um adulto e seis meses para uma criança.

O Enfrentamento Não É uma Aposta

Estresse, estresse, estresse; todos têm. O que você e eu podemos fazer? Essa pergunta me leva ao conceito de *enfrentamento*, a resposta a situações estressantes e perturbadoras. Por vezes as estratégias de enfrentamento de uma pessoa podem melhorar as coisas (como ficar saudável se exercitando) e outras podem piorar (se seu modo de enfrentar é estourar seu cartão de crédito). Existem muitos modos diferentes de enfrentar o estresse; alguns bons, outros ruins.

Mesmo que habilidades ruins de enfrentamento possam resultar em problemas, não ter nenhuma pode levar a vulnerabilidade e, às vezes, a mais problemas. É por isso que usar técnicas de enfrentamento ruins de vez em quando é melhor do que nada.

Aprendendo a enfrentar

A maioria dos psicólogos classifica os comportamentos de enfrentamento em duas grandes categorias: *processos de abordagem* e *processos de fuga*. A abordagem enfrentamento é mais ativa que sua prima fuga; os processos da abordagem lembram uma resposta ao estresse do tipo assumir a responsabilidade.

LEMBRE-SE

As respostas comuns da abordagem enfrentamento incluem:

» **Análise lógica:** Ver a situação nos termos mais realistas possível.

» **Reavaliação e reformulação:** Ver a situação de uma perspectiva diferente e tentar ver o lado positivo das coisas.

» **Aceitação da responsabilidade:** Assumir sua responsabilidade na situação.

» **Busca de orientação e apoio:** Pedir ajuda (veja a próxima seção, "Encontrando recursos").

» **Solução do problema:** Propor alternativas, fazer uma escolha e avaliar os resultados.

» **Coleta de informação:** Coletar outras informações sobre o estressor para poder enfrentar com mais facilidade.

> **CALMINHA!**
>
> Existem inúmeras abordagens para "gerenciar o estresse" propostas por aí. Algumas se baseiam em evidências, outras, não (para saber mais sobre terapia baseada em evidência, veja o Capítulo 17). Todos ficamos estressados. É fato, então o que podemos fazer? Veja algumas técnicas comprovadas e pesquisadas para gerenciar o estresse que realmente funcionam:
>
> Treinamento autógeno, biofeedback, terapia cognitiva comportamental, respiração diafragmática, técnica da liberdade emocional, imaginação guiada, redução de estresse baseada em mindfulness (MBSR), relaxamento muscular progressivo, resposta de relaxamento e meditação transcendental.

As estratégias do enfrentamento de fuga são menos ativas e envolvem lutar de modos menos diretos. Veja algumas estratégias comuns do enfrentamento de fuga:

- **Negação:** Recusar-se a admitir que o problema existe.
- **Fuga:** Evitar possíveis fontes de estresse.
- **Distração ou busca de recompensas alternativas:** Tentar conseguir satisfação em outro lugar, como assistir a um filme divertido quando se sente triste ou praticar atividades recreativas no fim de semana para suportar o trabalho ruim.
- **Desabafo ou descarga emocional:** Gritar, ficar deprimido, preocupar-se.
- **Sedação:** Anestesiar-se em relação ao estresse com drogas, álcool, sexo, comer compulsivamente etc.

Encontrando recursos

Enfrentar é mais do que apenas as ações que uma pessoa toma em resposta ao estresse. O modo como um indivíduo enfrenta também depende dos recursos disponíveis. Afinal, um bilionário que perde seu trabalho pode passar por bem menos estresse que um trabalhador que ficou desempregado de uma hora para outra, cujo rendimento é de R$150/dia e sustenta uma família de cinco pessoas.

A resposta de uma pessoa ao estresse é uma reação complexa que depende de suas habilidades de enfrentamento, recursos ambientes e pessoais. Qualquer evento na vida que ocorre com uma pessoa é influenciado pela interação dos estressores contínuos da pessoa, recursos de enfrentamento social, características demográficas e recursos de enfrentamento pessoal. E mais, as avaliações cognitivas da pessoa quanto ao estressor influenciam sua saúde e seu bem-estar de modo positivo e negativo.

Uma *abordagem integrada* considera três fatores ao tentar prever o resultado em saúde de certo estressor:

» Os recursos que um indivíduo tem antes de passar por um estressor ou evento estressante.

» O evento em si.

» A avaliação do evento.

A habilidade de um indivíduo em resistir ao estresse se chama *resiliência* — o resultado da interação entre os *recursos pessoais* e *sociais* de um indivíduo e seus esforços de enfrentamento. Os recursos de enfrentamento pessoal incluem traços de personalidade estáveis, crenças e abordagens na vida que ajudam a enfrentar:

» **Autoeficácia:** A crença em si mesmo e que você pode lidar com a situação com base em sua experiência.

» **Otimismo:** Ter uma perspectiva positiva do futuro e esperar resultados positivos.

» **Lócus de controle interno:** A crença de que certas coisas estão em suas mãos, não fora de seu controle.

LEMBRE-SE

Um tipo de recurso ambiental útil ao enfrentar são os *recursos sociais,* que ajudam no enfrentamento dando apoio, informação e sugestões para a solução de problemas. Bons recursos sociais incluem família, amigos, entes queridos, religião e organizações espirituais, e às vezes até colegas de trabalho e supervisores. Outros recursos ambientais incluem dinheiro, abrigos, serviços de saúde e transporte. Essas coisas podem fazer toda a diferença do mundo quando alguém tenta enfrentar o estresse.

> **NESTE CAPÍTULO**
>
> » Definindo anormalidade
> » Descobrindo a realidade
> » Sentindo depressão
> » Vivendo com medo
> » Lidando com o estigma da doença mental

Capítulo **15**

Psicopatologias

O fictício Sr. Silva tem trinta anos, é casado, tem dois filhos, mora em um bairro calmo do subúrbio. Ele é gerente em uma transportadora local. O Sr. Silva tem uma saúde física relativamente boa e é considerado pela maioria um tipo normal. Cerca de três meses atrás, o Sr. Silva abordou a esposa com a ideia de adquirir um sistema de segurança para a casa. Ela concordou e eles instalaram o tal sistema. Então, o Sr. Silva disse a ela que queria instalar câmeras ao redor da casa. Ela relutou, mas concordou e, pouco depois, começou a acordar no meio da noite e pegar o Sr. Silva com um binóculo olhando pelas cortinas do quarto. Ele ficou muito agitado quando ela questionou seu comportamento.

As ações do Sr. Silva continuaram por várias semanas e ele não disse à esposa o que estava acontecendo. Então, um belo dia, ela encontrou uma arma quando limpava o closet. Ela nunca soube que o marido tinha uma arma, então o confrontou perguntando se ele não se preocupava com a segurança dos filhos. Quando ela o abordou, ele disse que tinha comprado a arma para protegê-los do vizinho. O Sr. Silva disse que ele vinha observando o vizinho há alguns meses, convencendo-se de que ele estava envolvido em um esquema imobiliário para adquirir a casa deles. O complô envolvia o vizinho contratando alguns criminosos para invadir a casa deles e roubá-los para que ficassem assustados, se mudassem e vendessem o imóvel por um preço muito baixo. Então, o vizinho compraria a casa em seguida por quase nada, demoliria e ampliaria o imóvel dele no terreno.

Você acha que existe algo estranho no comportamento do Sr. Silva? A esposa deveria se preocupar ou a proteção dele é adequada? As respostas para essas e outras perguntas fazem parte do campo da *Psicologia anormal*, o estudo psicológico do comportamento e dos processos mentais anormais. Outro termo para Psicologia anormal é *Psicopatologia*. Mas o que é anormal em certos processos mentais e comportamentos?

Neste capítulo apresento o conceito de psicopatologia, como os profissionais decidem ou descobrem se alguém passa por isso, diferentes sistemas para entendê-lo e os vários distúrbios que caracterizam a psicologia anormal moderna, como esquizofrenia, transtorno bipolar, depressão e ansiedade.

Mas o que É "Anormal"?

Como sempre neste livro, peço a você que pense e se comporte como psicólogo. Neste capítulo, você representará a parte do "especialista em diagnóstico psicológico". Contudo, realmente não existe tal papel em Psicologia. Mas uma das funções mais comuns e importantes que os psicólogos desempenham é fazer avaliações de diagnóstico, em geral chamadas de *avaliações psicodiagnósticas*. O importante dessas avaliações é chegar a um *diagnóstico* ou uma *formulação de diagnóstico*. O *Dicionário de Psicologia da APA* mostra que um diagnóstico é "o processo de identificar e determinar a natureza de uma doença ou transtorno por seus sinais e sintomas, por meio de técnicas de avaliação (por exemplo, testes e exames) e outra evidência disponível".

Diagnóstico também é "a classificação dos indivíduos com base em doença, transtorno, anormalidade ou conjunto de características".

O "processo" de coletar informação para um diagnóstico é detalhado no Capítulo 16, portanto não entrarei em detalhes sobre como fazemos isso. Focarei o que é diagnóstico segundo a ciência psicológica e o que entra em sua definição.

Para chegar a um diagnóstico, devemos decidir se a informação coletada nos informa se algo está "errado" com base nas normas dos testes e também em outras "normas". Gostando ou não, agora seu trabalho é determinar se o que está vendo está fora dessas normas. Mais especificamente, o que é apresentado está fora dos processos mentais, das normas comportamentais e das normas da saúde mental?

Cada sociedade no planeta tem padrões de pensamento, comportamento e conduta que delineiam o que são processos mentais e de comportamentos normais ou anormais. Indivíduos, famílias e grupos têm padrões. Quando as pessoas agem fora dessas normas, seu processo mental (por exemplo, delírio ou alucinação) e/ou comportamento pode ser rotulado como "anormal". Existem pelo menos quatro teorias diferentes ou modelos que podem ser usados para definir um comportamento normal versus anormal:

» **Critério normativo:** As pessoas agem de modo anormal quando fazem coisas contrárias ao que a maioria faz ou agem de modo muito diferente do que se espera. Os indivíduos devem respeitar as normas sociais; quando isso não acontece, as pessoas suspeitam que algo está errado. Às vezes, estatísticas são usadas por profissionais e pesquisadores para descobrir quem está fora da norma. Se nove entre dez pessoas agem de certa maneira, então o comportamento de uma pessoa que não está de acordo é anormal estatisticamente. O comportamento de não conformidade é considerado raro.

» **Critério subjetivo:** Por vezes uma pessoa percebe que seus sentimentos podem ser diferentes dos sentimentos dos outros e que ela pode fazer coisas de modo diferente em relação a como os outros fazem. Nesse sentido muito limitado, a pessoa é "anormal". Se sinto que algo está errado comigo porque tenho consciência de que sou diferente, então posso me considerar um tema adequado da Psicologia anormal. Este é um caso de julgar o próprio comportamento como anormal.

» **Critério de inadequação:** Meu comportamento me ajuda a sobreviver e atuar com sucesso em minha sociedade? Se não, segundo este critério, o comportamento da inadequação é anormal. Se tenho dificuldades para me adaptar e ajustar às demandas da vida, meu comportamento é de inadequação. Isso pode incluir minha atuação em um padrão de comportamento arriscado, prejudicial ou destrutivo, que tornaria mais provável que eu não sobrevivesse ou atuasse bem na sociedade.

» **Critério injustificável ou inexplicável:** Às vezes as pessoas agem de modos e fazem coisas que não podem ser explicadas. As pessoas costumam pressupor que sempre deve haver um motivo para alguém agir de certa maneira. Se uma explicação razoável para determinadas ações não existe, as pessoas podem rotular o comportamento como anormal.

Quem decide o que é normal?

Nunca dei um curso de Psicologia sem pelo menos um aluno protestar contra o conceito de comportamento anormal. "Quem decide o que é ou não normal?", ele costuma perguntar. É uma ótima pergunta. Quem pode dizer o que é anormal? Quem tem a palavra final sobre essa questão? Existem dois modos de ver: o que chamo de abordagem da *autoridade profissional* e abordagem da *autoridade subjetiva*.

Gostando ou não, psicólogos clínicos e psiquiatras foram "designados" ou considerados pela sociedade (pelo menos em muitas delas) como "autoridades" para fazer as determinações do processo mental e de comportamento normais/anormais. Essa *autoridade profissional* conferida é "dada" ou "confiada" a profissões da saúde validadas socialmente, psicólogos e psiquiatras. Se essa concessão de autoridade é aceita pelas pessoas, então elas são suscetíveis a aproveitar o que esses profissionais têm a oferecer. Contudo, embora pareça ser uma simples abordagem "pegar ou largar", sempre há o teste empírico para saber se os diagnósticos dos processos mentais e de comportamento anormais realmente têm algum benefício. Seria inocente assumir a posição de que as abordagens psicológicas e psiquiátricas dos problemas humanos são uma solução milagrosa. Mas rejeitar completamente seria irresponsável, ignorando aqueles que foram ajudados por essa abordagem.

Quando alguém procura um profissional para ter ajuda e recebe um diagnóstico "oficial", isso costuma ser uma experiência frustrante, a pessoa se sente tratada como objeto, sente como se tudo fosse muito impessoal. Sempre que começamos a conversar com as pessoas em termos de categorias, sobretudo categorias de normal versus anormal, isso é uma proposta arriscada. Ser rotulado por outra pessoa nem sempre parece correto. É onde entra o conceito de *autoridade subjetiva* ou experiência. Afinal, quem o conhece melhor do que você? Quem sabe melhor o que é "certo" ou "errado" que você?

Em minha prática, pais trazem os filhos para uma avaliação porque estão preocupados com eles e têm medo de que possam "ter" certo transtorno mental. Embora nunca seja dito "Acho que meu filho tem um transtorno mental", eles dizem coisas como: "Acho que meu filho tem TDAH, autismo ou outra coisa!" Eles querem ter certeza. Tudo bem, posso ajudar nisso por causa da minha autoridade profissional.

Mas digamos que eu faça a avaliação e a criança não atende ao critério. Mando a família seguir seu caminho? E a preocupação deles, a angústia e o motivo para terem vindo me procurar? Eu não deveria levar pelo menos um pouco em conta a experiência deles sobre o que está acontecendo? Alguns psicólogos e psiquiatras sugerem que a experiência subjetiva dos pacientes deve ser vista como confiável e ter um papel pelo menos parcial, se não substancial, ao fazer o diagnóstico. E mais, alguns clínicos veem os diagnósticos oficiais como "males necessários, mas insuficientes", mas não necessariamente ferramentas úteis para trabalhar com clientes e pacientes. Eles colocam mais peso nas próprias orientações teóricas e na experiência do cliente para orientar juntos seu trabalho.

Modelo do bem-estar psicológico de Ryff

Alinhados com privilegiar a noção de uma pessoa sobre como ela está em relação à saúde mental, psicólogos oferecem o conceito do *bem-estar subjetivo*. Como você se sente? Está satisfeito com sua vida? Pessoas com depressão severa podem dizer que se sentem uma "m&rd@" e "odeiam" a vida que têm. Com certeza são experiências que devemos levar em conta. A psicóloga Carol Ryff na Universidade Wisconsin-Madison nos dá uma excelente lista de experiências que contribuem para nossa noção de bem-estar. Imagine o oposto disso como indicadores de que não estamos bem ou que sentimos um mal-estar subjetivo.

> » **Autoaceitação:** Uma atitude positiva em relação a si mesmo, reconhecer e aceitar os aspectos positivos e negativos, ter bons sentimentos sobre o passado.
>
> » **Relações positivas com outras pessoas:** A sensação de ter a habilidade de cultivar e ter relações acolhedoras, confiáveis e íntimas com outras pessoas, preocupar-se com os outros e a habilidade de cooperar.
>
> » **Autonomia:** Uma sensação de livre determinação e independência, seguir a própria consciência e honrar os próprios valores.
>
> » **Controle do ambiente:** A autoavaliação da capacidade de lidar com as tarefas diárias, aproveitar as oportunidades, escolher atividades que se identificam com a pessoa e a noção geral de ter a capacidade de ter um papel ativo em seu ambiente.
>
> » **Propósito de vida:** A noção de ter um objetivo, metas, propósitos e senso de direção.
>
> » **Crescimento pessoal:** A sensação de se esforçar continuamente para melhorar, perceber seus talentos e atingir seu potencial.

Transtornos Mentais

Digamos que qualquer debate, discussão ou desacordo em torno das definições de saúde mental ou transtorno mental anormal/normal seja bem-vindo e sinal de uma sociedade saudável que pode resolver abertamente essas questões. Como não há dúvidas de que o debate continuará, proponho que adotemos uma visão muito pragmática da Psicologia anormal e de seus sintomas, diagnósticos e transtornos. Uma abordagem pragmática importante vem do processo chamado *taxonomia* ou ciência da classificação. Há anos, psiquiatras e psicólogos trabalharam para delinear os comportamentos anormais que sugerem a presença de uma doença mental desenvolvendo um sistema taxonômico que culminou no sistema de classificação mais usado para determinar a presença de um transtorno mental: o *Manual Diagnóstico e Estatístico (DSM)* publicado pela Associação Americana de Psiquiatria. O primeiro *DSM* foi publicado em 1952 e passou por sete revisões e atualizações. A última versão, publicada em 2013, é chamada de *Manual Diagnóstico e Estatístico de Transtornos Mentais, 5ª edição*.

O *DSM-5* define um transtorno mental assim:

> [...] uma síndrome caracterizada por perturbação clinicamente significativa na cognição, na regulação emocional ou no comportamento de um indivíduo que reflete uma disfunção nos processos psicológicos, biológicos ou de desenvolvimento subjacentes ao funcionamento mental. Transtornos mentais estão frequentemente associados a sofrimento ou incapacidade significativa que afeta atividades sociais, profissionais ou outras atividades importantes. Uma resposta esperada ou aprovada culturalmente a um estressor ou perda comum, como a morte de um ente querido, não constitui transtorno mental. Desvios sociais de comportamento (por exemplo, de natureza política, religiosa ou sexual) e conflitos que são basicamente referentes ao indivíduo e à sociedade não são transtornos mentais, a menos que o desvio ou o conflito seja resultado de uma disfunção no indivíduo, conforme descrito.

Examinemos essa definição da perspectiva de algumas coisas mencionadas antes. Existem aspectos das autoridades profissional ("incapacidade") e subjetiva ("sofrimento" e "atividades importantes"). Também existe uma exclusão dos "problemas para viver" e conflito com a sociedade. Novamente, apesar das críticas do *DSM*, que a vê como uma ferramenta para manter as hierarquias em uma sociedade, a definição fornecida anteriormente é bem consistente.

O *DSM* está repleto de transtornos — 297 na última contagem. Está repleto de *sintomas* e grupos de sintomas identificados como *transtornos*. Vejamos melhor esses dois termos.

> » **Sintoma:** Comportamento ou processo mental que é um alerta ou um sinal de possível transtorno. Em geral os sintomas ficam nas seguintes categorias:
>
> - Pensamento ou processos mentais.
> - Humor ou *estado emocional* (referindo-se a como alguém se sente emocionalmente, como deprimido, com raiva ou medo) e sintomas vegetativos (em relação a comer, dormir e ao nível de energia).
> - Comportamento (como violência, vício em jogo ou uso de drogas).
> - Sinais físicos (como dor muscular ou nas juntas, dores de cabeça, suor excessivo).

> **Transtorno:** Uma coleção de sintomas que indicam a presença de uma *síndrome* (ocorrências simultâneas de grupos de sintomas). Ao desenvolver uma taxonomia de transtornos psicológicos anormais, psiquiatras, psicólogos e outros pesquisadores procuram grupos específicos de sintomas que tendem a ocorrer juntos, diferentemente de um conjunto de sintomas simultâneos que são distintos de outros conjuntos de sintomas simultâneos.

O *DSM* divide todos os 297 transtornos nas 22 categorias a seguir:

Distúrbios do Desenvolvimento Neurológico	Espectro da Esquizofrenia e Outros Transtornos Psicóticos
Transtornos Bipolares e Relacionados	Transtornos Depressivos
Transtornos de Ansiedade	Transtornos Obsessivo-compulsivos e Relacionados
Transtornos Relacionados ao Trauma e ao Estressor	Distúrbios Dissociativos
Sintomas Somáticos e Transtornos Relacionados	Transtornos Alimentares
Transtornos da Eliminação	Distúrbios do Sono
Disfunções Sexuais	Disforia de Gênero
Transtornos Disruptivos, de Controle de Impulsos, e de Conduta	Transtornos de Dependência e Relacionados ao Uso de Substâncias
Desordens Neurocognitivas	Transtornos de Personalidade.
Transtornos Parafílicos	Outros Transtornos Mentais
Transtornos do Movimento Induzido por Medicação e Outros Efeitos Adversos da Medicação	Outras Condições que Podem ser Foco de Atenção Clínica

Quero fazer algumas considerações finais antes de ver alguns transtornos mentais específicos mais observados atualmente por profissionais da saúde mental. Primeiro, é importante perceber que psicólogos veem todo comportamento em uma série contínua, do normal ao anormal. Por exemplo, chorar é um comportamento normal, mas chorar o dia inteiro, todo dia, por mais de duas semanas, é anormal. Segundo, toda pessoa tem um sintoma de transtorno mental em algum momento. Mas simplesmente ter um sintoma não significa que a pessoa tem um transtorno real. Lembre-se: os transtornos consistem em grupos específicos de sintomas que definem certa síndrome. As regras para determinar quais sintomas constituem um transtorno são complexas e incluem intervalos de tempo específicos e graus de gravidade.

OUTROS SISTEMAS DE DIAGNÓSTICO

O *DSM* não é o único sistema, embora seja o mais usado. Existem outros por aí que clínicos usam por vários motivos, como maior adequação à orientação clínica deles ou por considerarem mais práticos. O Instituto Nacional de Saúde Mental está desenvolvendo um sistema para pesquisa avançada conhecido como RDoC (Research Domain Criteria). Veja uma lista de alguns outros sistemas:

- **PDM-2: Manual de Diagnóstico Psicodinâmico:** Incluindo Síndromes de Personalidade, Experiência Subjetiva e Perfis do Funcionamento Mental, tudo com base nas teorias psicanalítica e psicodinâmica.
- **DC: 0-5 – Classificação Diagnóstica de Saúde Mental e Distúrbios do Desenvolvimento da Primeira Infância:** Distúrbios não listados no *DSM*, inclusive Distúrbio de Inibição a Novidades e Distúrbio de Choro Excessivo.
- **HiTOP: Taxonomia Hierárquica da Psicopatologia:** Seis "espectros" de distúrbio, inclusive transtornos internalizantes, distúrbios do pensamento e distanciamento.

CUIDADO

Portanto, não se empolgue e comece a diagnosticar todos que você conhece só porque vê um sintoma ou dois. Não é tão simples; um sintoma não compõe um transtorno!

Nas próximas seções, detalho alguns transtornos no *DSM*. Eles foram selecionados para uma visão mais profunda porque são bem conhecidos e comuns (como uma depressão severa).

Transtornos Psicóticos: Entendendo a Realidade

Um dos sinais mais conhecidos do transtorno mental é perder o contato com a realidade. Quando alguém perde o contato com a realidade objetiva e começa a imaginar coisas, agindo segundo a imaginação, a pessoa sofre de uma classe de doença conhecida como *transtorno psicótico*.

Tais transtornos são considerados pelos profissionais de saúde mental, mas também por muitos leigos (em particular familiares daqueles com transtornos psicóticos), como os mais graves de todos os transtornos mentais. Além de perder a noção de realidade, as pessoas com psicose costumam ter vários deficits funcionais relacionados a cuidados pessoais básicos (alimentação, proteção e higiene pessoal), funcionamentos social e ocupacional, e raciocínio.

Esquizofrenia

A forma mais comum de psicose é a *esquizofrenia*. O psiquiatra Eugene Bleuler usou o termo esquizofrenia em 1911 para descrever pessoas que davam sinais de processos mentais desorganizados, incoerência entre pensamento e emoção, e um estado de desconexão com a realidade. Talvez seja fácil pensar que "esquizofrenia" significa "dupla personalidade", mas é um erro. Na esquizofrenia, diferentes componentes da personalidade (pensamentos, emoções, comportamentos) são inconsistentes; por exemplo, uma mãe rir quando o filho quebra o braço porque o osso aparecendo pela pele parece engraçado.

Hoje, os critérios *DSM-5* para esquizofrenia incluem:

> » **Delírios:** Delírio é uma firme convicção que uma pessoa tem apesar da evidência do contrário. Um tipo comum de delírio é *paranoia* ou *delírio persecutório,* que envolve o medo intenso de estar sendo seguido, ouvido ou ameaçado por alguém ou algo. Veja a introdução deste capítulo. O Sr. Silva parece ter delírio persecutório. Ele "sabia" que o vizinho estava lá fora para pegar a casa dele!
>
> Outra forma comum de delírio é de *grandeza,* em que uma pessoa tem um senso de valor, poder, conhecimento, identidade ou relação muitíssimo exagerado. Alguém com grandeza pode achar que é possível falar com seres sobrenaturais ou que o próprio é um ser sobrenatural! Ou pode, simplesmente, pensar que é a pessoa mais esperta e atraente viva.
>
> » **Alucinações:** Alucinação pode ser definida como uma percepção que ocorre sem um estímulo externo sentido como muito real. As alucinações podem ser auditivas (ouvir vozes ou sons), visuais (ver pessoas que não estão no local, demônios ou mortos), olfativas (cheiros), gustativas (gostos) ou somáticas (sentir sensações físicas no corpo). A maioria das alucinações é auditiva e costuma envolver alguém ouvindo uma voz ou vozes comentando sobre o comportamento da pessoa.
>
> *Alucinações de comando* são uma forma potencialmente perigosa de alucinação auditiva, porque envolvem voz ou vozes dizendo para a vítima fazer algo, em geral envolvendo um comportamento violento ou suicida.
>
> » **Fala e pensamento desorganizados:** Se você alguma vez conversou com uma pessoa e não tinha ideia do que ela estava falando, pode ter testemunhado uma fala e um pensamento desorganizados, que são caracterizados por uma fala extremamente superficial (em grande parte irrelevante), circunstancial (cheia de rodeios) ou pouco associada (pular de um pensamento não relacionado para outro). Esses estilos anormais de comunicação podem evidenciar um *transtorno de pensamento*. Uma forma extrema desse transtorno se chama *salada de palavras,* ou seja,

quando a fala de uma pessoa é tão incoerente que parece outro idioma ou sem sentido. Às vezes as pessoas até criam palavras que não existem, o que se chama *neologismo*. Por exemplo, "Acho que o ladronildo passou e assurrupiou meus óculos esquililosos."

» **Comportamento extremamente desorganizado ou catatônico:**
Quando uma pessoa se comporta de modo desorganizado, ela age de forma extremamente tola ou infantil, fica perdida ou confusa com facilidade, para de cuidar dela mesma e de suas necessidades básicas, faz coisas estranhas ou bizarras, como conversar consigo mesma, ou é muitíssimo inadequada socialmente. O comportamento catatônico envolve completa imobilidade, absoluta falta de consciência do ambiente e, às vezes, a pessoa fica muda.

» **Sintomas negativos:** Sintoma negativo se refere à ausência de algum comportamento usual ou esperado. É a ausência do comportamento que é anormal. Três sintomas negativos costumam ser associados à esquizofrenia:

- **Emoção rasa:** Quando uma pessoa não mostra nenhuma emoção.
- **Alogia:** Indicação de que os processos mentais de uma pessoa são sombrios, bloqueados ou geralmente empobrecidos.
- **Avolição:** Quando uma pessoa não tem habilidade para persistir em uma atividade; como uma extrema falta de motivação.

Quando alguém tem esses sintomas, pode sofrer de esquizofrenia. Digo *pode* porque uma pessoa pode mostrar tais sintomas por diferentes motivos: uso de drogas, privação de sono ou doença física. Fazer o diagnóstico de esquizofrenia é uma tarefa complexa e muito séria. Isso envolve intervalos de tempo específicos e *eliminações*. As eliminações envolvem descartar outras explicações possíveis ou plausíveis.

LEMBRE-SE

A esquizofrenia é diagnosticada em cerca de quatro a cinco pessoas em um grupo de mil. Em geral, a condição é diagnosticada em indivíduos entre 18 e 35 anos. Por vezes, mas só raramente, é diagnosticada na infância. A esquizofrenia costuma iniciar no final da adolescência e início dos 20 anos, e é muito presente nos 20 e poucos anos. É possível que se desenvolva rápido ou gradualmente, podendo haver períodos de sintomas menos graves. Algumas pessoas adoecem de modo crônico e persistente. Os períodos da doença podem ser caracterizados por uma incapacidade acentuada ou capacidade reduzida de viver o dia a dia, em geral levando à repetência escolar, perda de trabalho e dificuldades de relacionamento.

Não se deixe enganar pela facilidade de listar os sintomas da esquizofrenia e descrição; eles são muito graves. Pessoas com esquizofrenia costumam enfrentar grandes desafios na sociedade e, por vezes, acabam presas, em hospitais ou instituições semelhantes, ou morando nas ruas por causa da doença.

Causas da esquizofrenia

Determinar as causas dos transtornos psicológicos fazia parte do antigo debate da natureza versus criação. As causas da esquizofrenia são orgânicas (bioquímicas/psicológicas) ou funcionais (resultantes da experiência)? No momento, talvez devido às inúmeras técnicas de mapeamento cerebral recém-desenvolvidas, as explicações orgânicas são bem mais populares. Contudo, a melhor resposta pode estar em uma síntese dos dois pontos de vista. Ainda é um tópico muito complicado de resolver porque existem muitas teorias para a causa da esquizofrenia, cada uma com graus variados de fundamento científico. A principal teoria em prática hoje é o *modelo de diátese-estresse*, que mescla duas áreas diferentes de pesquisa.

Primeiro, algumas definições. *Diátese* é uma predisposição a certa doença. *Estresse* pode ser definido como qualquer fator psicológico e social. Portanto, o modelo acredita que a esquizofrenia é consequência de uma diátese ou predisposição ativada pelo estresse.

A diátese biológica proposta para a esquizofrenia inclui problemas na química cerebral e/ou desenvolvimento. Pesquisadores descobriram partes mal formadas do cérebro em pessoas com esquizofrenia. Essas anormalidades biológicas podem levar a problemas no raciocínio, na fala, no comportamento e para se manter na realidade.

Quanto ao componente estresse, os fatores psicológicos endereçam a distorção da realidade associada à esquizofrenia. Por que os esquizofrênicos rompem com a realidade? Alguns especialistas sugerem que o mundo vivenciado por alguém com esquizofrenia é difícil, com conflitos tão intensos que a pessoa precisa de férias. Uma pesquisa indica que o trauma psíquico, como abuso infantil, pode ser relacionado a surtos psicóticos e certamente constitui uma dura realidade que inspira um escape. Contudo a pesquisa não afirma se o abuso infantil causa esquizofrenia em todos ou mesmo na maioria dos casos, mas é um estressor potencialmente devastador. Trauma é uma forma de estresse extremo, não importa a origem. Esse estresse pode interagir com a diátese, a predisposição e levar a sintomas psicóticos.

Um fator social relacionado à esquizofrenia, que mostrou ser uma promessa em uma recente pesquisa, é um fenômeno conhecido como *emoção expressa*. Emoção expressa (EE) se refere à comunicação negativa feita pela família direcionada à pessoa com esquizofrenia. A EE costuma consistir em um excesso de crítica. Os familiares podem comentar sobre o comportamento do paciente: "Você é louco!" A EE também inclui um envolvimento emocional excessivo dos familiares, podendo sufocar o paciente. Mas deixe-me esclarecer: não estou dizendo que críticas e excesso de envolvimento causam esquizofrenia, apenas que esses fatores podem contribuir com o componente estresse do modelo diátese-estresse, como muitos outros estressores.

CUIDADO

Você pode achar que desenvolveu esquizofrenia após ler sobre suas causas. Não se deixe levar pelos detalhes. A conclusão é que muita pesquisa por aí sobre esquizofrenia é inconclusiva. O que se sabe é que as anormalidades no cérebro em esquizofrênicos podem interagir com certos tipos de estresse de um modo que dispara o transtorno. Os efeitos devastadores da esquizofrenia mantêm pesquisadores trabalhando para entender o problema. Pesquisas já avançaram muito, mas ainda falta percorrer um longo caminho.

Tratando a esquizofrenia

Esquizofrenia é um dos transtornos mentais mais difíceis de tratar. Seus efeitos normalmente debilitam o indivíduo com a doença e sua família. As abordagens de tratamento da doença variam desde medicação até ajudar a pessoa a desenvolver importantes habilidades funcionais, como lidar com dinheiro e métodos de interação social.

» Medicamentos antipsicóticos, como Haldol e Zyprexa, costumam ser a primeira linha de tratamento para pessoas com esquizofrenia ou transtornos psicóticos relacionados. Embora sejam muito benéficos, esses medicamentos são conhecidos como *paliativos,* porque não curam, apenas reduzem a intensidade dos sintomas.

» Tratamento psicossocial e reabilitação também são vistos como uma promessa ao lidar com a esquizofrenia. Pacientes aprendem habilidades sociais e de cuidados pessoais que podem ajudar a reduzir os estressores enfrentados.

» Embora tenha saído de moda nos últimos anos (muito trabalhosa, portanto muito cara), a psicoterapia, sobretudo a terapia cognitiva, foi usada nos últimos anos para ensinar pacientes a desafiarem seus sistemas de crença no delírio e se tornarem "consumidores" melhores da realidade.

DICA

Uma pesquisa mais recente concorda que uma combinação de medicação e terapia é o tratamento mais eficiente para a esquizofrenia. Uma intervenção precoce e forte apoio social também são fatores associados a um prognóstico favorável. Com medicação, psicoterapia, apoio da família e amigos, muitas pessoas com esquizofrenia podem ter vidas produtivas.

Um problema básico é que os sintomas da esquizofrenia costumam ser tão graves que as pessoas com essa condição normalmente têm dificuldades para atingir os níveis de consistências emocional e comportamental necessários para manter seus trabalhos e relações sólidas. E mais, talvez devido à autoestima prejudicada, ao amor-próprio ruim e a atitudes ambivalentes sobre relações e sucesso, os esquizofrênicos são conhecidos pelo uso inconsistente de medicações, o que só intensifica o comportamento imprevisível e prejudica o bem-estar.

O QUE CAUSA OS TRANSTORNOS MENTAIS?

Existem muitos modelos de causas pesquisados, teóricos, hipotéticos e propostos, ou *etiologias*, dos transtornos mentais, variando desde causas genéticas, cognitivas, sociais até relacionadas ao estresse. Nas seções de transtornos detalhadas neste capítulo, incluo informações sobre a etiologia. As etiologias dos transtornos mentais não são tão simples quanto encontrar um vírus ou uma parte "com defeito" do cérebro. Novamente, como tudo relacionado a pessoas, descobrir o que causa transtornos mentais é uma tarefa complexa. Veja uma lista de algumas abordagens mais comuns para a etiologia do transtorno mental:

- Genética comportamental: Risco genético e associações ao comportamento do gene.
- Neurológica e neuropsicológica: Disfunções cognitiva, neurológica e neuropsicológica.
- Sociocultural: Fatores culturais e políticos que contribuem para a patologia.
- Diátese-estresse: Riscos biológicos impactados por estressores.
- Cognitiva: Distorções na interpretação cognitiva de situações, eventos e experiências.
- Comportamental: Transtornos como respostas aprendidas a estímulos e reforço.
- Relacionada ao desenvolvimento: Falhas ou perturbações no processo normal do desenvolvimento.

Outras psicoses

Além da esquizofrenia, duas outras formas de psicose são o *transtorno delirante* e o *transtorno psicótico induzido por substâncias*.

> » **Transtorno delirante:** Caracterizado pela presença de falsas crenças fixas, não particularmente bizarras, mantidas apesar da evidência do contrário. E mais, essas crenças não são particularmente funcionais ou úteis. Por exemplo, um marido pode ficar obcecado pela ideia de que sua esposa tem um caso, mas não consegue provar isso nem encontrar evidências. Essa crença seria classificada como delírio se persistisse por, pelo menos, um mês. Em um cenário diferente, alguém pode pensar que a água em sua casa está envenenada, apesar da evidência do contrário. O segredo sobre um delírio é que o delirante não tem outros sinais de psicose, como os encontrados na esquizofrenia.

> **Transtorno psicótico induzido por substâncias:** Existe quando alucinações importantes ou delírios estão presentes como resultado de estar sob influência de uma substância ou privação. Pessoas sob influência de LSD ou PCP costumam ter sintomas psicóticos e é comum que tenham usado cocaína ou anfetaminas para experimentar sintomas psicóticos quando estiveram "para baixo", ou seja, uma experiência que imita sintomas psicóticos. Esse problema pode ser muito grave e qualquer pessoa que considera usar drogas, inclusive maconha ou álcool, deve saber que pode ter sintomas psicóticos como consequência dessa decisão.

Fora da Casinha: Depressão

Eu me pergunto se o blues existiria se todos os músicos fossem pacientes de psicoterapia. Essas músicas não parecem particularmente tristes, só um pouco lastimosas para mim. Todavia, às vezes pergunto a meus pacientes se eles já ficaram deprimidos; alguns respondem: "Com certeza, todos não ficamos?" Não exatamente.

Tristeza é uma emoção humana normal geralmente sentida nas experiências de perda. A perda do trabalho, do amor, do filho ou da chave do carro pode despertar tristeza. Mas é só isso, é tristeza, não depressão. *Depressão* é uma forma extrema de tristeza que inclui vários sintomas específicos. Levar um fora do(a) namorado(a) em algum momento é uma experiência bem universal. Qual o sentimento? Tristeza. A maioria das pessoas se sente cansada, desmotivada e sem sono quando leva um fora. Mas todos esses sentimentos passam com o tempo. As pessoas superam e seguem em frente. O mesmo tipo de resposta é normal quando um ente querido morre. Isso se chama *pesar* ou *luto*. Mais uma vez, luto não é depressão. Depressão é diferente.

Nesta seção detalho um transtorno depressivo maior, como se manifesta e algumas teorias e explicações por trás disso.

Preso em uma grande depressão

Quando alguém está deprimido a ponto de precisar de ajuda profissional, a pessoa sente a maioria dos seguintes sintomas do *transtorno depressivo maior no mínimo por duas semanas* (porque qualquer pessoa pode sentir isso às vezes por um ou dois dias ou horas):

> Humor deprimido grande parte do dia e por dias.

> *Anedonia* (desinteresse acentuado ou falta de prazer em todas as atividades ou na maioria delas).

- » Perda ou ganho de peso significativo, sem querer, e maior ou menor apetite.
- » Dificuldade para dormir ou sono excessivo.
- » Sensações físicas de agitação ou lentidão.
- » Fadiga ou falta de energia.
- » Sentimentos de inutilidade ou excesso de culpa.
- » Dificuldade de concentração e foco.
- » Pensamentos recorrentes de morte ou suicídio.

Por sorte, a maioria das pessoas que pergunta "Todos nós não ficamos deprimidos?" não terá essa mesma resposta após ver todos os sintomas. Se você sente três ou mais desses sintomas ou se tem dúvidas, vá ao médico!

CUIDADO

Por vezes, a depressão fica tão grave que a pessoa pode pensar em cometer suicídio. Muitos mitos perigosos sobre suicídio circulam por aí. Um deles é que as pessoas que falam em suicídio não o cometem. Mentira! Na verdade falar sobre suicídio é um dos sinais mais sérios que alguém pode dar. Toda conversa sobre suicídio e automutilação deve ser levada muito a sério. Se você está preocupado com alguém ou você mesmo tem pensamentos suicidas, contate um profissional de saúde mental, ligue imediatamente para o CAPS de sua região ou 188.

LEMBRE-SE

Depressão é uma das formas mais comuns de transtorno mental nos EUA, ocorrendo em cerca de 15% da população, em média. Um transtorno depressivo maior pode ocorrer apenas uma vez na vida de uma pessoa ou várias vezes, durante meses, anos ou até a vida toda. A maioria que sofre com um transtorno depressivo maior recorrente tem períodos de recuperação nos quais não sente os sintomas ou sente com menos intensidade. A depressão pode ocorrer em qualquer momento na vida de alguém e não discrimina idade, raça nem gênero.

Causas da depressão

Dependendo da pessoa a quem você pergunta, a pesquisa das causas da depressão pode ser dividida em dois campos:

- » **Biológico:** As teorias biológicas da depressão culpam o cérebro e o mau funcionamento de algumas reações químicas que o compõem.
- » **Psicológico:** As teorias psicológicas focam, em grande parte, a experiência da perda.

A *hipótese da amina biogênica* é a explicação teórica mais popular dos fundamentos biológicos da depressão. Segundo essa hipótese, depressão é uma função da desregulação (habilidade comprometida) de dois neurotransmissores no cérebro: norepinefrina e serotonina.

Neurotransmissores são substâncias químicas no cérebro que permitem a um neurônio se comunicar com outro. O cérebro contém muitos neurotransmissores diferentes, cada um com sua função, em regiões específicas. Neurotransmissores específicos ajudam determinadas regiões do cérebro a fazer o trabalho de atividades humanas em particular. As partes do cérebro aparentemente mais afetadas na depressão são as envolvidas no humor, na cognição, no sono, no sexo e no apetite.

Teorias psicológicas da depressão têm inúmeras fontes:

» **Teoria das relações objetais:** No começo do século XX, Melanie Klein propôs que a depressão era resultado de um processo de desenvolvimento malsucedido da criança, podendo resultar em dificuldades para enfrentar sentimentos de culpa, vergonha e amor-próprio.

» **Teoria do apego:** A teoria da metade do século XX, de John Bowlby, afirma que todas as relações de uma pessoa com outras pessoas se originam das ligações de apego iniciais que ela forma com os cuidadores primários quando criança. Um rompimento na relação de apego pode impedir a formação de uma ligação saudável, deixando a criança vulnerável à depressão quando diante de futuras perdas e dificuldades de relacionamento.

Na infância, muitos fatores (pais viciados em drogas ou um lar adotivo sem amor são apenas dois exemplos) podem romper a ligação e o apego. Crianças com relações de apego ruins normalmente se sentem desamparadas. O desamparo é uma característica da depressão.

» **Teoria do desamparo aprendido:** Nos anos 1960, Martin Seligman trabalhou com a experiência, o fracasso ou a incapacidade das pessoas de atingir o que elas desejam em algum momento em suas vidas. Em circunstâncias normais, a maioria das pessoas consegue seguir em frente; elas não desistem nem desenvolvem nenhum pessimismo sério em relação à probabilidade do futuro sucesso. Mas outras, por causa de circunstâncias adversas ou uma tendência geral de ver seus esforços como inúteis, podem ficar deprimidas diante de experiências decepcionantes e passam a ver dificuldades intransponíveis em seu caminho.

» **Teoria cognitiva:** A teoria dos anos 1960 de Aaron Beck ficou muitíssimo popular e foi bem fundamentada por pesquisas. Beck propôs que depressão é um tipo de transtorno do pensamento que produz o resultado emocional de humores deprimidos e outros sintomas relacionados. Isso pode envolver várias "distorções" cognitivas:

- **Pensamentos automáticos:** São afirmações que as pessoas fazem secretamente para si mesmas que produzem experiências depressivas. Por exemplo, se você entra no carro de manhã e ele não liga, você pode dizer conscientemente: "Droga, que sorte a minha." Mas, inconscientemente, pode ter um pensamento automático (que nem sabe que tem): "Nada dá certo para mim."

- **Suposições erradas e esquemas em relação ao eu e aos outros:** As suposições e os *esquemas* do outro (crenças sobre quem você é em relação aos outros) que você acredita serem verdadeiros, assim como suas visões do mundo, de si mesmo e do futuro, influenciam muito como você atua no mundo. Beck introduziu a *tríade cognitiva*. Cada ponto no triângulo tem um conjunto de crenças que refletem uma avaliação negativa de si mesmo, uma visão sem esperanças do futuro e uma visão do mundo como sendo excessivamente difícil.

- **Pensamento cíclico:** Um componente final da visão cognitiva é a natureza cíclica do pensamento depressivo. Por exemplo, se você acredita que não consegue fazer nada, então não ficará animado quando iniciar uma tarefa; sua motivação é afetada por sua crença sobre suas habilidades. É provável que você faça um esforço mínimo (se fizer) por causa da falta de motivação e, por sua vez, "prove" para si mesmo que realmente não consegue fazer nada certo. Essa tendência distorcida e autoconfirmatória no pensamento leva à depressão.

Tratando a depressão

Há inúmeras abordagens de tratamento eficientes para a depressão. Antidepressivos, inclusive as famosas medicações Prozac e Paxil, funcionam para algumas pessoas. Psicoterapia, sobretudo a terapia cognitivo-comportamental e a psicoterapia interpessoal, também é útil para muitas outras. Uma pesquisa também indica que a "atividade" (ficar fisicamente ativo e ocupado em geral) é um antídoto eficiente para a depressão. Alguns estudos até indicam que exercícios físicos regulares podem ser tão eficazes quanto uma medicação para aliviar os sintomas da depressão segundo relatos dos pacientes, porém, mais pesquisa precisa ser feita antes de isso ser considerado um tratamento principal. O padrão comum da prática é utilizar medicação e psicoterapia.

Transtorno Bipolar: Seguindo a Onda

Transtorno bipolar costumava ser conhecido como *distúrbio maníaco-depressivo* e pode ser caracterizado como um transtorno de mudanças bruscas de humor envolvendo depressão e *mania* — um estado de humor excessivamente elevado ou irritado durante cerca de uma semana ou ocorrendo junto com os seguintes sintomas:

» Autoestima inflada ou grandeza (propor uma solução para acabar com a fome e promover a paz no planeta, tudo antes da reserva do jantar de hoje à noite).

» Necessidade reduzida de sono (sentir-se descansado com três a quatro horas de sono por noite ou sentir que não precisa dormir; há muito por fazer!).

» Necessidade extrema ou pressão para falar.

» Pensamentos acelerados e rápidos.

» Tempo de atenção extremamente curto.

» Nível de atividade drasticamente aumentado (participar de muitos projetos ou cortar a grama às 2h da manhã).

» Participação excessiva em atividades agradáveis com consequências potencialmente perigosas (apostar a prestação da casa, gastar com farras, sexo grupal).

Um diagnóstico preciso do transtorno bipolar requer que uma pessoa tenha pelo menos um episódio de mania ao longo da vida e atualmente sinta um episódio maníaco, depressivo ou combinado (depressão e mania). Ela precisa ter depressão e mania (daí o conceito de mudanças bruscas de humor) para ter sua faixa de bipolar, por assim dizer.

Pessoas com transtorno bipolar costumam ter vários episódios recorrentes durante a vida. Os episódios maníacos podem ser particularmente prejudiciais, porque, quando alguém está na agonia da mania, é comum acumular grandes dívidas, acabar com relacionamentos ou até participar de atos ilícitos ou criminosos.

O transtorno bipolar se semelha a estar em uma montanha-russa de extrema emoção (por vezes triste, por vezes feliz) além da proporção, mas essas mudanças de humor não ocorrem em um dia ou mesmo uma semana. Transtorno bipolar se refere a mudanças bruscas de humor que ocorrem em um longo período de tempo, como quatro episódios de humor (depressão, maníaco ou uma combinação) em um período de dez anos. Um episódio pode durar desde uma semana até vários anos.

> ## QUAL É O LANCE DAS DROGAS PARA DEPRESSÃO?
>
> Os antidepressivos são uma das medicações mais prescritas nos EUA. Como funcionam? Todos estão deprimidos? Eu acho que se resume a muita consciência pública sobre depressão — e anúncios de TV afirmando que essas drogas não fazem mal. Mas é importante lembrar que certas psicoterapias podem ser tão eficientes quanto a medicação no curto prazo e talvez mais benéficas para o bem-estar de longo prazo de uma pessoa do que tomar remédios. Em outras palavras, a melhor "droga" para depressão pode não ser uma droga.

Algumas pessoas têm o que se chama *cilagem rápida*, ou seja, elas podem ter quatro ou mais episódios no período de um ano. Indivíduos com ciclos rápidos têm uma experiência bem difícil porque cada episódio bipolar pode ser bem perturbador, e não há tempo para recuperar a vida entre os episódios.

Causas do transtorno bipolar

As teorias mais populares sobre as causas do transtorno bipolar, especificamente a mania, são biológicas. Uma pesquisa envolveu anomalias neuroquímicas em partes específicas do cérebro que incluem os neurotransmissores dopamina e serotonina. Há pouca evidência conclusiva.

Mas, bem antes dos estudos biológicos, psicanalistas davam uma explicação: mania é uma reação defensiva à depressão. Em vez de se sentir dominada pela depressão, a mente da pessoa faz um tipo de troca, transformando essa extrema tristeza em extrema alegria. O equivalente simbólico a essa ideia é rir quando alguém amado morre. É uma forma severa de negação. Quando um paciente maníaco é visto na psicoterapia de orientação psicanalítica, o foco principal é a hipótese defensiva.

O estresse também é considerado como tendo seu papel ao intensificar os episódios de humor no transtorno bipolar. Ele não causa necessariamente a mania nem a depressão, mas pode piorar as coisas ou acelerar a chegada de um episódio de humor iminente.

Tratando o transtorno bipolar

Atualmente a primeira linha de tratamento no transtorno bipolar é a medicação. Uma classe de drogas conhecida como *estabilizadores de humor* é usada para estabilizar o humor de uma pessoa e reduzir a probabilidade de futuros episódios. Os estabilizadores de humor comuns são Lítio e Depakote.

Uma psicoterapia de apoio também pode fazer parte do tratamento, sobretudo para ajudar as pessoas a lidarem com as consequências negativas do comportamento maníaco e aceitarem a gravidade dessa doença. A terapia cognitivo-comportamental (TCC) é a mais usada para ajudar as pessoas com transtorno bipolar a lidarem com seu comportamento e identificarem no início os sinais de aviso de um iminente episódio de humor.

Para ter mais informações sobre transtorno bipolar, leia *Bipolar Disorder For Dummies*, de Candida Fink e Joe Kraynak [sem publicação no Brasil].

Síndromes do Pânico

Há muitos eufemismos quando se trata da classe mais comum de transtorno mental, os *transtornos de ansiedade*. "Estresse", "preocupação", "nervos", "nervosismo" e "medo" são termos comuns dessa condição. *Ansiedade* é uma sensação de medo e apreensão generalizados. Quando alguém está ansioso, a pessoa normalmente está com medo. Medo do quê? Depende. Identificar o que assusta uma pessoa ajuda os psicólogos a determinarem o tipo de transtorno de ansiedade que ela pode ter.

LEMBRE-SE

Tirando a preocupação normal, os transtornos de ansiedade provavelmente são o tipo mais comum de transtorno mental. Mas se preocupar é realmente um transtorno mental? Lembre-se: todo comportamento e processos mentais existem em uma série contínua de normalidade. A preocupação pode ser tão intensa ou incômoda para o preocupado que chega ao nível de um transtorno que precisa de cuidados de um profissional. Preocupado em ser um preocupado patológico? Relaxe, respire fundo e leia. Há mais para ver antes de você começar a tirar conclusões e correr para ter ajuda.

Alguns dos transtornos de ansiedade mais comuns incluem:

» **Transtorno de ansiedade generalizada:** Preocupação excessiva e persistente sobre muitas coisas diferentes.

» **Transtorno de estresse pós-traumático (TEPT):** Reviver eventos traumáticos de vida ou morte, atividade psicológica exagerada ou excessiva e fuga de lugares e pessoas relacionados ao trauma.

» **Transtorno obsessivo-compulsivo:** Obsessões (pensamentos recorrentes) e comportamento compulsivo (levando a repetir uma atividade, como lavar as mãos).

Nesta seção, foco um dos transtornos de ansiedade mais comuns, conhecido como *síndrome do pânico*.

Se você mora em um bairro perigoso e tem medo de sair à noite, isso não é fobia; é uma ansiedade real (ou racional)! Por outro lado, algumas pessoas têm medo de sair de casa, e não é porque moram em um bairro ruim. Eu me refiro a pessoas com fobia de lugares grandes, abertos ou cheios, o que se chama *agorafobia*. Agorafobia costuma ser associada a um transtorno de ansiedade maior conhecido como síndrome do pânico, uma condição na qual alguém sente um pânico recorrente ou tem ataques de ansiedade e medo de futuros ataques.

A definição *DSM-5* para ataque de pânico é "um período isolado de intenso medo ou desconforto, no qual quatro (ou mais) dos seguintes sintomas se desenvolvem de modo abrupto e atingem um pico em dez minutos":

» Palpitações, coração batendo forte ou batimentos cardíacos acelerados.

» Ficar suando, estremecendo ou tremendo.

» Falta de ar, sensação de asfixia ou dor no peito.

» Náuseas, tonturas ou atordoamento.

» Sensação de irrealidade ou sair de si mesmo.

» Medo de perder o controle, enlouquecer ou morrer.

» Dormência, formigamento, calafrios ou ondas de calor.

Uma pessoa que tem ataques de pânico recorrentes pode sofrer de síndrome de pânico se ela se preocupa sem parar em ter mais ataques, tem medos irreais das implicações do ataque ou mudou seu comportamento de modo significativo como resultado dos ataques. Uma característica da síndrome do pânico é o medo de que os ataques de pânico sejam um sinal de alguma doença grave — como infarte —, enlouquecimento ou morte. Esse sintoma pode ser muito grave, porque é capaz de levar a um estresse excessivo. Preocupar-se com a morte é muito estressante e pode ser um fator ao provocar muitas doenças que uma pessoa receia ativamente.

LEMBRE-SE

A mudança mais comum no comportamento de alguém é o desenvolvimento de agorafobia. Esse estado envolve um medo intenso de estar em locais ou situações em que pode ser difícil escapar ou ter ajuda se necessário. Exemplos comuns de situações associadas à agorafobia são usar o elevador, ficar na multidão, pegar um metrô lotado ou mesmo dirigir no trânsito pesado.

Mas esse é apenas um lado da agorafobia. A outra parte envolve a pessoa evitando essas situações de prisão em potencial e, muitas vezes, ficando confinada em casa. Esse sintoma pode ser muitíssimo estressante para a pessoa com síndrome do pânico e também para os familiares. Que vida você leva se seu cônjuge ou pai/mãe não sai de casa? Uma tensão conjugal séria é comum nas pessoas com síndrome do pânico.

> **MEDO DE SUÉTER**
>
> Pessoas podem temer ou se preocupar com várias coisas. Quando alguém tem muito medo de certa coisa ou situação, mesmo que a pessoa sabe que não há um perigo real, isso se chama *fobia*. Há diferentes fobias. Fobia social é o medo de pessoas. Agorafobia é o medo de locais abertos, longe de casa ou cheios de gente. Angorafobia é o medo de suéteres de lã angorá e casacos pesados de inverno. O último é brincadeira, mas há centenas de fobias por aí. Veja algumas que se destacam:
>
> - **Acrofobia:** Medo de altura.
> - **Claustrofobia:** Medo de espaços fechados.
> - **Nictofobia:** Medo do escuro.
> - **Misofobia:** Medo de contaminação por gérmens.
> - **Zoofobia:** Medo de animais ou de um animal específico.

Causas da síndrome do pânico

Pelo menos há duas excelentes explicações para a síndrome do pânico; a *abordagem biopsicossocial*, de David Barlow, e o *modelo cognitivo*.

A principal ideia de Barlow é que os ataques de pânico resultam de uma resposta hiperativa ao medo dentro do cérebro sob estresse. Certos indivíduos possuem uma vulnerabilidade fisiológica em que os sistemas nervosos exageram na reação em algumas situações. Essa vulnerabilidade biológica se combina com a vulnerabilidade psicológica causada por crenças exageradas sobre o perigo de certas sensações corporais e o mundo em geral.

O modelo cognitivo (Beck, Emery e Greenberg, 1985) se parece com o modelo de Barlow, mas enfatiza as crenças da pessoa. A ideia básica do modelo cognitivo é que os ataques de pânico resultam da atribuição errada das sensações corporais normais, levando a um maior medo que, por sua vez, agrava as sensações, levando a mais atribuição errada. É um ciclo vicioso. Uma pessoa interpreta algo que ela sente ameaçar a vida ou ser perigoso e isso a deixa preocupada, o que intensifica o sentimento e o medo.

Tratando a síndrome do pânico

A síndrome do pânico é tratada por profissionais de saúde mental com medicamentos e várias formas de psicoterapia. Antidepressivos, conhecidos como tricíclicos, podem reduzir a ocorrência do pânico. Benzodiazepínicos, uma classe de droga "relaxante", também são usados por algumas pessoas para reduzir a probabilidade dos sintomas de ansiedade "saindo do controle" e culminando em pânico total.

Em geral, a terapia comportamental é uma parte importante do tratamento para pacientes com pânico. Parece cruel, mas essa terapia basicamente ensina técnicas de relaxamento e, em pequenos aumentos, expõe os pacientes a situações que antes causavam pânico. O exercício ensina os participantes a suportar um ataque de pânico até ele desaparecer. O mais importante é que funciona. Pacientes ficam calmos em situações que inicialmente provocavam uma forte ansiedade.

A terapia cognitiva pode ensinar aos pacientes a mudarem o pensamento de modos que reduzem a tendência deles de entender ou interpretar mal as sensações corporais e exagerar. A intenção da terapia cognitiva é mudar o "pensamento e se" para o "pensamento e daí", por meio de processos de instrução e fisiológicos, e fontes de ajuda disponíveis.

Transtornos Mentais em Jovens

Transtornos mentais afetam crianças e adolescente em taxas parecidas com adultos, que é cerca de 1 em 5, ou 20%, segundo o Departamento de Saúde dos Estados Unidos. Crianças não estão livres de ter problemas mentais; elas têm muitos dos mesmos transtornos dos adultos, em números um pouco diferentes. Por exemplo, as taxas de depressão em pessoas com menos de dezoito anos são parecidas com as dos adultos, mas as ocorrências de esquizofrenia em menores de dezoito anos são muito inferiores em relação aos adultos. A esquizofrenia é considerada bem rara em crianças. Já os transtornos de ansiedade podem ser o mais comum da infância; incidentes entre crianças são parecidos com as taxas de ocorrência em adultos.

Embora crianças e adultos possam ter os mesmos transtornos mentais, existem alguns que são prováveis de aparecer ou "ativar" durante a infância; em geral são reconhecidos em uma pessoa antes de ela chegar na idade adulta:

» **Deficiência mental:** Caracterizada por habilidades intelectuais e de adaptação abaixo do normal, como capacidade de cuidados pessoais e comunicação.

» **Distúrbios de aprendizagem:** Problemas relacionados a adquirir, manipular e usar informações, inclusive dislexia e discalculia.

» **Alterações motoras:** Desenvolvimento insuficiente da atividade física coordenada.

» **Distúrbios de comunicação:** Dificuldades com fala expressiva e receptiva.

» **Transtorno desafiador opositivo e de conduta:** Caracterizado pelo comportamento que viola os direitos dos outros, como agressão, comportamento criminoso e bullying.

- » **Transtorno alimentar na primeira infância:** Alimentação anormal em termos de quantidade, método de ingestão ou algum outro recurso, como ingerir substâncias não nutritivas, conhecidas como *alotriofagia*.

- » **Distúrbios de tique:** Envolve a presença de movimentos vocais ou motores involuntários e inclui a síndrome de Tourette.

- » **Transtornos da eliminação:** Inclui encoprese (sujar as roupas com fezes) e enurese (o mesmo problema, só que com urina).

- » **Deficit de atenção/hiperatividade:** Caracterizado por níveis anormais de atividade e deficits na concentração, na participação e no controle de impulso.

- » **Transtornos globais do desenvolvimento:** Envolve transtornos de deficits severos na comunicação, na socialização e no comportamento, inclusive autismo.

Lidando com TDAH

Você está sempre em movimento, não consegue ficar parado, está sempre mexendo nas coisas, esforçando-se para pensar antes de agir, fazendo algo bobo, está sempre voando e tem problemas para terminar as coisas? Estes são exemplos comuns de comportamentos e sintomas de *transtorno de deficit de atenção por hiperatividade* ou TDAH.

LEMBRE-SE

Antes, TDAH se chamava TDA ou transtorno de deficit de atenção, mas foi oficialmente reconhecido como TDAH há, pelo menos, vinte anos. Os sintomas reais de diagnóstico do TDAH são divididos em duas categorias: sintomas de hiperatividade e impulsividade; e sintomas de falta de atenção. Os indivíduos podem mostrar sintomas predominantes em uma das duas categorias e se enquadrar nos critérios do diagnóstico. Ou podem ter sintomas nos dois e ser considerado um "tipo combinado".

Veja um resumo dos sintomas associados a cada uma das duas categorias:

- » **Hiperatividade e impulsividade:** Inquieto, agitado, não consegue ficar sentado, corre e sobe excessivamente, não consegue jogar quieto, sempre em movimento, não espera, interrompe e é inoportuno.

- » **Falta de atenção:** Dificuldades de prestar atenção nos detalhes, cometendo erros bobos, dificuldade de manter a atenção, parece não ouvir, não acompanha nem acaba as coisas, perde tudo, é distraído e esquecido.

O TDAH pode ter graus variados, desde bem leve até severo, e não é normalmente diagnosticado antes dos quatro anos. Os meninos têm mais probabilidade de ter TDAH, mas aparece em meninas também. O tratamento mais comum é medicação, em geral psicoestimulantes (como Ritalina ou Atomoxetina), mas a modificação do comportamento e as intervenções psicossociais também são partes importantes do tratamento. Em especial, a abordagem popularizada por Russell Barkley e no trabalho do Dr. Arthur D Anastopoulos usa intervenções psicossociais que incluem componentes de modificação do comportamento, educação dos pais, dos filhos e orientação psicológica, se necessário.

Quer saber por que os psicoestimulantes fazem parte do tratamento? A medicação usada para tratar TDAH funciona como um estimulante do cérebro. É o conceito de adultos tomando café para ficar acordados, trabalhar ou estudar. As pessoas tendem a se concentrar um pouco melhor quando estão um pouco ligadas.

LEMBRE-SE

Embora pareça contraditório, os deficits neuropsicológicos subjacentes do TDAH são consistentes com o uso de uma medicação estimulante. Basicamente, os sintomas do TDAH são resultado do funcionamento abaixo do ideal do lobo frontal do cérebro, um deficit em suas funções conhecidas como *funções executivas*, como planejar e organizar. O lobo frontal e suas funções executivas têm um papel importante na inibição e no controle do impulso, na organização, na atenção, na concentração e no *comportamento direcionado a objetivos,* que é saber como manter a meta e chegar lá, mesmo que seja simplesmente pegar suas meias.

Para pessoas com TDAH, o lobo frontal tem "baixa potência" e não está à altura das tarefas, deixando o resto do cérebro desorganizado, impulsivo, excessivamente ativo, com tendência a vagar um pouco. Estimulantes resolvem a falta de energia, dão um empurrão no lobo frontal e diminuem o TDAH do João para ele focar e aumentar o controle do impulso.

A causa do deficit de potência do lobo frontal ainda precisa ser totalmente identificada, mas uma pesquisa mostra um forte componente genético e o papel de um tipo de evento negativo do desenvolvimento ou exposição, resultando no subdesenvolvimento do lobo frontal e das funções executivas.

Autismo: Vivendo em um mundo próprio

> *Sou muito menos autista agora em comparação com quando era jovem. Lembro-me de alguns comportamentos, como puxar fiapos de tapete e ver pratos girando por horas. Eu não queria ser tocada. Não conseguia filtrar o ruído de fundo. Só consegui falar com quatro anos de idade. Eu gritava. Cantarolava. Mas quando cresci, melhorei.*
>
> — Temple Grandin

Temple Grandin é uma mulher relativamente famosa com *autismo*, um transtorno neurológico do desenvolvimento caracterizado por deficits ou desenvolvimento anormal da linguagem, habilidades e desenvolvimento sociais anormais, e comportamento repetitivo e restritivo. A atriz Claire Danes interpretou Temple Grandin em um filme em 2012, mostrando sua vida, lutas e sucesso. Grandin, doutora em Zootecnia, é considerada por muitos uma porta-voz e defensora das pessoas com autismo, e faz inúmeras palestras todo ano para aumentar a conscientização dessa condição.

Autismo, normalmente reconhecido na idade de três a quatro anos (embora sinais e sintomas possam se manifestar e aparecer antes), consiste em sintomas e deficits nestas três áreas:

> » **Comprometimento na interação social:** Deficits no comportamento social não verbal, como contato visual e gestos; incapacidade de desenvolver relações adequadas com pessoas de mesma idade; falta de procura espontânea de compartilhar diversão, interesses ou realizações com outras pessoas; e falta de reciprocidade social ou emocional.
>
> » **Deficiências na comunicação:** Atraso ou total falta de desenvolvimento da língua falada, ou em indivíduos com fala adequada, deficiência na capacidade de iniciar ou sustentar uma conversa com outras pessoas; uso estereotipado e repetitivo da linguagem ou linguagem idiossincrática, como repetição incessante, entonação ou uso estranho de palavras; e problemas para brincar de "faz de conta" de modo variado e espontâneo, ou brincar de imitação.
>
> » **Padrões repetitivos e estereotipados de comportamento, interesses e atividades:** Preocupação intensa com um ou mais padrões de interesse estereotipado e restritivo que é anormal em intensidade ou foco; seguir de modo inflexível rotinas específicas e não funcionais ou rituais; gestos estereotipados (repetição persistente de um comportamento sem uma finalidade óbvia) e repetidos (como mão ou dedo batendo ou torcendo, ou movimentos complexos do corpo inteiro); e preocupação persistente com partes de objetos.

Autismo é um distúrbio do desenvolvimento neurológico complexo que varia desde leve (em geral chamado de *autismo de alto funcionamento*) a severo. A causa do transtorno ainda não foi identificada, mas há pesquisas promissoras. Por exemplo, uma pesquisa genética está em andamento. Nenhum "gene autista" foi identificado, mas muito foi aprendido sobre os aspectos cognitivos e neuropsicológicos subjacentes do autismo. Duas áreas em particular se destacam: *modelos da conectividade neural* e *teoria da mente*.

Acredita-se que o cérebro em indivíduos com autismo se desenvolve e é organizado de modo diferente do cérebro em crianças com um desenvolvimento típico (veja o Capítulo 3 para ler o conteúdo sobre como o cérebro é organizado e funciona). Pesquisas são complexas, mostrando que pessoas autistas têm algumas áreas subdesenvolvidas e outras superdesenvolvidas, até com um maior volume do cérebro. De modo geral, pesquisadores propõem que o cérebro no autismo interage e se comunica consigo mesmo de modos únicos e desordenados, diferindo das atividades em indivíduos típicos. Dessa perspectiva, o autismo pode ser considerado um distúrbio da organização e da integração neural.

Pensar que alguém que você está vendo ou com quem está conversando tem uma "mente própria" é conhecido como "teoria da mente" (abreviado como ToM, sigla em inglês). A maioria das pessoas acredita que as outras pessoas têm uma mente igual à dela, o que as ajuda a entender o mundo do ponto de vista do outro. De modo consistente, pesquisas e trabalhos clínicos mostram que os indivíduos com autismo têm deficits de ToM, ou seja, as pessoas com autismo não pressupõem a existência da "mente do outro" e, como resultado, mostram deficits sociais e de comunicação. As dificuldades delas em entender expressões faciais e gestos, antecipar as ações dos outros, conversar e mostrar reciprocidade social e emocional pode ser consequência dos deficits de ToM. Mas tal como acontece em genética, os deficits de ToM ainda precisam se apresentar como a "solução mágica" dos deficits fundamentais que levam em conta ou produzem toda a síndrome do autismo.

Uma coisa é certa, em muitos aspectos o autismo é um transtorno para o resto da vida. Todavia, há muita esperança para aqueles que têm uma intervenção precoce e intensa. Como um transtorno neurológico do desenvolvimento, o curso do autismo pode ser possivelmente alterado em uma direção importante e positiva. Foi desenvolvida e pesquisada uma abordagem completa de intervenção que endereça amplamente o desenvolvimento neurológico de uma criança, mostrando resultados animadores. Essas abordagens usam um tipo de "ensino" para facilitar o desenvolvimento normal das crianças e lidar com os atrasos no comportamento. Veja quatro abordagens de intervenção do autismo mais pesquisadas e animadoras:

> » **Análise Comportamental Aplicada — ensino por tentativas discretas (DTT, sigla em inglês):** É uma técnica de ensino específica na qual os princípios do operante e o condicionamento clássico são usados para apresentar às crianças tentativas de aprendizagem em massa que são muito intensas (encontre os detalhes sobre ABA no Capítulo 16 e informações sobre o condicionamento operante e clássico no Capítulo 8). A DTT está mais associada ao trabalho do Dr. Ivar Lovaas (1927-2010).
>
> » **Treinamento de Respostas Pivôs (PRT, em inglês):** É considerado uma intervenção ABA, mas diferente do DTT, no sentido de que tende a ser mais baseado em jogos, usa um reforço naturalista dentro do

paradigma do condicionamento operante e foca aumentar a motivação do participante até atingir níveis ideais. O PRT está associado ao trabalho do casal de psicólogos Drs. Robert e Lynn Koegel da Universidade da Califórnia, Santa Barbara, que desenvolveu pela primeira vez a proposta nos anos 1970.

» **Modelo Denver de intervenção precoce:** Desenvolvido pelos psicólogos Sally Rogers e Geraldine Dawson no início dos anos 2000, este modelo combina a abordagem PRT e um "modelo de desenvolvimento" no qual as experiências identificadas como críticas no desenvolvimento infantil são usadas para orientar a intervenção e seu programa de estudos.

» **Abordagem do comportamento verbal:** Dr. Mark Sundberg desenvolveu a abordagem CV no início dos 2000 para ajudar crianças com autismo a aprenderem a se comunicar e falar. Embora não considerada uma abordagem de intervenção ampla para todas as áreas de desenvolvimento, a abordagem do comportamento verbal é muito respeitada como uma intervenção sofisticada e bem planejada para a comunicação e o desenvolvimento da linguagem.

Falando em Estigma

Nenhuma discussão sobre transtorno mental estaria completa sem mencionar o problema do *estigma*, que o dicionário da APA define como:

> A atitude social negativa associada a uma característica de um indivíduo que pode ser visto como deficiente mental, físico ou social. Um estigma implica na desaprovação social e pode levar injustamente à discriminação e à exclusão do indivíduo.

A experiência de ter transtorno mental pode ser muito dolorosa para o indivíduo e as pessoas à sua volta. Embora nem sempre, as pessoas podem se sentir sozinhas, isoladas, confusas, perdidas e até sentir desespero. A liberdade das pessoas pode ser tirada à medida que são confinadas involuntariamente porque oferecem perigo para si mesmas e para outras pessoas devido ao transtorno. Podem perder seus trabalhos. As relações ficam prejudicadas. O transtorno em si se mostra um desafio à felicidade, ao bem-estar e ao funcionamento. E mais: pessoas diagnosticadas com transtorno mental podem passar por discriminação, preconceito e parcialidade no dia a dia, no trabalho, na escola ou mesmo dentro das próprias famílias. O psicólogo Patrick Corrigan diz: "... o preconceito e a discriminação que costumam acompanhar a doença podem ser tão limitadores quanto a condição em si." Ele nos lembra de que o estigma pode impactar a autoestima e a eficiência da pessoa. O estigma marca o indivíduo ou um grupo inteiro como "diferente" e facilita a marginalização.

O estigma não só "parece" ruim; ele tem consequências muito reais. Pessoas podem evitar pedir ajuda para não serem rotuladas. O estigma não é sobre o indivíduo; pelo contrário, é sobre a sociedade e as pessoas em torno do indivíduo. Contudo, esse estigma pode ser internalizado na forma de vergonha, constrangimento e até menosprezo de si mesmo.

Por que ainda existe estigma? Há muitas teorias e estudos que tentaram lidar com a questão. Sociólogos propuseram que o estigma tem a função de estabelecer e manter hierarquias de poder em uma sociedade. Psicólogos examinaram o estigma em termos de estereótipos negativos e avaliação dos membros dentro do grupo, e desvalorização dos membros fora dele. Estereótipos negativos comuns para pessoas com transtorno mental incluem perigo, noções de que "eles mesmos o provocaram" e incompetência.

Nem é preciso dizer que a redução ou até a erradicação do estigma para o transtorno mental é uma ação necessária. Houve alguns avanços nos últimos trinta anos nesse sentido. A Lei dos Americanos com Deficiências de 1990 (EUA) foi criada para proteger os direitos das pessoas na esfera pública, inclusive trabalho, escola e negócios. Em 2007, as Nações Unidas desenvolveram a Convenção Internacional sobre os Direitos das Pessoas com Deficiência para codificar os direitos dos indivíduos com deficiências nas relações internacionais. Mas mesmo com esses avanços legais e dos direitos humanos, ainda há trabalho a fazer. Psicólogos sugerem que ações como protestos, anúncios de utilidade pública, educação e maior contato com pessoas com transtornos mentais possam ajudar a reduzir o estigma.

Enfim, o objetivo é a *empatia*. Empatia pelo semelhante. Empatia por suas lutas. Outro objetivo é o empoderamento, para que os indivíduos com deficiências mentais não sejam vistos com pena nem condescendência, mas em sua totalidade, como pessoas, sem diagnósticos.

6
Reparação, Cura e Prosperidade

NESTA PARTE...

Aprofunde-se na avaliação psicológica, no teste e na análise para descobrir como os psicólogos aplicam a ciência psicológica às habilidades e às dificuldades do ser humano.

Familiarize-se com as diferenças entre as psicoterapias tradicionais de "conversa": terapia comportamental, terapia cognitiva e outras formas populares de tratamento psicológico.

Explore o que é "positivo" na Psicologia.

> **NESTE CAPÍTULO**
>
> » Obtendo indicações
> » Questionando e avaliando pacientes
> » Familiarizando-se com os testes
> » Identificando pacientes desonestos

Capítulo **16**

Teste, Análise e Avaliação

Psicólogos fazem terapia, certo? Sim. Mas outros profissionais também, como terapeutas matrimoniais e familiares e assistentes sociais clínicos. Mas eles fazem tratamento para transtornos mentais, não é? Sim, mas os psiquiatras também. Então, qual a diferença em relação a um psicólogo, você pode perguntar? Resposta: teste, análise e avaliação psicológica.

Já viu a série *Dr. House* apresentando um médico grosseiro e teimoso chamado Gregory House? Ele é especializado em desvendar casos médicos que confundiram outros médicos e profissionais. Ele "resolve" muito mistério médico e faz um excelente exame. Mas é ficção, certo? Bem, a Dra. Lisa Sanders, da Faculdade de Medicina da Universidade de Yale, que ajuda como consultora técnica da série, diz que tais especialistas realmente existem na vida real. Declaro que as habilidades de teste, análise e avaliação dos psicólogos são parecidas com as mostradas no programa. Então, os psicólogos são um bando de Drs. Gregory Houses? Seria grandioso, de certo modo. Somos especializados em chegar à raiz dos problemas e das questões usando instrumentos, ferramentas e procedimentos altamente desenvolvidos. Não acredito que seja um exagero o caso de que um uso contínuo da ciência psicológica entra no desenvolvimento e no uso dos testes psicológicos e dos procedimentos de avaliação.

Mas deixe-me descer um pouco do pedestal. Sim, psicólogos são especializados em *avaliação psicológica* e usam testes e instrumentos. Não, eles não têm todas as respostas. Pessoas, mentes, comportamentos, problemas e habilidades são complexos. Às vezes o olho humano, ponto de vista ou entrevista não é suficiente para entender as coisas. Isso não significa que nossos métodos sejam um "raio X" da psique, mas são muito bons! Como mencionado antes, os psicólogos fazem muitas coisas como os outros profissionais. Mas o teste, a análise e a avaliação são nossa especialidade em particular (como o Dr. House). Somos chamados, indicados e consultados devido à nossa expertise nesses métodos. A avaliação psicológica é nossa especialidade, por assim dizer. É nosso ponto forte e, talvez, o mais forte trabalhando como *psicólogos aplicados*. Embora outros psicólogos possam discordar, a avaliação pode ser nossa melhor atuação no ramo aplicado da ciência psicológica.

Neste capítulo, apresento e explico a avaliação psicológica, o teste e a análise. Exploro suas finalidades, a ciência por trás delas e investigo algumas áreas específicas de avaliação, pois cobrir tudo estaria muito além do escopo deste livro.

Respondendo ao Chamado

Recebo pelo menos duas a três ligações por semana quando um pai/mãe ou paciente precisa de ajuda e explorou todas as opções sem fazer progresso. Mais uma vez, o mantra deste livro é que as pessoas são complexas e, por vezes, isso requer um processo complicado para chegar à raiz das coisas. Os psicólogos devem "responder" a todas as perguntas, como

> Qual é o diagnóstico desta pessoa?
>
> Quais são os pontos cognitivos fracos e fortes desta pessoa?
>
> Esta pessoa é adequada para o trabalho X? (Por exemplo, policial, soldado das forças especiais.)
>
> Quais são os pontos fortes e fracos deste pai/mãe?
>
> Esta pessoa pode tomar decisões médicas e legais por si mesma?
>
> Esta pessoa estava insana criminalmente na hora do crime?

Como definimos teste, análise e avaliação?

Teste é simplesmente a administração e a pontuação de testes psicológicos. Isso pode ser feito por um *psicometrista*, definido pela Associação Nacional de Psicometristas como um responsável técnico pela administração e pela pontuação de testes psicológicos e neuropsicológicos sob supervisão de um psicólogo ou neuropsicólogo clínico. Os psicólogos não praticam psicometria; eles avaliam e analisam.

Análise e avaliação podem ser vistas como um processo de solução de problemas e tomada de decisão. *Análise* é o processo resultante de diferentes fontes de informação — inclusive entrevistas e testes são "reunidos" e integrados em uma imagem significativa da pessoa.

Avaliação é o processo no qual os resultados do teste e da análise são reunidos para responder a uma questão específica para a qual uma pessoa foi indicada ao psicólogo, como "Esta pessoa será um risco para a sociedade se sair da prisão?" ou "Esta pessoa pode se sair bem como astronauta?".

Quais testes e instrumentos existem?

Há testes e instrumentos psicológicos para praticamente qualquer coisa psicológica. Se você avaliar um catálogo-padrão de testes e instrumentos psicológicos, encontrará mais de 350 instrumentos apenas em um distribuidor!

É importante destacar que psicólogos diferentes usam testes diferentes. Psicólogos clínicos usam testes clínicos, como instrumentos de diagnóstico, testes de personalidade, testes cognitivos e inventários de habilidades de adaptação. Psicólogos para aconselhamento podem usar testes de aptidão. Psicólogos forenses usam instrumentos de avaliação de violência e risco.

Veja a seguir uma lista das diferentes categorias de testes e instrumentos:

Desenvolvimento	Fala, Linguagem, Comunicação
Comportamento Adaptativo	Cognitivo
Inteligência	Neuropsicológico
Conhecimento	Aprendizagem
Social	Emocional
Comportamental	Ocupacional
Sensorial	Saúde
Motor	Personalidade

Qual tipo de avaliação os psicólogos fazem?

Como nos diferentes testes e instrumentos, os diferentes tipos de avaliação que os psicólogos fazem dependem da especialidade deles, podendo ser clínica, forense ou outros. Veja uma lista das diferentes avaliações que os psicólogos aplicados podem fazer:

Clínica/Diagnóstica	Deficiência Mental
Forense	Capacidade Civil
Competência para Ser Julgado	Insanidade Criminal
Dificuldade de Aprendizagem	Educacional
Aptidão	Adequação ao Serviço
Custódia	Lesão Mental
Contratação	Desempenho no Trabalho
Avaliação de Violência e Risco	Pré-operatória

É uma visão geral ampla das ferramentas e do processo. Nas próximas seções, apresento técnicas específicas e as particularidades dos instrumentos de teste em geral, além de mostrar alguns testes nas categorias específicas mencionadas nas listas anteriores.

Entrevista e Processo de Avaliação

O primeiro passo para qualquer solução é reconhecer e definir claramente o problema. Psicólogos usam ferramentas e técnicas específicas exatamente para isso. Sempre deve haver um *encaminhamento* claro. Enviar alguém a um psicólogo para especular, para ele investigar a mente da pessoa, por assim dizer, não é uma boa prática por parte de quem encaminhou e chega a ser antiético. Assim que um encaminhamento é claro e o *público*, ou destinatário da informação, é identificado (como os próprios pacientes, empregador ou tribunal), então o processo pode começar.

Em geral é assim: a pessoa vai a um psicólogo e a conversa começa com uma exploração do motivo para a indicação, que é a razão para a pessoa estar lá para a análise, e a avaliação do *problema apresentado*, que é a situação que motivou o paciente a buscar uma avaliação. Então, a conversa entra em um processo mais completo de coleta de informação:

Psicólogo: Diga-me, Sr. Silva, qual é o problema?

Silva: Como vou saber? Você é o médico.

Às vezes, a pergunta "Qual é o problema?" chateia os pacientes porque, em geral, eles não sabem o que está acontecendo. Afinal, estão buscando ajuda profissional e esperam que o psicólogo tenha as respostas. Mas, sem uma investigação completa do histórico, da funcionalidade atual e das preocupações do paciente, um psicólogo só consegue fazer suposições onerosas. O processo pode levar de uma a duas horas ou até doze horas de avaliação, dependendo do encaminhamento ou do problema apresentado.

Entrevista e observação

Deve haver tantas técnicas de entrevista no mundo psicológico quanto psicólogos por aí. Todos têm um modo diferente de obter informações relevantes. Depende muito do tipo de encaminhamento. Portanto, uma avaliação clínica pode fazer perguntas diferentes de uma avaliação para adequação ao serviço. Para esta seção, focarei a forma mais comum de entrevista que as pessoas têm quando indicadas a um psicólogo: a *entrevista clínica*.

O psicólogo John Sommers-Flanagan não exagera quando diz que o "status da entrevista clínica como procedimento fundamental é quase universal". Embora as entrevistas clínicas possam variar segundo as orientações teóricas, o Dr. Sommers-Flanagan identificou algumas características universais, inclusive metas e objetivos gerais, como equilibrar a coleta de informação e a "ajuda terapêutica". Pode parecer estranho, mas às vezes uma avaliação psicológica pode ser muito terapêutica por si só. Alguém pode ter se perguntado a maior parte da vida por que perde trabalhos e o controle com a menor provocação, por exemplo. A pessoa pode ficar aliviada ao descobrir que ela tem transtorno bipolar. Advertência: nem todos que perdem trabalho e o controle têm transtorno bipolar. Foi só um exemplo.

A entrevista clínica compartilha muitas das mesmas características de outras abordagens de entrevista. Os entrevistadores iniciam uma exploração do problema apresentado ou encaminhamento. Gosto de iniciar com perguntas do tipo: "Como posso ajudar? Diga-me por que você está aqui." Por vezes, oferecer conforto ajuda porque é meio estranho e não é uma experiência típica contar para um completo estranho sobre seus problemas, como a pessoa se sente e tudo que passa em sua vida e mente. Outras vezes, até afirmar que toda a situação parece estranha pode ajudar: "Sei que é estranho..." Isso é particularmente útil com adolescentes que muitas vezes são participantes relutantes nesse evento.

Observando o estado mental

O psicólogo inicia uma escuta e observação atentas, tentando criar a imagem mais completa que consegue sobre o que o entrevistado diz, como ele age, sobre o que fala ou não, em que está focado, o quanto acessível parece estar e o quanto se sente à vontade. São apenas algumas coisas que tratamos e observamos. Uma ferramenta útil para coletar essas informações é o *Exame do Estado Mental*, no qual o psicólogo observa onze áreas do estado mental:

> **Aparência:** Asseio, higiene, características físicas e traços incomuns são observados. Se alguém tem uma aparência incomum (muito abaixo do peso, despenteado, asseio bizarro ou inadequado), fora das normas culturais ou subculturais, talvez valha a pena conversar.

> **Comportamento:** Alguns dos sinais marcantes de perturbação vêm de como as pessoas agem.
> - *Movimento corporal:* Os movimentos corporais, como inquietação, movimentos rápidos, lentos ou gestos estranhos, podem ser relevantes. Pessoas nervosas podem se mexer muito. Pacientes deprimidos podem sentar curvados em suas cadeiras. Alguém com paranoia de que a CIA está seguindo-o pode levantar e olhar pelas cortinas a cada cinco minutos.
> - *Expressões faciais:* Às vezes as expressões faciais podem revelar como uma pessoa se sente. Uma expressão triste, zangada, imóvel ou congelada, por exemplo, pode indicar um humor específico.

> **Fala:** Dois transtornos em particular, esquizofrenia e bipolar, incluem distúrbios na fala:
> - *Esquizofrenia:* A fala do paciente pode ser desordenada, confusa ou difícil de entender. Pode parecer que ele fala uma língua diferente, usando palavras e frases que não fazem sentido. Por exemplo, certa vez recebi uma ligação anônima quando era voluntário em um abrigo. Quando perguntei se eu poderia ajudar a pessoa, ela respondeu: "Enfie o alfinete na almofada. Você me ligou. O que você quer? As letras me enlouquecem... lâmpada... bate na mesma tecla... enfie o alfinete na almofada... o que você quer?" Esse é um excelente caso de fala desordenada.
> - *Transtorno bipolar:* A velocidade e o ritmo da fala podem ser anormais nas pessoas com transtorno bipolar. Pacientes em surto psicótico, por exemplo, podem falar muito rápido e agir como se precisassem continuar falando fisicamente. Eles pulam de um assunto para outro.

- **Humor e afeto:** *Humor* descreve as emoções predominantes expressadas pelo paciente. A pessoa está triste, feliz, com raiva, eufórica ou ansiosa? *Afeto* se refere à variedade, à intensidade e à adequação do comportamento emocional de um paciente. Ele está muito ou pouco triste? Ele sente algo diferente de tristeza ou parece ter emoções variadas? Outra observação comum de afeto se chama *instabilidade emocional*. Com que frequência e facilidade o humor muda? Ele está esquentado em um segundo e calmo no outro?
- **Conteúdo mental:** O que as pessoas consideram ser relevante em qualquer avaliação clínica. Um conteúdo mental bizarro, como delírios, pode ser um indicador da presença de transtorno mental. Pensamentos menos bizarros, mas igualmente perturbadores às vezes, como preocupações obsessivas e ideias invasivas, também podem ser sinais de ansiedade severa. Pensamentos de morte e violência devem ser avaliados quanto ao potencial de suicídio e violência.
- **Processo mental:** Diferentes modos de pensar por vezes podem ser pistas para um transtorno mental.
  - *Pensamento tangencial:* Em geral, um sinal de transtorno do pensamento, o pensamento tangencial se caracteriza por falta de foco e tendência a sair pela tangente, sendo minimamente relacionado ao assunto discutido no momento.
  - *Associações de clang:* São indicadores graves de transtorno do pensamento. Quando alguém termina uma frase com uma palavra e o som dessa palavra dispara outro pensamento, relacionado à conversa apenas pelo som da última palavra pronunciada, o processo mental é conhecido como *associação de clang*. "Cheguei do trabalho outro dia e o carro estava na rua... rueiro. Odeio barulhos altos... saltos." Esse tipo de pensamento é desordenado e difícil de seguir; não faz sentido.
- **Percepção:** Problemas de percepção consistem em alucinações. Os pacientes podem ter alucinações auditivas (vozes), visuais, olfativas (cheiros ou odores), gustativas (gostos) ou somáticas (sensações estranhas no corpo, como sentir que insetos estão andando sob a pele). Uma alucinação auditiva muito grave é quando os pacientes ouvem uma voz ou vozes dizendo para eles se machucarem ou machucarem outra pessoa. Às vezes, isso se chama alucinações de comando.
- **Funcionamento intelectual:** Por vezes, este estado pode ser observado prestando atenção no vocabulário do paciente, na quantidade geral de conhecimento e informação, e habilidade abstrata de pensar. Contudo, tentar descobrir o funcionamento intelectual de alguém com base apenas na observação é muitíssimo subjetivo, e só deve ser usado como ponto de partida para uma maior avaliação.

- **Atenção/concentração e memória:** Preste atenção se um paciente fica distraído durante a entrevista e se ele se esforça para se concentrar na tarefa em mãos. Uma memória de curto prazo pode ser verificada pedindo ao indivíduo para lembrar algumas coisas e verificar poucos minutos depois. O quanto ele se lembra bem da história e fornece informações históricas é uma medida da memória de longo prazo. Muitos transtornos apresentam problemas de atenção e deficits de memória.

- **Orientação:** O paciente sabe onde está? A estação do ano? A hora? Determinar se um paciente sabe onde está, em tempo e espaço, é uma parte importante da MSE. Muitas condições médicas graves e distúrbios neuropsicológicos manifestam sinais de desorientação.

- **Percepção e julgamento:** O paciente entende que ele pode estar doente mentalmente? Ele entende a relação entre seus comportamentos e processos mentais, e uma perturbação psicológica? A percepção é importante para avaliar a motivação do paciente durante o tratamento e se problemas de conformidade provavelmente irão interferir no tratamento da doença e na recuperação. Lidar com o julgamento do paciente envolve ver a validade das decisões tomadas por ele e o grau de impulsividade e planejamento antes de agir. O julgamento é especialmente importante ao avaliar a periculosidade, o potencial de violência ou o risco de suicídio.

Fazendo perguntas e estabelecendo uma relação

Psicólogos podem fazer diferentes perguntas e usar várias técnicas, como perguntas abertas (Como se sentiu?) ou fechadas (Já ouviu uma voz falando com você, mas não tinha ninguém por perto?). As perguntas podem ser diretivas ou não.

Outras técnicas incluem parafrasear, fazendo perguntas de *pressuposição* (uma pergunta para "guiar" e descartar algo ou orientar a conversa) ou perguntas de *projeção* (destinadas a obter informações de uma maneira menos direta ou confrontante).

Estabelecer uma boa *relação* (entendimento mútuo) é o segredo para conseguir informações precisas e detalhadas. Os psiquiatras Ekkehard Othmer e Sieglinde Othmer (sim, psicólogos emprestados da psiquiatria) fornecem uma boa lista de técnicas para estabelecer uma relação:

- Deixe o paciente (e você mesmo) à vontade.
- Mostre compaixão e lide com o "sofrimento".
- Seja um aliado.

- » Mostre expertise.
- » Estabeleça liderança.
- » Equilibre os papéis de entrevistador e terapeuta.

Anamnese

O psicólogo quer uma autobiografia? De certo modo, sim, exceto que apenas áreas específicas são cobertas. Os formatos para a anamnese também são muitíssimo variados, mas a maioria inclui os seguintes elementos:

- » **Problema apresentado:** Quanto tudo começou? O aspecto mais relevante em uma entrevista psicológica é o histórico do problema apresentado. Qual é a preocupação? É seu comportamento, humor, relações, pensamento? Quando esses problemas começaram? Eles estabilizaram e são consistentes ou vão e voltam? O que outras pessoas disseram? Por vezes isso pode ser apresentado na forma de uma *checklist de problemas*.
- » **Ambiente doméstico e histórico familiar:** Com quem a pessoa mora? Pais, irmãos, filhos... O histórico de saúde física e mental na família.
- » **Histórico do desenvolvimento** (para crianças e adolescentes): Marcos de desenvolvimento (andar, falar, usar o penico).
- » **Histórico da saúde e clínico:** Doenças, saúde em geral, medicação, hospitalizações, acidentes, cirurgias.
- » **Histórico escolar e profissional:** Nível mais alto de instrução, problemas ou atrasos de aprendizagem, educação especial, trabalhos.
- » **Histórico legal:** Detenções, prisão, guarda dos filhos.
- » **Histórico social:** Namoro, casamento, amigos, grupos, organizações.
- » **Informações culturais e religiosas:** Línguas que fala, língua principal, língua secundária, se é imigrante, questões relevantes sobre afiliação religiosa.
- » **Uso e abuso de substâncias:** Bebida, uso de drogas ilícitas, consumo recreativo de drogas, reabilitações, participação em grupos anônimos.
- » **Histórico de doença mental e tratamento:** Trauma, abuso, avaliações anteriores, terapia, medicamentos, hospitalizações, tentativas de suicídio, violência, agressão.

LEMBRE-SE — Um profissional prudente sempre leva tempo para avaliar os aspectos mais sérios de um caso inicialmente, e nenhum problema é mais grave para um psicólogo que suicídio ou a possibilidade de violência de um paciente.

Verificando a Fundo com o Teste Psicológico

O teste psicológico faz parte do processo inteiro da avaliação psicológica. A psicóloga Anne Anastasi (1908-2001), ex-presidente da Associação Americana de Psicologia e ilustre pesquisadora da avaliação psicológica, define teste psicológico como um exemplo objetivo e padronizado de comportamento ou processos mentais. Os testes podem formalizar dados com base em observações.

Os formatos de teste incluem pesquisas, teste com lápis e papel, exercícios e atividades (como montar um quebra-cabeça), entrevistas e observação. Um teste em psicologia não é muito diferente do teste em outros campos. Um hemograma é um meio de medir a contagem de linfócitos de um indivíduo, por exemplo. Um teste de personalidade é um modo de medir algum aspecto específico da personalidade de uma pessoa. O teste psicológico usa a mesma ideia; apenas foca o tema da psicologia, do comportamento e dos processos mentais.

LEMBRE-SE — Um teste é objetivo se atende padrões aceitáveis em três áreas importantes: padronização, confiabilidade e validade.

Padronização

Anne Anastasi considera um teste devidamente *padronizado* se ele tem um procedimento uniforme para uma administração e pontuação. O controle de variáveis externas permite uma precisão máxima, ou seja, se dou um teste diferente a duas pessoas diferentes, então não posso confiar muito nos resultados, porque violei o princípio do controle em ciência.

Estabelecer uma norma para um teste é outra etapa na padronização. *Norma* é uma medida da performance média de um grande grupo de pessoas em qualquer teste psicológico dado. Por exemplo, a pontuação média na Escala de Inteligência Wechsler para Adultos, 4ª edição, é 100. Essa pontuação média estabelece um ponto de comparação para as pontuações do avaliado a ser referenciado. Isso se chama *norma* e é um padrão com o qual comparar as pessoas. As normas são estabelecidas administrando o teste em um grande grupo de pessoas, ou vários grupos, e medindo a performance média e a faixa de performances, algo chamado *variabilidade*. Portanto se eu desenvolvesse um teste para medir a solução do problema, estabeleceria uma norma ou grupo de comparação saindo para testar milhares de pessoas e documentando a performance delas e a faixa de performances. Esse grupo de comparação é usado para comparar as pontuações de qualquer indivíduo que faz o teste com milhares de outras pessoas que fizeram o teste, me permitindo determinar se qualquer avaliado se saiu bem ou mal em comparação com todas as outras pessoas que fizeram o teste.

Confiabilidade

Confiabilidade é a consistência em diferentes ocasiões do teste, provedores de teste, cenários ou circunstâncias. Um teste confiável deve dar o mesmo resultado, não importando as circunstâncias. Um teste inconsistente não é confiável, portanto não é muito útil para o teste psicológico. Se dou à mesma pessoa o mesmo teste em duas ou mais ocasiões, ela obterá a mesma pontuação ou uma comparável? Se a resposta é sim, então é confiável. Se eu testo uma pessoa e outro psicólogo usa o mesmo teste na mesma pessoa, os resultados devem ser comparáveis; isso se chama confiabilidade interavaliadores.

Um teste precisa comprovar ser confiável antes de usado por profissionais. Na verdade, os psicólogos são eticamente obrigados a utilizar testes e instrumentos confiáveis, porque são encarregados de fornecer informações precisas e úteis. Um teste não confiável é incapaz de cumprir sua missão nesse sentido. Um psicólogo deseja saber se a performance no teste de uma pessoa é devido a características próprias e não ao cenário, às circunstâncias ou à situação. O psicólogo não mediria o que pensa estar medindo se um teste não fosse confiável.

Um exemplo de confiabilidade usado no desenvolvimento do teste é a *confiabilidade de teste-reteste*. Isso envolve dar um teste e repeti-lo mais tarde (não logo depois, claro, porque você não quer os efeitos da prática), então ver se as pontuações são próximas ou parecidas.

Em relação ao teste psicológico, meus pacientes costumavam protestar dizendo que um teste não era confiável e não prova nem media nadinha. Eles poderiam ter alguma razão, mas apenas se o teste não fosse confiável.

Validade

Como saber se um teste usado realmente mede o que ele afirma medir? Você pode achar que está medindo a inteligência quando, de fato, está medindo a aptidão em língua portuguesa. Isso realmente acontece com muita frequência quando os testes são usados incorretamente com pessoas para quem o teste não foi *normalizado*, ou seja, suas propriedades estatísticas não foram estabelecidas com uma grande população de indivíduos parecidos com as pessoas às quais ele será aplicado. Os testes usados com pessoas que não fizeram parte do grupo com o qual o teste foi normalizado são altamente suspeitos e muito provavelmente inválidos.

Quando um mede o que afirma medir, ele é considerado *válido*. A validade de um teste é estabelecida comparando-o com uma medida externa do tópico psicológico em questão. Se tenho um teste que afirma medir a depressão, devo comparar minhas descobertas com uma medida já estabelecida de depressão, como o inventário de depressão Beck.

LEMBRE-SE

Lembre-se de que muitos testes psicológicos, se não a maioria, medem coisas que não são observáveis do modo como são outros fatores em outros campos. Os linfócitos podem ser vistos e contados fisicamente em um microscópio. Mas a inteligência não pode ser vista do mesmo modo. Presume-se que a inteligência existe conforme ela se manifesta em uma forma mensurável em um teste psicológico. Portanto, a base científica na qual o teste psicológico é formado é de máxima importância.

O teste psicológico é um pouco mais sofisticado do que fazer algumas perguntas e contar a resposta de alguém. É um esforço científico. Devido à complexidade do teste psicológico, a maioria dos profissionais argumenta que o uso de testes deve ser controlado; apenas examinadores qualificados devem usá-los. O risco de uma possível simplificação excessiva ou má interpretação é alto demais quando um administrador sem treinamento tenta diagnosticar o estado mental de alguém com o teste.

E mais: se os testes são distribuídos indiscriminadamente, as pessoas podem ficar muito familiarizadas com eles e manipular suas respostas; assim, os testes perderiam sua validade. Em vez de medir a inteligência de alguém, por exemplo, o psicólogo pode acabar medindo a habilidade do sujeito em lembrar as perguntas e as respostas do teste que revelam os traços que ele deseja mostrar.

Mais Detalhes sobre os Tipos de Teste

Existem inúmeros tipos de teste psicológico. Cinco dos mais comuns são o teste clínico, teste educacional/conhecimento, teste de personalidade, teste de inteligência e teste neuropsicológico. Cada um examina um tipo diferente de comportamento e/ou processo mental.

Teste clínico

Psicólogos clínicos (que trabalham com transtornos mentais e comportamento anormal) em geral usam o teste clínico como um modo de esclarecer os diagnósticos e avaliar o escopo e a natureza do distúrbio e da disfunção de uma pessoa ou da família. Testes específicos são designados a avaliar até que ponto um paciente pode ou não estar sentindo os sintomas de certo transtorno. São os *testes de diagnóstico*. Um exemplo popular é o inventário de depressão Beck, destinado a avaliar o nível de depressão de um paciente.

Os testes de *funcionamento comportamental e adaptativo* são dois tipos de testes clínicos que determinam o quanto uma pessoa se sai bem no dia a dia e se ela mostra comportamentos específicos com problemas. Um instrumento comum usado com crianças é a checklist do comportamento infantil, que é para avaliar a extensão dos problemas de comportamento de uma criança. Outro teste clínico comumente usado é a escala de classificação de Conner para pais, que detecta sintomas de deficit de atenção/hiperatividade (TDAH).

Além dos inventários e dos testes específicos do transtorno, inúmeros testes planejados para outras finalidades são usados para o processo de diagnóstico. Testes de inteligência são para medir a inteligência, mas também podem mostrar sinais de disfunção cognitiva e dificuldades de aprendizagem. Testes de personalidade são para medir a personalidade, mas também fornecem informações úteis para os tipos de problemas psicológicos que uma pessoa experimenta.

Teste educacional/conhecimento

Os testes educacionais e de conhecimento medem o nível atual de competência acadêmica de um indivíduo. Glen Aylward, presidente da Divisão de Pediatria do Desenvolvimento e do Comportamento na Escola de Medicina da Southern Illinois University, identifica três grandes finalidades desse teste:

- » Identificar alunos que precisam de instrução especial.
- » Identificar a natureza das dificuldades de um aluno para eliminar as dificuldades de aprendizagem.
- » Auxiliar no planejamento educacional e na abordagem de ensino.

Um teste educacional/conhecimento típico avalia as áreas mais comuns da atividade escolar: leitura, matemática, fala e escrita. Alguns testes incluem outras áreas, como Ciências e Estudos Sociais. Um teste de conhecimento popular muito usado hoje é a bateria psicoeducacional Woodcock Johnson, revisada. O teste consiste em nove subtestes, medindo áreas-padrão de instrução, porém com mais detalhes (a matemática é dividida em cálculo e problemas aplicados, por exemplo).

O teste educacional/conhecimento é muito usado nos sistemas escolares nos EUA e na Europa Ocidental. Quando uma criança ou um aluno mais velho tem problemas na escola, é comum ele fazer um teste de conhecimento para conhecer melhor o nível básico de suas habilidades. Por vezes, os alunos têm dificuldades devido a problemas de aprendizagem. Parte de identificar um problema de aprendizagem é avaliar o nível de conhecimento do aluno. Outras vezes, o aluno se esforça por causa de dificuldades não acadêmicas, como problemas emocionais, abuso de substâncias químicas ou problemas familiares. Um teste de conhecimento costuma ajudar a elucidar esses problemas não acadêmicos.

Teste de personalidade

Eles medem muitas coisas diferentes, não apenas a personalidade. Vários testes são para medir emoção, motivação e habilidades interpessoais, além de aspectos específicos da personalidade, segundo a teoria na qual um teste se baseia. A maioria dos testes de personalidade é conhecida como *autorrelatos*. Com autorrelatos, a pessoa respondendo perguntas sobre si mesma, em geral usando lápis e papel, fornece as informações.

Os testes de personalidade costumam ser desenvolvidos com uma teoria particular de personalidade em mente. Um teste pode medir problemas de id, ego ou superego, por exemplo, se ele tem origem na visão freudiana de desenvolvimento da personalidade.

Diversão com o MMPI-2

Talvez o teste de personalidade mais usado nos EUA seja o MMPI-2, o Inventário Multifásico Minnesota de Personalidade, 2ª Edição. Quase todos os psicólogos norte-americanos têm treinamento no uso do MMPI-2, considerado um instrumento muito confiável e válido. Os resultados de um paciente a partir de um teste MMPI-2 fornecem muitas informações sobre a presença de uma psicopatologia e um nível de severidade, se presente. Os resultados do teste também revelam informações sobre os funcionamentos emocional, comportamental e social do avaliado. Muitos psicólogos usam o MMPI-2 como um modo de verificar a precisão de suas observações e diagnósticos.

O teste MMPI-2 consiste em 567 itens individuais e produz uma pontuação em nove categorias clínicas ou escalas. Se uma pontuação fica acima de um corte específico, em geral chama a atenção do psicólogo que administra o teste. Os psicólogos consideram tais pontuações como tendo uma significância clínica. O MMPI-2 cobre áreas variadas, inclusive depressão, queixas físicas, raiva, contato social, ansiedade e nível de energia.

Projetando-se em profundidade

Testes projetivos de personalidade são uma classe única de teste. Quando a maioria das pessoas pensa em teste psicológico, esses tipos surgem rápido na mente. O estereótipo envolve sentar-se na frente de um psicólogo, ver uma ficha com tinta espalhada ou uma figura de alguém fazendo algo, e responder perguntas como: "O que você vê aqui?"

LEMBRE-SE

Esses testes são únicos porque se baseiam em algo chamado *hipótese projetiva*, segundo a qual, quando apresentadas a um estímulo ambíguo, as pessoas projetarão e, assim, revelarão partes de si mesmas e de seu funcionamento psicológico que elas podem não revelar se perguntadas diretamente. Contudo, não é como se esses testes estivessem tentando enganar as pessoas. A ideia é que muitas não conseguem colocar em palavras exatas nem descrever o que está acontecendo mental e emocionalmente por causa dos mecanismos psicológicos de defesa. Algumas pessoas não têm consciência de seus sentimentos. Os testes projetivos são para vencer as defesas e entrar nos profundos recessos da psique.

Talvez o teste projetivo de personalidade mais popular e talvez o teste psicológico mais popular de todos os tempos seja o teste de Rorschach (RIT, sigla em inglês). O RIT consiste em dez fichas, cada uma com uma imagem manchada padrão. Nenhuma mancha é uma imagem nem representação de nada. Elas foram criadas simplesmente despejando tinta em uma folha de papel e dobrando-a ao meio. O único significado e estrutura que as fichas têm são fornecidos pelas projeções do avaliado em si.

Teste de inteligência

Eles podem ser o tipo de teste psicológico mais aplicado. Eles medem uma ampla faixa de habilidades intelectuais e cognitivas e, em geral, fornecem uma medida geral de inteligência, às vezes chamada de *QI* (quociente de inteligência).

Os testes de inteligência são usados em inúmeros cenários e aplicações. Eles podem ser usados para finalidades de diagnóstico ao identificar deficiências e transtornos cognitivos. São normalmente usados em ambientes acadêmicos e escolares. Eles existem desde o início da Psicologia como uma ciência estabelecida, datando do trabalho de Wilhelm Wundt no início do século XX.

Os testes de inteligência mais usados são Escala de Inteligência Wechsler para Adultos, 4ª Edição (WAIS-IV), e Escala de Inteligência Wechsler para Crianças, 4ª Edição (WISC-IV). Cada um tem vários subtestes para medir aspectos específicos da inteligência, como atenção, conhecimento geral, organização visual e compreensão. Ambos os testes fornecem pontuações individuais para cada subteste e uma pontuação geral representando a inteligência em geral.

Teste neuropsicológico e cognitivo

Embora não seja um campo novo, testes de funcionamento neuropsicológico e habilidade cognitiva, relacionados especificamente ao funcionamento cerebral, estão se tornando rapidamente um padrão no conjunto de ferramentas de teste de um psicólogo. Os testes neuropsicológicos são usados tradicionalmente para ampliar os exames neurológicos e as técnicas de imagem do cérebro (como RMs, tomografias e exame Pet-Scan), mas estão sendo muito mais usados agora no teste psicoeducacional e em outras situações de teste clínico.

LEMBRE-SE

A tecnologia das técnicas de varredura detecta a presença de dano cerebral, mas os testes neuropsicológicos servem como uma medida mais precisa dos comprometimentos funcionais reais que um indivíduo pode ter. As varreduras dizem: "Sim, existe um dano!" Os testes neuropsicológicos dizem: "... e aqui está o problema cognitivo relacionado a ele."

O teste neuropsicológico é usado em hospitais, clínicas, práticas particulares e outros locais onde psicólogos trabalham com pacientes com suspeita de comprometimento neuropsicológico. As pessoas com traumatismo craniano, distúrbio do desenvolvimento ou outros danos no cérebro podem precisar de um exame neuropsicológico completo.

Um teste neuropsicológico popular realmente não é um teste, mas uma coleção de testes chamada *bateria de testes*. A Bateria de Testes Neuropsicológicos de Halstead-Reitan inclui vários testes que medem as construções neuropsicológicas, como memória, atenção e concentração, competência linguística, habilidades motoras, habilidade auditiva e planejamento. A bateria também inclui os testes MMPI-2 e WAIS-IV. Completar a bateria requer várias horas e nunca ocorre em uma única sessão, portanto, passar por uma avaliação neuropsicológica pode levar várias semanas e ser caro. Contudo, quando feito por um profissional competente, o teste pode gerar uma quantidade enorme de informações úteis.

Há muitos instrumentos neuropsicológicos disponíveis, alguns abrangentes, como Halstead-Reitan, e alguns são para medir uma função específica, como linguagem ou atenção. Se uma avaliação neuropsicológica é realizada usando um instrumento abrangente ou uma coleção de instrumentos individuais para criar um perfil dos pontos fortes e fracos neuropsicológicos, as seguintes áreas do funcionamento neuropsicológico normalmente são analisadas:

- » **Funções executivas:** Foco, planejamento, organização, monitoramento, inibição e autorregulação.

- » **Comunicação e linguagem:** Perceber, receber e expressar-se com linguagem e comunicação não verbal.

- » **Memória:** Memórias auditiva, visual, operacional e de longo prazo.

- » **Funções sensório-motoras:** Funções sensoriais e motoras, inclusive audição, tato, olfato, movimentos musculares finos e grossos.

- » **Funções visuais e espaciais:** Percepção visual, coordenação motora visual, varredura visual e raciocínio perceptivo.

- » **Velocidade e eficiência:** Rapidez e eficiência do raciocínio.

Sejamos Honestos

Uma dica importante que um psicólogo normalmente não descobre na faculdade é que nem todos que aparecem para fazer uma análise ou avaliação são honestos. O quê? Sem chance! É difícil de acreditar, mas é verdade. Infelizmente, algumas pessoas que buscam avaliação ou análise psicológica, ou tiveram uma indicação, praticam o que os psicólogos chamam de dissimulação e fingimento.

Dissimulação na avaliação ocorre quando um cliente oculta, distorce e altera suas reais habilidades, preocupações e outras características por vários motivos. A dissimulação é uma decepção. No contexto da avaliação, uma pessoa pode dissimular ocultando ou distorcendo algum deficit ou transtorno "parecendo estar bem" ou "parecendo estar mal". *Fingimento* é um processo de "parecer estar mal", quando uma pessoa aparenta, finge ou exagera sintomas ou deficits.

Por que alguém desejaria "parecer estar bem" ao ter uma avaliação ou análise psicológica? Costuma acontecer quando os resultados da avaliação psicológica são usados para alguma seleção ou processo de triagem, como contratação, investigação, avaliação de custódia em um divórcio ou avaliação de risco.

Quando trabalhei na área forense, uma das minhas tarefas era avaliar o risco de violência dos presos condenados por crimes violentos e graves que estavam para ter liberdade condicional. Meu trabalho era estimar a probabilidade de o indivíduo cometer mais crimes violentos e delitos se posto em liberdade. Minha avaliação tinha um grande peso na concessão de liberdade condicional dele, portanto, essas pessoas eram muito incentivadas a se apresentar como sendo de baixo risco, "parecendo estar bem".

Por outro lado, por que alguém desejaria aparentar estar mentalmente doente? Existem muitos motivos para apresentar tal quadro, mas a maioria é por dinheiro. Um cenário comum de "parecer estar mal" é quando uma pessoa tenta demonstrar uma incapacidade de manter um emprego e, portanto, tem o direito de receber uma indenização sem trabalhar (como benefícios da Previdência Social) durante uma avaliação de invalidez.

Mas não é só por dinheiro. Quando alguém é preso e acusado de um crime, pode escapar com uma pena mais leve ou mesmo ser considerado não culpado se um transtorno mental levar a culpa. É um jogo que alguns acusados querem jogar, e "parecer estar mal" é o caminho a seguir.

LEMBRE-SE

A má notícia para os dissimulados e os fingidos por aí é que os psicólogos têm ferramentas, métodos e técnicas especializadas de avaliação e análise especialmente designadas para farejar uma fraude, esforço fraco, exagero e desonestidade. Muitos instrumentos de teste têm componentes integrados e escalas para medir fatores de desonestidade. Técnicas especiais de entrevista e linhas de questionamento podem ajudar nisso também. De fato, na avaliação forense, ganha-se muito dinheiro sendo especialista em reconhecer o impostor, e esses profissionais se orgulham de conseguirem detectar a enganação.

> **NESTE CAPÍTULO**
>
> » **Decidindo se você precisa de ajuda**
>
> » **Entendendo o que é uma boa terapia**
>
> » **Identificando os principais tipos de terapia**
>
> » **Encontrando tratamentos comprovados para problemas específicos**

Capítulo **17**

Podemos Ajudar!

Pense naqueles comerciais para programas de tratamento de abuso de substâncias ou programas de saúde mental:

Você se esforça, sofre, se sente desafiado e precisa mudar?

Podemos ajudar!

Nossa abordagem especial para seu(sua) (preencha a lacuna) conseguirá (preencha a lacuna).

Bem, admito que é exatamente a mesma mensagem que tenho para você neste capítulo. *Há* ajuda por aí para nossos esforços, sofrimento e desafios, mas com um grande senão! O tipo de "ajuda" descrita e examinada neste capítulo é considerado fundamentado e baseado na teoria e na ciência psicológica. É ajuda profissional.

Você sabia que existe um programa na web que é um gerador de slogan? Eu não o utilizei e criei o meu:

> Podemos ajudar em seu sofrimento, lutas, desafios e necessidades de mudar seus processos mentais e comportamento por meio do uso profissional de uma intervenção/tratamento/terapia psicológica baseada na teoria e na ciência psicológica.

Pouco apelativo, não é? Talvez eu devesse ter usado o gerador de slogan!

Como posso fazer tal afirmação? Não é absurda! Ela pode ser respaldada por décadas de desenvolvimento de teorias ponderadas, pesquisa, avaliação e análise. Se alguém pesquisasse o banco de dados *PsycInfo* da Associação Americana de Psicologia usando a palavra-chave *psicologia* (*psychology*), encontraria um repositório de quase 2 milhões de documentos, estudos e críticas em um período de aproximadamente 200 anos. Compare isso com o banco de dados da Física, que inclui mais de 6 milhões de documentos, estudos e críticas. Nem chega perto, certo? Mas lembre-se de que a Psicologia é uma ciência bem mais jovem. A Física científica moderna, começando com Copérnico e Galileu, iniciou mais ou menos na metade de 1500. É uma vantagem de mais de 250 anos! Quando analisamos a taxa de produção por ano, a Psicologia se desenvolve em uma velocidade de 9.800 documentos, estudos e críticas por ano. Compare isso com a Física, que tem uma taxa de aproximadamente 13.600 ao ano. Nada mal para uma ciência jovem, eu acho!

Diretamente relevante para o presente capítulo, quando você pesquisa o banco de dados *PsycInfo* da Associação Americana de Psicologia usando as palavras-chave *tratamento* ou *terapia* (*treatment* ou *therapy*), é possível encontrar um catálogo com mais de 300 mil documentos, estudos e críticas em um período de mais de 100 anos. Considero ser uma boa base para a afirmação "podemos ajudar". Equivalente a um exército de pensadores, investigadores e profissionais nos papéis de Bons Samaritanos altruístas. Tentamos e experimentamos diferentes formas de "ajuda", e temos algumas ideias sobre o que funciona ou não. Portanto, acho que fizemos um bom trabalho, considerando que nosso objeto de estudo é o mundo confuso e complicado de pessoas e seus problemas.

LEMBRE-SE

Isso significa que descobrimos tudo? Longe disso. Mas com os anos e todo esse trabalho, teóricos, pesquisadores e profissionais desenvolveram ideias bem concretas sobre o que realmente funciona na área da ajuda psicológica profissional.

Neste capítulo, apresento os fatores gerais ao usar a ciência psicológica para ajudar as pessoas nas formas de *intervenção psicológica*, *tratamento* e *terapia*. Também analiso os modelos amplos de intervenção e alguns tipos diferentes de intervenção. Por fim, explico a "cereja do bolo" da intervenção psicológica: psicoterapia.

É Hora de Ter Ajuda Profissional?

Vou contar uma história. Um inquilino chama seu senhorio porque há um grande vazamento no teto. O senhorio corre, avalia a situação e diz: "Posso consertar isso." Ele vai rápido para a loja de construção local e pega o que precisa: fita adesiva, uma lixeira de plástico com tampa, um tapetinho e tubos de plástico. Ele monta uma engenhoca e cola no teto em volta do vazamento, que funciona para conduzir a água até a lata de lixo. Fica impressionado consigo mesmo e acredita que sua criatividade o fará ganhar algum tempo antes de ligar para um profissional.

Cerca de uma hora depois dele ir embora, o inquilino liga de novo: "O teto desabou!", ele grita. O quê? A engenhoca não funcionou? Então, o senhorio liga para um profissional. (Sim, a história é real e darei três chances sobre quem era o senhorio.)

Um dos meus filmes favoritos é *Nacho Libre* (2006), em que Jack Black (Nacho) e Hector Jimenez (Steven) interpretam jovens lutadores em uma cidadezinha no México. Há uma ótima cena após outra perda depois de uma longa série de perdas para Nacho e Steven:

> **Nacho:** Esses ovos são uma mentira, Steven. Uma mentira! Eles não me deram nenhum poder da águia! Não me deram nenhum nutriente!
>
> **Steven:** Desculpe.
>
> (Um homem caminha e entrega um envelope de dinheiro a Nacho.)
>
> **Nacho:** Não quero ser pago para perder. Quero vencer! (Inclina-se para trás e suspira.) Preciso de ajuda profissional.

Sim, o senhorio e Nacho chegaram ao ponto em que decidiram que precisavam de ajuda profissional. Todos nós temos problemas, certo? (Para saber mais sobre quais são, veja o Capítulo 15.) O psicólogo Ronald Miller afirma que os psicólogos tentam oferecer "soluções práticas para os problemas urgentes do sofrimento humano". Alguma vez você disse o seguinte:

> Eu me sinto um lixo!
>
> Estou deprimido.
>
> Não consigo parar de sentir raiva e perder o controle.
>
> Cortei minhas relações.
>
> Não consigo me concentrar.

Seja qual for a situação específica, todos nós "sentimos isso" e podemos precisar de ajuda profissional. Queremos nos sentir melhor, agir e nos comportar melhor, pensar melhor, nos relacionar melhor (ser uma esposa, pai/mãe, funcionário melhor) e fazer mais coisas boas que ruins. Claro, o que significa "melhor"? Quero ser mais feliz, saudável, produtivo, ter hábitos melhores, ser mais habilidoso, enfrentar melhor as coisas e ser mais resiliente?

É uma pergunta complexa e há muitos modos diferentes de determinar "melhor" e se a ajuda profissional se justifica. A Associação Americana de Psicologia (APA.org — conteúdo em inglês) tem as seguintes sugestões sobre quando uma pessoa pode pensar em buscar ajuda profissional de um psicólogo (parafraseado):

» Ter uma sensação prolongada de desânimo e se sentir "preso".

» Seus problemas não melhoram com seus próprios esforços, com os esforços dos amigos, da família e outros recursos (como a seção de Autoajuda da livraria local).

» Você não está rendendo no trabalho, em casa nem na escola.

É uma lista bem curta e pode parecer que todos deveriam ter ajuda profissional. Mas calminha. Não é isso que estou dizendo. Alguns problemas e questões fazem parte da "vida", com seus altos e baixos, e tudo mais. Outros podem ser difíceis demais de consertar, superar ou esquecer, e podem ser os que requerem o conselho que Nacho dá para si mesmo: "Preciso de ajuda profissional."

Na verdade, ninguém pode decidir por outra pessoa quando ela deve ter ajuda profissional, embora existam circunstâncias em que a "escolha" é mais forçada que sugerida, como nas situações em que um chefe diz que você perderá seu trabalho, o cônjuge diz que vai embora, uma criança diz "eu odeio você" ou o tribunal ordena algo.

Tipos de ajuda

Se alguém decidiu buscar ajuda, que tipo de ajuda seria, onde buscaria e de quem? Existem vários tipos de ajuda por aí com muitas definições circulando, desde "tratamento", "psicoterapia" até "intervenção" e "orientação psicológica". Veremos cada um.

Tratamento

A Associação Americana de Psicologia tem uma excelente definição de *tratamento*:

> [...] no contexto de assistência médica... qualquer processo no qual um profissional de saúde treinado dá assistência com base em sua expertise profissional a uma pessoa com um problema que é definido como relacionado à "saúde" ou à "doença". [...] No caso de saúde "mental" ou "comportamental", as condições em que alguém pode buscar "tratamento" incluem problemas de convivência, condições com sintomas distintos identificados ou relacionados à doença ou à enfermidade, e problemas de ajuste interpessoal. O tratamento consiste em qualquer ação ou serviço fornecido por um profissional de saúde sério para corrigir, mudar ou melhorar essas condições ou problemas.

LEMBRE-SE

Portanto, o tratamento é basicamente a ação ou o serviço profissional com a finalidade de mudança.

Psicoterapia

O tratamento pode ser na forma de terapia, intervenção ou orientação psicológica. O psicólogo John Norcross define *psicoterapia* como:

> [...] a aplicação informada e intencional de métodos clínicos e pontos de vista interpessoais derivados de princípios psicológicos estabelecidos para ajudar pessoas a modificarem comportamentos, cognições, emoções e/ou características pessoais nas direções em que os participantes julgam desejáveis.

Vamos descomplicar um pouco. "Informada e intencional" significa que psicoterapeutas são instruídos e treinados profissionalmente, sabem o que estão fazendo e o fazem com um propósito. Eles foram para a faculdade, estagiaram, fizeram prática, fizeram e passaram nos exames de certificação, continuam seu treinamento, aprimorando suas habilidades e, às vezes, têm certificações avançadas e pós-graduação. O uso de "métodos clínicos e pontos de vista interpessoais derivados" significa que eles usam modelos específicos de ajuda que envolvem a interação entre pessoas (pode ser individual ou em grupo) que se baseiam em pesquisa científica e validação. "Para ajudar pessoas" e "que os participantes julgam desejáveis" significam que eles não estão apenas mexendo em sua cabeça e brincando com suas emoções, relações e comportamento por prazer. Estão trabalhando para realizar uma mudança nos processos mentais e no comportamento para conseguir a mudança desejada da pessoa que busca ajuda.

AJUDAR A SI MESMO?

Existem muitos recursos de autoajuda por aí. Autoajuda pode significar muitas coisas, mas basicamente se refere a qualquer terapia, intervenção ou atividade de mudança de comportamento que não envolve ajuda profissional, exceto indiretamente, por meio de textos, filmes ou outras fontes de profissionais. Não sei quantos recursos de autoajuda existem porque são muitos. Sei que a seção de Autoajuda na livraria local é, pelo menos, três a quatro vezes maior que a seção de Psicologia (acho que é rotulada de "aperfeiçoamento" agora). Fontes de autoajuda incluem livros, apostilas, vídeos, filmes, podcasts e seminários.

Esses recursos deixarão as ajudas profissionais fora do negócio em breve? Talvez, porque algumas dessas coisas realmente ajudam! Apesar das críticas, há evidências de que, pelo menos, alguns conseguem ajudar. (Uau, isso é bom, porque tenho muitos livros de autoajuda!) Se você está interessado em descobrir se um investimento de R$130,00 em aperfeiçoamento realmente ajudará, então dê uma olhada no livro *Self-Help That Works: Resources to improve emotional health and strengthen relationships,* do colega John Norcross [sem publicação no Brasil].

Tratamento e psicoterapia andam lado a lado. Mas muitas pessoas podem nem participar da psicoterapia. Elas podem se encontrar na orientação psicológica, receber farmacoterapia, participar de uma psicoeducação ou treinamento de habilidades.

Orientação psicológica

O Dr. David S. Doane faz uma distinção entre orientação psicológica e psicoterapia: orientação psicológica normalmente tem uma duração menor e foca o gerenciamento mais imediato dos problemas-alvo e ajuste, já a psicoterapia é mais longa e foca questões mais amplas e mais "centrais". De alguns modos, as diferenças se resumem à duração, à abrangência e ao escopo. Ambas podem ser fornecidas por profissionais com mestrado e doutorado.

Claro, essa distinção tem controvérsias e estimula muito debate acalorado na comunidade profissional, pois terapeutas e orientadores brigam por causa da mudança, da intervenção e do tratamento de problemas e questões acerca dos processos mentais e do comportamento. É um livro inteiro só para isso.

Farmacoterapia

Farmacoterapia envolve o tratamento do sofrimento humano usando um modelo médico e, em geral, foca o transtorno mental especificamente (para saber mais sobre farmacoterapia, veja o Capítulo 3). A farmacoterapia envolve o uso de medicamentos prescritos por um médico (psiquiatra, clínico geral, neurologista) para aliviar os sintomas, tais como depressão, alucinações e agitação. É importante destacar que, na sociedade moderna, muitas pessoas tomam mais medicações que recebem psicoterapia.

Psicoeducação

Psicoeducação envolve o ensino e a aprendizagem dos princípios psicológicos para indivíduos e grupos, ajudando-os sem que participem da psicoterapia real. É como assistir a uma aula que envolve aprender mais sobre relações, paternidade, lidar com o comportamento dos filhos etc. Este livro é, em parte, uma tentativa minha na psicoeducação, com a esperança de que as informações apresentadas possam ajudar alguém em algum lugar.

Embora não sejam vistas como tais normalmente, a avaliação e a análise psicológicas podem ser consideradas outra forma de psicoeducação e podem ter seu próprio valor e função terapêuticos. Aprender sobre os problemas de alguém, pontos fortes, fracos e habilidades pode ser uma intervenção poderosa. Pesquise algumas citações online e haverá várias pessoas afirmando que "informação é poder" ou "conhecimento é poder". Informações sobre nós mesmos e nossas relações podem nos ajudar a tomar decisões fundamentadas sobre o que fazer, como fazer, o que mudar ou não. Posso dizer que, quando um pai/mãe vê seu filho com problemas na escola, é muitíssimo útil entender que ele tem problemas de aprendizagem. Quando uma pessoa tem problemas no trabalho, pode ser bem útil saber quais habilidades sociais ou ausência delas podem estar em jogo.

Treinamento de habilidades

O treinamento de habilidades se sobrepõe à psicoeducação, mas com o recurso extra de ter os participantes realmente praticando o que aprenderam. Exemplos de programas de treinamento de habilidades são o treinamento de habilidades sociais para pessoas com dificuldades sociais, controle da raiva, treinamento de habilidades para regulação emocional e treinamento de autoconfiança.

DICA

Onde alguém pode encontrar essas diferentes formas de ajuda? Terapeutas e orientadores existem em quase todas as comunidades. Eles estão em consultórios e clínicas particulares, clínicas públicas e do governo, centros de apoio em universidade, programas de assistência de funcionários, centros de tratamento de abuso de substâncias, hospitais e até online!

A Cereja do Bolo na Terapia: Psicoterapia

Pode não haver outra atividade mais representativa do campo da Psicologia que a terapia ou, mais precisamente, a *psicoterapia*. Acho que, quando a maioria das pessoas pensa em psicólogos, elas pensam neles como terapeutas. Eu sempre me perguntei quantos filhos de terapeutas convidam os pais para falar no Dia da Profissão na escola. "Minha mãe é terapeuta. Ela ajuda as pessoas, eu acho. Ela se senta com as pessoas e elas falam sobre seus problemas. Às vezes elas choram, outras ficam chateadas." Sim, basicamente é isso. Na verdade, há muito mais, o que explico nas próximas seções.

Você se lembra da definição de terapia de John Norcross, anteriormente neste capítulo? É muito técnica, portanto, quero mostrar mais duas:

» Lewis Wolberg, um importante psicanalista de Nova York, definiu psicoterapia como uma forma de tratamento para problemas emocionais, em que um profissional treinado estabelece uma relação com o paciente com o objetivo de aliviar ou remover os sintomas, mudar padrões perturbados de comportamento e promover um desenvolvimento de personalidade saudável. Os sintomas abordados são considerados psicológicos por natureza.

» J. B. Rotter da Universidade de Connecticut tem outra definição boa: "Psicoterapia... é uma atividade planejada do psicólogo, cuja finalidade é conseguir mudanças no indivíduo que tornam o ajuste da vida potencialmente mais feliz, construtivo ou ambos."

Acho que uma boa conversa com amigos comendo pizza pode promover uma vida mais feliz, então, para que é tudo isso? Psicoterapia é mais do que apenas uma conversa entre duas pessoas; é uma relação profissional na qual um dos participantes é alguém reconhecido que cura, ajuda ou é especialista em problemas psicológicos, interpessoais ou comportamentais.

Boa ética é sinônimo de boa terapia

Para realizar bem qualquer tralho, é preciso ter um conjunto de regras ou diretrizes. Ser bom em terapia não é exceção. As regras nesse caso são basicamente a ética da psicoterapia. Elas estabelecem os comportamentos básicos que um bom terapeuta pode ou deve ter.

LEMBRE-SE

Boa terapia é sinônimo de terapia ética. Pode parecer muito simplificado, mas uma terapia antiética não pode ser boa para você! Há um debate em relação ao que é ou não uma terapia ética, mas é um tema avançado além do escopo deste livro.

Simplificando, quero estabelecer o que é terapia ética. Existem muitos princípios, e aqui estão os destaques:

- **Consentimento livre e esclarecido:** Exceto em algumas circunstâncias, a participação na psicoterapia é voluntária. Basicamente, os terapeutas celebram um contrato com o indivíduo e lhe informam sobre os vários recursos importantes do processo de terapia e da relação. Então, o cliente consente com a terapia com base nesse entendimento compartilhado. Na terapia em família pode ser um pouco diferente. Se um terapeuta tem o consentimento de todos os envolvidos, ótimo, mas no mínimo ele deve ter a "aprovação" ou a concordância de alguém quando a pessoa não tem idade nem capacidade para consentir. Por exemplo, seria difícil ter o consentimento de uma criança de cinco anos para fazer terapia em família.

- **Confidencialidade:** Terapeutas têm o dever de proteger as informações coletadas na terapia. Isso inclui guardar adequadamente os registros. Eles não podem divulgar as informações de um cliente sem a permissão dele. Mas existem exceções a essa regra, como nos casos de abuso infantil, maus-tratos a idosos ou a adultos dependentes. E existe o dever de avisar se um indivíduo ameaça machucar outra pessoa.

- **Limites:** Psicoterapia nunca envolve sexo! Terapeutas não terão relações sexuais com seus clientes. Eles também não se relacionam com os clientes fora do relacionamento profissional, como parceiros comerciais, amigos etc. E também não iniciam relações com outra pessoa próxima ou relacionada ao cliente.

- **Competência e escopo da prática:** Terapeutas devem ter treinamento e formação para fazer a terapia que eles fornecem. Se eles não têm experiência nem treinamento com crianças, devem evitar fazer terapia com elas, a menos que não haja outra opção, como em áreas com nenhum ou poucos terapeutas em geral. Se esse for o caso, eles devem ter o total consentimento do responsável legal.

- **Problemas pessoais:** Psicoterapeutas devem evitar atividades e comportamentos que resultam em problemas pessoais que interfeririam em suas atividades de trabalho. Se ocorrem problemas (porque, afinal, são humanos), devem se consultar, obter sua própria ajuda e limitar o que fazem até estarem prontos de novo para continuar.

Modelo de fatores comuns

Existem dezenas de modelos/modalidades de terapia, e definitivamente há muitas para cobrir neste capítulo. Cada um tem abordagens únicas para problemas, mecanismos de mudança, o que os terapeutas fazem e dizem, e qual pode ser o papel do cliente. Mas uma pesquisa identificou ao longo dos anos alguns recursos comuns ou universais de uma psicoterapia efetiva. São os ingredientes da terapia efetiva que cruzam todas as modalidades. De volta a 1936, o psicólogo e terapeuta Saul Rosenzweig iniciou o debate desses fatores comuns, e a pesquisa continuou desde então. O psicólogo Bruce Wampold nos diz que no centro do modelo de fatores comuns está a *relação colaborativa* entre terapeuta e cliente:

> [...] existe um foco no terapeuta, no cliente, na transação entre eles e na estrutura do tratamento [...].

Os fatores comuns encontrados na pesquisa podem ser divididos em *fatores do cliente, relação terapêutica, fatores da terapia, fatores contextuais e monitoramento do tratamento e dos resultados*. Veremos os dois fatores mais importantes da pesquisa de psicoterapia: fatores do cliente e relação terapêutica.

DICA

Para saber mais sobre estes e outros fatores, veja os livros *The Heart and Soul of Change: Delivering what works in therapy* e *How and Why Are Some Therapists Better Than Others?* [ambos sem publicação no Brasil].

Há uma descoberta clara da pesquisa em psicoterapia que é resumida na declaração a seguir dos psicólogos Arthur Bohart e Karen Tallman:

> Todavia, é fato que o envolvimento ativo do cliente no processo terapêutico é essencial para o sucesso.

Fatores do cliente

Muito provavelmente a terapia funciona melhor quando as capacidades de *autoalinhamento* e *autocura* de um cliente são enfatizadas e promovidas. Parece contraditório, mas a noção básica é que as pessoas "melhoram" sozinhas e sem terapia profissional muitas vezes iniciando as mesmas ações de um terapeuta sem a ajuda do terapeuta. Por exemplo, alguém com fobia social pode criar coragem para se aproximar das pessoas aos poucos. É semelhante à terapia de dessensibilização sistemática!

Bohart e Tallman listam os seguintes fatores do cliente que contribuem para uma terapia de sucesso:

- » **Envolvimento e participação do cliente:** Os clientes querem iniciar as tarefas de psicoterapia e cooperar com o terapeuta, fazendo do tratamento uma colaboração.

- » **Percepção da psicoterapia pelo cliente:** Quando os clientes veem o terapeuta como tendo muita empatia e colaboração, em comparação a algo com instruções, a terapia fica melhor. E mais, ficou comprovado que os clientes vão para terapia com ideias próprias quanto ao que precisam e usam isso como filtro ou lente para o que o terapeuta oferece.

> **Ação, atividade, reflexividade e criatividade do cliente:** Ajuda que os clientes se vejam como agentes de mudança, com as próprias contribuições sendo valorizadas e os próprios esforços, atribuídos ao sucesso na terapia (em oposição aos esforços do terapeuta). Criatividade ao solucionar problemas também ajuda. Propor ideias próprias e soluções melhora o processo.

A relação terapêutica

Para o caso de você estar imaginando que tudo gira em torno do cliente, a pesquisa da psicoterapia nos lembra a grande importância da relação entre terapeuta e cliente. Isso costuma ser referido como *aliança terapêutica*. A intenção dos terapeutas é ouvir os clientes, colocar a experiência do cliente antes da deles, pedir feedback na relação, evitar críticas e perguntar aos clientes o que eles consideram ser mais útil são todos fatores poderosos.

Pode ser difícil imaginar terapeutas agindo de outro modo, mas você ficaria surpreso. Imagine alguém indo para a terapia porque seu cão morreu e o terapeuta dizer que o casamento da pessoa é o problema "real". Pode muito bem acontecer, mas o cliente veio porque o cão morreu. É como se invalidasse, não é? Essa história é verdadeira e não, eu não era o terapeuta.

É um exemplo de *gaslighting*, e é um contraste interessante para as abordagens úteis listadas antes. Basicamente, um terapeuta manipula os clientes quando está em dúvida sugerindo que suas percepções são imprecisas, que eles "realmente não sabem" o que está acontecendo e que o terapeuta "sabe" mais. Isso é condescendente na melhor das hipóteses e prejudicial na pior.

LEMBRE-SE

Clientes e terapeutas devem ter os mesmos objetivos, chegar a um consenso sobre como atingir a meta, no que trabalhar e se sentir ligados no processo.

A relação terapêutica fica melhor com *empatia*. A empatia é como uma poderosa cola para a conexão humana. A pessoa sai do isolamento e se conecta. É uma ponte. Carl Rogers, famoso psicólogo, define empatia como "a habilidade sensível do terapeuta e o desejo de entender pensamentos, sentimentos e conflitos do ponto de vista do cliente". Os terapeutas devem trabalhar para realmente entender o cliente e comunicar suas tentativas para tanto, mesmo que elas não sejam compreendidas em certo momento. Isso não significa que eles "fingem"; significa que os terapeutas devem tentar entender e mostrar que estão tentando e se esforçando.

Algumas pessoas imaginam um terapeuta sentado, balançando a cabeça, caneta na mão, fazendo anotações e dizendo: "Hã hã. Hã hã. Fale mais." Está tudo muito bem, mas uma pesquisa mostra que os terapeutas que dão feedback para os clientes apontando o comportamento deles e os efeitos dele têm uma aliança terapêutica mais forte.

Terapeutas podem dar um feedback efetivo preparando o cliente para recebê-lo (como "Posso lhe dar um feedback?"), explicando o objetivo do comentário, dando um feedback positivo junto com o negativo com suporte, com um ritmo adequado. Um supervisor de terapia que eu tive dizia assim: "Tudo é tato, dosagem e hora certa."

Escolas Maiores de Terapia

Como afirmo antes neste capítulo, existem muitas terapias por aí. James Prochaska e John Norcross, em seu livro *Systems of Psychotherapy — A Transtheoretical Approach*, 9ª edição [sem publicação no Brasil], identificaram quinze "escolas" diferentes de terapia com várias abordagens individuais em cada categoria.

A tendência principal, parece, é se afastar da abordagem "tamanho único". Algumas são "tamanhos únicos", como a terapia ética e os fatores comuns. Então o tamanho precisa de mais um ajuste personalizado. Isso requer que os terapeutas sejam mais flexíveis em suas abordagens dos clientes, mas também leva à especialização ao fazer terapia para problemas específicos. Tudo não passa de saber combinar bem.

Alguns terapeutas têm muitas ferramentas em sua caixa para vários problemas. Considere esse terapeuta como um tipo de "mestre" (essa terapia para tal problema, aquela terapia para outro problema). Alguns podem ter menos ferramentas no geral, mas o foco é preciso e eficiente para um problema específico. Pense nesse terapeuta como um "especialista". Temos também uma terceira opção. Alguns terapeutas podem ter menos ferramentas ou só uma para uma grande variedade de problemas. Esse é como uma abordagem "faz-tudo". Percebo que o rótulo "faz-tudo" pode ter uma conotação negativa e que posso sugerir que se deve evitar esse terapeuta, mas essa afirmação não poderia ser mais falsa. Tais terapeutas podem ser muitíssimo eficientes para inúmeros problemas, mesmo que eles possam não ser "mestres" ou "especialistas". De fato, alguém pode dizer que "mestres" não existem de verdade. Um "mestre" de todos os transtornos e todas as terapias é como um unicórnio. Queremos que sejam reais, mas ninguém encontrou um ainda. A maioria dos terapeutas provavelmente é "faz-tudo", especialista ou algo intermediário.

Nesta seção examino as terapias de algumas grandes escolas de psicoterapia. Considere-as como ferramentas para uma "abordagem generalista" ampla. Essas abordagens de terapia são usadas para endereçar muitas questões, desde depressão e ansiedade até problemas de relacionamento. A maioria das pessoas que vê um terapeuta o verá como "terapeuta cognitivo" ou "terapeuta interpessoal", não como um "terapeuta especializado no problema X". Assim, a prática da psicoterapia é diferente da prática da Medicina. A maioria dos psicoterapeutas tem uma "escola" atribuída primeiro, então se especializam. Em Medicina, a "escola" é a Medicina em si e as especialidades são representadas por problemas específicos ou categorias de problemas focados nos sistemas do corpo, como doença cardíaca, endocrinologia ou doenças neurológicas. Claro, há terapias específicas para problemas específicos que foram identificados pela pesquisa, mas até esses se agrupam em uma escola maior ou abordagem geral.

Terapias psicodinâmicas

O psicanalista Harry Stack-Sullivan introduziu o foco *interpessoal* na psicanálise clássica de Sigmund Freud nos anos 1920, enfatizando a dinâmica real da relação entre paciente e analista. Freud enfatizava o que acontecia dentro do inconsciente profundo do paciente, mas a análise interpessoal começou a focar o que acontece na relação real. Tal abordagem ficou conhecida como *psicoterapia psicodinâmica* (para saber mais sobre psicanálise clássica, veja a seção "Vamos analisar!").

A terapia psicodinâmica se fundamenta na *teoria psicodinâmica,* fornecendo uma base teórica para entender os problemas, as questões, os sintomas do cliente, determinando como trabalhar com isso.

Fundamental para a terapia psicodinâmica é a existência do *inconsciente,* que é a parte das nossas mentes fora da nossa consciência, mas que exerce controle sobre nosso comportamento. Isso é essencial para a terapia porque um terapeuta pode ajudar um cliente a acessar esses pensamentos inconscientes, sentimentos e memórias para ajudá-lo a neutralizar sua influência no comportamento.

Outro conceito teórico fundamental é que a vida humana é cheia de *conflitos.* A partir dos conflitos, os problemas psicológicos se manifestam como *sintomas,* que são definidos como sinais ou indicadores da presença de um conflito interno e inconsciente. O estresse pode levar a sintomas conforme os eventos disparam conflitos não resolvidos do desenvolvimento inicial ou da infância de uma pessoa. Certos eventos também podem estimular o uso de *mecanismos de defesa* ou maneiras de enfrentar que também pode levar a problemas (mais sobre mecanismo de defesa daqui a pouco).

Existe um foco nas experiências da infância e, segundo Jacques Barber e Nili Solomonov, nos conflitos entre equilibrar as necessidades e os desejos de dependência e independência. O *self* em relação aos *outros* (mãe, pai etc.) são atores fundamentais nesse drama e na terapia, há um foco nesse drama sendo desenrolado entre cliente e terapeuta conhecido como *transferência.* A transferência ocorre quando um cliente começa a se relacionar com o analista de modo que reflete a outra relação (em geral anterior). É uma distorção da relação real e da interação entre paciente e analista, ou seja, não deixamos nossa bagagem relacional na porta; trazemos cá para dentro e representamos com o terapeuta.

Esses conflitos encenados relevam todas as estratégias que os clientes usam para lidar e enfrentar. Como mencionei antes, são conhecidos como mecanismos de defesa. É importante destacar que tais mecanismos não são por si só "ruins" ou inadequados. Alguns iniciam como tentativas naturais e criativas de lidar com os conflitos da vida. Mas podem ficar enraizados, seu uso fica rígido e muito generalizado, e isso é um problema. Algumas defesas são mais problemáticas no início e levam quase imediatamente a uma disfunção.

Em geral, um mecanismo de defesa é dividido em duas categorias básicas: *primário* e *secundário*. As defesas primárias são consideradas mais patológicas e "primitivas" por natureza, refletem o conflito que ocorreu nos primeiros anos na vida de um cliente e são mais problemáticas. As defesas secundárias são mais "maduras" e não necessariamente problemáticas, a menos que o cliente seja rígido em seu uso. Veja uma pequena lista de processos de defesa primário e secundário:

Primário:

» **Distanciamento extremo:** Distanciar-se do mundo exterior, fechar-se e, por vezes, refugiar-se na fantasia.

» **Projeção:** Atribuir pensamentos, desejos, medos etc. a outra pessoa. Os clientes "projetam" o que se passa nas próprias mentes. Isso leva os outros a se sentirem mal percebidos e podem resultar em muito conflito. Alguns teóricos propõem que a projeção extrema pode levar à paranoia, quando uma extrema agressão dentro da pessoa é projetada no outro e o outro é visto como muitíssimo hostil.

» **Atuação:** Representar ou se comportar com a expressão direta de um impulso inconsciente ou desejo sem ter que conscientemente reconhecer o sentimento de uma maneira particular.

Secundário:

» **Regressão:** É o estado de um retorno psicológico a um estado inicial do desenvolvimento. Quando os clientes regridem, eles agem como mais jovens, em geral de modo infantil. Acessos de birra, ignorar a realidade e viver no mundo da fantasia são exemplos de regressão. Você coloca os dedos nos ouvidos e repete "La la la la la la" para não ouvir alguém falar? Regressão!

» **Repressão:** Envolve afastar impulsos e desejos de sua consciência para não agir com eles e para que não destruam sua vida. Repressão exige muita energia mental.

» **Racionalização:** Eu não gostava dela mesmo! Ah, quer dizer que ela o rejeitou. Quando acontece algo negativo ou fazemos algo que lamentamos, podemos explicar minimizando seu efeito em nós.

Estamos em conflito. Não temos ciência disso. Agimos de modos problemáticos, com pensamentos e sentimentos desestruturados. Somos "defensivos". Nossas relações são palcos desse drama. E agora? Os terapeutas psicodinâmicos não ficam intimidados com nada disso. Eles mergulham de cabeça e começam a trabalhar. Como? Jonathan Shedler da Escola de Medicina na Universidade do Colorado Denver, divide isso com muita clareza. Ele resume os mecanismos e as técnicas da terapia psicodinâmica em sete etapas:

1. **Foco no afeto e na expressão de emoções.** Os terapeutas ajudam os clientes a acessarem suas emoções e expressá-las, em particular as dolorosas e de aversão.

2. **Exploração das tentativas de evitar pensamentos e sentimentos angustiantes.** Os clientes são encorajados e ajudados a não evitar nem fugir dessas emoções, e não usar manobras de defesa quando elas aparecem.

3. **Identificação de temas e padrões recorrentes.** Clientes e terapeutas exploram pensamentos, sentimentos, comportamentos e padrões de relação que parecem surgir repetidas vezes sem solução.

4. **Discussão de experiências passadas (foco do desenvolvimento).** Ninguém escapa da infância! Não segundo os terapeutas psicodinâmicos. Esse aspecto da terapia é para ajudar o cliente a ver a conexão com as primeiras experiências de vida e seus pensamentos, sentimentos, comportamento e relações atuais.

5. **Foco nas relações interpessoais.** Os terapeutas ajudam os clientes a focar suas relações atuais e como elas podem ser melhoradas com o processo de terapia e empenho nas Etapas 1 a 4.

6. **Foco na relação terapêutica.** Os clientes se envolvem em uma relação em tempo real e verdadeira com o terapeuta, que serve como espaço para recriar e criar antigos temas, padrões e manobras de defesa.

7. **Exploração da vida imaginária.** Os terapeutas encorajam que os clientes deixem suas mentes "vagarem livremente", por assim dizer. Os clientes pensam em voz alta e sem filtro. Isso facilita a autorreflexão, servindo como base para o crescimento e um desenvolvimento positivo.

LEMBRE-SE

Por fim, os objetivos da terapia psicodinâmica são reduzir os sintomas, mas também estimular a capacidade do paciente em ter uma vida mais completa, melhores relações, vivenciar uma variedade maior de emoções e ser melhor ao encarar os desafios da vida. Parece muito bom.

> **VAMOS ANALISAR!**
>
> Nenhuma discussão sobre terapia estaria completa sem mencionar o *divã*. A imagem do paciente deitado no divã é uma das mais populares em terapia. Eu realmente tenho um divã de psicanálise, mas está guardado e não no meu consultório. O uso do divã é, de fato, como a terapia era feita quando Freud praticava a *psicanálise clássica*. Nessa cena muito conhecida, o analista senta em uma cadeira, fora da linha de visão do paciente, por motivos técnicos relacionados à tarefa e objetivos da terapia em si. O cliente fala. Ele está fazendo psicanálise! Não propriamente, mas um tipo.
>
> O problema é que quase ninguém faz mais isso. De fato, quase ninguém mais pratica a psicanálise clássica! A teoria psicanalítica clássica ainda existe, mas mudou em grande parte ao longo dos anos e agora é mais um fundamento para teorias mais novas e modelos de terapia. Talvez tudo tenha começado com Freud e a psicanálise clássica, e agradecemos a ele por isso. Mas há tempos chegou a hora de parar com nosso apego primitivo a essa forma de terapia e agora ela deve ficar com os historiadores.

Terapia comportamental

Terapia comportamental enfatiza as condições atuais que mantêm um comportamento, as condições que o mantêm em movimento. Essa forma de terapia foca o problema, não a pessoa. Uma professora de Psicologia que conheci, Elizabeth Klonoff, comparava a terapia comportamental a um processo de arrancar erva daninha. Ela afirmava que os psicanalistas tentam arrancar a erva pela raiz para que ela nunca mais volte, mas os terapeutas comportamentais puxam a erva pelo topo e se ela cresce de volta, puxam mais uma vez. Claro, essa terapia comportamental parece mais ineficiente do que realmente é. A ideia é que, nessa terapia, as origens do desenvolvimento e da infância de um problema não são necessariamente tão importantes quanto as condições que o mantém vivo. Nesse sentido, se você muda as condições que mantêm um comportamento, em essência o "erradica", contanto que tais condições não voltem. Por exemplo, quem se importa com como você começou a fumar? O importante são os fatores que o mantêm fumando.

A teoria comportamental trata o comportamento anormal como *aprendido*, e qualquer coisa que foi aprendida pode ser desaprendida. Um recurso importante da terapia comportamental é a noção de que as condições do ambiente e as circunstâncias podem ser exploradas e manipuladas para mudar o comportamento de alguém sem ter que investigar a mente ou a psique da pessoa, e suscitar explicações psicológicas ou mentais para os problemas.

A simplicidade da abordagem comportamental para os problemas psicológicos é possível com um conjunto de práticas igualmente simples (mas não fáceis). Os terapeutas comportamentais enfatizam muito o método científico e seu foco nas mudanças observáveis e medição. As técnicas e as atividades da terapia são bem planejadas, altamente estruturadas e sistemáticas. O terapeuta é visto menos como o detentor de alguma verdade divina e mais como um colaborador no processo de mudança do comportamento. O paciente deve fazer sua parte na terapia, assim como ter seu papel na sessão de terapia em si, concluindo os deveres de casa designados a mudar o comportamento no mundo real e fazer avanços durante cada sessão.

Os terapeutas comportamentais começam fazendo uma avaliação completa do problema do paciente. Veja um resumo simples das etapas básicas da *avaliação comportamental:*

1. Identifique o comportamento-alvo.

A Etapa 1 envolve ter uma visão total do problema que o paciente apresenta originalmente para o terapeuta. Os terapeutas comportamentais usam uma técnica especial chamada *análise ABC* para analisar o problema inicial. É uma avaliação dos eventos que ocorrem antes, durante e depois de um *comportamento-alvo* (o comportamento problemático do paciente).

  a. *Representa os antecedentes de certo comportamento, coisas ou eventos que acontecem pouco antes do comportamento-alvo, inclusive hora, lugar, pessoas envolvidas, circunstâncias.*

  b. *Representa o comportamento (behavior), como o comportamento-alvo. No caso de briga de casal, o comportamento-alvo é o ato de discutir em si.*

  c. *Representa as consequências do comportamento ou eventos e circunstâncias gerais que ocorrem após e são um resultado direto de B. No caso da briga de casal, os Cs podem ser os dois ficando chateados e zangados, o homem pega o carro para dirigir ou a mulher sai de casa para fazer uma longa caminhada.*

2. Identifique as condições de manutenção presentes.

Spiegler e Guevremont definem *condições de manutenção presentes* como as circunstâncias que contribuem para perpetuar o comportamento. Eles identificam duas fontes específicas:

- **Ambiente:** As condições do ambiente incluem hora, cenário, reações dos outros e qualquer outra circunstância externa. Isso seria quem, o que, quando, onde e como o casal briga.

- **O próprio comportamento do paciente:** A contribuição do paciente inclui pensamentos, sentimentos e ações dele. Seria o que cada parceiro pensa, sente e faz antes, durante e após a discussão.

3. **Estabelecer metas específicas de terapia em termos explícitos.**

    A meta original da terapia pode ser parar de discutir. Mas essa descrição é um pouco vaga para o gosto dos terapeutas comportamentais. Uma medida mais precisa do comportamento-alvo pode consistir em identificar quantidades, ocorrências ou durações de tempo específicas das discussões. Portanto, em vez de o casal simplesmente tentar parar de brigar, um comportamento-alvo mais adequado é reduzir a briga para ocorrer uma vez por semana.

Terapias baseadas em exposição

Existem vários tipos de terapia conhecidos como *terapias baseadas em exposição* que envolvem "expor" um comportamento-alvo a novas condições para reduzir sua ocorrência. *Exposição* é outra palavra para reassociar ou reaprender um comportamento-alvo com outro comportamento que resulta na interrupção do comportamento-alvo.

Uma das formas mais populares de terapias de exposição é a *dessensibilização sistemática (DS)*. DS é mais usada para tratar fobias, como medo de falar em público, fobia social ou alguma outra específica. Os terapeutas também a usaram com sucesso para tratar síndrome do pânico acompanhada de agorafobia. Existem vários tipos de terapias de exposição baseadas no princípio da dessensibilização sistemática:

» **Sensibilização dissimulada (exposição imaginária):** A "aprendizagem" ou a associação só ocorre na mente do paciente, não na vida real. Os terapeutas ensinam os pacientes a entrarem em um estado de profundo relaxamento. Então pedem que eles se imaginem na situação de fobia que produz medo, mantendo o estado de relaxamento. Quando o nível de ansiedade do paciente fica alto demais, o terapeuta pede a ele que deixe a imagem e continue a relaxar.

    Quando esse processo é repetido muitas vezes em várias sessões, a resposta de medo à situação diminui porque o estado de relaxamento compete com o medo original da situação ou do objeto. Em vez de medo, agora o paciente associa relaxamento à situação que desperta medo ou objeto de fobia.

» **Terapia de exposição gradual:** Quando um paciente aprende a atuar com seu comportamento de medo em uma situação real, ele entra em uma *Dessensibilização sistemática ao vivo*. Em geral, essa forma de dessensibilização é feita gradualmente, daí o nome. Se tenho medo de voar, meu terapeuta pode começar comigo vendo filmes sobre voo (claro, devem ser filmes que não incluem acidentes aéreos ou algum tipo de desastre). Então eu iria para o aeroporto, sentaria no terminal, depois entraria no avião. Há um movimento gradual até o objetivo final de voar, mas não até eu ter me preparado muito e descoberto como relaxar nos estágios subsequentes.

Terapia cognitiva

O poder do pensamento nunca deve ser subestimado. *Terapia cognitiva* é uma forma popular e muito pesquisada de psicoterapia, enfatizando o poder do pensamento. Da perspectiva dos terapeutas cognitivos, problemas psicológicos, como dificuldades interpessoais e transtornos emocionais, são resultado direto de processos mentais mal adaptados ou pensamento distorcido. O pensamento mal adaptado pode ser assim:

A (perder meu trabalho) → **B** (meus pensamentos sobre ser despedido) → **C** (minhas emoções e processos mentais subsequentes e mais exagerados sobre o evento)

Às vezes o pensamento pode ser tendencioso ou distorcido, e isso pode causar problemas. A terapia cognitiva aborda a realidade de uma perspectiva relativista: a realidade de um indivíduo é um subproduto de como ele a percebe e pensa sobre ela. Porém, os terapeutas cognitivos não veem a psicopatologia como simplesmente uma consequência do pensamento. Ao contrário, é resultado de certo pensamento. Erros específicos no pensamento produzem problemas específicos.

Aaron Beck, considerado um dos "inventores" da terapia cognitiva (junto com Albert Ellis), identificou algumas distorções cognitivas específicas que levam a problemas psicológicos:

» **Inferência arbitrária:** Esta distorção ocorre quando alguém chega a uma conclusão baseada em informações incompletas ou imprecisas.

» **Catastrofizar:** Minha avó costumava se referir a essa distorção como "fazer tempestade em um copo d'água". Beck a definiu como ver algo como mais importante do que realmente é.

» **Pensamento dicotômico:** Pensar apenas em termos de preto e branco, sem considerar as áreas cinzas, pode trazer problemas.

» **Generalização excessiva:** Quando alguém pega uma experiência ou uma regra e a aplica em todos os aspectos de um conjunto maior de circunstâncias não relacionadas.

» **Personalização:** Quando a pessoa considera que um evento está relacionado a ela, quando na verdade não está.

LEMBRE-SE

A teoria por trás da terapia cognitiva é linda em sua simplicidade. Se os problemas psicológicos são produtos dos erros no pensamento, a terapia deve buscar corrigir esse pensamento. Por vezes é mais fácil dizer que fazer. Por sorte, os terapeutas cognitivos têm muitas técnicas e uma abordagem altamente sistemática à disposição.

O objetivo da terapia cognitiva é mudar o pensamento tendencioso com uma análise lógica e experiências comportamentais designadas a testar as crenças disfuncionais. Muitos erros de julgamento consistem em suposições falhas sobre si mesmo, o mundo e os outros. Em geral a terapia cognitiva é assim:

1. **Terapeuta e paciente fazem uma avaliação completa das falsas crenças e suposições do paciente, como esses pensamentos se conectam a comportamentos e emoções disfuncionais específicos.**

DICA

Christine Padesky e Dennis Greenberger, em seu livro *A Mente Vencendo o Humor*, fornece ao paciente um sistema para identificar esses erros de julgamento, que os psicólogos cognitivos costumam chamar de *pensamentos automáticos*, ou seja, pensamentos que ocorrem automaticamente como uma reação a certa situação. É pedido que o paciente registre as situações específicas que ocorrem entre as sessões de terapia, identifique e descreva em detalhes suas reações a essas situações.

2. **Terapeuta e paciente trabalham juntos, usando o registro do pensamento automático para identificar as distorções cognitivas mediando as situações e as reações do paciente.**

Este processo muitas vezes difícil pode ser realizado em várias semanas ou meses, mas, no final, as distorções são totalmente identificadas.

3. **Terapeuta e paciente trabalham em colaboração para alterar as crenças distorcidas.**

Terapeuta e paciente colaboram em um processo de refutação lógica, questionamento, desafio e teste das conclusões falsas e premissas. Esse esforço tenta tornar o paciente um melhor pensador e interrompe o hábito de um processamento de informação ruim.

Muito bem juntas: Terapias comportamental e cognitiva

Albert Ellis foi o fundador de uma forma combinada de terapia emprestada das terapias comportamental e cognitiva. A *terapia racional emotiva comportamental*, ou TREC, se baseia na premissa de que os problemas psicológicos são resultado do pensamento irracional e do comportamento que dão suporte a esse pensamento irracional; portanto, podem ser endereçados aumentando a habilidade do paciente para pensar mais racionalmente e se comportar de modos que apoiem mais o pensamento racional.

LEMBRE-SE

Ellis é um psicólogo carismático cujo estilo e personalidade acentuam as ideias principais da TREC. Os terapeutas racionais emotivos comportamentais acreditam que a maioria dos problemas é autogerada e que as pessoas ficam chateadas se apegando a ideias irracionais que não resistem a um exame detalhado. O problema está no fato de que muitas pessoas não examinam seus pensamentos com frequência. Elas fazem afirmações irracionais para si mesmas regularmente:

"Não aguento isso!"

"É terrível!"

"Sou inútil porque eu não posso lidar com isso!"

São exemplos de pensamento irracional. Os terapeutas racionais emotivos comportamentais definem essas afirmações como irracionais porque argumentam que as pessoas podem realmente lidar ou "aguentar" eventos negativos. Tais eventos raramente, ou quase nunca, são tão ruins quanto as pessoas pensam que são. E mais, elas costumam se prender a regras do "devo", que aumentam a culpa por estarem sobrecarregadas, tristes, ansiosas etc. "Não devo sentir raiva." "Não devo me importar com o que ela pensa." "Não devo me preocupar com isso." Ellis costumava chamar isso de "todos os deveres sobre si mesmo". Os terapeutas TREC desafiam com rigor afirmações como essas.

LEMBRE-SE

A postura desafiadora da TREC não deve ser tomada como rude ou indiferente. A TREC enfatiza os mesmos níveis de empatia e aceitação incondicional de muitas outras terapias. Os terapeutas TREC não tentam necessariamente conversar com os pacientes fora do sentimento que eles têm. Tentam ajudá-los a vivenciar suas emoções de um modo mais atenuado e gerenciável. Existem níveis saudáveis de emoção, então há níveis irracionais também. O objetivo da terapia é ajudar o paciente a aprender a vivenciar suas emoções e outras situações dessa maneira mais racional.

Os aspectos da terapia comportamental da TREC envolvem o paciente participando de experimentos para testar a racionalidade ou a irracionalidade de suas crenças. Um terapeuta pode pedir a um paciente com medo mortal de falar com estranhos para se aproximar de dez pessoas desconhecidas por semana e iniciar uma conversa. Se o paciente originalmente pensava que morreria de vergonha, o terapeuta pode iniciar a próxima seção com: "Bom ver você. Imagino que conversas com estranhos não o matou afinal, não é?"

A TREC assume a posição de que duas abordagens podem provocar mudanças no pensamento: falar com um terapeuta e questionar racionalmente ideias irracionais, e ter comportamentos que "comprovem" que as ideias irracionais estão erradas. O pensamento da pessoa não mudará, a menos que o comportamento mude.

Terapias de aceitação e mindfulness

Com certeza terapia significa mudança. Mudar o comportamento. Mudar o pensamento. As terapias comportamental e cognitiva são consistentes com essa ideia. Mas mudar é difícil, certo? Falhei em mudar e tenho certeza de que você conhece alguém que falhou também. A mudança é um setor de muitos bilhões de dólares. Basta examinar a seção de "Autoajuda" da livraria local. Mas o que você faz com essa incapacidade de mudar? Como mudar sua incapacidade de mudar? Cansa só de escrever, imagine de conviver.

Por sorte, um grupo de terapias classificadas amplamente como terapias "de aceitação e mindfulness" foi desenvolvido, colocando a questão da mudança no centro de tudo. Na essência dessas terapias está o conceito de *aceitação*, definido dentro das terapias como ajudando os pacientes a pararem de lutar com o processo de mudança e ajudando-os a viver suas vidas, emoções, pensamentos e comportamento de uma forma direta, sem julgamentos, com mente aberta e de aceitação. Duas formas muito pesquisadas e populares de terapias de aceitação e mindfulness são a *terapia de aceitação e compromisso* (ACT, sigla em inglês) e a *terapia cognitiva baseada em mindfulness* (MBCT, em inglês).

Segundo essas terapias, a falta de aceitação pelo paciente de sua vida, emoções, história etc. faz parte do problema; faz parte da patologia para ele ter ido ver um terapeuta em primeiro lugar. Em vez de mudar o comportamento (como na modificação do comportamento) ou os pensamentos (como na terapia cognitiva), há uma ênfase em mudar como o paciente aborda seu comportamento e pensamentos. Um paciente muda como ele vê e interage com suas questões, história e problemas. É como dar um passo para trás, ou se afastar, para ter uma perspectiva diferente e sem julgamentos.

O componente *mindfulness* envolve estar ciente do momento real e presente, ficando aberto a pensamentos, sensações e sentimentos contínuos sem tentar mudar, alterar nem modificar. Enfrentar essas coisas com aceitação e plena consciência é terapêutico.

Mas não é só aceitação. Um ponto de decisão importante para os terapeutas é se e quando ajudar os pacientes a aceitar ou mudar em algum momento ou certa situação. Essa decisão se baseia em avaliar as situações ou as circunstâncias usando dois critérios: mutabilidade e justificativa.

» **A situação pode ser mudada?** Se algo não pode ser mudado, como a morte do ente querido, então focar a mudança da situação não levaria à saúde psicológica. Se uma situação pode ser mudada, como se você pode parar ou não de beber refrigerante, então deve ser um foco de mudança. Mude o que pode ser mudado, aceite o que não pode. Alguém disse *Oração da Serenidade?*

> **A reação é justificável?** O aspecto "justificável" do pensamento, das emoções ou do comportamento de um paciente envolve uma análise das reações dele serem ou não proporcionais e relacionadas a um evento ou situação real, ou se estão desproporcionais e exageradas. Se uma reação não é justificada, então resolver o problema que disparou a reação não faz sentido, porque não havia um problema real para resolver, apenas um exagero na reação. Se a situação ou a circunstância pode ser mudada, então mude-a; do contrário, adote uma atitude de aceitação. Se sua reação é justificável, então aceite-a ou mude sua reação. Se não é justificável, basta aceitar, sem julgamentos e com consciência.

Terapia comportamental dialética

Terapia comportamental dialética, criação da Dra. Marsha Linehan, é uma abordagem que combina as visões comportamental, cognitiva e mindfulness. A TCD foi desenvolvida originalmente para pessoas diagnosticadas com transtorno de personalidade borderline com comportamento autodestrutivo (como se cortando) e alto risco de suicídio. Desde sua criação, a TCD é usada com uma variedade muito maior de problemas e pacientes, sendo considerada uma das terapias mais pesquisadas e baseadas empiricamente na Psicologia clínica.

TCD é considerada uma intervenção muito completa, incluindo terapia individual e inúmeras abordagens de consulta dos problemas de um cliente, e abordagens de desenvolvimento de habilidades (como treinamento de habilidades sociais). Em muitas de suas abordagens comportamental e cognitiva, não é assim tão exclusiva em relação às demais abordagens comportamental e cognitiva. Um aspecto que certamente diferencia a TCD é a inclusão e a centralidade dos componentes de aceitação e mindfulness.

Um recurso importante da aceitação e do mindfulness da TCD se encontra no próprio nome da terapia, *dialética*. Dialética se refere ao amplo conceito de que a realidade é interconectada, composta de forças e formas opostas, de uma mudança dinâmica e constante. Uma visão dialética das coisas acreditaria que algo pode ser duas coisas aparentemente contraditórias ou estar em dois estados contraditórios ao mesmo tempo. Um paciente pode querer mudar e não mudar ao mesmo tempo. A dialética central na TCD foca as forças opostas de aceitação e mudança. Os pacientes aprendem a mudar e espera-se que eles mudem, mas também aprendem como devem trabalhar na aceitação de si mesmos, de seu passado e do mundo.

A TCD respeita e responde à realidade óbvia de que as pessoas que buscam terapia se sentem muito pressionadas a mudar e, como resultado, abandonam precocemente. Focar demais a mudança pode ser devastador emocionalmente, sentindo-se invalidado ou mesmo envergonhado. É essencial chegar a um equilíbrio entre aceitação e mudança. Esse equilíbrio é buscado e conseguido com várias técnicas, inclusive treinamento em mindfulness. A Dra. Linehan descreve os seguintes componentes principais de mindfulness:

> » **Observar:** Simplesmente vivenciar o momento presente, pensamentos, emoções, sensações corporais etc.
> » **Descrever:** Descrever o momento presente sem julgamentos.
> » **Participar:** Iniciar uma atividade sem autoconsciência.

Mindfulness em TCD envolve prestar atenção à realidade atual, momento a momento, e de uma forma não reativa, respondendo aos fatos, em vez dos próprios pensamentos, das emoções ou das outras reações do paciente. Isso gera aceitação, facilita uma solução eficiente do problema e reduz a fuga. O paciente precisa querer não resistir à realidade e resistir ao pensamento "como se" ou "não deveria ser assim", nem insistir que algo é verdadeiro ou real, quando de fato não é. Então essa vontade facilita uma solução e reduz a reatividade com o tempo.

Terapia centrada no cliente

Pare um pouco para fazer um pequeno exercício. Pegue um pedaço de papel e uma caneta; faça uma lista de todas as pessoas que você admira e vê sob uma luz positiva. Quem está na lista: professores, cônjuges, celebridades, pais? E você? Você está em sua lista de pessoas vistas positivamente? Você seria membro de seu próprio fã-clube?

Nesse mundo grande e caótico com bilhões de pessoas, às vezes parece que eu não tenho importância, minha identidade individual é pequena, insignificante. Todavia, eu ando por aí com a ideia de ser um indivíduo. Por vezes me sinto tão independente que me sinto solitário e isolado, como se ninguém se importasse comigo. "E eu? Eu não tenho importância?"

Carl Rogers se importou. Rogers (1902-1987) talvez seja um dos psicólogos mais famosos de todos os tempos, indicado ao Prêmio Nobel da Paz e considerado no mesmo nível de Sigmund Freud. Sua influência na Psicoterapia foi profunda. Ele colocou a pessoa de novo no processo, tentando entender e valorizar cada um de seus pacientes como indivíduos únicos com problemas reais, não como teorias abstratas e modelos. Com certeza algo pode ser dito sobre a *terapia centrada no cliente* de Carl Rogers: ela colocou um grande valor na *condição humana* de cada paciente. Rogers acreditava que todos os humanos se esforçam inerentemente para o desenvolvimento completo de sua capacidade para manter um nível ideal de sobrevivência. É como o slogan do Exército dos EUA: "Seja tudo o que você pode ser."

Crescimento é palavra de ordem dos terapeutas centrados no cliente. O crescimento pessoal de um paciente está em primeiro lugar na mente do terapeuta e é central no processo de terapia. Sempre que leio algo da perspectiva centrada no cliente ou algo que Carl Rogers escreveu, começo a refletir e me perguntar: "Estou crescendo?" Se considero minha cintura, a resposta certamente é sim. Em relação ao crescimento pessoal e a expandir as habilidades...

O que a crença de Carl Rogers no valor inerente de cada um de seus pacientes tem a ver com a ajuda para eles melhorarem? Os pacientes da terapia centrada no cliente pagam mais para alguém gostar deles, valorizá-los? Talvez, mas isso seria simplificar muito. É mais do que uma terapia "Amarei você até você conseguir se amar" ou "Aceitarei você até você conseguir se aceitar".

LEMBRE-SE

O mecanismo de cura ou ajuda na terapia centrada no cliente se encontra no processo do terapeuta trabalhando para entender as experiências únicas, pensamentos, comportamentos e sentimentos do paciente. Conforme o terapeuta tenta entender de onde vem o paciente, o paciente aprende a se experimentar de um modo novo, mais produtivo e de vida melhor.

Entendendo a teoria da pessoa

Por que Carl Rogers acha que fazer uma conexão genuína com o paciente e realmente tentar entender o que é ser como esse indivíduo em particular têm um efeito útil ou de cura? A resposta pode parecer óbvia: todos nós gostamos de nos sentir compreendidos (veja o Capítulo 10 para saber mais sobre a importância das relações). Fazer as pessoas entenderem o que você quer dizer parece lhe dar uma sensação de bem-estar, de estar mais vivo e presente em relação a um mundo sombrio e indiferente.

QUERENDO SER COMPREENDIDO

Embora não seja considerado um terapeuta centrado no cliente, Eric Fromm introduziu um conceito que tenta explicar por que ser compreendido é tão importante para todos. Fromm acreditava que as pessoas fazem constantes tentativas de verificar suas percepções e experiências em relação às percepções e às experiências dos outros, em particular as pessoas cuja opinião é valorizada. Você pode ter ouvido falar do conceito de *verificação da realidade*; é como perguntar a alguém se a pessoa viu o OVNI pousar no campo ao lado da estrada. "Você viu o que acabei de ver?" Se a outra pessoa viu também, você sente algo que Fromm chamou de *validação*. Validação é a experiência de ter alguém para concordar ou apoiar sua experiência de realidade. A validação dá uma sensação de presença; ela o faz sentir que você *existe*. Segundo Fromm, sem validação, as pessoas sentem como se não existissem.

Alguma vez já conversou com alguém que não estava entendendo o que você tentava dizer, como se não o compreendesse? Essa experiência pode ser muito ruim. Em situações assim e muitas outras, você se sente desconectado e, em casos extremos, isolado.

Por quer ser entendido ou entender os outros é tão difícil às vezes? Rogers acreditava que cada pessoa tem um sistema de referência único a partir do qual ela vivencia o mundo. Pense nisso. Outra pessoa neste mundo pode parecer com você, ter o mesmo nome e ser exatamente como você em quase todos os outros aspectos. Biologicamente, gêmeos idênticos compartilham até o mesmo código genético. Mas mesmo eles não são exatamente iguais. Na verdade, são duas pessoas separadas.

Gosto de ver assim: ninguém pode ocupar o mesmo espaço físico que eu ao mesmo tempo. E a pessoa não pode ocupar o mesmo espaço mental também! No sentido abstrato, as pessoas podem "andar quilômetros com os meus sapatos", mas, no sentido literal, apenas quando não os estou usando.

DESENVOLVENDO UMA NOÇÃO DE SI MESMO

Você é único! Nossa experiência individual é especificamente separada da dos outros, e, conforme você diferencia sua experiência das experiências dos outros, começa a desenvolver uma noção de si mesmo, uma noção de quem você é. Uma noção de si depende primeiro de como as outras pessoas o veem e se relacionam com você. Quando crianças, a experiência é interligada e mesclada com as experiências dos pais, da família e dos cuidadores. Eles servem como um guia da experiência, fornecendo os primeiros modelos de compreensão e vivência no mundo. Mais tarde, você começa a diferenciar sua experiência das experiências dos outros.

LEMBRE-SE

Esse *processo de diferenciação da experiência* é possível apenas em um ambiente de consideração positiva e apoio das pessoas à sua volta. Se eu vejo um OVNI e a outra pessoa não, ela ainda pode apoiar minha experiência dizendo que não vê o OVNI, mas isso não significa que eu não vi um. Se a pessoa não fosse solidária, poderia dizer: "Você está louco! Você não viu um OVNI!" Para ser mais realista, muitas vezes testemunhei uma criança pequena que se machucou ou ficou chateada e correu para o pai/mãe para ser confortada, mas ouviu simplesmente: "Você não se machucou. Está tudo bem." Essa situação é o oposto da validação; é uma experiência de *invalidação*. A criança fica confusa, pensando: "Sinto que me machuquei, mas meu pai/mãe disse que não. Estou machucada ou não?" Muito confuso para ela.

Lidando com as diferenças na autopercepção

Rogers chamou a experiência de si mesmo, uma vez que depende das opiniões dos outros, de *condições de valor*. Contanto que as pessoas continuem a atender as condições de valor definidas pelos outros, elas se sairão bem. Mas quando não recebem uma aceitação incondicional, podem ter problemas e sentir angústia. Então podem começar a buscar a *aceitação condicional* dos outros porque ainda não experimentaram a própria *aceitação incondicional*.

Ao buscar aceitação condicional, uma pessoa vive um tipo de mentira, adotando uma abordagem prática confusa e não diferenciada de viver. Se as experiências dela são diferentes das experiências das pessoas à sua volta, ela pode distorcer seu próprio pensamento, sentimentos ou comportamento para se alinhar com os outros. Ela pode andar por aí acreditando que, se ela pensar, sentir e se comportar segundo as pessoas em volta, terá a consideração positiva pela qual anseia.

Mesmo que as pessoas não recebam aceitação incondicional, elas ainda têm essa sensação implícita de individualidade e exclusividade. Quando há uma desconexão ou uma inconsistência entre a experiência de si mesmo e a experiência de si mesmo conforme a distorce para se alinhar com as visões dos outros, você é *incongruente*. Isso envolve ter duas visões de si mesmo: como você realmente é e como acha que os outros pensam que é. Rogers acreditava que o que está no centro do desajuste psicológico é a incongruência entre sua experiência total e seu autoconceito distorcido. Essa incongruência leva a se sentir estranho, desconectado e não inteiro. Então você só vive parte do seu ser completo, portanto, não atende à sua necessidade básica de experiência, melhoria e expansão do ser.

Conforme uma pessoa percorre esse caminho comprometido, pode usar diferentes mecanismos de defesa para manter as aparências. Ela pode processar seletivamente informações sobre ela mesma, os outros e o mundo para não estragar a realidade. Por exemplo, muitas famílias têm uma "ovelha negra" que se destaca. Às vezes, essa pessoa pode fazer algo deliberadamente que vai na contramão para se alinhar com seu self derivado da família e a imagem que todos têm dela. Outras vezes, ela pode manter o plano de modo tão rígido que acaba perdendo o contato com a realidade.

Reconectando com a terapia

Um dos principais objetivos da terapia centrada no cliente é ajudar o paciente a reintegrar as diferentes versões do self: como o paciente se vê e pensa que os outros o veem. No centro do processo talvez esteja a contribuição mais importante de Rogers para a Psicoterapia, a *consideração positiva incondicional*. Essa contribuição envolve aceitar o paciente como uma pessoa sem julgar suas experiências, sentimentos, pensamentos ou comportamentos em um sentido moral. O terapeuta não deseja repetir a experiência de invalidação pela qual provavelmente o paciente passou durante o crescimento ou continua a passar.

Os terapeutas centrados no cliente iniciam o que Rogers chamou de *reflexão*, ou seja, comunicam ao paciente que eles ouvem o que está sendo dito e que estão tentando entender a origem. Rogers enfatizou a *empatia precisa*. Os terapeutas que adotam esse conceito ficam longe da imposição de suas próprias compreensões e estruturas sobre a experiência do paciente. Isso ajuda os pacientes a começarem a ver como eles distorceram suas próprias experiências sem introduzir nenhuma nova distorção em relação às expectativas do terapeuta.

GENUINAMENTE CERTIFICADO!

É difícil encontrar um bom terapeuta. Existem muitos por aí (mas muitas vezes há uma carência na maioria das áreas fora dos grandes centros urbanos).

Algo que um candidato a terapia pode considerar é procurar um terapeuta *certificado*. Existem muitas certificações diferentes e nem todas devem ser iguais. Alguém pode ser certificado pela "Associação Suspeita dos Minimamente Qualificados". Sei que parece difícil, mas acontece. A certificação de uma organização respeitável, geralmente aceita, bem organizada, nacional ou internacionalmente constituída ou "conselho" é a melhor aposta. Algumas mais confiáveis incluem:

- Conselho Americano de Psicologia Profissional.
- Instituto Beck de Terapia Cognitiva e Pesquisa.
- Comissão de Certificação de Análise de Comportamento.
- Conselho de Certificação DBT-Linehan.
- Conselho Federal de Psicologia.

O terapeuta *reflete* você para si mesmo sendo atencioso e descrevendo para você o self apresentado a ele. Durante o processo, aumenta sua autoconsciência e você começa a se ver de um jeito que nunca conseguiu antes. A terapia centrada no cliente é como um espelho ou um *amplificador de si próprio*.

LEMBRE-SE

Outra grande contribuição que Rogers fez para a Psicoterapia foi a introdução de suas seis *condições necessárias e suficientes* que devem existir para a terapia ser útil:

» Uma relação profissional, respeitosa e de aceitação formada entre cliente e terapeuta.

» O desejo do paciente de ser vulnerável e ter fortes sentimentos, como ansiedade, e a habilidade do terapeuta em motivar o paciente a buscar e se envolver na relação da terapia.

» Legitimidade: O cliente espera ser ele mesmo "livre e profundamente", sem distorcer como se sente ou o que pensa.

» Consideração positiva incondicional.

» Empatia precisa.

» Percepção da legitimidade: O terapeuta deve ser uma pessoa real (com sentimentos, pensamentos e comportamentos próprios), não apenas uma pessoa representando um papel, atuando e fingindo pelo bem do cliente.

A terapia rogeriana, ou centrada no cliente, existe de uma forma ou de outra por quase sessenta anos agora. A questão fundamental para qualquer forma de psicoterapia, intervenção psicológica ou medicação é se funciona ou não. Uma pesquisa sobre a eficiência da terapia centrada no cliente em geral investiga as condições específicas "necessárias e suficientes".

A maioria dos estudos, inclusive realizados por Beutler, Crago e Arezmendi, mostrou que três das seis condições — empatia, legitimidade e estima (consideração positiva incondicional) — são valiosas, mas não necessárias nem suficientes (por si só) para provocar uma mudança terapêutica, ou seja, o terapeuta não deve possuir nem fazer essas coisas para ser útil. Contudo, Orlinsky e Howard descobriram que cordialidade, empatia e legitimidade facilitam o processo de terapia. Em outras palavras, a terapia acontece um pouco melhor se o terapeuta cria essas condições. Isso parece não prejudicar, então, por que não fazer?

Terapia focada na emoção

Uma emoção pode ser insuportável? Pode causar problemas na vida de alguém? E não ter "nenhuma" emoção, às vezes referido como *alexitimia*, que segundo o *Dicionário de Psicologia da APA* é "uma incapacidade de expressar, descrever ou diferenciar as emoções de alguém". Nem sei quantas vezes o conceito ou a noção de "regulação emocional" aparece em meu trabalho clínico. Pais, clientes e outro profissional despertam constantemente a ideia de que se o cliente identificado (a pessoa que todos querem ajudar, mudar ou conviver melhor) fosse melhor ao "regular" suas emoções, ele se beneficiaria como os outros à sua volta.

Mas se gostamos ou não, reconhecemos ou não, as emoções são fundamentais, e o psicólogo Leslie Greenberg desenvolveu um modelo de psicoterapia chamado *Terapia Focada nas Emoções (TFE)* para ajudar as pessoas a "usarem" suas emoções para melhorar suas vidas. A TFE representa um excelente exemplo de como a aplicação da ciência psicológica e da metodologia pode levar a uma terapia melhor. Estudando intensamente sessões de terapia em detalhes, com um processo conhecido como *análise de tarefas*, o Dr. Greenberg investigou o que realmente acontece durante as sessões de terapia para melhorar o resultado dos clientes.

A TFE se baseia no princípio de que são as emoções que nos motivam a fazer tal coisa. Elas são um guia adaptativo e útil para o que é bom para nós ou não. As emoções nos dizem que se estamos tristes, por exemplo, então perdemos alguém ou algo (como um trabalho). A Dra. Rhonda Goldman afirma: "... as emoções agem como uma bússola, guiando as pessoas quanto ao que é importante e o que precisa ser atendido ou não."

A TFE acredita que toda emoção reflete uma necessidade e estar ciente de nossas emoções é estar ciente de nossas necessidades. Isso é importante. As emoções guiam ou orientam nossos processos mentais e comportamento.

Os clientes têm problemas quando não têm ciência ou ignoram as emoções, porque isso significa que não estão cientes ou ignoram suas reais necessidades.

A TFE ajuda as pessoas a mudarem seus processos emocionais. Isso significa que, quando alguém se sente triste deve "mudar" essa tristeza para felicidade, do tipo: "Ei, coloca um sorriso nesse rosto triste"? Não mesmo. Os terapeutas TFE ajudam os clientes a mudarem como eles processam e usam a emoção para uma vida melhor. O Dr. Greenberg afirma que os objetivos da TFE são iniciar uma relação colaborativa que ajuda os clientes a "... identificarem, vivenciarem, aceitarem, tolerarem, regularem, explorarem, entenderem, transformarem e gerenciarem de modos melhor e flexível suas emoções. Como resultado, eles terão mais habilidade na experiência da emoção e ... viverão com vitalidade e adaptação." Essa é a definição exata da regulação da emoção sobre a qual pais, clientes e outros profissionais estão sempre falando.

Terapeutas que trabalham com a abordagem TFE ajudam os clientes a aprenderem quando *ativar* e *regular* suas emoções. As emoções devem ser ativadas se os clientes as evitam, rejeitam sua experiência emocional, têm um comportamento disfuncional por causa dessa falta de consciência ou negação e inibem um comportamento adaptativo adequado. As emoções devem ser reguladas quando elas sobrecarregam, não levam a um comportamento adaptativo, interferem no funcionamento e confundem o cliente. Elas também devem ser reguladas (ou realmente diminuídas) quando levam à agressão e a um enfrentamento inadequado, como uso de drogas, excesso de comida e automutilação.

LEMBRE-SE

A TFE é eficaz para uma grande variedade de problemas e se encaixa muito bem na categoria "faz-tudo" dos modelos de psicoterapia. É considerada útil na depressão, na ansiedade e em problemas de casais. Também foi integrada em muitas outras escolas, inclusive terapia psicodinâmica, terapia cognitivo-comportamental e outras terapias humanistas.

Tratamentos Empíricos para Problemas Específicos

O debate entre "tamanho único" e abordagens específicas para problemas específicos se reflete na literatura. Alguns artigos e livros mencionam "terapias eficientes para o problema X" e a literatura cobre "práticas baseadas em evidência com a terapia Y". Pode ser muito confuso. Como saber ou escolher? Por sorte, pesquisadores fizeram essas mesmas perguntas e propuseram um modo de determinar se uma terapia é eficiente. É conhecido como modelo de *Prática Clínica Baseada em Evidências* (PCBE).

Contudo, é essencial destacar que a designação PCBEs não é atribuída às escolas de terapia, como as mencionadas anteriormente no capítulo. O rótulo PCBEs é atribuído a abordagens específicas de terapia para problemas específicos. Mais uma vez, compare com a Medicina. Claro, o tratamento médico é visto por inteiro como geralmente eficaz, pelo menos quando comparado com nenhum tratamento. De forma análoga, podemos dizer que a psicoterapia é eficiente. Mas uma pesquisa médica indica, ainda, que o "tratamento X" é eficiente para a "condição Y". Do mesmo modo, a abordagem PCBEs para a psicoterapia afirma que a "psicoterapia alfa" é eficiente para a "condição/problema/diagnóstico beta".

LEMBRE-SE

Segundo o psicólogo John Sakaluk e colegas, as terapias que entram na categoria PCBEs são consideradas as melhores. Elas funcionam e são "eficazes clinicamente".

Mas tenho que fazer uma pequena ressalva: as listas a seguir não estão completas, e só porque um tratamento não está listado aqui não significa que é ineficiente. Há muitos para cobrir, portanto pensei em lhe dar um gostinho antes de você sair e se fartar com a pesquisa sobre PCBEs e a literatura. *Bon appétit!*

PCBEs para depressão

» **Psicoterapia interpessoal para depressão:** Terapeutas ajudam os clientes a melhorar as contribuições de suas relações para a depressão atual.

» **Ativação comportamental para depressão:** Terapeutas ajudam os clientes a ter experiências gratificantes, reduzir o isolamento, reconhecer e persistir em experiências que eles normalmente evitariam.

» **Terapia cognitiva para depressão:** Terapeutas ajudam os clientes a desenvolverem crenças mais precisas e úteis em termos de pensamento depressivo e comportamento.

» **Terapia de aceitação e compromisso para depressão:** Terapeutas ajudam os clientes a aceitarem pensamentos, sentimentos, memórias evitadas e ensinam uma flexibilidade psicológica na luta por seus objetivos valorizados.

» **Terapia focada em emoção para depressão:** Clientes aprendem a ter mais consciência, regular e usar suas emoções de modos mais adaptados.

PCBEs para ansiedade e trauma

» **Terapia de exposição para fobias específicas:** Clientes são expostos, pouco a pouco, a estímulos que induzem ao medo, utilizando mecanismos de enfrentamento adaptativo até não evitarem mais os estímulos.

» **Dessensibilização dos movimentos oculares e reprocessamento para TEPT:** Terapeutas usam uma combinação de movimentos oculares ou simulação física bilateral alternada (como almofada vibratória na mão) e uma abordagem de processamento cognitivo para ajudar os clientes a processarem mais completamente memórias traumáticas e experiências.

PCBEs para transtornos em crianças

» **Programa de treinamento cognitivo-comportamental para pais de crianças com TDAH:** Usando uma abordagem de gestão do comportamento, pais são treinados para usar um reforço positivo para comportamentos positivos não TDAH e não reforçar os comportamentos que eles desejam reduzir ou eliminar.

» **Terapia de interação entre pais e filhos para crianças com transtorno desafiador opositor:** Pais são treinados para reduzir os próprios comportamentos que "disparam" uma criança e para fazer a criança agir de modo mais eficiente em termos de interação e relacionamento.

» **Análise do comportamento aplicado para transtornos do espectro autista:** Crianças aprendem inúmeras habilidades de desenvolvimento usando os princípios do condicionamento operante, por exemplo, reforço positivo, assim como os princípios usados para reduzir o comportamento negativo, por exemplo, agressão e automutilação.

» **Tratamento de resposta central para crianças com autismo:** O condicionamento operante é usado para ensinar às crianças habilidades "centrais", como motivação e iniciações sociais, usando reforçadores positivos naturalistas.

NESTE CAPÍTULO

» **Ficando saudável**

» **Sendo otimista**

» **Você é o melhor!**

Capítulo **18**

Seja Positivo! Bem-estar, Força e Crescimento

Nem tudo é tristeza e melancolia em Psicologia. Na verdade, é um grande equívoco. Como deve estar claro agora, a ciência psicológica tem muito mais a oferecer que apenas diagnósticos e mergulhar nas psiques problemáticas das pessoas. Estudamos cérebros, desenvolvimento, pensamento, relações etc., todos os tópicos tratados do Capítulo 1 ao 17. Mas ainda não terminamos. Os psicólogos trabalham muito para pesquisar e aplicar as descobertas às áreas da saúde e da performance.

Neste capítulo veremos as ciências psicológicas do comportamento saudável, da psicologia positiva e da performance ideal.

Além do Estresse: Psicologia da Saúde

Psicólogos não param na interseção do estresse, da doença e do enfrentamento. Eles também tentam aplicar o que sabem sobre o comportamento humano e os processos mentais aos problemas da saúde em geral. Eles buscam meios de manter as pessoas fisicamente bem e tentam descobrir como o comportamento delas contribui para a doença. Os pesquisadores de psicologia trabalham no campo da *Psicologia da saúde*, o estudo psicológico da saúde e da doença.

Os psicólogos da saúde trabalham em muitos cenários, variando desde universidade (fazendo pesquisas) até clínicas e hospitais, o que envolve o cuidado direto dos pacientes. Suas principais atividades incluem evitar doenças, ajudar pessoas e famílias a enfrentarem a doença, e desenvolver programas para uma mudança de comportamento relacionado à saúde, mantendo um estilo de vida saudável.

Evitando doenças

Os psicólogos da saúde participam de três tipos de prevenção de doenças:

» **Primária:** Impedir que uma doença ocorra em pessoas saudáveis. Exemplos de programas de prevenção primária são imunização infantil, uso de preservativos e campanhas de conscientização sobre AIDS.

» **Secundária:** Focar a identificação e o tratamento iniciais de uma doença ou enfermidade em desenvolvimento. Os programas de prevenção secundária incluem campanhas de conscientização sobre o câncer de mama e a promoção de autoexames do câncer nos testículos.

» **Terciária:** Ajudar as pessoas a enfrentar doenças já desenvolvidas e evitar que elas piorem. Os programas de prevenção terciária incluem ajudar as pessoas a reduzir a pressão alta, parar de fumar e tratar a obesidade.

Fazendo mudanças

Você já fez uma promessa de Ano Novo para começar a fazer algo saudável, como se exercitar mais, fazer ioga, comer melhor, descansar mais, usar cinto de segurança? Por que não? Se estiver sendo honesto, aposto que está pensando que foi mais difícil do que pensou que seria. Pare um pouco e pense sobre o que o impede de fazer o que é mais saudável.

Um problema comum no comportamento saudável é que as pessoas não mantêm o curso que sabem ser o certo. Parte do problema está no *cumprimento*, ou seja, se alguém segue ou não as recomendações do médico ou o tratamento, ou seus próprios planos relacionados à saúde. Mas o que determina se a pessoa pratica ou não o comportamento que promove a saúde para começar? Algumas pessoas fazem com que pareça fácil. Elas vão regularmente à academia. Elas se alimentam bem de modo consistente. Elas não fumam, nunca.

Pessoas fazem coisas pouco saudáveis por muitos outros motivos. Para começar, muitas não iniciam ou continuam com um comportamento saudável se há barreiras significativas no caminho. É muito fácil desistir se algo ou alguém dificulta. Talvez você não vá para a academia porque é caro demais ou não durma o suficiente porque não tem um belo pijama. Dinheiro normalmente é a barreira citada para ter um comportamento saudável. Outro motivo para as pessoas *simplesmente não fazerem* é que o comportamento saudável pode atrapalhar algo mais divertido ou necessário. Se eu for para a academia, perderei meu programa na TV. Se me alimento bem, terei que ir ao mercado e cozinhar, então, nunca terminarei minhas outras tarefas domésticas.

O compromisso em mudar ocorre com mais frequência quando uma pessoa acredita que ela pode fazer a diferença. Muitas pessoas têm uma atitude *fatalista* em relação à saúde física, a filosofia "ir quando puder". Elas não veem seu comportamento como um contributo à saúde, portanto, não se importam em mudar.

LEMBRE-SE

Essa mentalidade também é conhecida como ter um *lócus de controle externo*, ou seja, pensar que o controle sobre algo está fora de si. Ter a crença de que o poder de mudar uma situação ou um evento está dentro de si mesmo, que está sob seu controle, se chama *lócus de controle interno.* Quando a pessoa sente que pode controlar algo, provavelmente tenta fazer alguma coisa.

Depois de mudar, por causa de recompensas externas ou da crença de que você pode fazer uma diferença, como manter as mudanças? É fácil parar de fumar, por exemplo, mas ficar sem fumar é outra história. Você pode manter o compromisso com o comportamento saudável examinando primeiro os prós e os contras de mudar ou não. Sua capacidade de desenvolver um registro preciso depende de ter acesso a informações confiáveis. Mensagens confusas e conflitantes quanto à saúde não resolvem muito.

Muitos fatores influenciam as tendências das pessoas em ouvir e acreditar em certa fonte de informação. Uma pesquisa sobre *persuasão* (levar uma pessoa a fazer algo que ela pode não fazer por conta própria) forneceu aos psicólogos grande parte de seus conhecimentos na área de credibilidade da fonte. Em quem as pessoas acreditam?

LEMBRE-SE

Para uma mensagem ser persuasiva, ela deve prender sua atenção, ser fácil de entender, ser aceitável e vantajosa. Você também deve se lembrar dela. Se a mensagem não é lembrada, quem se importa com o que foi dito? Os argumentos persuasivos tendem a apresentar ambos os lados da questão, fazendo os argumentos parecerem justos e imparciais. Mensagens que despertam medo funcionam melhor quando as etapas possíveis são mencionadas junto com a parte assustadora.

Decisões de iniciar ou não um comportamento saudável se baseiam em muitos fatores, inclusive suas crenças sobre o comportamento e seu local de controle. Os pesquisadores Hochbaum, Rosenstock e Kegels, trabalhando no Serviço de Saúde Pública dos EUA, propuseram o *modelo de crenças em saúde* para demonstrar os processos psicológicos pelos quais alguém passa quando toma decisões relacionadas à saúde. O modelo é baseado nas seguintes crenças:

» **Gravidade:** Qual pode ser a gravidade da doença ou da enfermidade se eu não faço nada em relação a ela?

» **Susceptibilidade:** Qual a probabilidade de eu ficar doente se não inicio o comportamento saudável?

» **Custo/benefício:** O que ganho com isso? Vale a pena?

» **Eficácia:** Quão eficazes serão as minhas tentativas de mudança? Não quero me esforçar por nada.

As respostas para essas perguntas têm um papel ao determinar a probabilidade de uma pessoa fazer algo saudável. Se chego a uma conclusão de alta gravidade, alta susceptibilidade, alto custo/benefício e alta eficácia, então a probabilidade de que escolherei a opção saudável aumenta. Do contrário, o caminho saudável parece não valer a pena o sacrifício e o esforço.

Intervenção

Qual é o próximo passo depois de decidir fazer algo sobre o estilo de vida pouco saudável? O que você pode realmente fazer para começar o processo? Um psicólogo da saúde ou outro profissional da saúde pode planejar *intervenções* que o ajudam a mudar, então manter essa mudança.

DICA

Modificação do comportamento é um método poderoso de mudança de comportamento. A forma mais básica, porém muito poderosa, de modificação do comportamento é usar punições e recompensas por não iniciar ou iniciar o comportamento-alvo. Por exemplo, se me programo para correr três vezes por semana às 17h30 e não corro, então tenho que limpar a cozinha, o banheiro e lavar a roupa naquela noite. Se cumpro, faço um belo tratamento no spa. O truque nessa técnica é contar com um parceiro para impedi-lo de trapacear nas recompensas e nas punições. Posso decidir pular a roupa lavada e ir para o spa mesmo se não corro. Um parceiro ajuda a mantê-lo honesto.

LEMBRE-SE

Mudança cognitiva é um processo pelo qual examino as mensagens mentais que dou a mim mesmo e que me impedem de mudar um comportamento ou manter uma mudança. Todos temos *pensamentos automáticos*, pensamentos que não percebemos automaticamente e que passam por nossas mentes em certas situações. Posso dizer para mim mesmo que realmente quero correr três vezes na semana, mas também posso ter o pensamento automático: "Você nunca fará isso; você nunca segue em frente com nada." Bem, agradeço ao reforço positivo, eu!

A boa notícia é que os pensamentos automáticos podem ser substituídos por autoafirmações positivas. Esse processo requer muita prática e encorajamento de outras pessoas, mas a conversa normalmente compensa.

Esta seção apenas toca na superfície da Psicologia da saúde e das questões relacionadas ao estresse, mas espero que essa visão geral aguce seu apetite por mais conhecimento sobre viver uma vida com menos estresse e mais saudável. Lembre-se de relaxar, acreditar em si mesmo e não evitar as coisas. E se dê uma recompensa quando seguir esse conselho!

CAPTANDO A MENSAGEM NA ERA DA INFORMAÇÃO

Pessoas gostam de chamar esse período de "Era da Informação". Sem dúvidas, há muita informação por aí. Por vezes, o mundo parece ter uma sobrecarga delas. Com todos os fatos, imagens e opiniões por aí, em quem ou em qual informação você tende a acreditar? As campanhas para parar de fumar realmente funcionam?

Em geral as campanhas na mídia só são eficientes quando informam as pessoas sobre algo que elas não sabiam. Mas agora quase todo mundo sabe que fumar é prejudicial à saúde. As pessoas nem sempre conhecem os riscos à saúde associados ao fumo, e, quando essa informação finalmente se tornou de conhecimento público, as taxas de tabagismo despencaram. Muitas pessoas continuam fumando mesmo assim e muitas realmente adquiriram o hábito após os avisos divulgados. Então, mais uma vez, muitas pessoas sentem que a grande mídia não é confiável. Eu ouvi pessoas dizerem que é falsa a ideia de que fumar causa câncer.

Aproveitando o Poder da Positividade

Novamente, algumas pessoas criticam a Psicologia como "focada negativamente", concentrando-se na terapia, na patologia e nas dificuldades de aprendizagem; dizem que ela sempre está tentando consertar pessoas e grupos. Bem, no final dos anos 1990 e início de 2000 um grupo de psicólogos, chefiado pelos conhecidos psicólogos Martin Seligman e Mihaly Csikszentmihalyi, introduziu um ramo da Psicologia bem novo conhecido como *psicologia positiva*. A psicologia positiva é definida como uma ciência da experiência subjetiva positiva, de traços individuais positivos e instituições positivas que melhoram a qualidade de vida e impede as patologias.

A Psicologia positiva como ciência da força humana cobre vários tópicos:

Inteligência emocional	Criatividade
Otimismo	Autoeficácia
Sabedoria	Compaixão
Gratidão	Altruísmo
Coragem	Tenacidade
Propósito	Humor

Desde o início, programas de pesquisa levaram a Psicologia positiva para o domínio dos negócios, dos esportes, dos militares, do estresse e da doença. Os militares procuraram a ajuda de psicólogos positivos para aliviar o estresse e reforçar a resistência das tropas. Pacientes com doenças terminais buscam ajuda para encontrar esperança e coragem diante da morte. Profissionais criativos querem ser mais inovadores.

Um conceito central de organização da Psicologia positiva é a ideia de vida ideal, caracterizada por dois polos opostos de sucesso: *prosperar* e *afundar*.

Prosperar (o oposto de *afundar*) é sinônimo de saúde mental positiva, em oposição à doença mental ou ao transtorno. Imagine ir a um psicólogo para fazer um checkup de doença mental ou visita de bem-estar, em vez do tradicional foco "o que está errado comigo?". Isso pode acontecer anualmente do mesmo modo como pessoas vão ao médico para fazer um checkup. Chame isso de *mentacall*. Certo, preciso melhorar o nome, mas você entendeu.

O psicólogo C. L. M. Keyes, professor de Sociologia na Universidade Emory em Atlanta, Georgia, identifica as seguintes dimensões de prosperar/saúde mental:

- **Afeto positivo:** Bem-estar emocional.
- **Qualidade de vida declarada:** Satisfação com a vida.
- **Autoaceitação:** Atitude positiva consigo mesmo.
- **Crescimento pessoal:** Buscar desafios.
- **Finalidade na vida:** Propósito.
- **Domínio do ambiente:** A habilidade de selecionar, gerenciar e moldar o ambiente de alguém.
- **Autonomia:** Guiado pelos próprios padrões.
- **Relações positivas com os outros:** Relações calmas e de confiança.
- **Aceitação social:** Atitude positiva em relação aos outros e às diferenças humanas.
- **Realização social:** Crença no potencial de crescimento das pessoas.
- **Contribuição social:** Ver as atividades diárias de alguém como úteis para os outros.
- **Coerência social:** Interesse na sociedade e na vida social.
- **Integração social:** Pertencimento.

A prosperidade como conceito é usada por alguns psicólogos na terapia como um guia para determinar objetivos amplos e mais orientados ao estilo de vida para clientes ou pacientes em terapia conforme definem metas para eles mesmos na vida. Pode ser usada como uma métrica informal de bem-estar do cliente, apontando o terapeuta e o cliente para as áreas que precisam de melhoria. Contudo, não é um componente formal da terapia e não é considerado uma parte do diagnóstico formal, ou seja, a terapia focando a propriedade, em oposição ao tratamento do transtorno mental, normalmente não é restituída por terceiros, como planos de saúde. A terapia profissional feita por um psicólogo não focaria necessariamente a prosperidade como uma meta primária na terapia, mas poderia incluir, interligar e usar o conceito na terapia ao dar uma direção para o crescimento pessoal para um cliente de um modo geral. Isso cruza um pouco o domínio do *life coaching* ou do aconselhamento, papéis que os terapeutas costumam não assumir. Mas, se um cliente pede esse serviço e consente com ele, entender o treinamento e a expertise do psicólogo nesse sentido, então, o que acontece entre os dois adultos que consentem pode ser considerado aceitável em geral.

Melhorando!

Normalmente, quando fazemos algo de que gostamos, fazemos bem e do melhor jeito que conseguimos. Se nossa habilidade é suficiente, ótimo. Do contrário podemos trabalhar mais para melhorar. Pesquisadores e profissionais na área conhecida como *Psicologia da performance* lidam com processos mentais e comportamentos necessários para alcançar nosso *nível máximo de performance* quando fazemos as atividades em que desejamos nos destacar. Grande parte dessa pesquisa e trabalho vem da área da Psicologia esportiva, mas muitas, se não a maioria, das descobertas e aplicações podem se estender a qualquer prática, atividade ou trabalho no qual alguém deseja "ser o seu melhor", como trabalhar com arte, ter ocupações muito estressantes e ensinar.

Habilidades de alta performance

O psicólogo Mark Andersen identifica o que ele chama de "Regras das Habilidades Psicológicas" para melhorar a performance: relaxamento, conversa interior, imaginação, definição de metas e concentração.

» Para o relaxamento, o executor faz o melhor quando consegue relaxar e ficar calmo sob as demandas da performance. Ansiedade, medo de fracassar e apreensão atrapalham o desempenho.

» A conversa interior pode envolver afirmações mentais ou mesmo táticas de verbalização que combatam ansiedade e medo. (Por exemplo: "Você entendeu!") Você pode usar a imaginação para ensaiar, se ver atuando de um modo desejado e pode ganhar confiança sendo bem-sucedido em situações pouco arriscadas.

» Dr. Andersen chama a definição de metas de o "carro-chefe das regras das habilidades mentais". Ele diferencia entre as metas resultantes (como vencer) e as metas do processo, que envolvem realizar uma rotina que move o executor em direção à meta resultante (por exemplo, você vence uma prova de natação com uma braçada por vez).

» Por fim temos a concentração, que ajuda um executor a se concentrar, manter o foco e ter consciência de quando perde o foco.

Sufocando versus pressionando

Com certeza todos nós gostaríamos de ser ótimos executores, mas às vezes falhamos, ficamos aquém e *sufocamos!* Os psicólogos Mark Frame e Sydney Riechin definem sufocar como uma performance abaixo do ideal sob pressão. Talvez eu esteja velho, mas quem esqueceria o lendário jogo com a performance no final da estrela do basquete Reggie Miller contra o New York Knicks no Jogo 1 das finais da Conferência Leste de 1995, na NBA? Bem, não é inesquecível pelo motivo que podemos imaginar. É famoso (ou famigerado, se você é fã dos Knicks) porque, quando Miller ganhou o jogo sozinho no último minuto, no final, ele fez um gesto de sufocamento para o banco e as pessoas no Madison Square Garden, colocando as duas mãos em volta da garganta. Ai! Espírito pouco esportivo? Com certeza. Mas sufocou os Knicks. Desculpe, New York.

O sufocamento é sempre uma possibilidade, mas todos nós gostaríamos de imaginar ser Michael Jordan fazendo o ponto da vitória. (Ou sou apenas eu?) O oposto de sufocamento é referido como ser *pressionado,* que é uma performance melhor e aprimorada sob pressão. Quando a pressão é grande, a pessoa melhora, cumpre o dever e consegue.

Uma pesquisa nessa área identificou seis fatores principais que parecem melhorar nossas chances de ser pressionado:

- » Foco total e deliberado, que envolve se concentrar completamente com vontade e intenção, é essencial.
- » Nosso esforço deve ser intenso; devemos "dar tudo" e "trabalhar duro".
- » Nossa consciência fica ampliada e pensamos com consciência sobre o que fazemos, experimentando uma sensação de controle. Às vezes os executores falam sobre estar "inconscientes" e não pensar sobre o que estão fazendo. Isso é o oposto; eles pensam intensamente e com propósito.
- » Ativação psicológica elevada e ficar "empolgado" são importantes.
- » Devemos não ter pensamentos negativos nem dúvidas, sem temer nada.
- » Enfim, embora pensemos deliberadamente no que estamos fazendo, as habilidades que treinamos muito para dominar se tornam automáticas e acontecem sem focar elas. Focamos a performance, não as etapas individuais. Alguma vez já pensou em caminhar enquanto caminhava? Isso, *não* é assim que funciona.

Portanto, quando você atingir o auge da performance e habilidades para atuar sob pressão, observe Michael, Reggie ou Tom (Brady, que seja).

Adquirindo um Cérebro Biônico

Algo acontece comigo quase todos os dias por volta das 2h da tarde. Depois de uma manhã cheia fazendo relatórios, sessões de terapia, e-mails, ligações, testes e outras coisas que um psicólogo faz, chego "no limite", ou seja, diminuo a velocidade, tenho problemas de concentração e fico muito menos produtivo. Depois de ler, percebi que talvez os níveis de glicose no meu cérebro diminuam nessa hora, e meu cérebro não aciona todos os cilindros. Comecei a comer um pouco de proteína e hidratar um pouco melhor, o que parece me animar. Meu cérebro precisa de uma forcinha, eu acho.

Atletas treinam para ficar mais fortes, rápidos e ágeis. Músicos praticam para ficar mais fluidos e precisos. Mas e se você quiser ficar mais rápido, ágil, forte, preciso mentalmente ou só mais inteligente? É uma área da Psicologia conhecida como aprimoramento *cognitivo*, definido em 2008 pelos psicólogos Nick Bostrom e Anders Sandberg como a amplificação ou a extensão das capacidades centrais da mente por meio da melhoria dos sistemas externos de processamento da informação.

Muitas formas de aprimoramento cognitivo são pesquisadas e algumas existem há tempos. Basicamente, a educação é uma forma de aprimoramento cognitivo. Outras formas incluem treinamento mental, medicamentos, estimulação magnética transcraniana (EMT), técnicas de relaxamento, neurofeedback e biofeedback.

Algumas técnicas investigadas em animais (não em humanos) incluem processos genéticos, de pré-natal e perinatal, como substituição de genes e suplementação fetal em ratos.

Antes de você sair e comprar aquela coleção de DVDs *Baby Einstein* para seu futuro gênio, saiba que não há absolutamente nenhum dado para fundamentar que qualquer programa "torne seu bebê mais inteligente" jamais tornou um bebê mais inteligente.

Drogas inteligentes

Uma vez eu fiz um bico trabalhando com deficiência de aprendizagem e avaliação psicológica em uma universidade local e testemunhei algo interessante. Muitos estudantes me procuravam para diagnosticá-los com TDAH! Não demorou muito para eu descobrir o motivo. Os médicos no centro de saúde da universidade não prescreviam psicoestimulantes para um aluno sem um diagnóstico oficial de TDAH. Os alunos não queriam ficar "chapados" com Ritalina ou Strattera, e não queriam necessariamente vender os comprimidos. Mas desejavam aumentar sua atenção e habilidades de concentração para que pudessem se destacar academicamente.

LEMBRE-SE

Nesses tempos modernos, medicamentos e farmacologia são uma parte integrante da vida e muito aceitos. Medicações destinadas e usadas para uma melhoria e/ou aprimoramento cognitivo e neuropsicológico são chamadas de *nootrópicos*.

Existem muitas objeções éticas e morais ao uso de drogas para melhorar a performance mental e algumas pessoas as veem como o uso de esteroides ou drogas que melhoram o rendimento nos esportes: é trapaça. É uma grande discussão. Mas considere por um momento que uma pessoa com dificuldade de aprendizagem, lesão cerebral ou outro deficit cognitivo pudesse tomar uma medicação para melhorar seu funcionamento mental. É diferente de tomar o remédio para outros tipos de enfermidades?

O fato é que isso já acontece, por vezes abertamente, outras vezes de modo indireto. Um modo indireto de usar medicação para melhorar o raciocínio é com o uso de antidepressivos. Qualquer pessoa que teve depressão severa pode atestar que a condição acontece com um tipo de confusão mental (algo que os profissionais chamam de *pseudodemência*) que acompanha um estado depressivo, sentimentos de culpa e falta de prazer e motivação. Os antidepressivos ajudam a aliviar esse torpor cognitivo.

Medicamentos que melhoram ou ajudam nos processos cognitivos incluem:

» **Estimulantes:** Usados para maior atenção e memória de curto prazo, incluindo drogas como Adderall, Venvanse, Atomoxetina (Strattera) e a boa e velha cafeína.

» **Colinérgicos:** Usados como drogas para memória; exemplos são Aricept e cannabis medicinal.

» **Dopaminérgicos:** Usados para aumentar a atenção e o estado de alerta, incluindo drogas como metilfenidato (Ritalina, Concerta) e modafinil (Provigil).

A lista das drogas nootrópicas conhecidas ou suspeitas é muito maior e continua a aumentar. Contudo, devo destacar que o número de prescrições para elas com finalidades nootrópicas reais ainda é bem limitado. Parece que os médicos ficam um pouco hesitantes em se meter na melhora cognitiva assistida ou induzida por drogas.

Nos limites do cérebro

Assim como um treinamento mental, o neurofeedback e as drogas podem melhorar os processos cognitivos, além de dispositivos como implantes cocleares, computadores, smartphones e até notas adesivas. O campo dos dispositivos tecnológicos que melhoram os processos cognitivos é conhecido em alguns círculos como *próteses cognitivas* ou *neurópróteses*.

Muitos cientistas demonstram grande interesse na promessa e na possibilidade do campo das próteses cognitivas. Alguns dispositivos bem conhecidos já estão disponíveis, inclusive *dispositivos de fala,* programas de software para celulares e tecnologia móvel que "falam" por indivíduos que não conseguem ou não falam nada, programas de software com *assistente de memória*, até GPS e sistemas de orientação ativados por voz.

Talvez uma das abordagens mais interessantes para as próteses cognitivas venha do trabalho ser feito com uma *interface entre cérebro e computador*, em que um computador externo e/ou outro dispositivo digital é diretamente conectado ao cérebro e controlado pela atividade cerebral. Estudos revelam que quando eletrodos são inseridos no cérebro de um primata ou do ser humano, mesmo os que têm um grande dano neurológico, é possível controlar o cursor do computador. Essa tecnologia não parece grande coisa a princípio, mas pense um pouco: controlar uma interface de computador com o cérebro é quase telepatia — e é muito legal!

7
A Parte dos Dez

NESTA PARTE...

Faça um checkup da saúde mental e descubra muitas dicas sobre como conseguir e manter uma boa saúde psicológica.

Veja alguns dos maiores tratamentos no cinema e na TV para todos os tipos de problemas psicológicos espinhosos e fascinantes, desde o filme *Sybil* até a série *Black Mirror*.

> **NESTE CAPÍTULO**
> » Definindo "saudável"
> » Aceitando a si mesmo
> » Adotando a mudança

Capítulo **19**

Dez Dicas para Manter o Bem-estar Psicológico

Não existe uma fórmula mágica nem padrão para ser uma pessoa psicologicamente "boa" ou saudável. O bem-estar psicológico é apenas a ausência de doença ou enfermidade mental? Se é, muitas pessoas são perfeitamente saudáveis de um ponto de vista psicológico. Ausência de doença física é o mesmo que ser saudável fisicamente? Algumas pessoas acham que há mais quanto a ser saudável do que não ter doença. Infelizmente este capítulo não dá todas as respostas. Na verdade, provavelmente levanta mais perguntas que respostas.

Psicólogos não atuam necessariamente para decidir os valores de uma sociedade. Muitos cientistas pensam que os valores estão além do escopo da ciência, que valores e moralidade são subjetivos e pessoais demais para serem reduzidos à análise científica. Mas alguns psicólogos acreditam que a saúde psicológica está tão próxima de um valor universal quanto qualquer outra. Afinal, quem não quer ser saudável?

A Psicologia revelou muito sobre o pensamento e o comportamento humanos ao longo dos anos e seria um desperdício não tentar aplicar parte desse conhecimento na busca humana por bem-estar, felicidade e saúde. Concordo que os psicólogos podem ultrapassar seus limites quando defendem certo conjunto de valores.

Mas como um professor que tive disse certa vez: "É uma questão empírica, não é?" O que ele quis dizer é que as opiniões podem ser avaliadas empiricamente e uma opinião pode ser julgada em relação à outra contanto que exista um critério acordado para avaliá-las, ou seja, pesquisadores podem realmente conseguir avaliar a "vida boa" com a ciência psicológica contanto que possam todos concordar com uma definição do que é vida boa. Por exemplo, posso concordar que uma vida boa é aquela em que minhas necessidades são atendidas sem muito esforço e estou relativamente livre para fazer o que me agrada. Com isso, pesquisadores podem avaliar cientificamente circunstâncias, comportamentos e processos mentais que levam a tais condições. Se eles concordam com um padrão, podem investigar o que contribui para chegar a esse padrão.

LEMBRE-SE

Como este capítulo dá dicas para a saúde psicológica, preciso definir um padrão. Então, lá vai: defino saúde psicológica de modo amplo como *vida ideal*. É uma posição segura, porque indivíduos podem ajustar o significado de vida ideal a seus próprios valores.

Meu uso do termo vida ideal neste capítulo tem uma visão *subjetiva* da saúde psicológica. Por anos, psicólogos estudaram o conceito de *bem-estar subjetivo*. Esse conceito se refere a meu senso de bem-estar pessoal e felicidade sem referenciar as visões de outra pessoa. Representa meus valores pessoais e pode ou não estar em harmonia com os outros à minha volta.

Alguns filósofos argumentam que é moralmente preferível ter valores que correspondam aos valores dos outros ou, no mínimo, ter valores que não afetem nem impactem os valores dos outros. Seguir um sistema de valores que não impacta os valores dos outros é a abordagem "pessoas diferentes têm necessidades diferentes".

Outra definição de saúde psicológica talvez seja mais objetiva. Essa definição acredita que a saúde psicológica gira em torno dos comportamentos e dos processos mentais que levam à habilidade de se ajustar e funcionar bem na vida. Essa visão também pode ser subjetiva até certo ponto. Por exemplo, você pode se ajustar bem à prisão, mas esse ajuste pode envolver comportamentos considerados pouco saudáveis em outros contextos. Mas, para a maioria das pessoas e das sociedades, as normas para um bom ajuste e funcionamento costumam envolver sobreviver com regras geralmente aceitáveis e limites de uma comunidade.

No mínimo, a saúde psicológica envolve ser feliz. Nunca conheci uma pessoa que não quisesse ser feliz, mesmo que ser feliz significasse ser miserável. Não é possível fugir do desejo de ser feliz. Isso me lembra de uma piada:

> "Bate, bate!", diz o masoquista.
>
> "Não!", diz o sádico.

Chega de filosofar. Vejamos as sugestões práticas. As dez dicas a seguir para manter a saúde psicológica são igualmente importantes. Nenhuma é mais que a outra; por isso, não estão numeradas.

Aceitação de Si Mesmo

Muitos livros populares de Psicologia e autoajuda dizem para "nos amarmos". Não é má ideia. Aversão severa por si mesmo costuma ser associada a uma extrema culpa, vergonha e depressão. Não subestime o poder de acreditar em suas habilidades e valorizar sua singularidade.

Com muita frequência, as pessoas vivem uma vida sem autenticidade, definida por terceiros conforme se esforçam para ter aceitação. A autoaceitação é um ingrediente essencial para ter motivação e emoção positiva, e aceitar a si mesmo leva a mais aceitação pelos outros. Aceitar a si mesmo não é o mesmo que pensar que você é perfeito.

Tenha Autodeterminação

Quando sinto que sou o capitão do meu próprio barco, fico mais interessado pela vida, mais entusiasmado com ela e mais confiante. Minhas motivações são uma combinação complexa das coisas que realmente quero para mim mesmo e das coisas que aceitei dos entes queridos ao longo dos anos.

Sentir que tenho controle sobre as decisões que me afetam é essencial para a saúde psicológica. Quando estou em ambientes controladores, punitivos e dominantes, meu senso de importância e liberdade sofre.

Por vezes é preciso se adaptar aos desejos e aos valores dos outros. Nessas situações, a pessoa ainda pode manter um senso de autodeterminação se concorda um pouquinho com o que ela está se adaptando. E se você quiser pintar sua casa de um roxo brilhante, mas a cidade não permitir? Bem, se as autoridades puderem concordar com um tom lavanda, então provavelmente você não se sentirá tão pressionado. Raramente (se alguma vez) as pessoas se sentem bem quando lhes é dito o que devem fazer e, então, não concordam com a ordem.

Fique Conectado e Cultive as Relações

Às vezes parece que as vidas modernas são solitárias. Todos correndo em seus carros ou olhando para as telas do computador o dia inteiro, isolados das outras pessoas e ocupados com os detalhes de suas próprias vidas.

Sempre senti como se tivesse que sacrificar a produtividade no trabalho para socializar. Ouço as pessoas fazendo comentários parecidos o tempo todo: "Não tenho tempo para amigos e família." Uma dica: arranje tempo!

Nesses tempos de megacidades e subúrbios enormes, pode ser difícil se aproximar de amigos e da família. A época da cidadezinha com família extensa acabou. As cidadezinhas estão por aí, mas a maioria das pessoas não vive nelas. Apesar dessas condições, há vantagem em trabalhar para manter uma maior proximidade com as pessoas importantes. O enorme crescimento de celulares, internet e uso de redes sociais talvez reflita o desejo de se conectar e uma tentativa de fazer isso em um mundo fragmentado e acelerado.

É ótimo ter amigos e família por perto, mas só é bom se as relações são boas. Algumas pessoas mal podem esperar para se afastar de certas pessoas. Sentir-se emocionalmente conectado e apoiado por suas relações é tão importante, se não mais importante, quanto uma simples proximidade. As pessoas precisam iniciar relações com as quais possam contar em momentos difíceis. Elas precisam de parceiros confiáveis que valorizem as mesmas coisas.

Veja outras sugestões úteis para manter boas relações: praticar o perdão, ser tolerante, comunicar-se com honestidade, expressar-se, equilibrar independência e dependência, e agir com responsabilidade; cultivar seus valores, desejos, sentimentos e desejos.

Estenda a Mão

Ao encontrar pessoas passando necessidade, muitas vezes você tem uma sensação de domínio sobre sua própria situação e trabalha para promover condições sociais positivas. Estender a mão ajuda os possíveis beneficiários, além de ajudar quem dá assistência.

Encontre Significado e Propósito, e Trabalhe para Atingir Suas Metas

Sentir que a vida não tem sentido é uma característica da depressão. Uma das desvantagens da sociedade moderna é o senso de alienação que pode vir de trabalhar dia após dia, com apenas o próximo dia de trabalho ou o próximo salário como recompensa.

É fundamental ter metas pessoais significativas. Uma pesquisa mostrou de forma consistente que o processo de trabalhar para atingir uma meta é tão importante quanto a meta em si. Por vezes, as metas podem ser altas demais, e as pessoas acabam se desiludindo porque não conseguem atingi-las. Isso anula a finalidade de definir metas em primeiro lugar. Metas realistas e significativas são úteis. Ter metas não é igual a ser perfeccionista. Os perfeccionistas estão fadados ao fracasso, porque ninguém é perfeito. Ser você mesmo e entender que cometerá erros na vida faz parte de aceitar a si mesmo e é bom para sua saúde psicológica.

Encontre Esperança e Mantenha a Fé

Uma pesquisa mostrou de forma consistente que ter um profundo senso de fé espiritual pode ser uma medida protetiva para lidar com a perda, a doença e os transtornos psicológicos. Quando as coisas ficam ruins, realmente ajuda ter esperança e otimismo quanto ao futuro e uma crença de que as metas podem ser alcançadas enfim.

Ter *positividade* ajuda a anular o medo e manter a motivação. Ter essa inclinação é como ver o mundo por lentes cor-de-rosa. Os pessimistas podem dizer que estão mais em contato com a realidade, mas uma pequena ilusão positiva não faz mal.

Encontre o Fluxo e Fique Engajado

Atletas profissionais falam sobre "entrar no ritmo" quando têm um bom jogo. *Fluxo* é a experiência de se sentir totalmente engajado, envolvido, concentrado e focado em uma atividade ou experiência. Ter uma vida feliz é uma questão de aprender a maximizar e controlar as experiências internas para se sentir engajado de modo harmonioso na atividade em si.

Certa vez ouvi uma pequena sabedoria budista: se você pensa em descansar varrendo o chão, realmente não está experimentando a vida como ela é. Quando você varre, varre. Quando descansa, descansa. Encontre o fluxo!

Desfrute as Belezas da Vida

A habilidade de apreciar a beleza é a *estética*. Há muita negatividade e coisas feias no mundo: guerras, doença, violência e degradação por todo lado. Deprimente, certo? Conseguir apreciar as coisas belas é uma bênção em um mundo, muitas vezes, pouco atraente.

A experiência da beleza é pessoal e algo que ninguém pode definir por outra pessoa. Você pode ver beleza em uma pintura famosa ou no sol brilhando através das nuvens. Quando vejo um bom jogo de futebol, sinto lágrimas nos olhos. "Que beleza, cara!" Sniff, sniff.

Mesmo as coisas que são imperfeitas e incompletas podem ser belas, sobretudo se você é um profissional da visão de mundo "wabi-sabi"[1] derivada do budismo. Enfim, uma desculpa para não limpar a casa!

Tente Superar; Aprenda a Esquecer

Desafio e adversidade são fatos inegáveis da vida. Conseguir enfrentar com eficiência os desafios é essencial para manter o bem-estar psicológico e até físico. Cada pessoa tem inúmeras habilidades e técnicas usadas para enfrentar o estresse e a adversidade. O melhor conselho geral para lutar contra a adversidade: enfrente ativamente as situações em que há alguma medida de controle e enfrente passivamente as situações sobre as quais você não tem controle.

O enfrentamento ativo envolve tomar ações para melhorar uma situação, como procurar trabalho quando está desempregado, em vez de dizer apenas: "Bem, acho que não era para eu ter um emprego." Nas situações que você pode controlar, como muitos problemas de saúde, tomar uma atitude consistente leva a melhores resultados e melhor funcionamento psicológico.

O enfrentamento passivo envolve os processos de aceitação psicológica e emocional. Quando alguém que você ama morre, você pode se martirizar tentando afastar ou diminuir os sentimentos de perda e tristeza. Mas, por fim, tem que aceitar a realidade da situação. Aceitar a realidade quando não se pode mudá-la é um bom exemplo de enfrentamento passivo. Perdão é outro.

Não Tenha Medo de Mudar

Morihei Ueshiba, fundador da arte marcial aikido, escreveu um livro chamado *A Arte da Paz*. O segredo para ter uma vida pacífica era o princípio central do judô: siga o fluxo! Quando você é rígido e inflexível, é mais provável que sentirá resistência e se desgastará tentando manter sua postura. Quando é flexível e quer mudar um comportamento que não está funcionando, é mais adaptável e mais ajustado. Requer coragem mudar seus modos, mas é vital para a saúde e o bem-estar.

---

1 N. da T.: Wabi-sabi representa uma abrangente visão de mundo japonesa, uma abordagem estética centrada na aceitação da transitoriedade e da imperfeição. Essa concepção estética é muitas vezes descrita como a do belo que é "imperfeito, impermanente e incompleto".

> **NESTE CAPÍTULO**
>
> » Voando com Jack
> » Interrupções normais
> » Silencioso, mas nem tanto
> » Relacionamentos

Capítulo 20
Dez Ótimos Filmes e Séries Psicológicas

O que torna um filme ou uma série psicológica boa? Acho que é quando faz o espectador sentir, agir e pensar como um psicólogo. É uma lente (literal e figurativa) que faz você ter o olhar do psicólogo. Os bons filmes e séries psicológicos realmente podem ser outra forma de coleta de dados e análise, até de pesquisa ou terapia? Parece muito frio e analítico, não é? Mas todos sabemos que um bom filme ou série pode ser terapêutico. Eles podem ser explorações de investigação e análises qualitativas de uma perspectiva e um ponto de vista psicológico. Não precisa ter necessariamente um tema psicológico ou ser sobre psicólogos. Podem representar os "atos" de um psicólogo em todos os aspectos "dele": pesquisadores, terapeutas, clínicos, pessoas com coisas a dizer sobre o que veem os outros fazerem, sentirem e pensarem.

Podemos "ser" psicólogos por noventa minutos ou dez episódios, conforme analisamos os personagens e a história do ponto de vista de nossas próprias mentes e das mentes dos criadores. Eles representam uma pessoa que sofre ou tem um transtorno mental. Podem mostrar como é receber tratamento ou tratar psicologicamente. Podem nos aprofundar nas experiências dos personagens que não podemos ajudar, mas sentir como se estivéssemos vendo as mentes deles. Claro, se você colocasse dez psicólogos em uma sala, provavelmente teria cem filmes ou programas diferentes que se qualificariam usando meu critério. São minhas escolhas e, por isso, não há um sistema de classificação. São boas e eu gosto delas. Assista.

Um Estranho no Ninho

Um Estranho no Ninho foi lançado em 1975 e baseado no livro homônimo de Ken Kesey. O filme, dirigido por Milos Forman, estrela Jack Nicholson como Randle P. McMurphy, um homem internado em um hospital psiquiátrico involuntariamente.

Esse filme é tocante porque levanta dúvidas se o personagem de Nicholson é realmente doente mental. O filme traz uma perspectiva sobre o sistema de saúde mental durante a época em que ele foi feito e como o sistema era usado para o controle social. O personagem de Nicholson é mentalmente doente ou ele apenas é um chato que tem problema com as autoridades? Não há dúvidas de que Jack se destaca e resiste ao sistema sempre que pode, mas isso faz dele um doente? Talvez ele tenha apenas um interesse real pela vida.

Excelente atuação, viés social e angústia existencial. Quem decide o que é real e o que é doença? A pessoa com as chaves da cela, talvez? Não deixe de ver e, para ter mais discussão dos problemas levantados pelo filme, verifique as seções do Capítulo 3 sobre medicamentos e do Capítulo 15 sobre psicologia anormal.

Laranja Mecânica

Laranja Mecânica, baseado no livro de Anthony Burgess e dirigido por Stanley Kubrick, foi rodado em 1971 e estrela Malcolm McDowell como Alex DeLarge, um jovem encrenqueiro e delinquente. McDowell e sua gangue de três amigos participam de vários crimes e travessuras, como brigas, vandalismo, faltam às aulas e coisas do gênero. Certa noite, eles roubam um carro e vão dar uma volta. Eles invadem uma casa, estupram uma mulher e batem violentamente no marido dela. McDowell é preso.

É quando começa a parte interessante psicologicamente. McDowell é colocado em um programa de mudança de comportamento rigoroso que utiliza uma técnica chamada *treinamento de aversão*. Após a aprendizagem, sempre que o personagem de McDowell é exposto à violência, ele fica fortemente doente. Assim, ele é forçado a não participar de violência para não adoecer.

O filme levanta inúmeras questões: realmente queremos recorrer a tais táticas ao recuperar criminosos? Prejudicamos mais que ajudamos? O nível de violência em uma sociedade é em função da aversão coletiva ou é mais uma questão do forte se aproveitando do fraco?

Esse filme entrou em minha lista por causa de sua natureza macabra e do uso do behaviorismo, sem mencionar o viés social sobre violência na sociedade (para saber mais sobre a terapia comportamental, veja o Capítulo 17).

Gente como a Gente

Gente como a gente (1980), dirigido por Robert Redford e estrelando Timothy Hutton, Jud Hirsch, Donald Sutherland e Mary Tyler Moore, é sobre um adolescente se recuperando da depressão e de uma tentativa de suicídio após um acidente de barco que tirou a vida de seu irmão mais velho. É uma história excelente sobre como podem ser complexos o luto e a depressão, e o quanto se consegue com passos lentos e simplificando as coisas.

A atuação é incrível. A representação de um transtorno mental é excelente. Mas a emoção, a dor, a tristeza — tais elementos são o motivo para eu colocar o filme na minha lista. Fazer terapia com pessoas reais, com dor e perda reais, às vezes é devastador, e esse filme partirá seu coração, mas talvez o abrirá também.

Garota, Interrompida

Em *Garota, Interrompida*, um filme de 1999 dirigido por James Mangold, Winona Ryder representa uma jovem deprimida e suicida que deu entrada em um hospital psiquiátrico. Ela reluta em estar lá e resiste aos muitos esforços da equipe em ajudá-la a "melhorar". O filme compara as vidas e as aflições dos personagens como um modo de demonstrar que a angústia da classe média suburbana é fichinha em relação a outras doenças mais "sérias". Ao mesmo tempo, o filme não minimiza as dificuldades de Ryder, colocando-as em perspectiva. Ter uma nova perspectiva é um momento decisivo para a personagem de Ryder; a vida dela simplesmente é *interrompida*. Ela não deixará sua vida terminar na instituição devido à falha em lidar com seus problemas.

Acho que a moral da história é que a personagem de Ryder teve sorte por ter saído viva, seguindo o caminho da doença mental, em vez de ser uma eterna residente. É uma história muito pessoal. É sobre esperança e a dura realidade das vidas de algumas pessoas (para saber mais sobre as "questões" da vida, veja o Capítulo 18).

O Silêncio dos Inocentes

É o filme que fez todos quererem entrar para o FBI e se tornar psicólogo criminal. Dirigido por Jonathan Demme, esse filme de 1991 estrela Jodie Foster e Anthony Hopkins em um thriller psicológico que o faz entrar na mente de um serial killer. A personagem de Foster, Clarise Starling, é uma agente do FBI que precisa lidar com um famoso psiquiatra/serial killer chamado Hannibal Lecter, interpretado por Anthony Hopkins. O filme gira em torno das interações deles e dos jogos psicológicos que eles fazem entre si para chegar aonde ambos desejam. Hopkins interpreta o médico na psique de Foster, e Foster pede a Hopkins para olhar para dentro e usar seu autoconhecimento para ajudá-la a capturar um serial killer.

O ponto alto do filme não é tanto a representação de um psiquiatra mentalmente doente, mas a visão de como a mente humana funciona e como nos tornamos quem somos. A tragédia da infância de Foster faz com que seu destino seja se tornar psicóloga criminal. A busca do serial killer (Buffalo Bill) pela transformação em seu verdadeiro eu orienta seus assassinatos hediondos. A anomalia real é o personagem de Hopkins. Ele parece representar os aspectos bons e maus da psique humana. Ele ajuda Foster, como consultor e terapeuta, mas também demonstra depravação e insanidade demoníaca com atos de assassinato. É como se ele fosse quem dá e toma a vida. Seu grande conhecimento da mente humana facilita se transformar em uma ferramenta de assassinato. Hannibal Lecter representa o que muitos de nós tememos, ou seja, aqueles em quem confiamos para nos ajudar também podem nos ferir.

DICA Se Hannibal Lecter lhe interessa, então você vai amar a série *Hannibal* (2013–2015), estrelando Will Dancy como Will Grant, Mads Mikkelsen como Dr. Hannibal Lector e Laurence Fishburne como Jack Crawford. É ótima e sombria, distorcida, estilizada e talvez melhor que *O Silêncio dos Inocentes*. Confira!

Sybil

Sally Field estrela neste clássico para TV de 1976, dirigido por Daniel Petrie, sobre transtorno de personalidade múltipla (atualmente conhecido como transtorno dissociativo de personalidade). Field, interpretando Sybil, é uma jovem solitária que parece tímida e calma, mas, sob a superfície, um emaranhado caótico de personalidades sai de controle. Ela acaba sob os cuidados de um médico que começa a tratar seu transtorno de personalidade múltipla.

As cenas em que Field e o médico estão juntos na terapia são muito dramáticas e perturbadoras. São intensas! A performance de Sally Field é incrível. Recebe um dez na escala "Deixar os cabelos em pé". Isso me dá arrepios! Conforme Sybil circula entre as personalidades, o terapeuta começa a ter algum insight em relação a como a personagem de Field ficou tão doente.

A personagem de Field foi abusada sexual e fisicamente quando criança. O filme apresenta a ideia profissionalmente popular de que TPM (transtorno de personalidade múltipla) é resultado da personalidade se separando de si mesma para defender a personalidade central da realidade do abuso. Ela faz um bom trabalho de respeitar essa noção e se manter fiel, sem ficar "hollywoodiano" demais.

A força de Sybil repousa em três pilares: a atuação de Sally Field, a intensidade emocional das cenas de terapia e o retrato de uma mulher profundamente ferida.

Matrix

Matrix (1999), dirigido por Lana e Andy Wachowski, estrelando Keanu Reeves, Laurence Fishburne e Carrie-Anne Moss, é um filme apocalíptico em que um "computador-mestre" assumiu o controle do mundo e das mentes dos humanos, criando uma realidade alternativa. Os humanos são mantidos vivos em um tipo de fazenda, onde a energia de seus corpos mantém a tecnologia alimentada.

O computador-mestre tomou conta das mentes de todos os humanos vinculando-as a uma "matrix" (matriz) de realidade virtual para sustentar suas mentes e funcionamento mental após descobrir que sem uma ilusão em massa derivada da matriz o corpo humano morreria, eliminando assim sua fonte de poder. Porém, um grupo de pessoas conseguiu "se libertar" da matriz e "voltar" para a realidade, despertando para um mundo em que a maioria dos humanos é o combustível e o computador-mestre os persegue.

Surpreso por ver este filme na lista? Alguns críticos e analistas consideram *Matrix* um bom filme de "ação" e outros dizem que é bem medíocre. Mas esse filme explora os conceitos de realidade virtual, inteligência artificial, inteligência de máquina, consciência e relações entre humano-máquina/humano-tecnologia. A matriz em si remete à internet e como é muitas vezes confundida com a realidade. As pessoas estão se tornando mentes sem corpos na era da internet? É uma forma de escravidão mental na qual as mentes humanas e os desejos estão sujeitos à manipulação por inteligências poderosas, em massa e complexas, como os profissionais de marketing corporativo e spin masters?

Matrix é instigante e entra em algumas áreas muito contemporâneas e complexas do estudo e da pesquisa psicológica.

Black Mirror

Black Mirror (2013-2019) é uma série com vários episódios independentes, cada um contando uma história estranha, por vezes sombria, e certamente instigante da complicada relação da humanidade com a tecnologia. Um episódio conta a história de um homem que descobre a infidelidade da esposa examinando o programa de "memória" dela implantando em seus olhos e cérebro. Outro é sobre duas mulheres que se apaixonam pelo mundo simulado criado por um mecanismo de "armazenamento do cérebro" para pessoas que morreram. Outro episódio ainda mostra como o mundo de "curtidas", postagens e perfis em redes sociais pode sair de controle. Essa série, como *Matrix*, aborda questões atuais em torno da tecnologia, exagera, intensifica e nos força a vê-las. Lembra uma forma de terapia de inundação ou um bom terapeuta confrontando você com suas questões — você sabe, como um *espelho*!

True Detective (Temporadas 1 e 3)

True Detective Temporada 1 (2014) estrela Matthew McConaughey como o detetive Rust Cohle e Woody Harrelson como o detetive Marty Hart. Esta série, como outras na lista, é sobre assassinato, mas entrou na lista por muito mais. O tormento de Rust Cohle é palpável. É possível senti-lo, e o público simpatiza com sua motivação e raiva. Ele é um tipo de "gênio", conseguindo "sentir" coisas e chegar a conclusões que o tornam um excelente detetive. Ele é louco, indisciplinado, pouco ortodoxo, mas não perigoso e de algum modo sentimos tranquilidade e segurança com ele. Já Marty Hart parece muito ortodoxo, pouco empenhado no início, um adúltero em série apenas esperando para se aposentar. Ele não é particularmente simpático no começo. Mas, quando os dois se juntam, eles se completam. Não combinam, mas têm uma missão.

A Temporada 3 (2019) não decepciona em nada. Estrelando Mahershala Ali como o detetive Wayne Hays e Stephen Dorff como Roland West, é outra história de parceiros que trabalham juntos, não gostando um do outro, mas correndo juntos. Wayne Hayes sente remorso por um crime que ele nunca resolveu e afastou-se anos antes. Ele é assombrado por fantasmas e sofre de quase demência. A série é filmada de um modo interessante também, cruzando diferentes períodos de tempo, deixando o espectador desorientado. Os detetives são pessoas complicadas (como todos nós), tentando resolver um crime complexo. Eles querem se redimir dos erros do passado. Quem não quer?

Você pode estar se perguntando sobre a Temporada 2. Bem, não foi ruim, mas não chega aos pés da 1 e da 3. Cada temporada é independente, portanto, meu conselho é assistir à Temporada 2 se você sentir um vazio após terminar sua série preferida.

Psicose

Nenhuma lista de ótimos filmes psicológicos estaria completa sem o filme *Psicose* de Alfred Hitchcock, 1960. Anthony Perkins estrela como um psicopata depravado com um estranho delírio que envolve se vestir como a mãe. O personagem de Perkins parece ter uma personalidade "dividida", em que parte dela é a mãe. O que tem isso de estranho? A "psicose" mata apenas uma pessoa no filme inteiro, fichinha para os padrões atuais, mas o uso do suspense e da surpresa por Hitchcock é incrível.

Psicose apresentou ao público norte-americano a ideia de um assassino psicopata, um homem com mente pervertida. Por fora, o personagem de Perkins é dócil e socialmente desajeitado, um garoto no corpo de um homem. A sugestão é que sob essa calma exterior está um assassino louco esperando pela oportunidade. Mas o segredo do componente psicológico em *Psicose* é a relação distorcida de Perkins com a mãe. Ele é o "filhinho da mamãe" perfeito, incapaz de sair no mundo sozinho e desfrutar dos prazeres que ele fantasia. Um clássico!

Índice

A
ABC, análise, 345
acomodação, 237
adaptação, 236
afeto, 317
afiliação religiosa, 185
afinidade, 184
agorafobia, 299
agressão, 218
álcool, 41–58
aleatoriedade, 32
alexitimia, 357
algoritmo, 11
aliança terapêutica, 339
alostase, 267
altruísmo, 120–121
alucinação, 287
Alzheimer, doença, 248
ambiente, 14
amizade, 194
amostra, 31
análise
    definição, 313
anamnese, 319
ansiedade, 56
    da separação, 241
apego, 188
    comportamento de, 188
    estilos básicos, 190
aprendizagem
    de aversão ao gosto, 148
    supersticiosa, 148
aprimoramento cognitivo, 370
aquisição de
    conhecimento, 28
argumento persuasivo
    componentes, 216
assertividade, 205
assimilação, 236
associação de clang, 317
atenção
    processo, 93
atividade
    alfa, 77
    beta, 77
atribuição, 200
autismo, 304
autoaceitação, 377
autoajuda, 334

autoconsciência
    privada, 181
    pública, 181
autodeterminação, 377
autoestima, 131
autoexpansão do amor,
    modelo, 197
autoridade, 28
    profissional, 282
    subjetiva, 282
avaliação
    comportamental, 345
    definição, 313
    primária, 266
    secundária, 266
    tipos, 314

B
bateria de testes, 326
behaviorismo, 20
bem-estar
    psicológico, 142
    subjetivo, 142
BES. Ver bem-estar
    subjetivo, 142
bondade de ajuste, 190
bulbo olfativo, 67

C
casamento, 195
cegueira inatencional, 93
Centro de Atenção
    Psicossocial (CAPS), ii
cérebro
    mesencéfalo, 51
    prosencéfalo, 50
    rombencéfalo, 51
certificação, 356
Charles Darwin, 25
ciberbullying, 259
ciberpsicologia, 250
ciência da personalidade, 169
CMC. Ver comunicação
    mediada por
    computador, 251
codificação e
    representação, 61
cognição, 88
    incorporada, 107
    social, 198
competências, 175

comportamento
    catatônico, 288
    inteligente, 108
    modificação, 364
    normal versus anormal
        teorias, 281
comunicação
    explicar, 204
    interpessoal, 203
    mediada por
        computador, 251
    ouvir, 204
    perguntar, 203
conceito, 97
condicionamento
    clássico, 148
        componentes, 151
    de traço, 155
    operante, 148
    regras, 154
    retardado, 155
condições de valor, 354
conexionistas, 106
confidencialidade, 35
conformidade, 210
conjunto de percepções, 71
consciência
    alterada
        estados, 81
    Antonio Damasio, Dr., 76
    corporal, 180
    definição, 73
    estados, 75
        meditativos, 83
    expandida, 81
    sob anestesia, 77
Conselho Federal de
    Psicologia (CFP), 18
consequência positiva, 148
conservação, 242
consideração positiva
    incondicional, 355
construtivista social, visão, 23
contingência, 155
contracondicionamento, 153
controle do estímulo, 166
corpo caloso, 49
correr ou lutar, 270
criação, 25

Índice   389

crise, i
    intervenção, 272
    tipos, 271

D
decisão
    heurística da
        disponibilidade, 103
    heurística
        representativa, 102
defesa
    primária, 342
    secundária, 342
delírio, 287
demência, 248
depressão, 292
    causas, 293
    tratamento, 295
desenvolvimento
    biológico, 231
    da linguagem, 239
    do tempo de vida, 21
    motor, 234
desinibição tóxica, 257
dessensibilização
    sistemática, 346
detector de fumaça, princípio
    do, 134
diagnóstico
    definição, 280
diátese
    definição, 289
diátese-estresse, modelo, 289
diferença minimamente
    perceptível, 70
diferenças individuais, 171
diferenciação da
    experiência, 354
difusão da
    responsabilidade, 224
discriminação, 154
    institucional, 227
    interpessoal, 227
dispositivo de aquisição da
    linguagem, 115
divórcio, 192
DMP. Ver diferença
    minimamente perceptível, 70
domínio, 267
dopamina, 128
dor
    mental
        alívio, 130
        na alma, 130
        psicológica, 129
drogas, 82

E
emoção, 132
    expressa, 289
empatia, 222
enfrentamento
    abordagem, 276
    fuga, 277
engenharia reversa, 11
entrevista clínica, 315
envelhecimento, 248
equilíbrio, 120
    cognitivo, 238
erro de atribuição
    fundamental, 201
escape, 129
    motivação de, 118
esquema, 174
    de reforço, 163
    Jean Piaget, 235
    próprios, 175
    sociais, 175
esquizofrenia, 287
    causas, 289–290
    diagnóstico, 288
estabilizadores de humor, 297
estado mental, exame, 316
estágio
    operacional concreto, 242
    pré-operacional, 242
    sensório-motor, 237
estatística, 31
    descritiva, 31
    inferencial, 31
estereótipos, 200
estigma, 306
Estimulação Magnética
    Transcraniana (EMT), 55
estímulo
    condicionado, 151
    incondicionado, 151
estratégias de codificação, 176
estresse, 264
    definição, 289
    pós-traumático, 77
    técnicas para lidar, 277
    traumático, 273
estressores
    comportamentais e
        psicossociais, 268
    comuns, 268
    extremos, 268
estruturas acessórias, 61
ética, 34–35
etnia, 184
evidência empírica, 27

expectativas, 176
experimentação, 16
expertise
    psicólogo, 28
exposição, 346
extinção, 152

F
Facebook, 252
facilitação social, 212
fadiga de decisão, 101
fala e pensamento
    desorganizados, 287
fama refletida, 186
família, 191
farmacoterapia, 335
fase de aquisição, 164
fator
    g, 108
    s, 109
felicidade, 141
fenótipo, 230
fobia, 300
força de vontade, 123
formação da impressão, 199
fotopigmentos, 63
fotorreceptores, 63
frustração, 219
funcionalismo, 11
funcionamento
    adaptativo, 11
    familiar
        componentes, 191

G
gaslighting, 339
generalização, 153
genética comportamental,
    52–53
genótipo, 230

H
habilidade
    cinestésica corporal, 111
    espacial, 111
    interpessoal, 111
    intrapessoal, 111
    linguística, 111
    lógico-matemática, 111
    mental primária, 109
    metacognitiva, 113
    musical, 111
hedônico, princípio, 128
heurística, 102
hipnose, 84

hipótese
　de desregulação da
　　dopamina, 56
　projetiva, 325
homeostase, 120
homofobia, 226
humor, 317

I
idade adulta
　avançada, 247
　intermediária, 247
　jovem, 246
identidade
　pessoal, 182
　social, 184
IE. Ver inteligência
　emocional, 143
impulso
　primário, 120
　secundário, 121
inconsciente, 341
indução hipnótica, 84
influência cultural, 26
inteligência
　emocional, 143
　fatores, 108
interação recíproca, 240
Internet
　adição, 258
　autoeficácia, 252
interocepção, 135
intolerância religiosa, 226
introspecção, 88
Inventário de Depressão
　Beck, 322
iodopsina, 63
irmãos
　função, 193
Isolamento social, ii

J
jardim de infância, 241
Jean Piaget, 235
João Bobo, estudo, 173
jogo da identidade, 257
John Locke, filósofo, 25
julgamento
　pista
　　dinâmica, 199
　　estática, 199

L
Lei de Moore, 249
lei do efeito, 157
libido, 128

linguagem
　behaviorista, 115
　interacionista, 115
　nativista, 114
lócus de controle
　externo, 363
　interno, 363
luto, 274

M
marcadores genéticos, 53
matriz social, 208
MCP. Ver memória, 95
mecanismos de defesa, 341
medicamentos
　ansiolíticos, 56
　antidepressivos, 55
　antipsicóticos, 56
medição, 16
meditação, 83
　de atenção plena, 84
　transcendental (MT), 83
memória
　de curto prazo, 95
　de longo prazo, 95
　fragmentação, 95
　sensorial, 94
mente computacional, 89
metáfora, 89
metateoria, 19
　biológica, 20
　cognitiva, 20
　comportamental, 20
　desenvolvimento, 21
　evolucionista, 21
　feminista, 23
　humanista e
　　existencial, 22
　pós-modernista, 23
　psicoanalítica/
　　psicodinâmica, 22
　sociocultural, 21
método científico, 29
mindfulness, 350
MLP. Ver memória, 95
MMPI-2, teste, 324
modelagem, 159
modelo
　biopsicossocial, 23
　de Broadbent, 94
monismo, 40
mudança cognitiva, 365
múltiplas inteligências,
　teoria, 111

N
nacionalidade, 185
namoro
　offline, 254
　online, 253
narcolepsia, 78
natureza, 25
　versus criação
　　debate, 25
necessidades
　hierarquia, 121
neurocomputacional,
　abordagem, 43
neurogênese, 48
neurônio
　partes, 44
neuroplasticidade, 48
neuropróteses, 372
neurotransmissor, 42
nível de ativação, 124
Noam Chomsky, 114
nootrópicos, 371
norma, 208
　da reciprocidade, 222
　relacionada à idade, 21

O
obediência, 210
observação repetida, 16
operações formais, 244
organização, 236
órgão vestibular, 68
orientação psicológica, 334

P
papel, 209
paternidade
　estilos, 192
PDP. Ver processamento
　distribuído paralelo, 106
pele
　dor, 67
pensamento
　componentes básicos, 92
　de grupo, 214
percepção, 69
perguntas, 9
　como, 9
　o quê, 9
　por quê, 9
PERMA, 143
personalidade, 170
　teoria implícita da, 200
　tipo A, 272
　tríade, 178

Índice　391

perspectivas teóricas
  amplas, 19
persuasão, 215
pesquisa
  científica, 15
  descritiva, 29
  experimental, 30
placebo, 33
planos autorreguladores, 176
pool genético, 119
população, 31
positividade, 379
potencial
  de ação, 44
  de repouso, 44
prazer, princípio do, 128
preconceito, 226
primeiros socorros
  psicológicos, i
processamento
  distribuído paralelo, 106
  paralelo, 47
processo
  de abordagem, 276
  de autoavaliação, 173
  de fuga, 276
  mental, 21
  oponente, 125
pseudodemência, 371
psicodinâmicas, 22
psicoeducação, 335
psicologia
  anormal, 283
  comparativa, 22
  da performance, 368
  da saúde, 362
  definição, 10
  do tempo de vida, 230
  evolucionista, 53
  finalidade, 7
  peças psicológicas, 12
  positiva, 366
  princípios, 35
  social, 207
psicólogos
  aplicados, 17
  experimentais e
    pesquisadores, 17
  professores/educadores/
    mestres, 18
  teóricos e filosóficos, 18
psicometrista, 313
psiconeuroimunologia, 270
Psicopatologia, 280

psicoterapia, 330-335
  definição, 333
  ética, 336
  psicodinâmica, 341
psiquiatria evolucionista, 134
psychache, 130
puberdade, 244
público invisível, 181
punição, 162

R
raciocínio
  dedutivo, 101
  indutivo, 100
racionalidade limitada, 103
racionalismo/lógica, 29
radiação eletromagnética, 63
raiva, 139
reajuste social
  escala de classificação, 268
recaptação, 46
recuperação espontânea, 152
rede neural, 106
redução de impulsos, teoria
  de, 120
reducionismo biológico, 40
reforçador, 159
reforço
  contínuo, 164
  parcial, 164
regulação emocional, 144
relação sexual, 231
relações
  cultivar, 378
repetição, 95
representação mental, 91
Rescorla-Wagner, modelo, 156
resiliência, 278
responsabilidade social, 223
resposta
  condicionada, 151
  incondicionada, 151
RE. Ver regulação
  emocional, 144
rodopsina, 63
ruminação, 270

S
saúde psicológica, 376
seleção natural, 53
self
  do espelho, 181
  privado, 183
  público, 182
sensação, 60
sentido cinestésico, 68

sentidos
  audição, 66
  olfato, 67
  paladar, 68
  tato, 67
  visão, 63
seriação, 242
Sigmund Freud, 22
simpatia, 222
simulação incorporada (SI), 99
sinapse, 45
síndrome da adaptação
  geral, 265
síndrome do membro
  fantasma, 47
síndrome do pânico, 298
  tratamento, 300-301
sinestesia, 62
sintoma
  definição, 284
sintoma negativo, 288
sistema eletroquímico, 42
sistema nervoso
  central, 42-43
  periférico, 42-43
sistema perceptivo
  princípios, 71
Skinner, caixa, 159
SNC. Ver sistema nervoso
  central, 42
SNP. Ver sistema nervoso
  periférico, 42
solução de problemas
  processo, 104
sonhos, 79-81
sono
  atividade
    eletrofisiológica, 77
  distúrbio
    dissonia, 78
    parassonia, 78
  estágios, 77
  privação, 78
  REM, 78
  sonambulismo, 79
suicídio, ii

T
tábula rasa, 25
tarefa da falsa crença, 201
taxonomia, 283
TDAH, 302
TDA. Ver teoria, 122
tendência secular, 245
tentativa e erro, 104

teoria, 26
  apego, 294
  aprendizagem social, 173
  Cannon-Bard, 137
  CHC, 109
  cognitiva, 295
  da autodeterminação, 122
  da emoção
    construída, 138
  da expectativa, 125
  da inteligência de
    sucesso, 110
  de dois fatores, 137
  desamparo
    aprendido, 294
  detecção de sinal, 70
  do desenvolvimento
    cognitivo, 238
  do incentivo, 125
  do processo oponente, 64
  James-Lange, 136
  limiar absoluto, 69
  parcimônia, 27
  precisão, 27
  relações objetais, 294
  sociocognitiva da
    motivação, 126
  testabilidade, 27
  tricromática, 64
  troca social, 222
TEPT. Ver transtorno de
  estresse pós-traumático, 273
terapia
  baseada em
    exposição, 346
  centrada no cliente, 352
  cognitiva, 347
  comportamental, 344
    dialética, 351
  condições necessárias e
    suficientes, 356
  focada nas emoções, 357

teste
  clínico, 322
  confiabilidade, 321
  de diagnóstico, 322
  definição, 313
  educacional/
    conhecimento, 323
  empírico, 16
  inteligência, 325
  neuropsicológico, 326
  padronizado, 320
  personalidade, 324
  projetivo de
    personalidade, 324
  psicológico, 320
  Rorschach, 325
  tipos, 313
  validade, 322
Thorndike, Edward, 157
tomada de decisão
  intuitiva, 102
traço
  característico, 97
  de personalidade
    tipos, 171–172
  marcante, 97
transdução, 61
transferência, 341
transmissão sináptica, 45
transtorno
  bipolar, 296
  de ansiedade, 298
  de estresse pós-
    traumático, 273
  definição, 285
  delirante, 291
  de personalidade
    esquizoide, 188
  mental
    definição DSM-5, 284

  psicótico, 286
  induzido por
    substâncias, 292
tratamento
  definição, 333
trauma, 264
treinamento de aversão, 383
tríade cognitiva, 295
Turing, teste, 89

U

umami
  paladar, 68

V

vadiagem social, 213
validação, 353
valores subjetivos, 176
variabilidade, 320
variável
  causal, 34
  correlação, 34
  dependente, 33
  independente, 33
verdade, 27
verificação da realidade, 353
visão
  efeito residual negativo, 64
  pistas
    binoculares, 65
    monoculares, 65
  teoria
    do processo oponente,
      64
    tricromática, 64

Y

Yerkes-Dodson, lei, 124

Z

z, fator, 30
zona de desenvolvimento
  proximal, 243

Projetos corporativos e edições personalizadas
dentro da sua estratégia de negócio. Já pensou nisso?

Coordenação de Eventos
Viviane Paiva
viviane@altabooks.com.br

Assistente Comercial
Fillipe Amorim
vendas.corporativas@altabooks.com.br

A Alta Books tem criado experiências incríveis no meio corporativo. Com a crescente implementação da educação corporativa nas empresas, o livro entra como uma importante fonte de conhecimento. Com atendimento personalizado, conseguimos identificar as principais necessidades, e criar uma seleção de livros que podem ser utilizados de diversas maneiras, como por exemplo, para fortalecer relacionamento com suas equipes/ seus clientes. Você já utilizou o livro para alguma ação estratégica na sua empresa?

Entre em contato com nosso time para entender melhor as possibilidades de personalização e incentivo ao desenvolvimento pessoal e profissional.

PUBLIQUE SEU LIVRO

Publique seu livro com a Alta Books. Para mais informações envie um e-mail para: autoria@altabooks.com.br

/altabooks   /alta-books   /altabooks   /altabooks

CONHEÇA OUTROS LIVROS DA **ALTA BOOKS**

Todas as imagens são meramente ilustrativas.

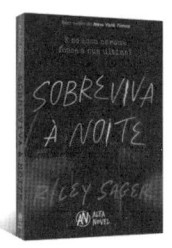

- JORDAN B. PETERSON — ALÉM DA ORDEM
- Transtorno da Personalidade Borderline para leigos
- Judith Grisel — Nunca é o Suficiente
- DAN ARIELY — POSITIVAMENTE IRRACIONAL
- Ansiedade para leigos
- Joe Keohane — O Poder dos Estranhos
- DEEPAK CHOPRA — O LIVRO DOS SEGREDOS
- SOBREVIVA À NOITE — RILEY SAGER

ALTA BOOKS EDITORA   ALTA LIFE   ALTA NOVEL   ALTA/CULT EDITORA   ALTA BOOKS GRUPO EDITORIAL
ALTA GEEK   TORDESILHAS   EDITORA ALAÚDE